海外中国研究丛书
刘东 主编

[美] 韩德玲 著
曹晔 译

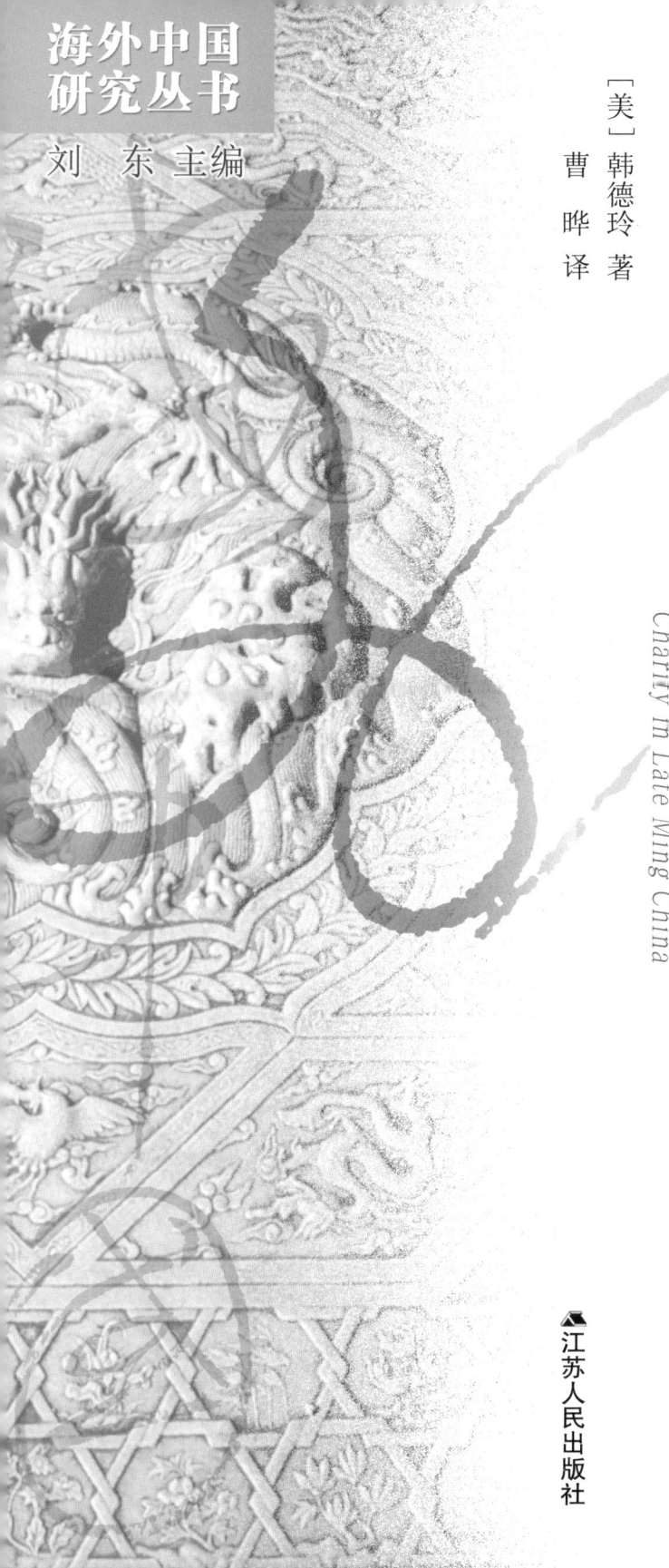

行善的艺术
晚明中国的慈善事业

THE ART OF DOING GOOD
Charity in Late Ming China

江苏人民出版社

图书在版编目(CIP)数据

行善的艺术:晚明中国的慈善事业/(美)韩德玲著;曹晔译. —— 南京:江苏人民出版社,2021.4
(海外中国研究丛书/刘东主编)
书名原文:The Art of Doing Good:Charity in Late Ming China
ISBN 978-7-214-23711-8

Ⅰ.①行… Ⅱ.①韩…②曹… Ⅲ.①慈善事业—研究—中国—明代 Ⅳ.①D691.9

中国版本图书馆 CIP 数据核字(2020)第 172819 号

The Art of Doing Good: Charity in Late Ming China by Joanna Handlin Smith
ⓒ2009 by The Regents of the University of California
Published by arrangement with University of California Press
Simplified Chinese edition ⓒ 2020 by Jiangsu People's Publishing House
All rights reserved
江苏省版权局著作权合同登记号:图字 10 - 2015 - 315 号

书　　　名	行善的艺术:晚明中国的慈善事业
著　　　者	[美]韩德玲
译　　　者	曹　晔
责 任 编 辑	金书羽
装 帧 设 计	陈　婕
责 任 监 制	王　娟
出 版 发 行	江苏人民出版社
地　　　址	南京市湖南路 1 号 A 楼,邮编:210009
网　　　址	http://www.jspph.com
照　　　排	江苏凤凰制版有限公司
印　　　刷	江苏凤凰通达印刷有限公司
开　　　本	652 毫米×960 毫米　1/16
印　　　张	32.5　插页 4
字　　　数	393 千字
版　　　次	2021 年 4 月第 1 版
印　　　次	2021 年 4 月第 1 次印刷
标 准 书 号	ISBN 978-7-214-23711-8
定　　　价	96.00 元

(江苏人民出版社图书凡印装错误可向承印厂调换)

序"海外中国研究丛书"

中国曾经遗忘过世界,但世界却并未因此而遗忘中国。令人嗟讶的是,20世纪60年代以后,就在中国越来越闭锁的同时,世界各国的中国研究却得到了越来越富于成果的发展。而到了中国门户重开的今天,这种发展就把国内学界逼到了如此的窘境:我们不仅必须放眼海外去认识世界,还必须放眼海外来重新认识中国;不仅必须向国内读者迻译海外的西学,还必须向他们系统地介绍海外的中学。

这个系列不可避免地会加深我们150年以来一直怀有的危机感和失落感,因为单是它的学术水准也足以提醒我们,中国文明在现时代所面对的绝不再是某个粗蛮不文的、很快就将被自己同化的、马背上的战胜者,而是一个高度发展了的、必将对自己的根本价值取向大大触动的文明。可正因为这样,借别人的眼光去获得自知之明,又正是摆在我们面前的紧迫历史使命,因为只要不跳出自家的文化圈子去透过强烈的反差反观自身,中华文明就找不到进入其现代形态的入口。

当然,既是本着这样的目的,我们就不能只从各家学说中筛选那些我们可以或者乐于接受的东西,否则我们的"筛子"本身就可能使读者失去选择、挑剔和批判的广阔天地。我们的译介毕竟还只是初步的尝试,而我们所努力去做的,毕竟也只是和读者一起去反复思索这些奉献给大家的东西。

刘　东

纪念我深爱着的丈夫罗伯特·史密斯(Robert B. Smith)

目　录

致　谢　*1*

凡　例　*1*

中文版序　*1*

导　论　*1*

上编　新惯例：行善社团

第一章　放生社　*21*

第二章　早期善会及其高瞻远瞩的领导人　*65*

第三章　善会的替代方案　*107*

第四章　面向穷人和富人的讲话　*149*

第五章　边缘视角中的善会　*182*

下编　在危机期间制定慈善惯例

第六章　动员食物救济　231

第七章　与官员结盟　285

第八章　医疗救助及其他善举　324

第九章　慈善信仰以及信仰辞令　367

结论　从道德革新向财富正当化的转变　414

简称表　425

参考文献　427

索　引　451

译后记　493

致　谢

　　如果说完成这本书花费了我大量的时间,那是因为慈善这一主题诱发了我的好奇心,令我对晚明善人们的作品和世界——从杨东明和高攀龙的崇高的道德声明到祁彪佳笔下的药局和乡村粥厂的活动中那些引人入胜的具体细节——越发地沉迷。我的研究在夫马进(Fuma Susumu)和梁其姿(Angela Ki Che Leung)的学术贡献和友好支持下得到了极大的充实。尽管这两位历史学家和我几乎在同一时间开始从事慈善研究,但他们率先各自以日文和中文出版了他们的成果。从他们有关明清慈善的著作以及慷慨地同我分享的材料中,我获益良多。作为中国荒政研究的先驱者,魏丕信(Pierre-Étienne Will)也给予了我很大的帮助。他认真地阅读了第六章,提出了有用的建议,并作出了一些为我顾全颜面的纠正。对此,我表示感谢。

　　自裘开明(Kaiming Chiu)担任馆长时起,几十年来,我有幸使用哈佛燕京图书馆的资料。他曾欣然同意我将明代善本带回家中,与那些版本的亲密接触令我迷恋明史。现在一想到此,我便心存感激。哈佛燕京图书馆一直是一个资源宝库,这并非由于它那宏富的藏品——在郑炯文(James Cheng)的出色管理下,馆藏量已经有了惊人的增长——还在于其中的许多工作人员本身就是专家。所有的工作人员均对我的研究大有帮助。但我必须要特别提一下的是善本室主任沈津(Chun Shum),他慨然帮助我,使我理解了许多中文文献里的问题;马爱伦(Ellen McGill)教会我使用不断增多的电子资源;胡柏(Horst Huber)与我分享了他所熟悉的近些年以来欧洲有关中国的出版物的资讯。

我也从普林斯顿大学葛思德东方图书馆所藏的那些令人叹为观止的明代文献中受益匪浅,尤其还得到了研究明史的同行、公共服务部主任何义壮(Martin Heijdra)的协助。

我要感谢约翰·泽默(John Ziemer)这位出色的编辑和友人。他十分慷慨地提供了出版信息,并对我的研究提出了建议。我要感谢哈佛大学中国历史地理信息系统的贝明远(Merrick Lex Berman)为绘制本书中的两幅地图①所提供的协助。其他许多同事和友人在我对资料的索求方面或者在帮助我疏通难懂的篇章方面有求必应。我想要特别感谢高居翰(James Cahill)、柯丽德(Katy Carlitz)、蒂莫西·康纳(Timothy Connor)、韩南(Patrick Hanan)、李海鸿(Haihong Li)、李明珠(Lillian M. Li)、席文(Nathan Sivin)、司徒琳(Lynn Struve)、太史文(Buzzy Teiser)、杜维明(Tu Weiming)、万志英(Richard von Glahn)、王安(Ann Waltner)、于君方(Chün-fang Yü)和蔡九迪(Judith Zeitlin)。魏斐德(Frederic E. Wakeman, Jr.)和牟复礼(Frederick Mote)对本书中的部分篇章的早期版本作出过评论。令人遗憾的是,他们未能看到此书的问世。

本书的早期研究得到了美国亚洲研究协会和王安中国学术

---

① 中译本未收入这两幅地图,有兴趣的读者可查阅原书。——译者注

研究奖学金的慷慨资助。我要特别感谢哈佛燕京学社为本书的索引提供的协助。

本书的部分章节出自首先发表于他处的材料。我要感谢亚洲研究协会允许我使用下列材料:《善会——明末清初慈善事业的重塑》,《亚洲研究杂志》,1987年第46卷第2期,第309-337页;《祁彪佳社交界中的园亭——晚明江南的财富与价值观念》,《亚洲研究杂志》,1992年第51卷第1期,第55-81页;《明清中国的放生活动——佛教徒的启发与精英的想象》,《亚洲研究杂志》,1999年第58卷第1期,第51-84页。我要感谢博睿学术出版社允许我使用下列材料:《山阴县药局的开与闭——关于晚明中国慈善协会、组织和机构的思考》,《东方经济史与社会史杂志》,1995年8月第38卷第3期,第371-392页;《明末清初文献中的社会等级和商人慈善》,《东方经济史与社会史杂志》,1998年第41期第3卷,第417-451页。我要感谢印第安纳大学出版社允许我使用以下材料:《从17世纪40年代的一则救荒案例看中国的慈善事业》,收录于沃伦·伊尔希曼(Warren Ilchman)、斯坦利·卡茨(Stanley Katz)和爱德华·奎恩(Edward Queen)所编《世界的慈善传统》(布卢明顿:印第安纳大学出版社,1998年,第133-168页)。

凡 例

晚明的作者习惯用字或号称呼与其同时代之人,用谥号称呼已故之人。为了不给读者造成困扰,当读者知道某个人物拥有诸多别名时,在英文版中,即使在翻译篇章时用到了别名,我也只用其名。只有在介绍王守仁这位如今以号"阳明"著称于世的人物时我会破例。

祁彪佳的日记对地方官员的头衔使用的是非正式的称谓。在能够确定他们的正式职位的情况下,我通常将之替换成实际的头衔。但为了多样化起见,我有时也保留"公祖"这类非正式的称谓或"官员"这类一般的称谓。

陆世仪的日记《志学录》提供了有关日常流水账的月份和日期,以及每十天一小结的页数和编者的行批。

祁彪佳的日记提供了有关日常流水账的年份、月份和日期,以及序文页码。

在英文版中,有时我会将"卷"翻译成"章",尽管这个词指的是一本书的部分,但它并不总是和主题完全吻合。

本书的索引收录了已知的所有重要明清人物的生卒年份。

当提到地名时，明代的作者通常使用非正式的称法或者古地名。我用括号将出现在文本中的地名称呼标准化。

中国人在计算年龄时，将出生的第一年当作一岁。我或者保留"岁"这个词，或者在谈到某个人物时，说他正值几岁。

货币和度量衡

银 锭

1两(银)＝1盎司银制品(未铸)

1钱＝0.1两

1分＝0.01两

铜 钱

1000文(铜钱)＝1贯

晚明时期的钱银比率大约在500:1和2500:1之间大幅度波动。①

容 量

1石≈156磅精米

1斛＝5斗

1斗＝0.1石

1升＝0.1斗

---

① 见 Richard von Glahn, *Fountain of Fortune: Money and Monetary Policy in China, 1000-1700*, pp. 106-109。

1 合＝0.1 升

1 龠＝0.5 合

土地面积

1 亩＝0.1647 英亩

100 亩＝1 顷

距　离

1 里＝0.3 英里

文中提到的朝代和统治时期

秦代(公元前 221—公元前 207)

汉代(公元前 202—公元 220)

东晋(317—420)

梁代(502—557)

唐代(618—907)

宋代(960—1279)

元代(1271—1368)

明代(1368—1644)

　　正德年间(1506—1521)

　　嘉靖年间(1522—1566)

　　万历年间(1573—1620)

　　天启年间(1621—1627)

　　崇祯年间(1628—1644)

清代(1644—1912)

中文版序

从哈佛燕京图书馆的藏书来看,我估计自《行善的艺术:晚明中国的慈善事业》(英文版)问世以来,在过去的十年间,有十多部关于中国人慈善和福利的书籍在中国出版。作为对于慈善讨论的补充,这些近期作品颇受欢迎,但它们往往侧重于晚清和当代中国。若它们涉及较早时期,也只是轻描淡写,只够为其主要关心的现今的慈善和福利提供一个大致的背景。这并不奇怪,这些出版物中有些论述的话题与晚明人无涉,比如慈善组织的合法基础。其他的出版物强调商人在慈善事业中的作用,这在晚清得到了极大的重视,但在晚明的资料中却鲜有提及。

与我在哈佛燕京图书馆所见过的作品不同的是,《行善的艺术:晚明中国的慈善事业》完全聚焦于晚明。说得更确切些,它在方法上截然不同。这里值得注意的是,翻译的任务不仅包含将一种语言(中文)转换成另一种语言(英文),还涉及从一套假设或方法转移到另一套假设或方法。有人也许会说,所有的历史学家都是翻译家;他们将过去翻译成现在的读者所能够理解的类别、论点和叙述。当我写作这本书的时候,我是在为一位对微观历史、文化史和后现代方法习以为常的西方读者而写的。对于这本书的中文版读者,我想简单介绍一下我的方法。

我更感兴趣的是描述晚明慈善的特色,而不是将讨论延续至清代乃至现在。我并没有去追溯几个世纪以来慈善实践是如何演变的,而是想当然地认为,随着历史长卷的展开,社会、政治和经济状况发生了变化。帮助穷人和有需要的人,以及为公共利益做贡献的关怀,似乎在中国历史的各个时期(也许在所有文化中)都是普遍的,但随着时间的推移,这些关怀会如何发生变化?某些词汇,诸如"慈善"(charity)和"惠"(compassion)持续了几个世纪,但准确地说,它们如何被定义和被理解也会随着时间而改变。不管表示何种"慈善""善举"(good deeds),或者(提到近来进入文学领域的两个术语)"福利"(welfare)和"仁爱"(philanthropy),这些行为均扎根于特定的社会、政治和经济环境。使问题复杂化的是,它们还受到了一个特定时期的道德假设的影响。最为重要的是,行善的行为陷入了复杂的关系——与政治权力、其他捐赠者,当然还有穷人和有需要的人的关系——之中。

我对晚明环境的特殊性的认识形成了我的方法。尽管多少留意到了时代顺序,但我并不认为之前发生的事情就一定会影响之后发生的事情。时代顺序是一种组织材料的便利方法,但我为了追求另一种策略而放弃了这种便利。我的研究目的并非是要充实一个常见的、按照时代顺序的叙述,也并非是要提出一个具体的论点。确切地说,我的研究目的是为了满足我的好奇心。作为哈佛大学的一名本科生,我被错误地教导说,中国人并没有家庭以外的慈善传统。因此,当我偶然发现晚明善会时,我想知道它们为什么会出现。

为了尝试回答这个问题,我对环境(经济、社会、政治等)的特殊性的认识令我以一种开放性的方式阅读晚明的文本。我并没有搜集资料去做一个具体论证或证明一个假设,而是提出了很多关于特定时间和地点的问题。尤其是,我试图进入五位主要人物(以及几位次要人物)的思想和生活,由此让他们告诉我什么是他们认为重要的东西。

我希望准确地确定这些人物的动机,准确地确定他们如何理解行善的目标,以及准确地确定他们如何看待其计划。我也一以贯之地探讨了他们在应对环境和执行计划时所做的选择和调整。

遵循着保持开放心态的策略,我对几种常见的说法持保留意见。我并不完全赞同王朝衰落之说,同时也不支持这样一种简单的解释,即为了弥补国家组织的福利制度的缺陷,慈善活动变得必要起来了。明朝的实际灭亡给予王朝衰落之说以很大的说服力。然而,从社会现实中审视晚明的慈善事业,通过五位主要人物的生活,我发现了大量用王朝衰落之说无法解释的信息。

我也对社会动荡和精英控制这两种密切相关的说法持保留意见。人们很容易将晚明的慈善事业解释成精英阶层应对社会动荡、主张控制地方事务的一种手段。毫无疑问,一些行善者的动机完全符合这种说法。然而,我们又该如何解释为何其他行善者会因穷人的困境而慨然涕下呢?为何他们要付出巨大的个人代价将时间和精力投入到慈善事业中去呢?如果我们坚持精英控制之说,那么我们该如何解释像陆世仪这样的小人物,以及年轻的生员、士子、大夫和僧侣自愿参与到帮助穷人和有需要的人的计划中呢?社会秩序是一个目标,这是肯定的;但这一目标并非专属于精英阶层,精英阶层也不可能实现这一目标——如果没有那些处于精英社会的边缘地带、有时完全置身其外的人的支持甚至倡议的话。

如果我坚持认为慈善的目标是社会控制,我很有可能会将精英的道德辞令理解成为达到目标而采取的一个手段;我还会认为,精英阶层愤世嫉俗地支持善书的辞令,只是为了控制普通民众。但在这里,还有证据显示了一幅更加复杂的画面,其中一些精英人士由衷地接受了善书的观点。

我的开放性的方法形成了拙著的结构。我并没有从整体上展开一条单一的主线或叙述,而是从五位主要人物的特定生活中建构叙述。然后我识别出重复出现的主题,并观察那些叙述是如何地和而不同。这个过程促使我提出了更多的问题。在尝试回答那些问题的过程中,我抵制住了让时光倒流或前进的诱惑;相反,我对晚明的文本进行了越来越深入的研究。

总之,《行善的艺术:晚明中国的慈善事业》在非常明确的晚明的背景下审视慈善。尽管如此,我的策略还是指引着我发现了许多问题,这些问题在任何关于慈善的讨论中都是普遍存在的。如果我在进行研究时头脑中有一个特定的假设,那么我可能就不会注意到其中的一些问题。仅举几个例子。这本书问道:为何以及在何种情况下,人们会自愿施舍给有需要的人?一个人如何决定给予多少?通过组织的捐赠与个人的捐赠有何不同?是什么激励着人们去行善?非政府和国家组织的福利有何不同?

我在这本书中所引用到的晚明的资料经过了两次翻译。在2009年的原版中,我把许多中文段落翻译成英文。在中文版中,本书译者曹晔用中文原文代替了我的英文译文。在英文版中,当我试图为了西方读者而对我的译文作简化时,我偶尔会省略人名和短语。在大多数情况下,曹晔将这些部分恢复了原貌。在这个过程中,曹晔也发现了一些错误。幸运的是,这些都是小错误,并没有削弱我的论点,但我很高兴它们已经在中文版中被纠正过来了。在其他方面,中文译文与英文原文保持一致。

自始至终，都是曹晔使这一翻译成为可能。她本人就是中国社会史方面的专家。让我感到幸运的是，她愿意翻译这本书。我也感到非常幸运，因为她在翻译中付出了异乎寻常的努力，因为她对细节密切关注，因为她允许我审阅了所有的译文，因为她慷慨地分享了她的专业知识。我将永远感激她。当然，这本书里的任何不足之处都由我负责。

韩德玲

导 论

这是自 1912 年以来首部对近世中国的慈善事业进行论述的英文专著。① 直至 20 世纪 80 年代,绝大多数学者依然将中国的慈善事业这一主题看成只是与传统农业社会里的一些市镇和城市有关的一种反常现象。② 他们也许注意到了中国人的慈善活动,却忽略了这些活动的重要性。人们常说,中国人只对其亲属施善,他们的仁慈缺乏虔诚,并非心甘情愿,且服务于精英阶层的

---

① Yu-Yue Tsu, *The Spirit of Chinese Philanthropy: A Study in Mutual Aid*. 关于近期的日文和中文著作,分别见夫马进,《中国善会善堂史研究》;梁其姿,《施善与教化:明清的慈善组织》。夫马进详尽地探讨了晚明善会的情况,梁其姿注意到了清代以前的慈善的一些情况,但两位作者的研究主要集中在清代。关于 19 世纪的慈善,亦见 Raymond David Lum, "Philanthropy and Public Welfare in Late Imperial China"; William T. Rowe, *Hankow: Commerce and Society in a Chinese City, 1796–1889*, pp. 115, 248, 318; Jonathan Ocko, *Bureaucratic Reform in Provincial China*, pp. 53–55; Kung-chuan Hsiao, *Rural China: Imperial Control in the Nineteenth Century*, p. 194.
② 早期的例外见 Denis Twitchett, "The Fan Clan's Charitable Estate, 1050–1760"。近二十年后的例外见 James T. C. Liu, "Liu Tsai (1165–1238): His Philanthropy and Neo-Confucian Limitations"; Hugh Scogin, "Poor Relief in Northern Sung China"。

利益。①

19世纪基督教传教士遗留下来的文献令西方学者打消了对中国慈善传统进行审视的念头。尽管这些传教士拥有丰富的记载中国慈善的文献，但他们选择从其调查结果中将中国人在实践中的不足之处披露出来，为自己从事可能更有价值的活动铺路。当清代一场骇人听闻的灾荒在1876年至1879年席卷华北时，来自社会各个阶层的中国人勇敢地投身于赈济饥民的队伍之中。②皇帝拨下了银两；山东巡抚招商贩运以济民食；当地居民开设粥厂、创办育婴堂；慈善机构救助贫民和掩埋骸骨；外省士绅被山东灾民的困境所触动，开展了跨地区的救援行动。③ 但拥有繁荣而进步的西方工业化之实力的传教士们却发现这些努力存在缺陷。他们认为来自帝国国库的援助是"杯水车薪"④，且观察到对粮食的草率分配会引起饥民暴动，招致对资源的无根据的索取。

传教士们的批评看上去有确凿的证据加以证明：19世纪70年代后期的灾荒夺去了950万至1300万人的生命。⑤ 在对这一灾难性后果进行调查后，传教士李提摩太（Timothy Richard）有充分的理由得出以科学和基督教著称的西方文明比中国文明优越的结论。他解释说，西方发现了"在自然中上帝的工作方式"，并"在利用科学规律满足人类需要的过程中……做出了许多奇迹

---

① 甚至崔瑞德（Denis Twitchett）也在无意中强化了广泛流行的西方观点，即中国人的慈善主要增强了亲属关系（"The Fan Clan's Charitable Estate, 1050 – 1760"）。
② 关于这场饥荒的情况，见 Lillian M. Li, *Fighting Famine in North China: State, Market, and Environmental Decline, 1690s -1990s*, pp. 272 - 277。
③ Paul Richard Bohr, *Famine in China and the Missionary: Timothy Richard as Relief Administrator and Advocate of National Reform, 1876 -1884*, esp. 336.
④ 同上书，p. 41。
⑤ 同上书，p. 113。

一样的发明创造"。① 由于得到了自身社会技术进步的支持,他闯入了中国的舞台,开展救济工作。出于对本土文明之优越性的自信,他以一种纡尊降贵的姿态对待中国人:他希望能够以他自己的上帝取代中国的地方官员日常用来祈雨的"圣像"。正如他所言,他之所以要求中国人跪下来,是为了让他能够"祈求上帝眷顾下界垂怜众生"。②

传教士明恩溥(Arthur Smith)写于1894年前后的文字唤起了人们对他所理解的中国的慈善理论与其实际应用之间的鸿沟的关注。明恩溥观察到中国人拥有"育婴堂、麻风病院、养老院和义学"。但在调查完中国的庞大人口后,他得出了"这些机构必然相对稀少"的结论。他总是能够看到中国人"善行"中的不足之处。他将那些帮助背井离乡之穷人的"各省会馆"贬为"保险性质的日常办事机构"。③ 尽管他承认帝国政府能够对饥荒和洪水作出迅速反应,但他批评后者采取的是一种"权宜之计"。他强烈批评捐助者对乞丐和流民伸出援手。他断言,从本质上看,他们是为了保证家宅和仓廪不受乱民可能带来的侵扰,或是为了鼓励流民能够尽快去往他乡。④ 在明恩溥看来,即便中国人实践功过格,也是受到了利己性欲望的驱使,希望自己能够在阴间受审时能够有一个好的理由来为自己辩护。明恩溥谴责中国人行善以求"果报",认为能够医治他们的社会病的最好药方是基督教。⑤

---

① Paul Richard Bohr, *Famine in China and the Missionary: Timothy Richard as Relief Administrator and Advocate of National Reform, 1876-1884*, p. 146,转引自 Timothy Richard, *Forty-five Years in China: Reminiscences*, p. 158。
② 同上书, p. 86。
③ Arthur H. Smith, *Chinese Characteristics*, pp. 186-187。
④ 同上书, pp. 190-192。
⑤ 关于明恩溥对于基督教可以治愈中国的顽疾的自信,见 Arthur H. Smith, *Village Life in China*, pp. 341-352。

同样，上海天主教传教士柏立德（Gabriel Palatre）利用中国的慈善资料来创建西方的信仰和实践优于中国的案例。1878年的许多西方旅行家在华期间否认曾经看到过杀婴事件，因而拒绝赞助柏立德的孤儿院。但是，柏立德仍为他的法国读者搜集了大量有杀婴信息的国家文告、教化故事和版画。这些材料均告诫了杀婴之伤天害理，但柏立德却从中总结出另外一个教训：中国的律法不起作用。它不像天主教义那样，通过"单纯地向其信徒宣谕'上帝是造物主，这个世界上没有任何人有权力剥夺其同胞的生命'来创造奇迹"①。尽管有大量的证据表明许多中国人反对杀婴，但这并没有动摇他的概念框架。

在20世纪，西方人眼中的中国似乎印证了传教士们的糟糕评价。这个国家因内战和外敌的入侵而四分五裂，面临着人口过剩和饥馑的困境，却没有得到持续的救助。中国的悲惨境遇通过照片被生动地传达给了西方人。其中有一张照片捕捉到了一些瘦骨嶙峋的纤夫们像役畜似地被拴在一艘行驶于长江的巨轮上的画面。② 谁能够在看到这一幕后还会相信中国人的慈善这种话？谁还能回想起有这样一个时代，即中国社会受支配于——有时甚至能够实践——一套人道与育人的辞令？20世纪的大多数中国人通过与他们的传统为敌来创造一个全新的服务于自己的精英阶层，从而强化了西方人的偏见。因此，1989年《纽约时报》的一篇评论文章带着几分明恩溥似的口吻发表了一个完全忽视近世中

---

① Gabriel Palatre, *L'infanticide et l'oeuvre de la Sainte-Enfance en Chine*, p. 202; 此为我的译文。我翻译了所有的译文，除了其他那些在注释里或在参考书目中注明的以外。

② 追踪者的照片来自 Dmitri Kessel, *Life Magazine*, 1956; 翻印自 Lyman P. Van Slyke, *Yangtze: Nature, History, and the River*, p. 122。

国人思想中"仁"这个概念之核心的声明:"在中国的传统中,人道主义的禁欲哲学完全是或者几乎是缺席的。"这位记者补充说:"中国并没有发展出一套用来帮助那些受压迫之人的关于慈善的伟大哲学,或是一种帮助不幸之人的责任感。"①

相对于这种怀疑论的是中国的历史记载,其中有大量关于慈善活动的词汇,它们谈到了"好义"、"乐善好施"、"好善乐施"、"好行善事"和"慈善好义"、"为善"、"行善",以及"善举"和"义行"。它们赞扬"乐善之人",或者(不像英语中带有轻蔑和挖苦的弦外之音)"好善者"。它们也谈到了对穷人的"慈善"和"施济",以及"急人之困"的联想词"义"。② 它们讲述了善人们捐资造桥、维护义渡、为贫困的乡里子弟创办社学,富有同情心的人为贫苦穷乏之人提供食物、住所、墓地和药品。虽然一系列的慈善活动持续地开展,但其本身却几乎没有意义——这是由一些毫无关联的条目随机展示出来的。如何来衡量它们的重要性?如何能够在两种诱惑——或是不断搜集实例(仿佛清单越长,关于中国慈善的证据就越不容置疑),或是迅速结束整理那些以某种先入为主的理论为依据的事实——之间把握自己的方向?

促使我写作这部书的动机并非来自对帝国晚期中国慈善之优劣的坚定信念,也并非出于对慈善实然或应然的固定看法,而是缘于一个与兴起于16世纪后期的自愿性慈善组织——它是出现在19世纪时在英语中被称为"benevolent societies"的机构的

---

① Harrison E. Salisbury, "In China, 'A Little Blood'".
② 诸桥辙次,《大漢和辭典》,卷9,第9429页,"义"条,第八条。

先驱——邂逅的机会。① 倘若真如人们常说的那样,中国人的慈善救助对象主要是和他们有亲属关系的人,我想知道为何那些强宗大族中人会另起炉灶创办这些组织来服务整个社区。

　　慈善组织是在古代汉文经典的激发下,以及各种各样的非以慈善为宗旨的机构的长期运作下产生的。历代帝王将其治理范围扩展到为"鳏寡孤独"设立养济院和药局②,以此体现其对百姓的家长式关怀。佛教寺院为了诠释其神圣目标,为穷人提供避难所、药品和粥厂。③ 宗族有时会用收益来成立土地信托或"义庄"

---

① Joanna F. Handlin, *Action in Late Ming Thought: The Reorientation of Lü K'un and Other Scholar-Officials*, pp. 69, 71-72, 78, 83. 有关 19 世纪的标签,见 B. B., "The Life Saving Association and Other Benevolent Societies at Wuhu"。
② 可参见 Hugh Scogin, "Poor Relief in Northern Sung China", pp. 30-46。
③ 事实上,12 世纪以前关于佛教慈善的文献很少。早期中国的佛教信徒们向寺院布施,既是为了支持寺院的建设,也是为了向穷人重新分配善款。批评人士指责寺院耗尽民众的资源,令后者陷入贫困;或许是为了回应这些抨击,寺院后来扩大了其慈善活动的范围,以便让自己看上去对社会有所贡献。帝国政府越来越依赖僧侣来实施社会福利的活动。见道端良秀,《中国仏教と社会福祉事業》;Jacques Gernet, *Buddhism in Chinese Society: An Economic History from the Fifth to the Tenth Centuries*, esp. pp. 217-223. 关于大型佛教建筑工程给农民带来的苦难,见 Jacques Gernet, *Buddhism in Chinese Society: An Economic History from the Fifth to the Tenth Centuries*, p. 17. 关于早期佛教慈善机构的资料匮乏,见 Jacques Gernet, *Buddhism in Chinese Society: An Economic History from the Fifth to the Tenth Centuries*, p. 221. 关于一则帝国收编的例子——有关女皇武则天(8世纪初期)置使专知监管佛教寺院的一切慈善活动,即矜孤恤穷、敬老养病——见 Jacques Gernet, *Buddhism in Chinese Society: An Economic History from the Fifth to the Tenth Centuries*, p. 331,引自《唐会要》,卷 49,第 9b 页。还请注意谢和耐(Jacques Gernet)的评论,即通过渗透现有的文化社群或基于这些模式创建新的文化社群,佛教在中国的城市和农村的社区——通常使用寺院的大殿或兰若作为他们的聚会中心——迅速传播开来(Jacques Gernet, *Buddhism in Chinese Society: An Economic History from the Fifth to the Tenth Centuries*, p. 271)。正如卜正民(Timothy Brook)所言,有人可能会假定佛教或是"士绅慈善活动的宗教起源",但鲜有文字证据支持这一主张;并且,西方人通常认为慈善和基督教之间有着紧密的联系,但我们必须要警惕认为中国也有这种联系的想法。见 *Praying for Power: Buddhism and the Formation of Gentry Society in Late-Ming China*, p. 106。

(其主要功能在于通过减轻族人繁重的礼节性开支和教育性开支来达到促进本族繁荣昌盛的目的)来救助血亲以外的困苦穷乏之人。与这些将慈善作为辅助目标的机构不同,慈善组织似乎是将慈善作为其首要的、决定性的目标。考虑到这些济贫的替换途径,为何地方精英(本项研究将他们广泛定义为前政府官员、受过教育之人和富民)会自愿发起并管理慈善组织?为何这些组织首次出现在16世纪晚期?

当慈善组织问世时,书面记录中的慈善主题也越来越清晰可见,从而引起了历史学家们的密切关注。古代政治经典劝说统治者要为哑聋跛瘸之人提供就业、吃饭和穿衣的机会,也要向鳏寡孤独之人施以援手。① 历史记载方面对于发起过大量公益活动的统治者和官员一直着墨颇多。② 然而,在晚明以前,对于常规性的公益事业的讨论却所见甚少,普遍语焉不详。会要、居官手册和道德指南强调关怀穷困之人,劝诫读者要和他人分财或劝分的理想,但它们是简洁的、客观的以及抽象的,高浮于日常生活细节之上。这些文献甚少记录计划是否真正被实施,更不用说那些单独的捐助者的姓名了。③ 尤其是自宋代以来的粮食危机较日常济贫更容易招来非议。不过仍有极少数例外。最突出的一例是一位宋代的致仕官员身体力行,设立粥厂,使成千上万的人在一场饥荒中存活了下来。宋代的文献几乎没有提供抽象方案和实际情况之间的相关线索。④

---

① James Legge, trans., *The Writings of Chuang Tzu*, pp. 121 - 122, 125.
② 王德毅,《宋代灾荒的救济政策》,特别是第86 - 131页。
③ 朱熹、范仲淹和苏轼除外。
④ 关于这位官员,见 James T. C. Liu, "Liu Tsai (1165 - 1238): His Philanthropy and Neo - Confucian Limitations"。关于由帝国创办的宋代福利机构(尤其是养济院)也有参考资料。参见 Hugh Scogin, "Poor Relief in Northern Sung China"。关于宋代的一个慈幼局,见郑瑄汇编,《福寿全书》,卷4,第2a页。

近代文献总是较早期文献更容易获得。这是战争、自然灾害与何者值得保存的价值观念转变的结果。即使就晚明而言，人们也能够读到大量的书籍和文章，更不用说那些诸如账簿、医书、户口黄册和面向当地民众的文告等昙花一现的材料。识字率的提高和出版的热潮这两个同时出现的新的发展趋势加速了晚明书面材料的利用和传播。① 不过，比书面材料的激增更为重要的是读者群体的扩大带来的观念上的转变。在晚明以前，受过教育的精英阶层对书写慈善并不感兴趣。他们重视"阴德"，即功德仅为自己所知，而不被外人所知。② 他们担心其他人可能将任何公开的慈善走秀视为心怀不轨的政治阴谋。因而这也是11世纪的诗人兼政治家苏轼在为一个公共药局筹款、建造桥梁以及组织救婴会时将功劳归于宗教人士和友人，并恳求密友们守口如瓶的原因。由于卷入了政治丑闻之中，他希望能够避免自己企图建立政治声望的嫌疑。③ 有关苏轼善行的记录之所以能够被保留下来，是因为他既是一位政治家，也是一位才华横溢的诗人。这些善行本身并没有给他带来声望。慈善这一主题对于精英阶层的身份认同而言是次要的。但在一个世纪以后的一位学者的笔下，苏轼的慈善行为却是不同寻常的。④ 人们并没有心甘情愿地接受因善行而获得的表扬，这是因为他们缺乏对这些行为意义的共识。⑤

---

① Evelyn Sakakida Rawski, *Education and Popular Literary in Ch'ing China*.
② 关于阴德的观念至少能够追溯到司马迁（约公元前145—公元前90）的《史记》，早于首份已知的中国佛教文献（即公元65年）。见诸桥辙次，《大漢和辞典》，"阴德"条。
③ 有关苏轼的善举，见 Ronald C. Egan, *Word, Image, and Deed in the Life of Su Shi*, chap. 5, esp. pp. 130 – 131（桥）；128 – 130（杀婴）；133（保密）。
④ Ronald C. Egan, *Word, Image, and Deed in the Life of Su Shi*, chap. 5, esp. pp. 132 – 133, 引用费衮。
⑤ 关于宋代"慈善的伦理基础"之"不确定性"，见 Robert P. Hymes, *Statemen and Gentlemen: The Elite of Fu - Chou, Chiang - Hsi, in Northern and Southern Sung*, pp. 162 – 163。

晚明的善人们尽管有时会祈求"阴德"的价值,但在更多时候是努力让他们的善行为人所知。他们刊印簿册来解释促使其行善的客观环境,并开列捐赠者的姓名。他们立碑来详细解释他们的美意并纪念捐资者。他们想让世人将他们视为善人,一意希望赢得尊崇。每隔几代人出版一次的县、州、府的方志保存了当地传说并对乡贤加以纪念。与早期版本相比,明亡后不久的地方志通常保留了一部分关于义行的人物传记资料。(妇女被归入了单独的类目,以表彰她们的节孝,而对她们的慈善捐助则顺带提及。)在"善举"一栏中,不计其数的慈善榜样被密密麻麻地罗列其中。一位善人出钱请僧人为在1628年的一场洪水中被冲上岸的数以千计的尸休做法事①;另一位善人烧掉了一名走投无路、欲卖儿为奴的人的借据②。诸如此类。因此,从前有关善行的记录在和像苏轼那样的政界要人或文坛巨匠有关时更容易被保存下来,而在晚明,甚至是一些目不识丁之人,仅仅因行善就能获得名望和流芳百世。

为了探究善会及随之出现带来的变化等问题,我对晚明文献进行了研究。这个过程就像沿着陌生的羊肠小道追逐一个失控的球,我慢慢才记住了地标并结识了居民们——所有的一切都与西方的慈善传统如此不同。与早期近代欧洲大为不同的是,晚明的文献几乎没有保存有关行善的妇女的只字片语,也没有保存诸如那些在欧洲的档案里(以及由数量不少于男性的女性所书写的)被收藏的临终遗言和遗嘱,当然也没有妇女团体或收容妓女

---

① 《山阴县志》(1724),卷33,第8b页,沈懋简的传记。
② 同上书,卷33,第5a页,周廷泽的传记。

的慈善机构的记录。① 从一开始，我的目标并非是以一个西方的标准来评估中国的慈善事业，而是为了查明支配晚明的这一现象的原则。促成我做出这一努力的是杨东明、高攀龙、陈龙正、陆世仪和祁彪佳这五个人物留下的作品。这些作品在现存所有明代的资料中最为突出，它们不仅述及了他们的慈善活动，而且评论了能够解释其选择的社会环境。

以这五个人物为主角或者和这些人物有关的材料大体上支持了对晚明的粗略设想：这是一个繁荣的时期，由国外流入中国的白银刺激了贸易，乡村周边出现了小市镇；这是一个知识创新的时期，王阳明的开创性思想促进了识字率的提高；这是一个政府低效和社会动乱最终导致王朝崩溃的时期。然而，正如大网捕不了小鱼那样，这些用来解释晚明慈善的具体特征的设想被证实是过于粗略的。

这五位作者中的每一位都诠释了慈善，每一位都为晚明慈善这个复杂的谜题贡献了一块独特的拼图，但他们中间并没有任何人能够讲述完整的故事。只有高攀龙和陈龙正留下了大量的善会讲稿。只有陆世仪和祁彪佳留下了日记。于是，为了填充如何发起和组织慈善活动的画面，本书深入探讨这五个人物的生活，并将每个人物所采用的方法和其他四个人物的方法进行比较。本书沿着数条轨道前行：从崇高的领袖在讲话和文章中宣扬的道德规训，到通过日记揭示由个人、政治和社会的环境所塑造的实

---

① 见 Kathryn Norberg, *Rich and Poor in Grenoble*, 1600 – 1814, pp. 116, 120（遗言）；21（团体）；Cissie C. Fairchilds, *Poverty and Charity in Aix-en-Provence*, 1640 – 1789, p. 19（妓女）。关于 19 世纪中国的妇女捐赠者，见 Mary Backus Rankin, *Elite Activism and Political Transformation in China: Zhejiang Province*, 1865 – 1911, p. 100。

际行为;从制度化了的慈善捐赠的全新而持久的日常运作到危机时期的应对工作;从抽象的、理想化的救荒指南到实际表现;从举足轻重的精英阶层中的领袖到社区里的大夫、僧侣、寒士和商人这些默默无闻的参与者。他们中的每一个人的合作对于组织慈善活动而言都是极其重要的。本书因而通过这五个人物的具体经历来对晚明的慈善事业进行概述。

正如任何一位译者都知道的那样,中西方的词汇只能作大致的比较。让我们来考虑一下西方人通常将"charity"(慈善)和"philanthropy"(仁爱)区别对待的问题。"慈善"被定义为"爱心、善良……有着慷慨或自发的善念",或是"对邻居,特别是穷人的仁慈";"仁爱"被定义为"促进公共利益的一种倾向"。① 晚明的作者将面向穷人的食物救济和面向社区的桥梁修筑这两类活动归入两个有着细微差别但均指"善行"(义行、善举)的类目之下。为了遵循中国人的用法,且注意到即便是在西方,这些词汇的意思也会有所重叠,我将"慈善"和"仁爱"这两个词汇交替使用。

在晚明出现的这类自愿性社团被冠以各种各样的称呼,照字面意思翻译成英文,或是"Society for Sharing Humaneness"(同仁会),或是"Society for Spreading Humaneness"(广仁会)、"Humane Society"(仁会),以及"Society for the Common Good"或是"Society for Sharing Goodness"(同善会)。② 这些社团通常能够促进善之团契,并将慈善概括为一种能够建设成一个包括富人和穷人在内的道德社群的手段。因此,"善会"一词强调富人对穷人的仁慈的说法并不恰当。尽管如此,它在19世纪时由传教

---

① *Oxford English Dictionary Online*, s. v. "charity";"philanthropy"。
② 见 Wing-tsit Chan, *Religious Trends in Modern China*, p. 164,该书介绍了最后的这个术语。

士引介过来,如今已经在英语词汇中根深蒂固。并且因为它较许多其他可替换的词汇更为精练,我在本书中会经常使用它。

"义"这个词的意思也不明确。有时它指的是扶危济困以及共有的义仓、义社和义学,① 可能恰当地被翻译成"charitable",像"charitable deeds"(义举、义行)、"charitable schools"(义学)、"charitable ferries"(义渡)、"charitable burial grounds"(义冢)和"charitable estates"(义庄)。在其他时候,"义"指"正义",像在"义行"里也有孝行的含义。因此,17世纪的地方志通常将两者一并归入到"孝义"传这一单独的门类中。当表扬一些赞助救荒、免除债务和救济贫民的人物时,一位编者解释说:"至乃富而好行其德,人咸颂之,称之曰'义',不亦宜乎?故合而传之曰'孝义'。"② "义"这个词又暗指公正和表示一些晚明的善人所感受到的公平意识。这与世界上的其他地方介乎正义和慈善之间的组织类似。正如马塞尔·莫斯(Marcel Mauss)所观察到的那样,"从词源上看,阿拉伯语中的 sadak 与希伯来语中的 zedaqa 相同,均专指公正,后来才意指救济品"③。

最终能够定义词汇意义的并非辞典,而是这些词汇被使用时的社会政治环境。在西方对慈善的定义中,家庭责任和慈善之间的界线通常被认为是在"家庭以外",在明清作者们的笔下却大相径庭。④ 后者的关系不仅包括了家庭或"家",还包括了由礼仪界定的无数亲疏有别的亲属关系。他们绝不会将救助自己的家庭成员视为慈善,但他们通常会因帮助母系亲属或者为父系家族组

---

① 分别见诸桥辙次,《大漢和辭典》,"义"条,义学(引用12世纪的洪迈)。
② 《萧山县志》(1672),卷19,第13a页。
③ Lewis Hyde, *The Gift: Imagination and the Erotic Life of Property*, p. 16.
④ Warren Weaver, *U. S. Philanthropic Foundations*, p. 6.

织(族)作出贡献而被表彰"义行"。慈善与其他类型的捐赠之间的界线被划定及重新划定,偶尔还会出现争议,但这并不是按照西方的定义界定的。

  国家福利和民间慈善之间的界线也有类似的问题。尽管这一界线在西方对慈善的讨论中是一个常见的区别①,但它在晚明时期却是模糊不清的,这在某种程度上是人们进入官僚队伍的结果。科举考试的内容旨在测试考生的儒家经典知识和行政管理知识,从而使社会化的官员人数远超任务型官僚人数。他们被定义为熟谙仁治传统、能够对一切突发性事件采取主动的道德决策者。②

  官僚政治能力和个人素质的结合在地方官员身上显而易见,尤其是那些州县官员,他们的非正式头衔"父母官"恰如其分地传达了他们身上所肩负的家长式责任。一位知县在面对其辖区爆发的一场疫病时解释道:"民,我赤子;我,民父母也。焉有赤子病而父母不为之抚摩调治者?"于是,他下令设立药局,延请大夫夜以继日地照料病人,以减少贫者过早死亡的人数。③ 一则劝善故事则讲述了一位地方官员因其麻木不仁而引发了一场叛乱的反例。由于无法对百姓履行家长之责,他失去了合法性,促使编者评论说:"岂为民父母者哉?"④ 倘若这些例子传达的观点是地方官员要关心百姓的正式期待的话,那么作为全面发展的领导人,

---

① 关于非营利部门的"神话"(特别是慈善必须完全自愿、无私和独立于国家之外)的一则评论,见 Lester M. Salamon, "The Rise of the Nonprofit Sector", pp. 109 – 122.
② "Confucian"这个术语有些问题,因为汉语中并没有与之完全相对应的词汇。它指的是在古代文献(所谓的儒家经典)中所发现的一组观点,中国的学者们相信它们是由孔子所撰写或传播的。
③ 戴兆祚,《于公德政录》,卷7,第18b页。
④ 颜茂猷编注,《迪吉录》,"度集",第51a页。

这一点则在他们的非正式能力中体现,他们以其自身识见所发起、组织或赞助的慈善计划,总是强调他们的捐赠来自个人俸禄而非出自公共资金。地方官员和当地居民的捐款随后会被放入一个通常由当地居民管理的共同基金里。

科举考试的特有结构进一步模糊了政府与民间的界域。它要求考生用多年时间参加一系列的考试,首先在地方上取得资格,接着分别在州府、省城和京师考取生员、举人和进士。成功的应试者随后被派往全国各地任职。① 他们通常是遵循回避原则(即官员不能在自己的家乡任职)和迁调原则(一名官员由此至少每三年会被调往一个新的岗位),以阻止官员与富有的、有着非正式影响力的地方精英长久结盟。这带来的一个结果是每一个地区只有一名地方官员,但也有回到家乡的前政府官员、低级的科举功名者和渴望高中的士子。尽管这些类型的人的社会差异因衣着和特权而被显现出来,但他们对官僚政治服务存有共识,这一点逐渐弱化了国家福利与民间(或非政府)慈善之间的界限。

随着晚明的繁荣和识字率的提高,渴望跻身官场之人的队伍大大扩展了。然而,由于官僚机构的规模维持不变,高级功名的名额保持在低位,绝大多数士子依然被卡在了生员这一级上。尤其是在这五位善人中的四人所居住的长江三角洲地区,其省会聚集了大量久困科场的饱学之士。这些人和其他一些

---

① 关于科举考试制度的诸多影响,见 Benjamin A. Elman, *A Cultural History of Civil Examinations in Late Imperial China*, esp. table 3.1 on p. 659. 亦见 Ichisada Miyazaki, *China's Examination Hell: The Civil Service Examinations of Imperial China*; Ping-ti Ho, *The Ladder of Success in Imperial China*. 为方便起见,本书之后将明代文献中用来代表生员功名的各色名号翻译成"licentiate"。

诸如儒医、僧侣等支持者的存在，是晚明慈善的一个关键。由于渴望在水平层面上与同伴联合起来，以及在垂直层面上与社会地位高低不同的人联合起来，他们乐意创建在既有的政府、宗族和寺院这些机构以外的组织。晚明的慈善是一项准公共性的事务。它不仅展现了参与者的良善，也提供了一个使不同社会阶层的人能够通过竞争在其社区中声名鹊起，以及经由协商而从其社区和社会地位较高的人那里就奖励与支持进行协商的媒介。

社会变革影响晚明的慈善事业仅仅是这个故事中的一部分。本书中的这五位重要人物邀请我进入到他们的世界里，坚持用他们自己的话讲述着故事，最终迫使我面对了另一边（但并非完全看不见），即通常被问及的慈善功能与动机的问题。晚明的善人们担心饥馑会引起骚乱。他们理解职业的不稳定——这是一个因贸易而使非农劳动力和小作坊主的队伍得到壮大而变得愈发糟糕的问题——可能会引起社会动乱。一些人甚至害怕可能会出现政治崩溃的现象。然而，这些动机均无法解释为何善人们会选择慈善而非（或除此之外）其他可以利用的手段（既是强制性的又有说服力的）来应对社会动荡和维持社会秩序，或者为何在社会不安定的早期却没有出现善会。

动机问题常常（尽管并非唯一）涉及阶级关系的主题。对贫困和需求的固有认知是对差别和对贫富之间存在鸿沟的一种设想。因此，一些当代的历史学家们将慈善捐赠看成是协调阶级、稳定社会，或是维护精英对社会统治的一种手段。这些学者就像格特鲁德·希梅尔法布（Gertrude Himmelfarb）所说的那样，"习惯于将社会变革和私人慈善视为如同转移民众不满的'安全阀'那样的维持社会现状的工具，或是保持下层阶级俯首帖耳的'社会控制'的机制"①。或如刘易斯·海德（Lewis Hyde）雄辩地宣称（关于一份19世纪的慈善声明《促进吾辈中之弱者的幸福》）："这种'慈善'是一种应对跨阶层问题的方式……慈善对待穷人的方式，就像过去对待陌生人的方式一样；它是一种对外贸易的方式，一种将陌生人排除于群体交易之外的方式。最糟糕的是，它是一种'礼物暴政'，它用慷慨的纽带力量来操纵人民。"② 甚至连"慈善"这个词汇，如今也带有维护有依附性关系的生物身上的权力的弦外之音——当查尔斯·狄更斯（Charles Dickens）提及帕蒂格夫人（Mrs. Pardiggle）"猛扑过去抓住穷人，对他们仁慈得像一件紧身衣"的时候。③

本书中的五位善人从平庸之辈中脱颖而出，将我的思路从阶级矛盾重新定位到以下问题：是什么使这一小部分精英分子（且未必是最富有和最有权势之人）成为慈善活动的领袖？在一些例子中，相关材料揭示出童年经历、个人危机和性格激发了一位善人心生仁念。尽管这些人出自精英阶层，但在回应社会变革所创造的机遇时，他们表现得与众不同。

权力的运用尽管被证实是重要的，但并没有我预想的那样重要。尽管一些官员和地方精英试图左右结果以服务于自身利益，晚明的材料却揭示了社会较低阶层的群体同样能够施加相当大的影响。他们发起行善计划，巧妙地选择从社会地位较高的人那里获得资助。甚至那些财富较少、缺乏功名这一晋升官场之阶的

---

① Gertrude Himmelfarb, *Poverty and Compassion: The Moral Imagination of the Late Victorians*, p. 73.
② Lewis Hyde, *The Gift: Imagination and the Erotic Life of Property*, pp. 137 - 138.
③ Charles Dickens, *Bleak House*, chap. 30, p. 432.

小人物也可以且能够为有价值的目标而运用道德权威去赢得社区中人的合作。

进一步促使我放弃慈善缘于精英阶层寻求统治和控制地方社会这一泛泛之论的是晚明的地方精英在决定慈善活动要如何进行时所产生的尖锐分歧。社会等级制度处处可见且至关重要，但更重要的是促使晚明不同社会阶层的善人们从事集体行动的力量，以及让许多支持者在慈善活动中不断聚集在领导人周围的动力。如何才能达成足够可行的管理大规模合作行动（即救治上百病人和供给上千饥民食物）的共识？如何才能在日常工作和机构中赋予捐助者以权威，鼓励他们之间的合作？这些人的动机可能多种多样，从愤世嫉俗地展现慷慨到维持对穷困之人的由衷的同情。人们是如何被动员起来共同推进这一事业的？以及随着时间的流逝，是什么让慈善活动得到了持续？

一位美国的历史学家评论说，我们当代的社会倾向于将慈善看成是"变相使用权力"，并对任何有关人们可能被同情心由衷打动的想法持怀疑态度。① 那么，人们是否应该无视本书中提到的五个人物被同情心所打动的说辞，或是他们在公共集会时为穷人落泪的报道？人们应该如何理解这五个人物中的四人（社会边缘人物陆世仪有些不同）不仅忙于救助穷人，连他们自己也日复一日、月复一月地辛勤工作的事实？我认识到，比起质疑他们情感的真实性，更有成效的方法是审视他们如何界定自己，以及社会、政治和文化力量如何驱使并引导他们富有同情心的冲动或责任感。换句话说，是什么界定了他们在地理范围及其设法解决的需

---

① 大卫·罗特曼（David Rothman）在他的《行善》导论（*Doing Good：The Limits of Benevolence*，pp. x‑xi）中仔细地思考了为何"慈善"应当声名狼藉。

求类型两个方面的同情视野?

　　这五个人物进一步提醒我去留意他们的信仰的重要性,但并非全然以我预期的方式。犹太教和基督教的传统暗示着慈善与一个特殊的宗教传统之间有着十分紧密的关联,而这五个人物勾勒出了一个有着佛教、儒教和道教信仰,甚至有着用赏罚之法来调节行为的法家信仰的混合体。他们十分关注自己的品行。他们中的一些人用心记录着自己的功过。[①] 这五个人物中的每一个人物都努力实践其所倡扬的东西,不但常常努力教导大众,也教导精英分子。这些人所信仰的东西发挥着许多功能,其中尤其重要的是维持秩序。这些信仰也使他们摆脱了平庸,帮助其成为慈善活动中的带头人物,并放大了其作为善人的自我形象。结果是,他们记述了大量关于他们的慈善活动,为我们审视晚明的慈善事业如何运作提供了一个难得的机会。

[①] 关于追踪功过,见酒井忠夫,《中国善書の研究》; Cynthia J. Brokaw, *The Ledgers of Merit and Demerit: Social Change and Moral Order in Late Imperial China*。亦见 Joanna F. Handlin, *Action in Late Ming Thought: The Reorientation of Lü K'un and Other Scholar-Officials*, pp. 186–212。

上编
新惯例:行善社团

第一章 放生社

如婴儿叫。

——姚文然

除了贫困和需求以外,晚明慈善组织的形塑还受到一系列事件的驱使。在首个已知善会出现之前的16世纪80年代左右,饱学之士开始记录他们是如何在看到屠夫手上的猪或是待出售的鸡这些不幸的生物时赶忙将其买下放生的情形。他们关心的不仅有能犁地的牛,也有鸟类和鱼类、乌龟和小昆虫;不仅有注定成为盘中餐的肥美动物,也有令人讨厌的苍蝇和毒蝎。在这项慈善事业中的五位带头人物组织或参加善会,分发食物和药品给穷人,发起其他慈善活动。他们或亲身参与放生,或因支持救助人类而反对放生。在这五个人物中,有三人(杨东明、高攀龙和祁彪佳)慷慨捐资以助放生和救人,其余二人(陈龙正和陆世仪)却直言反对花钱放生。然而,即便是反对者,在比较这两类活动以及争论善会优于放生社是因为人类比其他生物更为重要时,也承认它们在某种程度上具有可比性。

不论是支持者还是反对者,放生的实践已然成为一个共同的参考依据,为他们在讨论济贫时提供了所要用到的多个词汇:对同类的同情心,生命的重要性,强者对于矮小、贫困和体弱之人的责任。此外,一些晚明的善书隐含着的一个观点是放生和救人具有可比性。这两类活动均被归入"善行"的标题之下。因此,对晚明慈善事业的叙述正是从放生活动开始的。

"放生"这个中文词语的字面意思是"解放生命",但由于它特指使被捕获的动物重获自由或重获新生,我把它翻译成"releasing"、"liberating"或"saving"动物。① "放生"一词有着悠久的历史。它通常能够追溯到5世纪的《梵网经》中②,我们也能够在当代找到它的踪迹。在中国、南亚和纽约,我们依然能够看

---

① 关于放生会及其早于善会的论述,见夫马进,《中国善会善堂史研究》,特别是第151-164页。这部分首先出现在夫马进,《善会、善堂の出发》,第193-199页,特别是第198-203页。亦见黄依妹,《戒杀放生と仁の思想》,特别是第31-38页;道端良秀,《中国佛教と社会福祉事业》,特别是第231-241页;小笠原宣秀,《中国近世净土教史の研究》,第214-216页;以及 J. J. M. de Groot, "Miséricorde envers les animaux dans le Bouddhisme chinois"。关于袾宏对这些社团的倡导,见 Chün-fang Yü, The Renewal of Buddhism in China: Chu-hung and the Late Ming Synthesis, esp. pp. 76-87;荒木见悟,《戒杀放生思想の发展》,载《阳明学の开展と佛教》,第219-244页;Nicolas Standaert, Yang Tingyun, Confucian and Christian in Late Ming China: His Life and Thought, pp. 38-41, 44.
② 5世纪以前的文章并不认为放生动物是一种值得称赞的举动,根据 J. J. M. de Groot, "Miséricorde envers les animaux dans le Bouddhisme chinois", p. 471。关于《梵网经》的足译本,见 J. J. M. de Groot, Le code du Māhayāna en chine: Son influence sur la vie monacale et sur le monde laïque, esp. pp. 52-53。虽然大多数资料将《梵网经》作为诠释"放生"一词的最权威文献,事实上它也出现在《列子》(编纂于大约公元300年)中。晋国(公元前511—公元前474)的大臣在元旦那天收到了鸽子这件礼物。他说道:"正旦放生,示有恩也。"于是有人辩称,由于人们竞相捕捉鸽子,导致许多鸽子死亡,最好禁止这种做法。见 A. C. Graham, trans., The Book of Lieh-tzu, p. 178。卜德(Derk Bodde)认为这个故事与佛教中的放生实践并无关联,见"Lieh-tzu and the Doves", pp. 26n6, 30。佛教未必赞同素食,以及巴利文中的佛教戒律允许吃鱼和吃肉,见 Richard Mather, "The Bonze's Begging Bowl: Eating Practices in Buddhist Monasteries of Medieval India and China", p. 421.

第一章 放生社

到它的实践。① 据悉，它滥觞于一部佛经，且流行了至少1500年。这表明佛教信仰的力量和持久性，它们使我们对某些不变的要素执迷不悟。但在其经久不衰的表象背后，"放生"一词周期性地获得了新的语境，吸引着新的社团，从而使它的意义得以不断转换。

根据现存晚明以前的史料可知，对放生的倡议通常来自社会上层，即从僧侣、统治者到希望为统治者增进福祉的个别官员。放生的概念激发了6世纪的梁武帝产生向祖先供奉面食而非肉食的想法，也促使智𫖯和尚做出了开掘六十一个池塘作为游鱼避难之所的举动。在安史之乱造成毁灭性后果以后，放生为唐肃宗重获百姓爱戴提供了一个办法。为了"广慈惠"于全天下，他在八十一处地点设置了放生池。放生的想法也使一位宋代官员向皇帝提议，于每年四月初八在西湖举行民众集会，通过放生游鱼和飞禽来为皇帝祈福。② 换言之，在晚明以前，那些打着子孙后代

---

① 尉迟酣（Holmes Welch）称其观察到在1963年出现了放生麻雀和其他动物以抗旱的情况，见Holmes Welch, *The Practice of Chinese Buddhism*, *1900 - 1950*, pp. 378 - 379。李慧仪（Wai-yee Li）和于君方（Chün-fang Yü）在与我的私下交流中提到，她们观察到当代的中国香港和台湾均有放生的活动。关于缅甸的放生活动，见George Orwell, *Burmese Days*, pp. 12 - 13。在19世纪晚期，放生会在"中国的许多地方"都是显而易见的，根据以下评论：George W. Clarke, trans., "The Yü-li or Precious Records", p. 259。关于在20世纪初期为纪念释迦牟尼的诞辰而放生动物，见J. Prip-Møller, *Chinese Buddhist Monasteries*, p. 163。关于在纽约的佛教徒放生金鱼和乌龟，见Debra West, "Good for Karma, Bad for Fish?", *New York Times*, 11 January 1997。
② 关于隋唐统治者强制实行的不许宰杀动物和鱼类的禁令，见Stanley Weinstein, *Buddhism under the T'ang*, pp. 43, 114, 123；陈梦雷等编《古今图书集成》卷212中的文章。关于王钦若的奏疏以及随后苏轼对成千上万的人祝延圣寿而参与放生的评论，见《钱塘县志》，"纪胜"，第44b - 45a页。关于唐宋时期的放生，见赵翼，《陔余丛考》，第699页。亦见余治，《得一录》，卷7B，第2a - 2b页。在唐代成立的戒杀生的社团并没有特别提到"放生"这个术语，见Jacques Gernet, *Buddhism in Chinese Society: An Economic History from the Fifth to the Tenth Centuries*, p. 261。

23

的名义的放生活动以声势浩大的公众表态的形式进行。

若说中古时期的精英知识分子在他们的日常生活中放生动物——如白居易、苏轼和其他人的散记和诗歌所暗示的那样——那么他们这么做是暂时性的、顺带性的,并没有留下太多评论。① 苏轼有可能是个例外。据说,他在担任杭州通判时举办了一场放生集会。② 但这个主题在他们的意识中是无关紧要的。个人孝道也许比日常的社交活动或一次主题集会更值得一书。

关心动物的现象在晚明社会里并不普遍。伴随着同情动物之举的是大量冷血的事例:年轻人以血腥的斗鸡为乐③;富裕的家庭恣意享用珍禽;屠夫无视自己因血腥的交易而被诋毁的现实,继续以招揽大量顾客为目标。对动物的暴行通常能够被人们宽恕,或者仅仅被他们忽略掉。尽管如此,对放生动物的关心应当在士人的著述中被呈现出来,且应当成为社会组织的基础,这至少标志着一些社会成员在情感上的转变。

---

① 见白居易著,朱金城笺校,《白居易集笺校》,第 70 页,《放鱼》。我找不到与楷在《小云栖放生录》第 2b 页提到的白居易的《放生仪》。参阅另一则丁锐的评论。我猜测他是宋代人。他列出了除庆祝佛诞以外,人们希望放生动物的几个理由:祈求长寿、治病,以及出于对无辜动物的怜悯,见《古今图书集成》,卷 212,第 2156 页。
② 见《古今图书集成》,卷 212,第 2164 页,"神异",引自 J. J. M. de Groot, "Miséricorde envers les animaux dans le Bouddhisme chinois", p. 471。我并没有找到苏轼使用过"放生会"这个术语的材料。一则相关材料可能是苏轼的《放生河为人主祝寿祈福》,转引自余治,《得一录》,卷 7 之 2,第 2a 页。在这里,苏轼使用了"会放"一词来指涉在西湖的一场年会。
③ 张岱(Arthur Hummel, ed., *Eminent Chinese of the Ch'ing Period*, pp. 53 - 54)在 1622 年成立了一个斗鸡社,但后来在获悉自己和一位同样好斗鸡而亡其国的唐朝皇帝同一天生日以后便放弃了这个社团。见张岱,《陶庵梦忆》,第 40 - 41 页,引自 Joe Cutter, *The Brush and the Spur: Chinese Culture and the Cockfight*, p. 28。关于他的外祖父于 1604 年所建的一个放生池以及后来他在三十多年的时间里放生了成千上万条鱼,见张岱,《陶庵梦忆》,第 89 - 90 页;Timothy Brook, *Praying for Power: Buddhism and the Formation of Gentry Society in Late-Ming China*, p. 42。

社会不稳定的日趋严重或许能够解释这一新的情感。它是由以下几种情况引起的:经济的增长使商人有时候获得了比拥有土地和功名的士人更强大的经济实力;识字率的提高创造了远较官僚机构能够提供的职位更多的受过高等教育的人;商业渗透到农村地区,形成了小型市镇;家庭命运发生了急速且经常令人感到不可思议的变化。此外,王阳明的教导(知识的权威在于个人以及知行合一)解放了个人的良知追求和行动主义者的主观能动性。① 这种单一因果的解释尽管看似雄辩,却无法公允地看待放生这个象征性行为所具有的复杂性。比起特定的经济、社会或精神上所呈现出来的变化,16世纪末至17世纪初的士人对放生的热衷更多地表明其试图在一个越来越复杂的社会中操演并重新界定自己。正如接下来马上要提到的善会那样,放生动物是一种由贫富贵贱诸色人等参与其中的能见度很高的公众行为。

本章聚焦于晚明,但偶尔我会引用那些出生在清初或跨越两个朝代的作者的话。为了方便起见,当涉及一群作者,其中多数是晚明时期的人时,我偶尔使用"明清"一词。

晚明的转变

在晚明以前,关于救助动物生命的书面材料是零散的,且从属于其他主题。据我所知,只有在两份明代以前的文本中,编者

---

① 关于王阳明,见 L. Carrington Goodrich and Chaoying Fang, eds., *Dictionary of Ming Biography*, 1368–1644, pp. 1408–1416; Wing-tsit Chan, introduction to *Instructions for Practical Living and Other Neo-Confucian Writings*, by Wang Yang-ming, pp. ix–xli. 关于王阳明和他的众多追随者,见 Huang Tsung-hsi, *The Records of Ming Scholars*. Edited by Julia Ching, with the collaboration of Chaoying Fang, pp. 101–201. 亦见黄宗羲,《明儒学案》,卷11–30。

搜集了有关放生动物的材料，似乎暗示着这个主题值得人们关注。在这两个例子中，这个关注的迹象被证实是一种错觉。我们要讨论的第一个文本是一部庞大的17世纪的佛典，其中有一部分是关于放生的主题。① 然而，从整部作品的上下文来看，这百分之一的部分很不显眼，因为它只有几页。相比许多更有分量的议题，这看上去是微不足道的。第二个文本是《太平广记》。这是10世纪的一部记录奇闻轶事的书籍，其中大部分以"志怪"著称。② 有关放生动物的十六则故事在这里被收入到单独的一章中。③ 但这章的主题并非如其标题所示"放生"，而是"报应"。尽管这些故事谈到了从鬼门关中解救动物，但它们并没有用"放生"这个词，而简单地说"放"，如"放之"。仅仅是因为这些故事在之后的明清作品中被归入"放生"这个标题下，我们如今才能够轻而易举地检索到这些放生动物的实例。④

　　随着放生的实践在知识精英阶层中的传播，明清善书与类书的编者们对此主题加以阐发并大力宣扬。为了追根溯源，他们将《太平广记》里的故事与其他早期作品中有关"放生"与"戒杀"这一相关主题的只言片语吸收进自己的文本故事中，新瓶装旧酒。在18世纪，大型类书《古今图书集成》的编者搜集了一千多年以来的相关材料，将之归入"放生"这个类目中。他们手头掌握了充足的放生题材，以此暗示这是一个持续了数世纪的连续不断的传统。

---

① 道世编，《法苑珠林》，卷87，篇75。
② 关于这两部分别出版于668年和981年的作品，见 William H. Nienhauser, Jr. , ed. , The Indiana Companion to Traditional Chinese Literature , pp. 371 - 372, 744 - 745。
③ 李昉编，《太平广记》，卷118。
④ 例如，见《迪吉录》和陈梦雷等所编《古今图书集成》这两部作品集。

"放生"一词被长期使用,且新的用法得到了古老传说的反复强化,使得我们难以觉察到它在意义上的转变。这样做的任务变得更加复杂了,因为放生的做法和大多数象征性行为一样,其实践远较诠释来得更加平常。因此,它能够传达出大量的信息,将自身融入一个广泛的情境之中。举祁彪佳的例子来说,他的放生活动有多个层面。他的慈善活动是本书第二部分的重点。在1622年考中进士以后,祁彪佳就立即开始了一段辉煌的仕途。那时的他才二十一岁,还非常年轻。我们无从判断他是否是一个微不足道、离经叛道或怪异的人物。然而,在17世纪的三四十年代,他时常在日记里煞费苦心地记录自己的放生之举。他写道,在父亲的一个忌日里,他情不自禁地哭泣,避门谢客,随后在友人颜茂猷和其他两位友人的陪同下前往一座寺庙。在那里,他们碰见了第四位友人。他用自己的俸禄买了一只麻雀放生。颜茂猷亦然。正如祁彪佳所记载的那样,颜茂猷"亦买雀为予祝,诸友因为'放生'之咏"。①

祁父的忌日有其特殊的重要性,这与放生动物的行为无涉。和供奉祭品一样,放生麻雀增强了效力,但它自身却无法定义这个场合。因此,它在精神上类似于宋朝时每年在西子湖畔伴有祈愿行为的放生活动。然而,它也不同于祁彪佳笔下其他自发的、明确的放生行为。当他的一名仆人碰巧将一只鹅五花大绑时,祁彪佳买下它来放生。② 当他听说有人要宰杀一头猪时,他买下它来放生。③

---

① 祁彪佳,《栖北冗言》,1632年11月22日。关于祁彪佳,见 Arthur Hummel, ed., *Eminent Chinese of the Ch'ing Period*, p.126;本书第六章至第八章。关于颜茂猷,见酒井忠夫,《颜茂猷の思想について》,第259-273页。
② 祁彪佳,《感慕录》,1640年闰1月4日。
③ 同上书,1640年8月25日。

和许多同时代人一样,祁彪佳加入了某个小型的社或会来放生动物。一些社团有定期集会,在祁彪佳的例子中是每月初八①;其他社团虽然不定期,但也频繁集会②。有时,每位社友会各自预先买好一只动物,用来在集会上放生。有时,社友们会集体出资购买动物。尽管具体的行为千差万别,但有两点是显而易见的。一是在前代为数不多的材料中,放生集会是大型的,是为庆祝或强调诸如佛陀或皇帝的寿辰等一些特殊时刻。晚明集会是小型的,且举会频繁,并以放生动物作为其主要宗旨。二是早期放生动物的例子通常是由统治者或官员发起,但在地方社会并没有得到积极的回应。而明代自发形成的社团却表明,人们对放生动物的兴趣由习俗所支配,后者得到了明代地方精英的充分理解和广泛参与。因此,祁彪佳一方面延续了具有悠久传统的孝道,另一方面也积极参与了新的事物。

在开掘池塘、水道来保护鱼类和其他水生动物方面,放生动物的场所转变得更为明显。在晚明以前,对动物栖身之水域的设置始终是在官员和统治者的主持下进行的——在公元759年,每一个道都被责令设立一个放生池。③ 在晚明时期,此举延伸到了

---

① 例如,见祁彪佳,《归南快录》,1635年12月8日;祁彪佳,《居林适笔》,1636年1月8日,2月8日,3月8日,6月8日,7月8日,8月8日,9月8日,10月8日;祁彪佳,《山居拙录》,1637年2月8日,4月6日,6月8日,9月8日。参见夫马进,《中国善会善堂史研究》,第157-158页,第198页,注释43。祁彪佳有时也会在不是初八的日子里放生,参见祁彪佳,《山居拙录》,1637年10月15日。
② 冯梦祯在他的日记中记录的集会日期并没有规律可循。通常集会出现在月中(十四、十五或十六日)或者月底(二十九日),但冯梦祯也提到集会在初五、初八和十一举行(以上日期为阴历)。见冯梦祯,《快雪堂集》,卷58-62,各处。亦见 Nicolas Standaert, *Yang Tingyun, Confucian and Christian in Late Ming China: His Life and Thought*, pp. 38-40, esp. pp. 40nn101, 103。一些作者反对在一个固定的时间或地点举会,生怕小贩们会抢购被放生的动物,参见周梦颜,《阴骘文广义》,卷下,第9b页。
③ 参见朱国祯,《涌幢小品》,卷22,第514页。在宋代,欧阳修评论说放生池在唐代比比皆是,见陈梦雷等编,《古今图书集成》,卷212,第2159页。

地方社会,开始成为个别的、非官方的自发行为。当祁彪佳在一座山的山顶为自己建造了一座大型花园时,他也在低洼处开辟了一个"放生池"。①

教化故事

"放生"的主题在晚明的作品中日益凸显出来,有时占据了通俗善书的整个章节,成为当时流行的一种类型。② 这些章节通常是从以往的出版物和基于史实与传闻的五花八门的奇闻轶事中搜集而来,表明那些善待动物之人会变得富有、长寿和事业有成。换句话说,他们得到了善报。一则故事讲述了一位有着一副慈悲心肠的酒保小心翼翼不让苍蝇掉进他的酒桶。过了一段时间以后,酒保被人诬告并被定罪。然而,正当地方官准备宣判时,成千上万只苍蝇聚集在毛笔周围,阻止他下笔。地方官意识到有神力相助,便释放了酒保。③

即便这些故事听起来荒诞不经,但它们影响着明代士人如何理解并书写他们的经历。比如,它们讲述了官员冯时可(也是一位显宦之子)毕恭毕敬地记录了一段使一个人转变为素食者的个

---

① 王思任,《祁忠敏公年谱》,第10a页,关于1635年10月的内容。
② 例如,见颜茂猷编注,《迪吉录》,"平集",第1a-48a页。亦见周梦颜,《阴骘文广义》,特别是卷下,第9a-15b页;余治,《得一录》,卷7。关于通俗善书,见Cynthia J. Brokaw, *The Ledgers of Merit and Demerit: Social Change and Moral Order in Late Imperial China*;酒井忠夫,《中国善書の研究》,以及"Confucianism and Popular Educational Works"。亦见Joanna F. Handlin, *Action in Late Ming Thought: The Reorientation of Lü K'un and Other Scholar-Officials*, pp. 186-212。
③ 颜茂猷编注,《迪吉录》,"平集",第2b页。亦见袾宏,《戒杀放生文》,第14a页。

人经历。① 当冯时可的一位友人试图劝人戒杀生、戒食牛时，一位叫谢室的人依然"嚼自若也"。不久以后，冯时可的友人听说谢室在目睹了一次侥幸脱险的事件以后改过自新。谢室乘船出行，船只停泊在另一艘船的边上。这时，三名陌生人突然出现。不料，其中二人登上另一艘船后竟匆忙溜走。谢室无意中听到这二人对第三个人说道："渡客有不食牛肉者，技难施尔。"在下一个渡口，谢室听说另一艘船因狂风大作差点全船沉没。他进一步了解到，那艘船之所以能够逃过一劫，是由于船上有三位持食牛戒的乘客成功抵御了风妖作祟。谢室和其他六十名乘客因而醍醐灌顶，焚香发愿今后不再吃荤。②

　　这则大约写于 1586 年左右的故事具有《太平广记》中的故事的某些特征：在这个例子中，巧遇另一艘船；衣着古怪之人突然出现；妖怪化为人形；上天对善举的回报。但在这里，冯时可以他的理解记录了一则真实的同时代事件。他自己从这个事件里吸取了教训，并付诸实践。出于对老鼠的尊重，他不再养猫。一次，他极力恳求一位友人放过一只老鼠。当这位友人问他"是何足惜"时，冯时可解释说，他的兄长对待啮齿类动物的敌视态度往往收到了反效果。③ 尽管他的兄长对老鼠始终保持警惕，小心翼翼地将他的善本套上书套，但每当查看这些书时，他总能发现书上有新的齿印。于是他买了一只猫，但老鼠还是像从前那样咬书。相反，冯时可将他的书随意放置，结果尽管他发现有鼠粪，但书"完无损也"。两兄弟的关键区别在于态度而非行动策略。冯时可的兄长

---

① 关于冯梦祯，见 L. Carrington Goodrich and Chaoying Fang, eds., *Dictionary of Ming Biography*, *1368 - 1644*, pp. 455 - 458.
② 冯时可，《冯元成选集》，卷 19，第 39b 页，《安期生戒牛记》。
③ 此人实际上是冯时可的同父异母的兄弟。

第一章 放生社

"以鼠为游寇",而冯时可不养猫,使老鼠变得驯服,以至于它们连酒觞食榼都不碰。①

冯时可站在政教的立场上为其替老鼠请命作结:和那些偷窃粮食的毛贼、"窃国"之大盗、官员相比,老鼠造成的破坏是微不足道的。但冯时可对动物的辩护远非一种政治评论的手段。总之,出于对动物的尊重,冯时可"牛羊犬豕皆不入口,于豕独食其肉,傍菜尔"。他的家庭恪守着不杀鸡、少杀鸭、限制吃鱼,以及戒食有钳海鲜的规矩。② 同样是出于对动物的尊重,他还组织开掘了一个池塘用来放生动物,并为前来听放生宣讲的民众建造了容身之所。他注意到此时放生会已遍布于南直隶和吴越。③

这些教化故事及其所支持的放生实践传达了许多精英自身由衷珍视的东西。祁彪佳在他的日记中记录了自己的放生实践:此地一只鹅,彼地一口猪,一次四百只水生动物,另一次是不计其数的鱼类。④ 他记录了放生会,有时还会记下与会者的名字。⑤ 显然,他认真对待这些事情,将之作为自己生活记录的一部分。此外,他还为一部善书作了序。这部善书中的一部分是关于放生和戒杀的轶闻,其中包括了《太平广记》里的几则故事,以及上述酒保的故事。⑥ 对这些故事的评论,除了其他见解以外,这部书的汇编者指出,残害生灵源自前世所犯下的罪孽,与其冤冤相报

---

① 冯时可,《冯元成选集》,卷18,第29b-30b页,《活鼠记》。以下关于老鼠和官员之间的比较显然会让读者想到《诗经》里的《硕鼠》,毛诗第113篇;James Legge, trans, *The She King, or, The Book of Poetry*, pp. 171-172. 亦见 Madeline K. Spring, *Animal Allegories in T'ang China*, p. 65。关于18世纪的一则不要畜猫以让"本无害于人"的老鼠活命的劝诫,见周梦颜,《万善先资集》,卷1,第7b-8a页。
② 冯时可,《冯元成选集》,卷19,第53a页,《社约记》。
③ 同上书,卷18,第13b页,《普度庵放生池记》。
④ 祁彪佳,《自鉴录》,1638年5月8日;祁彪佳,《弃录》,1639年12月20日。
⑤ 祁彪佳,《归南快录》,1635年10月15日。
⑥ 关于他为《迪吉录》所作的序,见祁彪佳,《涉北程言》,1631年12月20日,12月23日。

不知何时休,倒不如采取以德报怨这个最佳方式。① 作为此书的汇编者,颜茂猷在四年以后,即 1635 年,在祁父的纪念仪式上放生了一只麻雀。与冯时可和祁彪佳一样,颜茂猷也躬行实践。

袾宏与佛教的复兴

历史学家们认为,16 世纪的云栖袾宏是晚明佛教复兴的功臣之一。在袾宏看来,放生和戒杀这两种行为在晚明以前绝迹已久。他认为人类戕害动物的习性变得根深蒂固。人们通过杀戮桑蚕制作丝织品,穿着这样的丝织品成为一种广泛的风俗。袾宏为此扼腕叹息。他谴责"世人食肉",正如他所言,"习行既久,不觉其非"。② 为了给自得之人敲响警钟,袾宏写了一篇重要的《戒杀放生文》。正如于君方业已指出的那样,这为袾宏吸引信众、亲近佛法创造了一个平台。③

袾宏利用了有利的信息传播和流通的社会环境。和那些王阳明的弟子们竭力主张一个人要教导十个人一样,他创造了一个属于自己的能够让人们皈依佛法的方式,鼓励他的读者们"展转流通,递相劝化"④。正如他所解释的那样:"能劝一人不杀,如救

---

① 颜茂猷编注,《迪吉录》,"平集",第 1a 页。
② 关于丝织品,见袾宏,《竹窗二笔》,第 28b 页,"蚕丝";关于肉,见袾宏,《戒杀放生文》,第 3a 页。僧人憨山德清也鼓励放生会,见 Sung-peng Hsu, *A Buddhist Leader in Ming China: The Life and Thought of Han-Shan Te-ch'ing*, esp. pp. 86 - 87。
③ 袾宏,《戒杀放生文》,第 3a - 20b 页。见 Chün-fang Yü, *The Renewal of Buddhism in China: Chu-hung and the Late Ming Synthesis*, pp. 27n40, 76, 85 - 87。这篇文章是以连续的页码作为一个整体出版的,尽管一些评论者将它的每一个部分作为单独的文章。这篇文章与另一篇收录于袾宏,《竹窗随笔》,第 25a - b 页的题为《戒杀》的文章不同。
④ 关于王衡,见 L. Carrington Goodrich and Chaoying Fang, eds., *Dictionary of Ming Biography, 1368 - 1644*, pp. 1408 - 1416。

百万生灵。劝至十人百人,以及千万亿众,阴功浩大,善果无穷。"① 受其影响,富人和主流士大夫资助其文章的出版,并在序跋文字中阐述他的主张。② 在一篇这样的序中,一位官员重复了袾宏的话,宣称:"尚从此而有一人不杀,十人不杀,推而广之,而渐至于百千万亿人不杀。"③ 这句话因而流传开去。

袾宏的学说上达社会顶层,渗透进了朝廷。太后也耳濡目染,派人向袾宏取经。袾宏的学说亦下达乡村。官员和学者利用他们的权威和地位在民众中间宣传他的理念。一位在宣传袾宏理念中起着重要作用的官员在他十二岁时就已经皈依佛门。在1583年考中进士以后,他将自己的宗教信仰带进了官场。在担任地方官期间,他每日诵《金刚经》,并复建了一座佛寺,甚至禁止为祭祀祖先而杀戮动物的行为。为了替自己的立场辩护,他以孔子"敬鬼神而远之"④的教导作为出发点,接着补充说:"未尝以鬼神为无有也。第鬼神享用,与人间不同。人好酒肉,便以酒肉祀鬼神。譬之蛆虫唼粪,便以粪贡人,岂不得罪于人? 盖神明清净,闻人间酒肉污秽,厌恶不暇……我今告禀城隍,将尔等前罪赦除,后次不可再犯。若仍前杀牲污神,不惟无益,且遭罪谴。此系实说,决非妄言。"⑤

---

① 袾宏,《戒杀放生文》,第7a页。参见 Chün-fang Yü, *The Renewal of Buddhism in China: Chu-hung and the Late Ming Synthesis*, pp. 86 – 87。
② 例如,《戒杀放生文》的节录出现在以下文献中:颜茂猷编注,《迪吉录》,"平集",第28b – 29a页,以及周梦颜,《万善先资集》,卷4,第60b – 69a页。
③ 屠隆,《栖真馆集》,卷10,第24a – b页,《戒杀放生文序》。关于屠隆,见 L. Carrington Goodrich and Chaoying Fang, eds., *Dictionary of Ming Biography, 1368 – 1644*, p. 1324。
④ *Confucian Analects*(《论语》), 6. 20, trans. James Legge, p. 191.
⑤ 彭绍升,《居士传》,卷42,第5a – b页。关于蔡承植和其他信众,见 Chün-fang Yü, *The Renewal of Buddhism in China: Chu-hung and the Late Ming Synthesis*, pp. 90 – 93, esp. 93。

德高望重的陶望龄也是同道中人。他是祁彪佳的老乡。和祁彪佳一样,陶望龄在1589年高中会元,是人中龙凤。他和友人们成立了一个放生会,并借助自己的文才和高位写了一篇文章来打消人们对于袾宏的放生计划的疑虑。他还编著了十首与袾宏学说有关的诗歌,以期令其易于记忆,从而口耳相传。① 随着袾宏学说的传播,应验其说的真实事件也开始出现,从而影响到了清初的一部通俗善书。比如,书中提到曾与大儒刘宗周一同讲授经典的陶望龄之弟陶奭龄因为善待动物而得到了好报②:他和一位友人放生了数万条鳝鱼,因此他们较命中注定的时间更早地通过了科举考试。③

在陶望龄的同僚中,有一位是来自四川的黄辉。④ 一天晚上,黄辉梦到藏书家焦竑给了他一卷书,原来这是袾宏关于戒杀的文章。当他醒来时,他决心终生坚持戒杀,用自己的俸禄购买动物来放生。他还把袾宏的文章刊印出来分发下去,从而使袾宏的学说迅速流行。⑤ 他一生都对这笔财富心存感激,认为"昔作戒杀放生文劝世,而颇有翻刻此文,不下一二十本。善哉斯世,何

---

① 关于《放生辨惑》这篇文章,见陶望龄著,王应遴编,《歇菴集》,卷13,第58b - 63b页。关于陶望龄,见 Chün-fang Yü, *The Renewal of Buddhism in China:Chu-hung and the Late Ming Synthesis*, pp. 85, 92 - 94;彭绍升,《居士传》,卷44,第5b - 9b页(包括十首诗);以及黄宗羲,《明儒学案》,卷36,第8a - b页。
② 关于刘宗周,见 Arthur Hummel, ed., *Eminent Chinese of the Ch'ing Period*, pp. 532 - 533。
③ 周梦颜,《阴骘文广义》,下,第11a页,引用《广慈编》。
④ 关于黄辉的传记,见张廷玉等修,国防研究院明史编纂委员会编,《明史》,卷288,第3238页。
⑤ 彭绍升,《居士传》,卷42,第8a 页;Chün-fang Yü, *The Renewal of Buddhism in China:Chu-hung and the Late Ming Synthesis*, p. 93。事实上,焦竑(L. Carrington Goodrich and Chaoying Fang, eds., *Dictionary of Ming Biography, 1368 - 1644*, pp. 145 - 146)对不杀生的佛家修行以及允许在特定场合和特定情况下杀生的儒家实践作了区分。见焦竑,《焦氏笔乘》,卷2,第33b - 36a 页,《戒杀生论》。

幸犹有如是仁人君子在也"①。

袾宏的影响力毋庸置疑。许多晚明的动物拥护者，包括祁彪佳的父亲在内，都与袾宏或他的追随者有私底下的交往。许多放生者有着坚定的佛教信仰。我搜集到的所有明代的相关文章均是在袾宏倡导放生和戒杀这对戒律时或在此之后所写。② 尽管如此，若将晚明放生动物这一行为的流行解释成仅仅是袾宏成功复兴佛教的结果，那么就忽略了一些问题。它忽略了即便在唐代佛教鼎盛时期，戒杀和放生的概念在书面作品中也并未得到足够的重视。它忽略了那些概念并非源自最古老的佛经，而是出自一部中土的伪经《梵网经》。③ 它回避了为何袾宏会将佛教中的戒杀和"放生"行为结合起来的问题。后者在早期的佛教中无法找到与其完全对应的行为。此外，认为对动物的同情是为佛教所独有的观念建立在错误的臆断之上。④

---

① 袾宏，《竹窗随笔》，第26a-b页，《戒杀》。
② 我找到的唯一早于袾宏的材料是张锦（1440-1501）的一则简短的材料，载孟超然，《广爱录》，第17a页。然而，晚于袾宏的文献偶尔也会出现一些在袾宏那个年代以前人们放生动物的报道。参见一则故事：一位16世纪中期的人参加了七次科举考试却名落孙山，并且失去了数子，这是因为他行善只是做表面功夫，并无真心诚意，在放生动物的同时仍然吃肉。见 Paul Carus, ed., and Teitaro Suzuki, trans., *T'ai-Shang Kan-Ying P'ien: Treatise of the Exalted One on Response and Retribution*, p. 114. 关于祁彪佳的父亲所作的戒杀文，见祁承爜，《澹生堂集》，卷16，第67b-72b页，第76a-b页。亦见周汝登关于每一个愚人智士均应当激励自己遵循祁承爜的文章中的做法的声明。周汝登，《东越证学录》，卷10，第42b页。
③ 相关段落的翻译见 Chün-fang Yü, *The Renewal of Buddhism in China: Chu-hung and the Late Ming Synthesis*, p. 67. 亦见 Paul Groner, "The *Fan-wan ching* and Monastic Discipline in Japanese Tendai: A Study of Annen's Futsū jubosotsukai kōshaku"; J. J. M. de Groot, *Le code du Māhayāna en chine: Son influence sur la vie monacale et sur le monde laïque*.
④ 关于戒食牛肉的禁忌融合了儒释道三家的信仰，自宋代以来就服务于一个道德共同体，见 Vincent Goossaert, *L'interdit de boeuf en Chine: Agriculture, éthique et sacrifice*, esp. pp. 9-10, p. 66（即使袾宏也有破例的情况），以及 p. 178（关于严格的儒家卫道士刘宗周赞成吃肉的禁忌）。关于刘宗周的声明，见其《人谱附类记》，卷5，第97-98页。

袾宏不仅热衷于向百姓,也热衷于向满腹经纶的官员宣扬佛法,力图调和儒学。① 他敏锐地意识到,在广瀚的佛教教规中,那些关于救助动物和杀戮动物的二分法、对于生命的紧迫感、弱肉强食的不公正支配的问题能够吸引与其同时代的人,并被用作复兴其时代的佛教的手段。②

　　明末清初的一些坚定排佛者反而倡导关爱动物。一些紧随袾宏之后,力图传达放生和戒杀理念的儒士们并未继承佛教遗产。王衡(女道士昙阳子的兄弟)声称:"余雅不谈口禅而性恶杀。"③ 其他的学者则从儒家经典中挖掘有关拯救濒死动物的观点的先例。他们提醒读者说,早在佛教传入中国以前,孔子从钓而不纲的行为中克制自己④,孟子教导说君子应当远离厨房,避免看到即将成为盘中餐的动物⑤。

---

① 参见 Chün-fang Yü, *The Renewal of Buddhism in China: Chu-hung and the Late Ming Synthesis*, p. 66。
② 关于由罗汝芳(L. Carrington Goodrich and Chaoying Fang, eds., *Dictionary of Ming Biography, 1368 - 1644*, pp. 975 - 978)展开的"生生"主题以及袾宏的观点之间的关系,见夫马进,《中国善会善堂史研究》,特别是第 163 页。袾宏的一位仰慕者,戏曲家汤显祖(Arthur Hummel, ed., *Eminent Chinese of the Ch'ing Period*, pp. 708 - 709)是罗汝芳的学生。
③ 王衡,《王缑山先生集》,卷 11,第 14a 页,《放生亭记》。关于王衡,见 L. Carrington Goodrich and Chaoying Fang, eds., *Dictionary of Ming Biography, 1368 - 1644*, p. 1378。关于昙阳子(出嫁前叫王道真),见 L. Carrington Goodrich and Chaoying Fang, eds., *Dictionary of Ming Biography, 1368 - 1644*, pp. 1427 - 1430,以及 Ann Waltner, "Visionary and Bureaucrat in the Late Ming"。
④ *The Analects* 7. 26, trans. James Legge, p. 203:"子钓而不纲,弋不射宿。"许多人引用这段话来表示戒杀,但没有给予它的原意,即有节制的杀戮是可以接受的,以应有的重视。见归庄,《归庄集》,卷 6,第 371 页,《放生记》。
⑤ James Legge, trans., *The Works of Mencius*, p. 141 (*Mencius* 1A. 8)(行文有所变化)。当然,孟子和袾宏的宗旨是截然不同的。在《孟子》中,齐宣王仅仅用一种动物代替另一种动物,孟子教导人们应当避免进厨房(而非避免吃肉),其主要焦点是关于人性和利益,而非戒食肉的话题(同书, p. 140)。参见周汝登宣称远离厨房和"无故不杀"是"吾儒之教不可忽也"(周汝登,《东越证学录》,卷 6,第 10a 页,《崇俭素》)。

一些坚定的儒家卫道士并不认为这对戒律是对佛教的曲解，并为信奉它们作辩护。钱谦益巧言辩称说，在古代文献中找不到戒杀和放生这两组词汇。这是因为在上古时代，一切生命都受到高度重视，以祭祀、娱乐和悼念仪式为名而杀戮动物的行为均依据护生原则来执行，受到小心翼翼的控制。因此，"放生"这个概念是多余的。钱谦益写道："古之帝王，以天地山林川泽为一家，以鸟兽禽鱼群生万物为一体，无地而非放生之地，无物而非放生之物也。"直到末法时，"唐用阉人杀天下，宋用新法杀天下"，放生池才首次出现。① 著名散文家归有光之孙归庄承认"放生"一词的确源自佛教。但随后他又辩称，佛陀是为了迎合古代中国帝王的统治方针才倡导这个理念的。② 另一位著名的散文家坚称："此戒杀之说非始释氏也。"③

从佛教资源的手中夺取对动物的关注的努力在一部18世纪的题为《广爱录》的作品中达到了高潮。这部作品将放生和戒杀的主旨表现得淋漓尽致。以排佛著称的孟超然搜集了大儒们的事迹来证明关爱动物有着不容置疑的本土渊源。④ 他解释说，尽管陈第对佛教深恶痛绝，但他将食牛肉比作不孝和不仁，因为这

---

① 钱谦益，《牧斋初学集》，卷26，第824-825页，《放生说》。关于钱谦益，见 Arthur Hummel, ed., *Eminent Chinese of the Ch'ing Period*, pp. 149-150. 宋代政治家王安石制定了新政，这是一个改革经济和税收的激进计划，以增强国力，造福百姓为目标；最后他疏远和激怒了许多拥有土地的士大夫。
② 归庄，《归庄集》，卷6，第371页。关于归庄，见 Arthur Hummel, ed., *Eminent Chinese of the Ch'ing Period*, p. 427. 关于归有庄，见 L. Carrington Goodrich and Chaoying Fang, eds., *Dictionary of Ming Biography, 1368-1644*, pp. 759-761.
③ 谢肇淛，《五杂俎》，卷15，第23a-b页。关于谢肇淛，见 L. Carrington Goodrich and Chaoying Fang, eds., *Dictionary of Ming Biography, 1368-1644*, pp. 546-550.
④ 关于孟超然，见 Arthur Hummel, ed., *Eminent Chinese of the Ch'ing Period*, pp. 571-572.

显示出对基本价值观的无知。① 孟超然赞扬 11 世纪的程颐和程颢兄弟（为伟大的儒学思想家朱熹所推崇）对于鸟类和鱼类的仁慈。他评论道："余尝劝人戒杀，而人多以为外氏之教。夫二程子岂皈依佛教者乎？"② 孟超然在《广爱录》中以他的一位同时代人何公作结。当被问到他为何如此憎恨佛教，却费心不去杀生时，何公以儒家理想中具有崇高道德感的"君子"的口吻回应道："若贪口腹以残物命，君子不为。"接着，他补充说，在圣人眼中，戒杀并不违反人之常情，反而是一种培养"仁心"的方法。③

士人们不仅支持戒杀和放生的实践，还对它们进行改造。他们或使用钓竿而不用渔网，或坚持吃素，但这些均非自然而然，而仅仅是在特殊场合下的事情；他们或不吃某类肉食，但并非全部的肉食；他们或仔细区分为吃而宰杀的动物和吃已被宰杀的动物；他们或像已知首个善会的创办人杨东明那样，遵从孔子关于节制的倡导（换句话说，就是"钓而不纲"），也坚持以肉食来祭祀祖先。④

袾宏有时也允许行动上的自由度。他教导说，如果一个人无法断绝腥膻之欲，那么他应该直接去买而不是自己宰杀动物。⑤ 不过，他大体上维护着严格的戒律。袾宏对使用钓竿而非渔网这

---

① 孟超然，《广爱录》，第 26b 页。关于陈第，见 L. Carrington Goodrich and Chaoying Fang, eds., *Dictionary of Ming Biography, 1368–1644*, pp. 180–184。
② 孟超然，《广爱录》，第 5b 页、第 6b 页。陈第和程氏兄弟事实上涉佛无关紧要；在孟超然看来，他们都是典型的儒家学者。
③ 同上书，第 58a 页。
④ 关于杨东明，见 L. Carrington Goodrich and Chaoying Fang, eds., *Dictionary of Ming Biography, 1368–1644*, pp. 1546–1547; Joanna F. Handlin, *Action in Late Ming Thought: The Reorientation of Lü K'un and Other Scholar-Officials*, pp. 65–83; Roger V. Des Forges, *Cultural Centrality and Political Change in Chinese History: Northeast Henan in the Fall of the Ming*, pp. 35–51。
⑤ 袾宏，《戒杀放生文》，第 6b–7a 页；Chün-fang Yü, *The Renewal of Buddhism in China: Chu-hung and the Late Ming Synthesis*, p. 86。

段话表示怀疑,认为"是仁有未至也",暗示"疑有脱文也"。① 他还认为,即使身穿丝织品,人们也会把蚕桑的生命抛诸脑后。许多士人则远远背离了袾宏定下的规矩,或者说,他们与佛学分道扬镳了。尽管如此,他们以及其中的儒家卫道士还是发现放生这个观念作为其作品的主题及其社团的宗旨非常吸引人的眼球。

放生获得新意

放生的流行大致能够与晚明的众多趋势联系起来:政治和社会的不稳定、耶稣会士的到来对中国本土传统造成的挑战、士人们对于各种各样的结社的热情(不管是诗歌创作还是互勉共励),以及士大夫承担了对民众进行道德教化的义务(无论是通过乡约讲话,还是通过通俗善书)。每一个趋势均有可能激发人们对放生的兴趣。然而,这些联系模糊不清,且变化无常,没有哪个理由能够脱颖而出。

根据一位历史学家所说,戒杀和善待动物这对概念能够吸引生活在晚明时期的人,是因为他们身处一个乱世,既有反对地主的暴动,又有海盗对沿海的劫掠,也有边境的入侵。② 毫无疑问,关爱动物是和人们渴望结束冲突与苦难联系在一起的。一位动物保护者援引了佛经上的一段话,绝望地谈道:"人食羊,羊食人,生生世世,互来相啖。"③ 然而,从社会不稳定的角度来看,我们

---

① 袾宏,《山房杂录》,卷2,第15a-b页,《钓弋说》。
② 荒木见悟,《陽明学の開展と仏教》,第236-239页。
③ 彭绍升,《居士传》,卷47,第1a页("人食羊,羊食人")。亦见孟超然,《广录录》,第1b页。参见周梦颜,《万善先资集》,卷1,第14a-b页。"《楞严经》云:'以人食羊,羊死为羊。'"颜茂猷同样认为通过放生,一个人可以从无穷无尽的连续杀戮中解脱出来,见颜茂猷编注,《迪吉录》,"平集",第1a页。

无法解释为何士人对救助动物的执念能够持续到相对稳定的 18 世纪,或者为何在社会失序的早期无法激发人们对动物的强烈关爱,亦无法解释为何他们渴望以救助动物这一特殊方式来结束纷争。

此外,1583 年来华的耶稣会士成为社会名流圈里的常客,并在 17 世纪赢得了信众的追随。他们的传教活动对士人造成了挑战,令他们对放生动物的争论变得明朗化。① 祩宏和一些动物保护者熟悉并明确反对耶稣会士关于动物缺乏不朽之灵魂、上帝创造动物是为了给人类吃,以及轮回说是无稽之谈等观点。② 也许是为了反驳第二个观点,祩宏和杨东明反问道:"猛虎食人,亦将曰人之肉,虎所应食乎?"③ 耶稣会士既让许多士大夫改信其宗,也招来了许多士人的反抗。不过,到了 1603 年,放生活动如火如荼地展开了。在这一年,利玛窦开始抨击轮回说④;明清的作者们所参加的以戒杀和放生为宗旨的特定社团数量远超耶稣会士的功课数量。尽管晚明的作者确实谈到了轮回说,但他们更多讨论的是奢侈和节俭、残忍和同情、生与死、压迫与解放这些话题。简言之,就是那些他们在讨论慈善活动时也会用到的具体词汇。

---

① Jacques Gernet, *China and the Christian Impact: A Conflict of Cultures*, pp. 44, 71.
② Chün-fang Yü, *The Renewal of Buddhism in China: Chu-hung and the Late Ming Synthesis*, pp. 87–90. 关于虞淳熙,亦见 Jacques Gernet, *China and the Christian Impact: A Conflict of Cultures*, pp. 44, 71, 256n110。
③ 祩宏,《戒杀放生文》,第 9b 页;杨东明,《山居功课》,卷 8,第 29b 页。亦见颜茂猷批评动物生来就是被人吃的观点,见颜茂猷编注,《迪吉录》,"平集",第 10b 页。
④ Chün-fang Yü, *The Renewal of Buddhism in China: Chu-hung and the Late Ming Synthesis*, p. 87.

俭与奢

戒杀的戒律表明，素食恰恰比通常为宴会而准备的肉食更为经济。因此，我们能够在远古时代的记载中找到关爱动物和节俭主题之间的联系。让我们思考一下齐宣王的例子。他"不忍其觳觫"，用一只羊替换了一头因祭祀而即将被屠宰的牛。① 孟子选择将君王的反应理解为其同情能力的证明。出于这个原因，晚明的动物保护者常常会提到这段文字。不过，孟子也暗示说，君王之所以以小换大，也许是吝啬使然。节俭和同情这两个主题从而被混在了一起。或者，让我们想一想宋仁宗的例子。当一盘蛤蜊端到了他的面前时，他问道："安得已有此耶？"随后，他紧接着问道："其价几何？"当得知每一只蛤蜊花费一千文钱，总共有二十八只时，皇帝不悦地说道："我常戒尔辈勿为侈靡，今一下箸费二十八千，吾不堪也。"于是他拒绝食用它们。② 尽管这个记载在之后被孟超然当成是一则同情的例子，但在这个例子里，比起蛤蜊的死亡来，皇帝更难以容忍的是它们的价格。

在晚明，节俭的主题与对同情心的讨论被混在了一起。为了鼓励"俭素"，周汝登（祁彪佳的一位同乡）倡导"无故不杀犬豕"和"远庖厨"这两条不应被忽视的儒家教诲。③ "有感于吾里宴会之侈"，王衡创作了三首诗来鼓励居民们戒杀。④ 冯时可不但关注

---

① James Legge, trans., *The Works of Mencius*, pp. 139-140 (*Mencius* 1A, pp. 4-6). 译文有所改动。邱维屏对齐宣王的替换之举进行了评论，认为放生实践在他的时代虽然有着强烈的佛教内涵，但仍胜过古代。见邱维屏，《邱邦士文集》，第7b-8b页，《广放生会引》。
② 孟超然，《广爱录》，第3b页。
③ 周汝登，《东越证学录》，卷6，第10a页，《崇俭素》。
④ 王衡，《王缑山先生集》，卷5，第37a页。

保护动物的生命,而且注重普遍的节制。他就一份和友人共订的保持适度娱乐的社约解释说:"余素不饣味。"接着,他列举了不吃的食物,其中不仅有动物,还有一些贵价水果。①

冯时可以节制的生活为准则。考虑到家乡松江过于奢靡,他选择退隐苏州。② 因此,他疏远并使自己区别于他那八位富有的兄弟——他们染指了许多本应由他继承的产业——如同他对待老鼠的放任态度不同于其兄长为保护书籍而对啮齿类动物保持警惕的态度那样。冯时可过着比他的兄弟们更为节制的生活。作为兄弟九人中唯一考中进士的人,他占领了道德高地。甚至是袾宏,也将素食和节制联系起来。他说道:"天地生物以供人食,如种种谷、种种果、种种蔬菜、种种水陆珍味。而人又以智巧饼之,饵之,盐之,酢之,烹之,炮之。"他赞美道:"可谓千足万足。"③

素食与节俭之间存在着密切联系。明代的一位作者谴责一些动物保护者的吝啬。尽管他赞同戒杀是一桩"佳事",但他也归因于素食者的一系列动机,其中就有吝啬。他说:"又有巨室子弟,居亲之丧,饮酒食肉自如,而祭祀之日,吝于用财,灵几之前,果菜而已。"在他看来,"古人之戒杀,仁也;释氏之戒杀,惧也;今人之戒杀,悭也;己不杀而食人之杀者,又可笑也"。④

不过,禁止吃肉未必是整个节俭计划中的一部分,因为许多晚明的动物保护者自身过得也不是非常俭省。即便像祁彪佳、王衡那样吃素的人,甚至是冯时可那样节制的人,也或是拥有造价

---

① 冯时可,《冯元成选集》,卷19,第53a页,《社约记》。
② L. Carrington Goodrich and Chaoying Fang, eds., *Dictionary of Ming Biography, 1368-1644*, p. 456.
③ 袾宏,《竹窗随笔》,第25a页,《戒杀》。乾隆年间的一位作者持同样的观点,他问道:"今市肆品味甚多,何必更多宰杀以求备物?"见孟超然,《广爱录》,第27b页,引用《家政须知》,作者是福建(闽)的张甄陶(1693-1780)。
④ 谢肇淛,《五杂俎》,卷15,第22a-23b页。

甚高的花园,或是爱看私家戏班的演出、竞相搜罗古玩,或是狎妓。① 大约在祁彪佳于日记里首次提到放生的八年以后,面对1640年的饥馑,祁彪佳成了一名虔诚的素食主义者。② 此外,尽管一些明清士人组织了食素不食荤的社团,但其他人对坚持吃素的兴趣似乎比对放生动物的兴趣要小得多。19世纪的一位评论者在谈到清初的一个放生会时甚至指出:"今人不信戒杀,说到放生,辄多方驳辩。"③ 素食要求克制,并使节俭变成可能,而结社放生、立碑护鱼无不涉及金钱的花费,比如陈龙正等一些批评者就对此进行谴责,认为这样的花费无疑是一种浪费。

宴　客

晚明文献较早期文献更多地将戒杀和放生这对活动置于社会互动的中心位置。早期关于同情动物的记录涵盖面甚广,如一位单枪匹马闯入丛林深处的猎人面对呜咽的猎物,一年四季的施工安排不能打扰到居住在断壁残垣之中的野生动物④,偶遇落难的动物,妥善处置作为礼物被赠予的动物。

在继续关注这些情况(通常以复述旧闻的方式)的同时,明代的作者们特别关注宴客的问题。正如袾宏所注意到的那样,各种各样的活动——生日、丧礼、婚礼和日常款待——均是吃肉的场合。或者,像一部善书的编者犀利地评论的那样:"世间杀生,大

---

① 关于祁彪佳的花园和由财富造成的道德困境,见第六章。
② 祁彪佳,《感慕录》,1640年6月16日。
③ 余治评论了一篇由彭定求劝世人举放生会的文章。见余治,《得一录》,卷7上,第1b页。关于彭定求,见 Arthur Hummel, ed., *Eminent Chinese of the Ch'ing Period*, pp. 616-617。
④ 孟超然,《广爱录》,第2b-3a页,引用的一份宋代的文献。

约为宴客居多。"这位编者将此评论附加到一则关于16世纪初的一位孝廉的故事里。这位孝廉来自南京一个大富之家,他每次款待客人时都会杀掉三四头猪。在他去世以后,棺材里传出了一个声音。当守丧的人往里面看时,他们发现死者已经变成了一头猪。① 如此,这个故事对戕害动物的行为发出了警告,阐明了轮回之理,指出了一次杀掉三四头猪是一种过度行为。而报应的类型则被用来强调这种过度行为,即将人变成一只以饕餮闻名的动物。但它也阐明了这一恶行是出于款待宾客的需要。

还有一则记录,是关于一位生活在约16世纪中期的名叫林俊的人同样将个人对动物的行为置于社交场合之中的故事。林俊在一场由他举办的宴会上获得了一个关于戒杀的紧迫性的启示。他在众多受邀的宾客中间进入了梦乡。当他醒来时,他宣称自己方才游历了地府,他在那里成了一位赫赫有名的先祖的座上宾。这位先祖解释林俊之所以受到了惩罚(想必是早死),是因为他在担任地方官时未能禁杀牛只。林俊反驳说这项指控并不属实。经过调查后发现,他的确颁布过禁杀牛只的公告。最后,林俊的功德令他长命百岁。然而,我们主要关注的是一个不那么明确的信息。也就是说,林俊使自己的功德为人所知,以传播一则道德规训。通过在阳间为主人、在阴间为客人的角色转换,林俊和他的宾客们产生了共鸣,并暗示这些宾客可能同样被怀疑了。林俊将这个梦告诉了他的宾客们。受到林俊经历的触动,宾客们"共誓不复食牛"。② 如此,林俊现身说法,将他个人在地府的经历变成了一个集体性事件。

---

① 周梦颜,《万善先资集》,卷1,第15a—b页。
② 同上书,卷1,第4a页。关于先祖林聪,见 L. Carrington Goodrich and Chaoying Fang, eds., *Dictionary of Ming Biography, 1368–1644*, p. 1582.

另一方面，林俊的梦也宣告了戒杀和社会行动之间存在关联。在林俊的故事中，一位历史人物的权威得以建立。他尽管受过佛教的感化，但首先是作为为社会福祉服务的儒家学者的典范而受到尊崇。阎罗王恰好是11世纪的范仲淹。他之所以偶尔在这本书中出现，是因为晚明的行善者非常景仰他，说他乐善好施，以至于去世时身无分文。① 通过与范仲淹建立联系，这个梦将戒杀和广泛的社会责任联系在了一起。

吃肉的戒律开始成为一项集体事业。当王衡看到日常宴席上端上来的是从前供献给帝皇将相的佳肴时，他和村里人订下了坚持吃素的公约。② 家中已有十年没有肉食出现的官员钱肃乐刊印了一些关于人和动物在求生欲上具有相似性的文字。从表面上看，他是为了事先提醒他的客人们不必期待肉食，但毫无疑问这也具有使自己成为公众榜样的效果。③ 对于冯时可及其友人们而言，戒肉食也是一项集体事业。他们结社并订约以限制宴客的菜肴数量和品种。④ 同样，17世纪的一位官员将其对动物的关心融入日常社会交易之中：他将收到的礼物中任何活着的动物托付给一座寺庙照顾；每天从"买蔬菽钱"里留出三十文钱用来买鱼禽放生——这是在公开的集市里进行的活动。⑤

戒杀的社会意义在冯时可关于一些行旅的渡客因不吃肉食而躲过船难的描述中变得更加明显。冯时可描述的内容和《太平

---

① 关于范仲淹，见 Denis Twitchett, "The Fan Clan's Charitable Estate, 1050 - 1760"。关于范仲淹去世时身无分文的观点，见第四章。
② 王衡，《王缑山先生集》，卷21，第5b - 6a页，《戒杀文》。
③ 钱肃乐，《钱忠介公集》，卷4，第13b - 14a页。关于钱肃乐，见张廷玉等修，国防研究院明史编纂委员会编，《明史》，卷276，第3106页。
④ 冯时可，《冯元成选集》，卷19，第53a - 54a页，《社约记》。
⑤ 王崇简，《青箱堂文集》，卷6，第40a页。关于王崇简，见 Arthur Hummel, ed., *Eminent Chinese of the Ch'ing Period*, p. 815。

广记》中的故事内容类似,但这只是表象。因为冯时可加工了自己耳闻之事,使之能够与晚明人之所想产生关联。在他看来,持斋的渡客的美德并非私事,而是属于全社会的一部分。三位持食牛戒之人使自己和同船的乘客双方均幸免于船难。他们死里逃生的经历转而影响到了另一艘船上的六十位乘客,他们发誓不再吃牛肉。这并非是他们单独做出来的决定,而是以集体的名义,以规约的形式所做出的决定。这个事件有着非常广泛而深远的后果,它是以一位目击者(他看到了三位"异状者",即风妖)和一位叙述者(他向目击者解释另一艘船如何侥幸免于失事)作为媒介的。虽未曾身历其境,但冯时可却参与了对此经历的加工过程:他从一位友人那里听说了此事,为后人留下了记录。①

如此一来,戒杀与放生的个人实践同时也给采取行动之人带来了福报,并将之在社会上传播开去。这并非是根据权威等级界线(比如统治者或官员发布一项政令,或每年为庆祝佛诞而精心策划的大规模祈福集会),而是通过非正式的交往、不期而遇、口口相传和陌生人的目击这样一种无序的方式传播的。

人们将关爱动物和晚明的待客之道结合在一起。客人们也许会因为山珍海味而心怀芥蒂。祁彪佳的兄长并不认同周汝登从敬重主人的立场来解释这一芥蒂,而是用孔子的观点来为素食辩护:"盖馔盛则杀物必多,夫子为物命惜也。馔盛则侈靡太甚,夫子为风俗伤也。"② 但二人均认为不吃肉食(或关爱动物)会影响社会关系。一部清代的家训(为排佛的孟超然所引用)详细说明了这种联系。它教导说:"敬客亦当存爱物之念也。"③

---

① 冯时可,《冯元成选集》,卷19,第40a页。
② 祁骏佳,《遁翁随笔》,卷下,第18b页。
③ 孟超然,《广爱录》,第27b页,引用张甄陶,《家政须知》。

10世纪的《太平广记》提供了一种同情动物的模式：在没有目击者的情况下，人们独自救助落难的动物，便积下了阴德。晚明的实践又遵循另一种模式：放生动物通常在公共场合，在众人的目光之下（他们会复述所见所闻）进行，并通过小型社团来完成。这些社团内部的团结赋予了他们的行动以正当性。放生动物在社会互动中占有一席之地。即便对于袾宏而言也是如此。正如于君方所指出的那样，袾宏对于结社的态度十分谨慎（因为自愿性社团在当时受到政治上的怀疑），因此他曾经建议每个人应当在看到动物时就把它们买下来放生，而不是在集会上才这么做。尽管如此，袾宏还是肯定了放生的社会维度，鼓励每个人定期（每季度一次或每年年底）在某地集会，"合计所放，考德论业"①。随着明代士人们的理解和践履，这两种活动超越了个人的行为和命运。士人们将之整合进他们的社会关系之中，并将之融入向他人展现和共享的社会角色之中。

恣其口腹之欲

31

许多明清时期的动物保护者反对的并非花费本身，更准确地说，他们反对的是以吃其他生物来满足口腹之欲所付出的代价。这个观点确曾有过一些先例。比如，在颜茂猷编纂的一部通俗善书《迪吉录》中，就有一则关于宋代的一位爱吃鹌鹑的书生的故事。② 这位书生在做了一个梦后改过自新，且放生了厨房里的数

---

① 袾宏，《竹窗二笔》，第22b页（"结社会"）。翻译出自 Chün-fang Yü, *The Renewal of Buddhism in China：Chu-hung and the Late Ming Synthesis*, p. 78。关于袾宏强调公开仪式的重要性，见同书，p. 84。
② 然而，宋代的这个故事只涉及儒士。尽管它可能被寓言化地解读成关于一位贪得无厌的统治者的故事，但它并没有明确地涉及集体活动。

十只鹌鹑——此举在他人眼中看上去也许是一种挥霍。他梦见鹌鹑化身为褐衣老人吟道：

> 食君数粒粟，
> 充君羹中肉。
> 一羹断数命，
> 下筯犹未足。①

尽管苏轼意识到放生动物会产生浪费，但人类对其他生物的口腹之欲同样激起了他对杀生的痛恨之意。他解释说："余少不喜杀，近始得断。有馈我蛤者，即放江中，虽无活理，庶几万一便不活，亦愈于烹煎。何忍以口腹故，使众生受无量怖苦？"②

事实上，有关节制和浪费的问题与动物保护者的关注相去甚远。毋宁说，苏轼对这种以牺牲他者来满足自己的口腹之欲所表达出来的反感之意，正是明清的士人们阐述放生和戒杀的原因之一。袾宏注意到了"世人谓蔬食者瘠，肉食者肥"。他认为："为肥己身，不念他苦，人心安在哉？"③ 为了阐述这个观点，杰出的政治家和哲学家高攀龙声称："滋味入口，经三寸之舌间耳。自喉以下，珍馐粗粝同于冥然。奈何以三寸之爽，轻戕物命乎？"④ 同样，著名的剧作家汤显祖在谈到"末流至使肉食君子肥

---

① 颜茂猷编注，《迪吉录》，"平集"，第 6b - 7a 页，引用蔡襄（活动在 1023 年）。筯，同"箸"。关于另一个版本，见孟超然，《广爱录》，第 15b 页，引用陈岩肖（宋代）《庚溪诗话》。在《广爱录》的这个版本中，一只鹌鹑为数千只被杀的鹌鹑代言。
② 孟超然，《广爱录》，第 8b 页；关于"恣口腹之欲"，见同书，第 7b 页，亦见第 4a 页、第 9b 页、第 37b 页。更加节俭的是 19 世纪的余治，尽管赞同放生动物，但他坚持认为，倘若动物死亡，应当把它们送给老人堂和普济堂；余治，《得一录》，卷 7 上，第 4b 页，评论彭定求的规条。
③ 袾宏，《戒杀放生文》，第 10a 页。
④ 孟超然，《广爱录》，第 20a 页。关于高攀龙，见 L. Carrington Goodrich and Chaoying Fang, eds., *Dictionary of Ming Biography, 1368 -1644*, pp. 701-710 以及本书第二章。

不可动"①时,也捕捉到了自我放纵的画面。以牺牲他人使自己获利的行为给苏州一位饭馆的老板带来了灭顶之灾。他对食物的选择有着广泛的社会影响,因为这定然会影响到他自身与顾客们的轮回转世。根据18世纪的孟超然从一位熟人那儿听到的情况,有一家店专营鳝丝面,"获利数倍于他店者,以铁针环钉蒸笼上,使鳝鱼环走,自刳出血以和面,味最美。后数年,晚出,忽不归。其子沿河岸觅之,行数里,则已死于水。将负归,见鳝鱼数万,环绕其腰腹间"。孟超然评论说:"此亦报应之最奇者也。"由此,我们也许会同意这个看法。但是,倘若我们相信了鳝鱼对店主的胃进行报复这个描述,那么它阐明了一个真实的观点,即杀戮动物以满足口腹之欲——或者更糟糕的是为了赚钱——是一种卑劣的行径。②

同与异

在最古老的文献里,就有倡导同情动物的记载——事实上这可能是一个普遍的现象——不过,人类和动物产生共鸣以及为动物代言的明确理由会随时间和地点的转变而改变。③ 在佛教传入中国以前,一些统治者对其驯养的动物的喜爱甚至到了为它们举办葬礼的地步。这种浪费招来了非议。④ 在唐代,在佛教的影响下,由于被驯养的动物所提供的服务和忠诚所感动,人们为其

---

① 汤显祖,《汤显祖集》,卷30,第1040页,《袾宏先生戒杀文序》。关于汤显祖,见 Arthur Hummel, ed. , *Eminent Chinese of the Ch'ing Period*, pp. 708 – 709.
② 孟超然,《广爱录》,第37b页。
③ 关于古代文献来源,见 Jacques Gernet, "Pitié pour les animaux", pp. 293 – 294.
④ Danielle Eliasberg, "Pratiques funéraires animales en chine ancienne et médiévale", pp. 119 – 121.

能够顺利转世而祈祷。在为动物的利益做了这些祈祷以后,参与者们至少不会在婚礼这样的场合中因为吃了这些尸体而感到良心不安。①

晚明的士人们在铭记对动物仁慈的古老智慧的同时,以全新的方式为动物代言。在重视勤劳而忠诚的家畜的同时,他们将注意力转向了最小和最没用的生物。他们更愿意讨论动物的顺从和依赖,而非表达对动物提供服务的感激之情。

一些早期故事阐明了动物对佛经教义的理解能力不亚于人类。在一则故事中,有人无意中听到了贮存在船上的鱼诵经的声音。这个场景揭示了万物皆有佛性,且感动了偷听之人,使其将捕获的鱼放生。② 晚明的文献保存并重新塑造了这些能够表明佛性在所有生物中具有普遍性的轶事。才华横溢的袁氏三兄弟(宗道、宏道、中道)的母亲证实了即便是一只蜘蛛也能理解佛教中的教诲。在诵读经文时,她发现了一只巨蛛。"尔听经来耶?"她问道。接着,她继续诵读。当她念到某个偈语时,这只蜘蛛微微动了一下,像是作礼状,从而表明它能够听懂偈语。③ 正如颜茂猷在另一份文献里所说的那样:"众生皆能念佛乞怜。"又正如他对苍蝇——尽管个体力量微不足道,但能集众力将酒保拯救出来,使其免于不公正的审判——所作出的评论那样:"世间何物无

---

① Danielle Eliasberg, "Pratiques funéraires animales en chine ancienne et médiévale", p. 140. 掩埋动物的做法在后来的几个世纪里得以持续。祁彪佳和他的兄弟们在两位僧侣的陪同下埋葬了一只乌龟,并为之作偈。见祁彪佳,《感慕录》,1640年5月5日。
② 李昉编,《太平广记》,卷118,第829页,"熊慎"。
③ 她对蜘蛛悟性的尊重是真诚的。当终卷之时,她注意到蜘蛛已经死去,就给它办了个葬礼,并在其坟头建了一座小塔。见彭绍升,《居士传》,卷46,第1a页。参阅一则关于一只蜈蚣听从袾宏之教的故事,在下述文献中有过讨论:Chün-fang Yü, *The Renewal of Buddhism in China: Chu-hung and the Late Ming Synthesis*, p. 79。

人性,即何物无佛性。"①

但晚明的作者们在强调佛性之普遍性的故事中加入了其他看法。袾宏主张人类不应当杀戮动物,因为它们是"同有血气,同有子母,同有知觉,觉痛觉痒,觉生觉死之物"②。为了增强人们对于生死的紧迫感,袾宏声称:"逢擒则奔,蚖虺犹知避死;将雨而徙,蝼蚁尚且贪生。"③ 或者,正如受佛教影响的儒家学者胡直所观察到的那样:"射鹑者引弓入林,则一林之鸟皆鸣;屠狗者带索行市,则一市之犬皆嗥。彼物岂甘就死亡哉?"④ 或者,正如进士支大纶所言:"独不观鱼之在渊,逐队随波,游泳自如,真性甚。适一入人手,跳梁跃网,势甚皇遽。及扼吭绝脰,刳肠剖腹,血流漂刃,惨日旸心。至有身入鼎镬,鳞糜沸汤而跳跃未已者。"文人纶想要表达的基本观点是,人们为了一箸菜而使鱼遭受无穷无尽的苦楚。但他通过阐述鱼类对生命的热爱(惬意地随浪逐波涛)以及通过强调杀戮之残忍来表达这个观点。在这个过程中,他也提醒他的读者们,鱼类和人类一样,拥有结社或教育的能力。⑤

清初的周梦颜同样强调动物和人类在社会关系方面是完全相同的。他解释说,人类与禽兽在形体上虽然相异,但在知觉上却是相同的:"观彼被执之时,惊走哀鸣,踰垣登屋。与吾人类当

---

① 颜茂猷编注,《迪吉录》,"平集",分别为第 10b 页和第 3a 页,亦参见同书,第 2b 页。同样,袾宏倡导戒杀是基于"盖以血气之属,莫不有知"(严讷,《戒杀放生文序》),同书,第 1a 页。
② 袾宏,《竹窗随笔》,第 25a-b 页,"戒杀"。
③ 袾宏,《戒杀放生文》,第 8a 页。
④ 胡直,《衡庐精舍藏稿》,卷 14,第 4b 页。
⑤ 支大纶,《支华平先生集》,卷 22,第 10b-11a 页,《放生河约说》。在这篇《放生河约说》的文章中,支大纶关心水权就像他关心鱼的生命一样。关于山东的一条这样的水道,立有禁止垂钓者的石碑,见《淄川县志》(1743),卷 1,第 23b-24a 页。在一些例子中,指定一个放生鱼类的池塘是为了保护水体不被渔民染指,或是为了解决所有权的纠纷。关于支大纶,见《嘉善县志》(1786),卷 13 上,第 10b 页。

王难捕戮之时,父母彷徨莫措,妻孥投死无门,异乎不异?观彼临刑之际,割一鸡,则众鸡惊啼;屠一豕,则群豕不食。与吾人类当劫掠屠城之际,亲见父母伤残,目击妻孥支解,异乎不异?"①

《太平广记》中关于救助动物之人得到回报的故事对于动物苦难的描写是影射性的或是假设性的,并未对此加以着墨。但有一则关于一条鱼的例外。它"呼呻余喘,须臾将死"②。而其他动物,不管是在梦里还是以其他方式出现,只是"求命"、"请命"或"乞命"。③ 明清的记载并没有如此弱化动物的苦难,而是对此进行详细论述,强调捕捉和杀害动物的工具(绳子、弓箭、刀子、烹饪的锅、沸腾的汤),以及痛苦的征兆(尖叫声、血液四溅、绝望地尝试逃脱)。正如袾宏简明扼要地指出:"若知盘中之物,从砧几怨号中来。"④ 明代文献强调动物和人类一样爱其子女。袾宏从大量文献中挑选出那些能够契合其所关心的事情的片断,并复述了一个古老的故事。它讲述的是一头母鹿在自己的孩子被猎人杀死时陷入了深切的哀悼之中。母鹿舔舐小鹿的伤口。但不久以后,小鹿和母鹿双双死去。当猎人剖开母鹿的身体时,发现她的内脏因为太过悲痛而裂成了碎块。猎人懊悔地毁掉了他的弓箭,归隐山林。这个故事所揭示的要点,即是说,能够感化猎人改变其行为方式的要素是动物的母亲就像人类的母亲一样对其幼崽关爱甚切。⑤

---

① 周梦颜,《阴骘文广义》,卷下,第 9a-b 页。
② 李昉编,《太平广记》,卷 118,第 827 页,"韦丹"。
③ 同上书,卷 118,第 824 页、第 826 页。
④ 袾宏,《戒杀放生文》,第 5b 页。袾宏在其他地方详述了"或利刃剖腹,或尖刀刺心,或剥皮刮鳞,或断喉劈壳,或滚汤活煮鳖鳝,或盐酒生醃蟹虾",见袾宏,《遗稿》,第 30-31 页,卷 3,第 47a 页,《普劝戒杀放生》。
⑤ 袾宏,《戒杀放生文》,第 9a-b 页。主人公是东晋人,事迹见《魏书》,卷 46,以及李昉编,《太平广记》,卷 14,第 98-100 页。

明代关于救助动物的故事也强调了一切生物皆有情。这是许多16世纪和17世纪的作者们关注的主题。① 让我们思考一下关于一只哭泣的猿的故事。这只猿通常能够十分敏捷地抓下猎人射向他的所有箭。然而，有一天，它遇到了绝望的事：它刚好看到一位有着神箭手之称的猎人，知道自己必死无疑。② 汤显祖在描述自己看到一只将要被用于祭祀的动物时，同样意识到动物是有情感的：在祭祀的前几天，这只动物哭泣并绝食；当有人试图把它带走时，它拒绝起身。它因此逃过了数劫。最后，几个人把它抬进厨房，它呜咽着拼命踢腿而死。③ 这与《孟子》中梁惠王看到一头因祭祀而将要被屠宰的牛而"不忍其觳觫"的故事相似。④ 但和《孟子》中的那头安静而驯服的牛形成强烈对比的是，汤显祖看到的牛很坚定且不断哀嚎。

即便是确实熟稔超脱一切欲望的佛教理念的袾宏和尚，也在其讨论中介绍了情感的元素。他抛出了这样一个基于情感的问题："以人肉而供庖厨者遍于天下矣，故曰举世习行而不觉其非。"在列举人类习以为常地宰杀和食用动物的多个情境时，也正是基于情感，他才能吸引他的读者。袾宏在《戒杀放生文》中所列的七条中的每一条都重复了"可为痛哭流涕长太息者"这句诗。⑤

---

① 关于这个主题的开创性的评论，见 C. T. Hsia, "Time and the Human Condition in the Plays of T'ang Hsien-tsu", p. 250；Pei-kai Cheng, "Reality and Imagination: Li Chih and T'ang Hsien-tsu in Search of Authenticity", pp. 254–294, 各处。随后，许多学者对这个主题进行了探讨，主要是就文学作品而论。例如，见 Martin W. Huang, *Desire and Fictional Narrative in Late Imperial China*, esp. chap. 1（关于屠隆和汤显祖）；Kang-i Sun Chang, *The Late-Ming Poet Ch'en Tzu-lung: Crises of Love and Loyalism*。
② 袾宏,《戒杀放生文》, 第9b页。
③ 汤显祖,《汤显祖集》, 卷30, 第1040页。
④ James Legge, trans., *The Works of Mencius*, pp. 139–140 (*Mencius* 1A. pp. 4–6)。
⑤ 袾宏,《戒杀放生文》, 第3a–6a页。

晚明的记载并未放弃讨论报应和功德,同时又扭转了为何人类应当善待动物的认识基础。当编者在复述母鹿为她的孩子哭泣的故事时,他们的目的在于使读者和母鹿产生共鸣。促使汤显祖对用于祭祀的动物产生同情心的是他看到了动物垂死挣扎的样子。促使他最初注意到袾宏学说的是袾宏抒发了对动物的情感。正如汤显祖所言:"善哉袾宏先生,为诸虫流涕。"①

晚明的文献因而将《梵网经》中的论点抛诸脑后。后者常常作为权威章句被袾宏引证。《梵网经》宣称:"一切男子是我父,一切女人是我母……故六道众生皆是我父母。而杀而食者,即杀我父母,亦杀我故身。"② 晚明的作者们补充或完全绕开了轮回说,主张放生动物主要出于情感上的诉求、同情他者的能力、对父母与子女关系的重视。它并没有跨越时代,而立足于现世。这种区别即便是对于 17 世纪初的谢肇淛而言也是显而易见的。他宣称:"佛家戒杀,为轮回计;吾之戒杀,则不忍其死于非命而已。"③

更小和更弱

晚明的文献在对动物和人类的关系的描写上较早期的作品更是有所不同。在《太平广记》有关报应的故事里,动物和人类处于近乎平等的地位:求生的动物通常化身为人形出现在它们潜在的救助者的梦境里;它们随心所欲地化为人形,然后变回动物的外形。此外,在其中的一部分故事中,动物展现出类人甚至超人

---

① 汤显祖,《汤显祖集》,卷 30,第 1040 页。
② 参见 J. J. M. de Groot, *Le code du Māhayāna en chine: Son influence sur la vie monacale et sur le monde laïque*, p. 53; Chün-fang Yü, *The Renewal of Buddhism in China: Chu-hung and the Late Ming Synthesis*, p. 68。
③ 谢肇淛,《五杂俎》,卷 15,第 23a 页。

类的体力：一只乌龟从船难中救下了它的恩人，将他驮上了岸；或者一匹被主人照顾有加的马从沉船中救出了它的主人；或者五十只被渔夫赎回的乌龟化身成人形给恩公的双亲送上五千文钱报恩。① 这些动物在落难时乞求活命，但一旦获救，它们会反过来主动报恩。

明代的作者们在对动物的这些刻画中添加了新的描述：他们常常将动物看作较人类更小、更弱，是诡计欺骗、操纵甚至是吃的对象。正如支大纶所言："且鸡豚犬马，人苟欲生之，饲哺熨搔，甚于养人。一旦杀而食之，谓'若应耳'。方其畜也，不知其将杀也。及其杀也，能不怨其罔已也？况鱼潜于渊，非有豢养之素，而百计取之。欺其不知，乘其不意……自谓巧诈。"在支大纶看来，人类对动物行养育之职，这仅仅是为了体现各司其职。而动物因缺乏警觉，成为人类诡计下的牺牲品。②

佛教遗产并没有对放生实践作出指示。③ 支持戒杀和放生这对戒律的本土故事与佛教传说的最早来源之一《本生经》中关于佛陀前世的故事形成了鲜明的对比。《本生经》几乎没有涉及最弱小的动物的故事。但本土故事和实践特别关注弱小生物，比如报答酒保的苍蝇、鳝鱼、蜈蚣、蚂蚁和虱子。根据袾宏所言，它们都很"知避死贪生"④。《本生经》里的许多故事将同一种类的动物加以比较：愚蠢和出人头地的牡鹿，聪明和鲁莽的飞鸟，谨小

---

① 李昉编，《太平广记》，卷118，第824页，"毛宝"；卷118，第829页，"王行思"；卷118，第826页，"严泰"。
② 支大纶，《支华平先生集》，卷22，第10b页，《放生河约说》。
③ 在日本，放生动物的仪式与神道教的八幡崇拜结合在一起，这与公认的佛教起源相去甚远。见Jane Marie Law, "Violence, Ritual, Reenactment, and Ideology: The Hōjō-e (Rite for Release of Sentient Beings) of the Usa Hachiman Shrine in Japan"。
④ 袾宏，《戒杀放生文》，第8b页。

慎微、心思细腻和粗心大意的游鱼。① 有关这对戒律的本土故事并没有在给定物种的个体之间进行这样的比较。②

中国文学的其他体载寓言化地以动物的种类代表人类的特性。众所周知的例子有《西游记》中代表世俗欲望的猪八戒，以及《诗经》中代表贪婪官吏的硕鼠。但这些阐发戒杀和放生的故事很少对不同物种作体型以外的区分。《本生经》既有善良动物的故事，也有邪恶动物的故事：有个人养了一条毒蛇，它反而害死了它的恩人；一只聪明的螃蟹切断了正在吃鱼的鹭的脑袋。③ 本土的放生故事主要讲述的是无辜和无用的生物，它们是否有机会存活下来则取决于人类。冯时可认为，即使老鼠，也是需要人类关心的易受伤害的生物。④ 这种对于人类强大而动物无自卫能力的关注消除了动物之间体型以外的一切差异。

---

① Edward Byles Cowell, ed., *The Jātaka, or, Stories of the Buddha's Former Births*, 1:34-36, no.11(牡鹿); 1:91-92, no.36(飞鸟); 1:256-267, no.114 (游鱼).
② 一则例外是关于一只乌龟和一只猿猴互动的故事。见道世编，《法苑珠林》，卷75，第5b-6a页。据我所知，明清关于放生的材料并没有复述这个故事。关于出现在本生故事里的动物类型，见 Christopher Key Chapple, "Animals and the Environment in the Buddhist Birth Stories", esp. pp.134-136. 关于《本生经》中的动物既作恶又行善，见 James P. McDermott, "Animals and Humans in Early Buddhism", p.269。
③ Edward Byles Cowell, ed., *The Jātaka, or, Stories of the Buddha's Former Births*, 1:114-115, no.43(毒蛇); 1:95-98, no.38(螃蟹)。
④ 一些善待老鼠的早期故事见于李昉编，《太平广记》，卷118，第825页，"蔡喜夫"; Madeline K. Spring, *Animal Allegories in T'ang China*, p.73, 引用李昉编，《太平广记》，卷440，第3591-3592页，"李甲"。不过，在这两个故事中，老鼠们均能及时地尽其所能报答它们的恩人。

类 比

在明清文献中，动物被比拟成社区中需要被保护的弱者。① 对于这个类比，早期的作品看上去似乎提供了一些模棱两可的先例。一份宋代的文献宣称："……暂得免庖厨。使能行此言，则虐生类以饱口腹，刻疲民以肥权势者寡矣。"② 不过，被孟超然在《广爱录》中所引用的这段文字仅仅谈到了远庖厨（借用《孟子》的话），并没有提到戒杀和放生。在我们看来，这并非属于宋代放生活动的一部分，而是18世纪的孟超然将这段文字据为己有，以建立善待动物的例子。

袾宏完全理解动物和社会弱势群体之间的类比——这是他的放生理念的核心。当有疑者指出放生池太小，把鱼投入河湖里会更好时，袾宏和疑者进行了下面的对话。他问道："有城者安乎？无城者安乎？"疑者回答说无城门更好。但接着袾宏坚持说道："一旦寇兵压境，有城者安乎？无城者安乎？"疑者回答说："有城者。"袾宏接着详细解释了他的看法："渔喻寇，池喻城，人以城为卫，何局也？"③ 在袾宏看来，说鸟类和动物注定被吃的人并"不知皆是强凌弱耳"④。

归庄也理解动物和社会弱势群体之间的类比关系。归庄对救助动物的实践持保留态度，认为宋代将西湖指定为鱼类保护区

---

① 关于"对动物的同情与人的控制之间的复杂关系"，见 Harriet Ritvo, *The Animal Estate: The English and Other Creatures in the Victorian Age*, p. 131.
② 孟超然，《广爱录》，第4a页，引用宋景文（宋代人）。
③ 袾宏，《竹窗二笔》，第35a-b页，《放生记》。亦见陶望龄，《歇菴集》，卷14，第24b页。
④ 袾宏，《戒杀放生文》，第9b页。

的做法不及一个拯救数百万人的救荒计划更有价值。他断言："物贱而人贵。"尽管如此，他还是承认放生的象征价值，因为他接着说道："自禁杀而推之矣。为乡大夫者而体上天生物之心，则戒子弟毋凌弱暴寡，戢童仆无倚势作威。"① 冯时可也做过同样的类比。在从蜘蛛网中救下了一只苍蝇后，冯时可解释说他痛恨弱肉强食之事。② 在力劝人们为买物放生而出钱时，冯时可声称集资无异于"闭千人之命于箧而戕千人矣"③。颜茂猷也做过这样的类比："大物吞噬小物，人皆憎恶之。天神之视人，何以异此？……设身入物类中一思之。"他又谈道："富贵须想着贫困之时，刑人须想见刑于人之日。我命物命一也。试亲身代处，一番慈心自生。"④ 由于这种类比令人信服，许多作者将人们善待动物的行为看成是关心穷人的一项测验。正如陆陇其所评论的那样："思我之于鱼，犹戚戚若是。而况我同类之人乎？……使天下鳏寡孤独颠连无告之民，有一夫不获其所，吾心忍乎？"⑤

动物是一种隐喻，指那些可怜无助之人。一位秀才说"爱物比爱赤"⑥，从而非常频繁地以家长式的辞令描述地方官员，即对百姓生活负有主要责任的"父母官"。这个隐喻在刑部尚书姚文然写的一首警告市人不要钓田鸡的歌谣中变得清晰起来。作者首先强调了受害者痛到绝望的神情和像孩子般的举动：

  剥皮不死，

  截趾仍跳。

---

① 归庄，《归庄集》，卷6，第372页，《放生池》。
② 冯时可，《冯元成选集》，卷18，第31a页，《生蝇记》。
③ 同上书，卷18，第14b页，《普应庵放生池》。
④ 颜茂猷编注，《迪吉录》，"平集"，第10b—11a页，第13a—b页。
⑤ 陆陇其，《三鱼堂文集》，卷10，第10b—11a页，《丁汇湖放生记》。
⑥ 孟超然，《广爱录》，第13b页。

> 两手抱头,
>
> 如婴儿叫。

随后,歌谣作者将注意力从可怜的孩子般的田鸡转向了穷人,站在领导阶层的位置上亮出了他的观点:

> 况彼微躯,
>
> 不堪大嚼。
>
> 发政施仁,
>
> 先此无告。①

一些善书含蓄地将动物和社会弱势群体进行类比。它们将放生归在其他诸如给穷人提供食物和庇护之所等善行之侧。② 很多像祁彪佳那样的善人的行为也进一步暗示了这种类比。他们在救助动物和帮助穷人两者中间转换自如,且自始至终说着同样的辞令,怀有同样的情感。因此,在1636年的一次放生社的集会之后,祁彪佳与友人们谈到了当时肆虐其境的一场瘟疫,决定成立一个药局来分发免费药物。③ 正如祁彪佳所言,放生"亦仁民而爱物意也"④。正像他们看到动物被杀戮会于心不忍那样,药局的支持者们亦"不忍死生人"⑤。

但究竟为何有必要做这样的类比?为何有必要从善待动物的角度来思考善待穷人?为何晚明的作者们——尤其是那些排佛之人——并未全然摒弃这样的类比,而仅仅教导富人和位高权

---

① 孟超然,《广爱录》,第41a页;姚文然,《姚端恪公文集》,卷8,第10b页。关于姚文然,见 Arthur Hummel, ed., *Eminent Chinese of the Ch'ing Period*, p. 900。
② 例如,见颜茂猷编注的《迪吉录》以及余治的《得一录》。
③ 祁彪佳,《祁彪佳集》,卷2,第29页,《施药纪事》,1636年6月8日。
④ 同上书,卷2,第31页。
⑤ 同上书,卷2,第32页,《施药缘起》。关于康熙年间的一个放生会用余资"为他事行善之用",见吴陈炎,《放生会约》,第3b页。

重之人去帮助穷人和弱者？为何在为动物、池塘及池塘边上的石碑投入资金的同时，会有许多乞丐在周围等待他们的施舍？为何将动物列入贫困者的名单里？晚明的士人们被问到了这些问题。其中一些人依次坚定地为放生实践逐条辩护。①

纵然是反对这种做法的人，也承认帮助他人和救助动物有类似之处。杭州人杨廷筠的父亲参加了一个放生会，并成立了一个仁会，以回应并替代人类在鸟类和鱼类身上的铺张浪费。② 陈龙正认为，善会优于放生社是因为"救济活人，扶持好人"。他觉得两个组织是类似的，只是在价值上有所不同。③ 当陆世仪发起一个善会时，他必定已经有了自己对于放生会的构想，因为他批评僧徒们"往往建放生庵，开放生池，畜养鸡鱼豕畜，而独无有念及茕独者"④。

虽然行善者在谈论生命的价值和放生的紧迫性同时，也意识到许多他们设法救助的动物不管怎样都会死去，或是一旦被放生，它们旋即会被流浪陋劣之徒捕获后重新出售，那么救助被困动物的做法就更加令人费解了。⑤ 清初一位放生社的组织者告诫社员们既不要吝啬，以免人们不肯出售，也不要慷慨，以免对动

---

① 关于对六个问题的回答（包括"何必留情微物，效彼小慈，终同儿子之嬉?"），见陶望龄著，王应遴编，《歇菴集》，卷13，第59a页，《放生辨惑》。关于对十二个问题的回答，见余治，《得一录》，卷7上，第6a-8a页，《放生决疑》，作者不详。关于将救助人类比放生动物更重要作为理由而反对行善的蓄意阻挠者，见郑瑄汇编，《福寿全书》，卷4,第12b页。
② Nicolas Standaert, *Yang Tingyun, Confucian and Christian in Late Ming China: His Life and Thought*, pp. 40-41, 62-63.
③ 陈龙正，《几亭全书》，卷24,第2a-b页，《同善会讲语》。
④ 陆世仪，《思辨录辑要》，卷16,第22a-b页。
⑤ 张大复，《梅花草堂笔谈》，卷34,《放生》；陶望龄，《歇菴集》，卷13,第60b页。亦见张岱对幽闭的池中之鱼以及被关在精舍空地上的动物的悲惨处境的描述（《西湖梦寻》，第63页）。

物的这种高需求刺激到小贩捕捉更多生物来赚钱。① 放生社因"救一漏万"而被一些批评者认为其行为从根本上而言是徒劳之举。②

尽管放生动物存在花费甚巨、挪用本可用作济贫的资金，以及无论如何保护生命是一种值得怀疑的手段等缺点，行善者们仍然坚持这么做。对于他们而言，这种做法能够表达某些关注，这是帮助穷人无法获得的。放生者们在购买动物时将注意力集中在拯救生命上，从而掩盖了他们向穷贩捐钱的事实。祁彪佳深知这一点。当他的一名庄奴手持天鹅经过时，祁彪佳将它买下来放生。随后，他在日记里记录说，这个做法不但能使动物获救，而且"售者得善价"。③ 祁彪佳料想若风闻有放生会，卖鳞族的小贩们就会蜂拥而至。④ 祁彪佳用这种方式捐出了大量的金钱和粮食。在 1640 年的日记里，他写到在过去两周里，他每天花费一百多石粮食，以挽救螺蚬之类的生命。⑤

通过救助动物，地方精英得以进一步向受压迫者传达某些信息，而其他类型的慈善活动在这方面有所不足。善人们从一些穷贩或乞丐手中购买动物，只是为了让它们消失于天际或水中。据此，他们展示和传达了以慈善为名舍弃钱财的愿望。但比起经济上的牺牲，更重要的是救助动物的行为建立起了一种特殊的社会

---

① 吴陈炎，《放生会约》，第 4a 页。
② 陶望龄，《歇菴集》，卷 13，第 61a 页。
③ 祁彪佳，《感慕录》，1640 年 2 月 10 日。邱维屏也表达了一个相似的观点："虫鱼得生，渔捕者得钱。"见丘维屏，《丘邦士文集》，卷 10，第 8a-b 页，《广放生会引》。
④ 祁彪佳，《归南快录》，1635 年 12 月 8 日。
⑤ 祁彪佳，《感慕录》，1640 年 2 月 10 日。祁彪佳用了术语"石"。王思任在《祁忠敏公年谱》中给出了最适当的度量衡"斛"(第 11b 页)。亦见有关施舍千金来放生(同时延僧诵经)的日记，载《壬午日历》，1642 年 3 月 19 日。关于许多条生命获救的评论，见祁彪佳，《感慕录》，1640 年 4 月 22 日。

关系。大多数济贫形式包含施者和受者之间的二元关系，而放生行为包含一种三角交换关系：施者放生动物，小贩观看施者，动物从表面上看是极贫者。如此，施者和小贩共同看到了放生动物的善举，富人和穷人之间的差别就暂时被超越了。在动物保护者的心中，富人和穷人至少暂时因一个共同的目标——即救助那些比最不幸的人类更可怜的生物——而联合起来。

　　放生的实践者认为自己既能和动物融为一体，又能与之区别开来。他们既纳入动物以拓展穷人的定义，又将动物理解为"他者"。这是富人和穷人所共享的参考依据。尽管他们宣称动物和人类在热爱生命上是相似的，但善人们十分清楚动物和人是不同的，他们所写的一切关于救助动物的文字都指向对其本质差别的理解。尽管颜茂猷声称"人亦天地间一物耳"，但他进而断言，那些不热爱生命之人与"蠢动"没有分别。① 尽管关于同情动物的规训强调了动物的人性化特征（父母对幼崽之爱、对疼痛的敏感度、结社的能力），但那些因残忍对待动物（以及因其他罪行）而遭到惩罚的故事则报道了人退化为动物的例子，比如饕餮者在死后变成了一头猪。晚明的慈善事业也同时强化了由所有在某种程度上类人的生物构成一个和谐社区的观念，维护了一种社会等级。

　　倘若放生动物使善人们至少在仪式上能够和最贫困的人联合起来，那么它也让他们展现出自身道德的优越性。正如余治所言："小人捉而卖之，君子买而放之。"② 毕竟这可以说是善人主动救助动物而做出的散其钱财的牺牲。他主要向小贩展示什么

---

① 颜茂猷编注，《迪吉录》，"平集"，第10b页。
② 余治，《得一录》，第471页，引用《阴骘文新解》，显然这是广泛流行于晚明至清代的"阴骘文"的众多变体之一，见酒井忠夫，《中国善書の研究》，第六章。

是善。至于已经卖掉动物的小贩:好吧,他还有钱剩下。

祁彪佳、冯时可、陶望龄以及其他参与放生的士人们置身于这一复杂的三角关系中。他们将动物纳入他们万物一体的视野之中,但将之作为相对的"他者"来处理。他们和穷人一同善待动物,同时保持着道德领袖的优势。他们肯定一切生物的同一性,承认动物和人类之间、富人和穷人之间有着基本的差异。施者、售主和动物(富人、穷人和可怜的他者)的三角关系肯定了在适应新的社会变动时士人们关于社会团结的愿景。作者们将动物描绘成与人相对的"他者",在讨论放生时倾向于忽略动物之间的不同特征,认为每个个体都值得被放生。更确切地说,他们强调的是动物们在大小或力量上的差异。考虑到投射在动物身上的那些被他们所看重的人性化特征,他们对动物的描绘反映出至少一些士人开始意识到社会等级并不完全是以道德品格和教育(善良和聪明)的形式而存在,也以力量和财富(换言之,就是规模)的形式而存在。

小　结

晚明的放生实践远远超出了它的早期素材,获得了多重意义,其中有许多在本质上并非属于佛教。《梵网经》对戒杀和放生这两条戒律同等重视,而晚明士人看重的是后者。佛学讨论将这两条戒律与轮回报应的观念结合起来,而明末清初的讨论使人们在非佛教层面上理解它们成为可能。

如果一些宋代士人放生过动物,那么他们的放生是单独行动,并和阴德(善事应当只被上天知道的观念)的价值取向一致。因此,早期的放生文献存在不足的问题。相反,对于晚明士人而言,放生是一种能够和社区分享的社会事务。他们或是在日记中记录它们,强调有目击者,或是在鱼池旁边立碑,公布捐赠者的姓名。因此,晚明关于这个主题的材料比比皆是。

晚明的放生实践和慈善这个主题有关,不仅是因为汉语文本自身将这两种实践视为"善举",它还揭示了这样一组观点,尤其包括对人的生命的高度关怀,以及许多在西方传统中通常被认为是慈善活动特征的运作模式的观点:比如向穷人分发食物、钱财、药品和衣物,为弃儿和无家可归之人提供庇护之所。与此同时,放生实践表明,除了考虑到人类的贫困和需求以外,还应当考虑行善者自身主要关心的因素:对展示善举的兴趣,对目击者和传播善行事迹的重视,对自愿结社的推动力,对以其他动物为代价来满足口腹之欲的担忧。它进一步揭示了行善者在以下两方面感受到的焦虑:一方面,他们认识到所有生物不管大小、高矮,在本质上是相同的;另一方面,他们渴望维持社会等级。所有这些因素在已知首个善会出现以前的放生活动中变得显而易见。最终,放生动物的例子为本书的结论提出了一个主题:古老信仰的韧性,重新诠释经典文本的自主性,以及创造全新的文本以适应当代新的社会关怀的能力。

第二章 早期善会及其高瞻远瞩的领导人

> 道二,仁、不仁而已。仁,生道也。不仁,死道也。
>
> ——高攀龙

在放生活动引起文化精英们的兴趣的近十年里,作为一名动物拥护者,杨东明创办了有史料记载的首个善会。① 他的善会以及随后的明代善会附和了放生社的辞令,高度重视生命,倡导全天下人的和谐统一。和放生社一样,他们为社团设定了新的舞台,公开展演善行,但这与宗教或宗族组织并没有明确的关联。

---

① 关于杨东明,见 Carrington L. Goodrich and Chaoying Fang, eds., *Dictionary of Ming Biography, 1368 – 1644*, pp. 1546 – 1547; Joanna F. Handlin, *Action in Late Ming Thought: The Reorientation of Lü K'un and Other Scholar - Officials*, pp. 65 – 83。亦见夫马进,《中国善会善堂史研究》,特别是第 92 – 97 页;黄宗羲,《明儒学案》,卷 29,第 8b – 9a 页; Roger V. Des Forges, *Cultural Centrality and Political Change in Chinese History: Northeast Henan in the Fall of the Ming*, pp. 35 – 51。关于晚明至 19 世纪的善会的一项详尽调查,见夫马进,《中国善会善堂史研究》。这项研究来源于他的文章《同善会小史:中国社会福祉史上における明末清初の位置づけのために》和《善会、善堂の出発》,并从中吸收了材料。亦见梁其姿,《施善与教化:明清的慈善组织》。

正如出现在池塘边上的石碑是用来声明该水域是留作放生动物之用的,在城市中央一个个冒出来的会馆亦是用于善会事务的举办。有文化的善士们记录下了他们的善行,以便进行公开宣传和永久保存,书写景观也随之发生了变化。

晚明的善会标志着一个转折点。杨东明为他的社团所使用的"同善"这个术语,它的字面意思是"共同行善",但考稽详尽的辞典后发现,它并未在明代以前的资料里出现过。这看上去似乎是杨东明的好友吕坤为自己创办的社仓所起的名字。吕坤警告囤积粮食会招致灾祸,建议人们通过公平地进行资源再分配来积累功德。① 在杨东明之后,善会的理念传播开来。到了1644年明朝覆亡时,已经出现了十余个已知的善会。② 在清代,中国许多城市(在河南、广东以及南直隶和浙江的富庶之地)的中心为善会提供了支持。然而,不管晚明善会在被保存下来的历史记录中是多么少或语焉不详,它们依然意味着一种值得人们关注的新的社会安排。

一旦善会被引介,尽管其特征因时因地有所不同,尽管有时会被冠以"同善"以外的名称,但到了20世纪,善会依然历历可数。一则记录提到了一个成立于20世纪初期的同善会,到了1923年已经拥有一千余个分会;其项目兼有敬神与慈善,其中包括"牺牲自己救助贫困……放生、植树、筑路、凿井"等活动。③ "同善"一词亦被秘密社会挪用,其特征和宗旨与晚明的慈善组织

---

① 杨东明,《山居功课》,卷1,第7a页,《同善会序》。关于吕坤宣称乐义君子应当捐出余资来建仓庾,见他的《去伪斋文集》,卷3,第24b-26a页,《同善仓序》。亦见夫马进,《中国善会善堂史研究》,第73页;关于吕坤对养济院和"生生"的看法,见第67-78页。
② 夫马进,《中国善会善堂史研究》,第105页。
③ Wing-tsit Chan, *Religious Trends in Modern China*, p. 174;亦见 pp. 164-165。

有所不同：它们要求成员缴纳会费，并向神明寻求庇护。① 然而，这些组织和晚明社团在完全不同中仍有共通之处。换句话说，它们在国家机构、宗族和佛教寺院之外行善。它们在社会上立稳了脚跟，将成员约束在一个制度性的结构之中。不像一些同样考虑到普通民众福祉的宗教团体，它们通常能够在官府眼中赢得合法性。

善会的发起人证实了他们保存了大量关于其活动的文献。然而，在现存的资料中，我们如今发现只有大约六位晚明士人对善会作出过长短不一的评论。其中，杨东明、高攀龙、陈龙正和陆世仪最为突出。这并非由于他们自己写了如此多的关于这个主题本身的材料，而是由于他们的其余作品中的具体细节为他们的慈善活动提供了来龙去脉。通过早期倡议者杨东明、高攀龙和陈龙正的作品，我们可以更好地理解善会作为一种新型组织，如何能够融入地方社会，在当地社区和官府眼中同样都获得了合法性，以及如何能够引发自愿合作。他们的论述表明了社会变化使这种新型的伙伴关系受到了欢迎，善会通过一系列事件确立了其独立于官府的权威。他们的作品进一步揭示了他们非凡的个性是有效领导的关键。

杨东明、高攀龙和陈龙正都是出类拔萃、学富五车之人，他们的生活和作品赢得了广泛的赞誉。作为其时代中备受尊敬之人，他们选择了创办、赞助或参加善会这一新型组织，这本身就值得一书。所有这三个人都意识到通过佛教机构、社仓、宗族义庄、养

---

① Mao Zedong, *Report from Xunwu*. Translated, introduced, and annotated by Roger R. Thompson, pp. 114–115, 249n53.

济院①这些早已存在的渠道来行善,并为应付紧急情况而临时募集资金。即使是在创立他们的善会以后,这三个人也都继续利用这些渠道(比如在四个人中有三个人大力资助他们的宗族)。这三个人有时会在集体行动以外单独进行慈善捐赠。不过,除此以外,他们还通过高度组织化的善会来行善。

开风气之先

1590年,学者兼中级官员杨东明暂离京师,告假回到家乡河南虞城。河南省位处中国内陆,距离北京西南约400英里(约643.7千米),位于黄河中游。和许多杨东明的同僚出生在富饶的东南各县相比,虞城是落后而冷清的。的确,近来棉花种植规模的扩大给河南带来了一些繁荣,但这并没能促进文化的兴盛,而东南的长江三角洲地区是以此而闻名的。② 尽管河南道路通畅,但由于淤泥沉积阻塞,黄河几乎无法通航,致使该地区的贸易变得萧条。③ 相反,通常被称为江南的长江三角洲地区,即指长江以南地区,水道运河纵横交错。许多水道运河与东南沿海相

---

① 关于养济院(其历史可追溯到宋代,当时它们被冠以其他称谓)的一项调查,明朝皇帝对养济院的推广,以及地方志中相关例证的材料,见星斌夫,《明代の養濟院について》,第131-150页。关于养济院的提及,亦见陈龙正,《几亭全书》,卷26,第19a-b页;卷23,第16a页;卷20,第17b-18a页。
② 关于16世纪棉花在北方的推广,见严中平,《中国棉纺织史稿》,第19-20页。到了明末清初,中国大约80%的县都在生产棉布,根据Craig Dietrich, "Cotton Culture and Manufacture in Early Modern China"。亦见Mi Chü Wiens, "Cotton Textile Production and Rural Social Transformation in Early Modern China", p. 516。
③ 参见Roger V. Des Forges, *Cultural Centrality and Political Change in Chinese History: Northeast Henan in the Fall of the Ming*, pp. 140-142。该书强调了晚明河南经济的强劲发展,但也承认这在很大程度上依赖于陆路,而不是更高效的水路。

通。船运廉价而便利,贸易欣欣向荣。商人甚至士人(他们对投资贸易较谨慎,保持着对此不感兴趣的儒士形象)赞助了大量银子,用来支持书籍的出版。长江三角洲地区因其深厚的文化底蕴,吸引着来自全国各地的才华横溢之士退隐斯地。而河南这样的死气沉沉之地充其量吸引着像杨东明那样的本地人投资土地,并受到以土地为基础的强宗大族的羁绊。

杨东明是身处两个世界的人。身为一名政府官员,他是国家精英中的一员;身为一位虞城的地主和一名长期扎根于此的宗族成员,他忠于自己的家乡。在1590年回到虞城以后,他保持着温文尔雅。他回顾了在官场上遇到的才华横溢之士,回忆了他曾服务过的作为政治权力中心的朝廷。终究,他的视野变得更加玄伟,他的视角更顾及其他更为中心的地方。与此同时,他将注意力集中在家乡人民身上。他们中的许多人身陷困境:就在他回来以前,在1588年和1589年期间,一场旱灾导致了严重的饥荒,以至于一些人采取了吃人的做法。杨东明将危机简单地解释成"倡义无人,而储蓄不备也",而这个任务在他于1590年回到斯地时,便立刻被他一力承担下来。①

受到两个世界(拥有政治权力和文化成就的朝廷以及有着迫切需求的边陲小镇)的影响,杨东明为自己创造了一个特殊的位置。为了处理家乡事务,他利用了为官时所培植的资源。他主张一种跨区域的视野,而不是逐渐融入虞城那些沉闷且千篇一律的活动中去,或是陷入政治泥潭。为了追求超越其家乡平庸的东西,他采取主动,促使其友人们破旧俗、立新风。

杨东明建立首个为人所知的善会几乎是个偶然事件。在

---

① 杨东明,《山居功课》,卷1,第2b页,《曹县社仓序》。

1590年，一回到虞城，他就考虑加入一个诗社。正如他所知道的那样，在古代，像他这样的人物——饱读诗书为的是居庙堂之高，却发现自己处江湖之远——在类似的境遇下，常常聚集起来饮酒作诗，就像一千多年以前的东晋风流士人成立洛社那样。[1] 因此，在他的家乡，两位致仕的居民业已组织虞城的德高望重之人每月聚会一次。正如杨东明所言，他"闻而慕之"。令他欣喜的是，基于过去的纽带，"诸老"将其"引为忘年交"，因而他得以"接着艾之丰颜，聆先年之故事"。[2]

然而，杨东明的高兴很快就变成了失望。他获悉诗社除了饮酒以外，鲜有其他活动，聚会也索然无味。他坐立不安，不愿意自我放纵，谋求使这个社团走上更有意义的道路。作为一位退闲在家的官员，他跨越了两个世界。他向诸老建议道："古人立朝善政，居乡善俗。"接着，他提出即使"道在素位，心无旷闲"，一个人也不应当虚度光阴。他问道："如徒以燕饮相征逐，止消磨岁月而已，奚益也？"杨东明坚持了一个高标准，使社团成员转而捐资修缮道路、修补桥梁、资助婚丧费用，以及周济贫癃疾厄之人。他将社团的名字由"同乐"改为"同善"，以示彻底改革之意。杨东明解释说："夫惟为善乃称最乐也。"[3]

晚明的社会环境对于这一新型的慈善组织而言已经成熟。其他城镇迅速地仿效它。善会的理念使其自身在领导人杨东明之外获得了更为持久的生命。随后，许多有着相同或类似名字的

---

[1] "洛社"这个词语还可能影射的是欧阳修所组织的一个诗社，或是由司马光等人成立的一个酒会。
[2] 杨东明，《山居功课》，卷1，第7a页。
[3] 同上书，卷1，第7a-8a页。

社团,如"广仁会""同仁会",或指涉成员会面地点的"善堂"出现了。① 这些术语基本上指向了一类组织:一个首要而明确的目标是行善,且在正式的政府组织和宗教机构以外运作的社团。

除了杨东明在文中提到过以外,吟诗的同乐会无迹可寻。它转瞬即逝,仅仅只是为了彰显善会的优越性。可以想象,关于诗社的记录曾经被编纂过,但之后被破坏或遗失了。大约五十年以后,外族入侵者和汉族变节者使河南省四分五裂。他们毁坏了房屋、藏书楼和官方档案,因而加速了明朝的倾覆。在维持了近三百年的统治以后,明朝在 1644 年灭亡了。更有可能的是,尽管诗社并没有记录它的娱乐活动,但由于不向其他社会人士开放,因而它不必向全社区发表讲话。

相比之下,杨东明的善会是一个准公共性的组织。尽管它的成员资格依旧排外,但它不可避免地与当地社区进行互动,并且是公开行动,因为社团的其中一个目标就是济贫。诗社的聚会是不定期的,而善会却是一个正式组织。为了使活动正规化,令成员们向着一个比及时行乐更大的目标携手并进,社团需要书面文件来规定成员们的责任。在听取了杨东明对行善富有说服力的观点后,"诸老"请他为善会起草若干条约。"条约"一词通常被译为"regulations",其字面意思更多意味着逐条列记的契约或协议,约表示"约束、限制":为了使集体努力合作,成员们必须抑制个人的冲动;为了使善会运作起来,他们必须服从一套行为准则,这对于吟诗作乐而言是完全没有必要的。

条约详细说明了八项规则,成员们在入会时就明确同意要遵守。他们在每月十五日集会一次。他们于每会捐出"分银二星";

---

① 例如,见《嘉善县志》(1800),卷 14,第 32b 页、第 53b 页。

倘若他们"失约与届期不至",就必须交纳罚金;那些半途而废或违反会约之人会被罚银五两。这笔收集起来的钱因而被指定为"公用"。①

杨东明在编写条约时,以已有交往的同乐会成员作为欢乐和团结的基础。但为了将社团转型成一个慈善组织,他还劝成员们恪守一套合乎他们的严肃目标的礼仪。他允许成员们继续在每一次的集会上一同聚餐——此举无疑加强了集体团结——但他规定"殽止数品,饭止二飱"。他允许"酒不为限",但他告诫不可"沉湎纵乐"。② 这些规定认可宴饮交际,但它们同样对此加以控制,并使之规范化。诗社依赖志同道合之人的自发参与,而善会则依赖每一位成员对于缴纳会费、参加集会和遵守会规的深思熟虑的决定。杨东明的善会成员们并非是由一种非正式的口头共识或者默契而被集合起来(这可能是同乐会成员们借以联合起来的方式),而是通过一个共同的对象,即书面条约来共同合作。全体成员都能查阅它,并借此相互问责。

条约需要保存两份记录。一份记录无疑旨在让成员们的后人知晓他们的慷慨。其中,他们捐献的数目会被记录在案,并依照捐赠者的齿序排名。这份记录被长期保存,每年都会被传给下一任的收掌者。③ 在第二份记录中,收掌者会登记所有用于"道路可修,桥梁可补,婚丧可助,贫窭疾厄可周可扶者"的会金开支。这份记录旨在使所有议事"明白备查"。④ 尽管这是为成员们所用而设计的,但它开辟了一条向整个虞城社区宣传善会活动的

---

① 杨东明,《山居功课》,卷1,第8a—b页。
② 同上书,卷1,第8a页。
③ 同上书,卷1,第8b页。
④ 同上。

道路。

　　杨东明以同道中人既有的团结作为基础来编写条约。但为了达到团结的目的,他添加了一些正式的成分,通过强制执行的方式来确保未来的内聚力。条约规定了成员某些方面(诗社或许认为对这些方面进行约束理所当然)的行为举止。它明确要求"会中务要和气流通,爱如骨肉,隐恶扬善,缓急相恤。如有乖戾存心,拘起嫌怨,致不雅观者,不敢请会"①。简言之,条约甚至连情感领域也试图加以控制。

　　条约还附有一本有着十二名成员(除杨东明以外)的花名册,正如眉批所明言的那样,所列之人"序齿不序爵"。一位主簿排在了一位同知之前,而后者拥有更高的官阶;一位仅仅有着"贡士"头衔的人(他还没有通过三年一次的会试)名列一位知县之前。花名册在维护年龄等级制度的同时,依据杨东明本区的社会习俗,以年齿定成员,从而使善会独立于正式的政府之外。然而,杨东明并非全盘抹去官阶的痕迹。他确保在每个成员的姓名之后加上他们的官衔,具体说明这个人是否担任过政府公职,是否在科举考试中取得功名或者是否为捐纳的士子,或者是否在官僚机构下面工作。② 即使是在为与会者排名时,杨东明也将他从两个世界中得到的原则结合在一起。

　　正如杨东明退闲在家期间依然与遥远的官场关系密切,他也给予了善会一个双重身份。他既依照年齿接受地方精英入会,又充分利用和官僚的关系,间接利用后者的权威来帮助善会的运作。为了调动当地居民的行善积极性,他愿意向官员请求支持,

---

① 杨东明,《山居功课》,卷1,第8b页。
② 同上书,卷1,第9a页。

并在条约中宣称:如果通过他们善会的活动,"君子仁人"恰巧能激发善人在农村地区兴起类似的会,则"宜报之县主,锡扁示旌"。① 尽管是在正式的政府以外的模糊地带从事活动,但在力所能及的范围内,杨东明试图将善举扩大到农村地区。

从下层获取力量

杨东明的视野在上达朝廷的同时,也深入本区。他愿意利用官方权威来表彰行善者,根据长期以来在普通民众中形成的习俗来看待他的善会。尽管他将善会成员的资格限定在那些已经有联系或者渴望参与公务之人身上,但他的善会也从社会底层汲取灵感。正如杨东明向会众所解释的那样:"彼贩夫耕叟,尚知结社捐赀,共期为善。"接着,他对听众中间的贪图享乐之人提出疑问,反问道:"况缙绅冠盖之流乎?宜俯同于俗会,各捐金若干,遇一切贫困可恤、善事宜举者,胥取给焉。"②

杨东明所说的"俗会"指的是自愿性组织。通过这些组织,一个特定地区的居民们能够为广泛的目标集中资源,包括宗教队伍、丧礼和危机干预。这些组织早在5世纪晚期的文献中就被提及,被冠以各种称呼。它们通常加入一个术语来表明居民来自某邑,或者表示某"社",有时用"义"这个术语来组成复合词,比如"义邑"。但是,不管它们被贴上何种标签,这些组织的共同目标

---

① 杨东明,《山居功课》,卷1,第9a页。
② 同上书,卷1,第7a-b页。关于这样的一个起源于16世纪,服务于在大运河上作业的船夫的互助组织的资料,见 David E. Kelley, "Temples and Tribute Fleets: The Luo Sect and Boatmen's Associations in the Eighteenth Century", p. 363。

第二章 早期善会及其高瞻远瞩的领导人

是"建福"。① 杨东明可能也考虑过至少能够追溯到汉代的互助组织。② 几个世纪以来,普通民众已经制定出了许多策略来筹集资金应对危机,例如意料之外的丧葬开支,以及次数不那么频繁的济贫。③ 对于晚明而言,让人耳目一新的并非是一个自愿性社团的理念,亦非风险管理的群策群力,而是身为士绅阶层中的一员的杨东明借用一些他能够明确与普通民众产生共鸣的东西,并将之重新安置在他自身的精英环境之中。首个善会在会员资格方面保持着精英主义,但它将一个精英计划以一种普通民众能够理解的形式呈现出来,从而使善会更容易将它的宗旨传达给整个社区。

杨东明主张"道在素位"。为了使善会成为"俗会"之后的榜样,他以致仕官员的身份为非官方的组织开辟了一个合法空间,使大批虞城富民进入这个空间。在1591年,即杨东明成立善会的一年以后,三十一位被拒之会外的虞城居民赶忙成立了另一个组织。④ 后者的会员资格的主要依据似乎是财富。在这个组织中,所谓低级功名之人包括了当地望族范氏的一些成员、诸色吏员、五位被仅仅称作"乡民"的人,以及那些无疑只能以其财力来区分之人。⑤ 杨东明写道,从第二组人来看,"邑之富有力者几无遗矣"⑥。两个会加起来有四十二名成员,共捐银七十两。⑦

---

① Jacques Gernet, *Buddhism in Chinese Society: An Economic History from the Fifth to the Tenth Centuries*, p. 260.
② 王宗培,《中国之合会》,第 4 页。
③ 同上书,第 87 页。
④ 一个细微差异:杨东明的记述具体说明了三十一位参加的居民;附于其报道后面的名单只给出了二十九个名字。附于此名单后面的是三位外地人。见杨东明,《山居功课》,卷 1,第 9b 页。
⑤ 杨东明,《山居功课》,卷 1,第 11a-b 页。
⑥ 同上书,卷 1,第 9b 页。
⑦ 同上书,卷 1,第 11b-12a 页。

第二个会(后来获得了"广仁会"的称号)也许在济贫上略胜一筹,但杨东明在一篇小传中举例说明了此会的慈善成就,如下所述:当时有一位叫张常安的山人,是穷困潦倒的鳏夫,但也对医术颇知一二。该会花了一些会金为他续娶,并使他成为施药者。一位叫范炳的会员精通医术。他为张常安择选精方,结果药施病除。每天有数百人前来就医,到了应接不暇的地步。有时得到医治的人会前来登门致谢。① 广仁会从根本上将这位山人转变成一个工具,会中之人通过在同伴身上试验过的方子广施医治,由此获得了众人的好感。

广仁会借由这位山人兼鳏夫达到了一些理想的目标。通过向他提供一位继室和一份新工作来确保他在社会上有一个合适且有用的位置,通过资助一名行医之人而使上百名病人受益。就这样,广仁会通过救助普通民众的方式赢得了广泛的感激和一个好名声。正如杨东明所描述的那样,山人的例子间接说明了另一个观点——杨东明本人似乎惊讶于这个观点:他将诗社转变成善会的这个小动作开启了一连串的事件。这些事件的每一个关头都是对善行的扩展,最终产生了巨大的效益。杨东明所结之会鼓舞着社区中的富民结了第二个会。这个会转而赞助了一位鳏夫,使数百位病人获得了救治。道德领导发挥了作用。

在无限乐观的行善力量的引导下,杨东明频频表达了能够将此善广推天下的愿望,从而给社区带来和谐,并能吸引善款。善行的消息有时会通过书面记录传播开去;很多时候,杨东明和之后善会的赞助者会写下他们的所见所闻。杨东明曾写到,在听说

---

① 杨东明,《山居功课》,卷1,第9b页。

了广仁会以后,三位身为邻区人的官员闻风助资。①

由于自信微小的善行能够产生重大的道德革新,杨东明的善会还赞助了另一项慈善计划。一位居民为双亲庐墓三年,至诚无间;此外,他还将捡到的钱财物归原主。杨东明对他的孝顺和诚实表示嘉许,他和会员们一同资助了一个仪式来表扬这位正人君子。在为这个仪式所搭建的一个庐舍中,伴随着庄严的仪式和鼓笛的吹奏,他们向这位楷模赠送了衣冠和丝织品。杨东明解释说:"意在优一人而风万人也。惟时观者环堵,均有感动。里市有竞锱铢利者,辄退让不争。"② 对一位孝子的社会地位的抬高传播了关于善有善报的教训。这个特定的善行的目标并非是扶贫,在杨东明看来,这是为了迎接另一个挑战。正如他所言:"安得公此善于天下,以遂吾大同之愿哉?"③

道德教诲的提升和物资上的援助同等重要,倘若前者不比后者更多的话。虞城的善会还为老人们赞助了花费不菲的典礼。这场典礼有时由官员来主持,让人们对尊卑产生敬意。1593 年,杨东明和善会"诸友"捐会金治酒并建造了一座凉亭,以便款待当地的老人们。其中有十四人的年龄已过八旬,有两人的年龄已过九旬。善会还资助了《敬老录》的刊印,为这十六位老人提供了简短的生平介绍,突出了每一位老人的美德——慷慨、孝顺、嘉言等,这一切均是"尊高年所以风卑幼,而明一邑之礼教,将以兴天下之淳风"。④

两个虞城善会中的每一个善会的凝聚力和焦点都是由对社

---

① 杨东明,《山居功课》,卷1,第11b页。
② 同上书,卷1,第12a页。
③ 同上书,卷1,第8a页。
④ 同上书,卷2,第1a-2b页。

会地位和政治权力的尊重，以及对社区中的掌权之人及获得其青睐的意识来维系的。尽管这两个善会独立于正式的政府之外，政治权力却在它们的建立和存续上发挥着作用。第一个善会的成员地位相对较高(地方官员和有功名之人，以及一些虽是官府的胥吏，但和虞城穷乡的民众比起来却是杰出之人)，连同排外的会员资格，增强了杨东明作为道德领导人的形象，认可了其努力之价值，为后来者创造了一个能够效仿的先例。

第一个善会由告假良吏所领导。这似乎驱使(或者准许)其他居民来组建第二个会。竞争——无论是为了在社区中的名望还是为了社会关系——促使富民们参与其事。杨东明在为张山人的传记作结时就凭着直觉知道了这一点。杨东明对第二个善会评论道："与同善会争趋义焉。"① 杨东明在无意之中为富民们的参与铺平了道路。他在一份社仓规约中承认财富是行善的重要力量："先捐者先登，爵齿行辈非所拘也。"② 因此，富民们亦能利用善会与本区中的长者和有功名之人竞争社会地位。

杨东明具备了有效领导所需的素质。他出生于虞城的一个望族，有财力来发起各项计划，且树立了一个乐善好施的榜样。作为一位地主，他积极主动地去维持本区的和谐。他明白，为了维持其财产收益，他必须保护耕其田、交其租的佃农们的福祉，获得他们的好感。此外，作为一位告假官员，他赢得了本区的尊重。当第二个会向他征求会名意见时，相对于同乡的富民而言，他的优越感变得明显。在指出了第一个会已经以"同善"为名，他们问道："今吾侪仁术所及，善不啻溥矣，会可独无名乎？"③ 杨东明暗

---

① 杨东明，《山居功课》，卷1，第9b-10a页。
② 同上书，卷1，第4b页。
③ 同上书，卷1，第10a页。

示他们对此的理解有不足之处,回应道:"诸公称及仁术,亦知仁之说否?"他在之后发表了一个简短的讲话:"夫天地以生物为心,天地之仁也。人以天地生物之心为心,人心之仁也。夫惟以生名仁,则存仁所以存生也。"随其师之后,杨东明谈到了"生生"。①

杨东明作为前政府官员和大地主的崇高地位都无法解释他的成功领导。这些特质在其他虞城居民们身上也同样存在,尤其是在创办诗会的两位前政府官员身上。令杨东明脱颖而出,使他能够激励其同伴为一套行善方案而放弃宴饮的是他自己所追求的目标碰巧要比其他人高尚。在为"广仁会"制定目标时,他将自己和寻欢作乐的诸老们的会作了一个遭人怨恨的对比:他将超越——换言之,他将高于——奢侈的吟诗盛宴。和第二个会相似,杨东明坚持正义的事业。他发现成员们倾向于以慈善为娱乐的借口,便告诫他们说:"诸君慕义而来,岂其恣宴游之乐乎?意将惟善是期也。"就在那时,杨东明建议他们通过鳏夫来施药。②通过占领高地,他维护着自己作为道德导师的角色。

为了说服第一个会中的老人们捐钱要比吟诗能够得到更多的快乐,杨东明既没有提到两年前出现的饥馑,也没有提到其他灾难,而是强调个人的道德责任。他解释说,"夫世有忘贪得之戒",接着,通过果报(一个人的投胎转世是由其现世行为所决定)的运作方式,"为子孙作马牛者,日夜焦劳,不获晷刻之乐。语之救难恤贫,则吝弗肯予,此真所谓迷人哉"。③ 随后,他总结了俗语里的积累功德之说,补充道:"且夫人之积善,犹农之力耕,多种则多获,寡种则寡获,不种则不获。昔人活千人而后世三公,渡万

---

① 杨东明,《山居功课》,卷1,第10a-b页。
② 同上书,卷1,第9b页。
③ 同上书,卷1,第7b页。

蚁而身魁天下。"为了自圆其说,杨东明从商业领域借用了一个比喻:"天福善人,如持左券。"①

杨东明通过亲自行善自证其说。1590年,他一回到家乡,便注意到了前两年(1588年和1589年)河南遭受的一场可怕的饥馑。他和邻区的富民们一同创办了一个社仓。他为无人带头行善而感到惋惜,由此意识到需要自己的介入。他表达了关于贮粮之法能够立刻被传播开去的愿望。② 1596年,他为穷人办了一所义学。③ 1601年,在他的本区遭受洪灾以后,他和自家兄弟以及区内一些力优好义之士为一个稳定粮价的计划捐银170余两。④ 通过公开行善,他不时地表明自己的领导地位。

杨东明屡次将一己之财投入到本区之中。当虞城在1602年遭受了一场严重的雪灾时,他创办了一个粥厂来设法济贫。⑤ 在1606年,他赞助了一项受人瞩目的、给穷人施冬衣的大型计划。在事后的第六年,即1612年,他终于抽出时间在《施棉袄记》中记录了这个活动。

> 贫人之苦,四时皆可怜矣,而隆冬为甚。夫富者之卫身也,寒则绵衣,渐寒则加衣,甚则袭重裘、居暖阁、炽炭饮醇,以致和气。然防御少疏,辄曰:感寒而病。噫!物我此身同也,其不耐寒同也,彼敝衣破裳、千孔百结之人,及蓬头跣足、枵腹裸体之众,当此隆冬盛寒时,齿不扣而自鸣,股战慄而靡定,无奈交两手以覆肩,蹲双膝以护腹,孑然一身,靡

---

① 杨东明,《山居功课》,卷1,第7a-b页。第二条材料指的是宋郊。他尽管贫穷,但尊重生命,为成千上万只蚂蚁提供了一座竹桥,令它们能够躲避倾盆大雨。关于这个故事的一个清代版本,见周梦颜,《阴骘文广义》,卷首,第10a页;亦见卷上,第27a页。
② 杨东明,《山居功课》,第2a-b页。
③ 同上书,卷3,第1a-2a页。
④ 同上书,卷1,第14a-15b页。所列捐赠实际上加起来是180两。
⑤ 同上书,卷1,第15b-17b页。

所措置。不幸遇阴惨连日,冰雪载涂,栖破窑野寺之中,卧冰冷霜寒之地,风急似箭,飞雪满身。当是之时,冰为脏腑,木作肢骸。初犹呻吟,渐吐白沫而大命去矣。嗟乎!痛哉!①

接着,杨东明回应了那些强调即便是最弱小的生物都有双亲的动物放生者的辞令,问道:"夫非尽人之子欤?何其苦楚一至于是也!彼红炉煖阁中人,第洒涓滴之惠,则可缓贫人须臾之死矣。"穷人所经历的苦难让杨东明感受到了巨大的痛苦。他写道:"余蒿目伤心。"这里暗指"今世之仁人,蒿目而忧世之患"的典故。②

杨东明表达了拯济贫民的愿望。但由于资源有限,他也解释说,"然不能为广厦千间,收若人而衣被之也。不得已效施袄之计"③。因此,杨东明在1606年发起了发放一百件棉袄的计划。一年以后,他将数量增加了一倍。在四五年以后,风闻愈远,以至于每一个来自梁、宋、燕、赵、青、齐的人都来领取棉袄。从这个计划开始实行到1612年之间,已有五百人前来。由于供不应求,杨东明和他的幼弟明谕通过制定程序来物尽其用。他们将发放限定在特定的日子里,将壮丁排除在外,只给疲癃残疾者发放衣服。在既定之期,他们让受助者排成队,蹲踞而坐。这无疑是一个控制乱民之策。杨东明明言任何喧哗者将会被驱逐出去。鸣鼓三声以后,每个人都被要求向佛祖礼拜。又鼓三声,每个人分到一碗肉羹和五个馒头。再鼓三声以后,棉袄被分发给民众,仅限一次。杨东明写道:"贫人以得衣为喜,余以贫人之喜为喜。"随后,他补充说受助者的欢呼增强了他的同理心,令他满怀欣喜。④

---

① 杨东明,《山居功课》,卷1,第25a—b页。
② 《庄子·骈拇》,trans. James Legge, *The Writings of Chuang Tzu*, p.319。
③ 杨东明,《山居功课》,卷1,第25a—b页。
④ 同上书,卷1,第26a页。

杨东明注意到棉袄让那些人活了下来。但他随后想到的是：穷困之人依然遭受下体之寒；所有那些耳目未及和力量未到之人，处境有多么悲惨。"其不免于死者何限？……嗟乎！富者之积余者，贫者之所恃以为命者也。"接着，他不再讲述自己的善行，而是借机劝说：与其将财富积于无用之地，不如向那些落难之人施以援手，以完善一己之仁，岂不是更好吗？杨东明自己树立了一个慷慨的榜样，在他的地区中坚持道德领导。

杨东明广阔的视野和强烈的责任感使他从同乡人中间脱颖而出，并令他们脱离平庸。1590年，他回到家乡，注意到无人带头组织粮食贮存后，他立刻自告奋勇站了出来。作为前政府官员的地位以及与有钱有势者的关系令杨东明能够身任领导一职。但同样重要的是他对于普通民众的真切同情和强烈的道德信念。这些品格激励着他为本区贡献出自己的财富，使他的慷慨激昂的奏折能够成功促使朝廷向河南捐助钱粮以开展救灾工作。

杨东明成立善会似乎是一件偶然的、几乎是附带性的事件。当他坐立不安、兴味索然时，他又将一个非正式组织重新引向了一个更为严肃的目标。这发生在多事之秋，正值1588年和1589年的饥馑之后，1594年的特大洪涝不久以前。这促使杨东明递呈《饥民图说》，恳求皇帝救助河南民众。① 然而，尽管河南的境况危急，却无法解释杨东明为何以善会这种形式作

---

① 这份奏折再版于《虞城县志》(1895)，卷8，第6b-11页，但误作1604年（万历32年）。谈迁《国榷》第4722页作1594年（万历22年）。有关奏折与例证的重印本（或后来它们的刻本），见 Roger V. Des Forges, *Cultural Centrality and Political Change in Chinese History: Northeast Henan in the Fall of the Ming*, pp. 35-46。亦见 Shui-yuen Yim, "Famine Relief Statistics as a Guide to the Population of Sixteenth-Century China: A Case-Study of Honan Province," pp. 4-5。严瑞源(Shui-yuen Yim)估计超过一千两百万名河南居民得到了救济，见上文，p.13。

为对形势的回应。在杨东明看似鲁莽而特立独行地发起善会的背后，是既定的社会模式。当杨东明寻求能够提高本区福祉的策略时，他业已注意到了在他眼前的一个全新的机遇：那些拥有财富但文化程度较低、不知如何将资源用于公益事业的人已准备就绪，只待时机成熟。

道德使命

在杨东明回到虞城的二十年间，善会的理念传播到了富庶的长江三角洲地区。现存的记载鲜有提及它是如何被传到那里，以及是由谁传过去的。一则记载提到了一个叫张师绎的人将这个理念从杨东明的家乡河南介绍到了江南。① 另一则记载进一步谈到了钱一本在南直隶的毗陵创办了一个善会。② 与会之人每一季度集会一次来筹集资金。根据高攀龙所说，每当看到有人受苦时，他们就会施济。"于是无告之人，寒者得衣，饥者得食，病者得药，死者得槥。"接着，高攀龙用会名补充道："同会者人人得为善。"③

---

① 夫马进，《中国善会善堂史研究》，第92—93页，第136页，注释7，引用仲弘道，[光绪]《桐乡县志》，卷4，"善堂"。亦见陈龙正，《几亭全书》，卷23，第13a页。
② 高攀龙，《高子遗书》，卷9上，第41b页，《同善会序》；夫马进，《中国善会善堂史研究》，第97页，第138页，注释14。关于钱一本，见黄宗羲，《明儒学案》，卷59，第1a—b页。
③ 高攀龙，《高子遗书》，卷9上，第41b—42a页；亦见陈龙正，《几亭全书》，卷7，第5a页；卷23，第13a—b页。高攀龙1593年在毗陵拜访了钱一本，见华允诚，《高忠宪公年谱》，第7a页。关于高攀龙，见"附录"中关于高攀龙的附加材料；L. Carrington Goodrich, and Chaoying Fang, eds., *Dictionary of Ming Biography, 1368-1644*, pp. 701-710; Huang Tsung-hsi, *The Records of Ming Scholars*. Edited by Julia Ching, with the collaboration of Chaoying Fang, pp. 234-243。黄宗羲，《明儒学案》，卷58，第16a—19a页；Rodney Leon Taylor, *The Cultivation of Sagehood as a Religious Goal in Neo-Confucianism: A Study of Selected Writings of Gao P'an-lung, 1562-1626*。

高攀龙还提到了一个叫陈幼学的南直隶无锡人。在1589年考中进士以后,他在距离杨东明的家乡约120英里(约193.12千米)的河南确山任职。在当地,陈幼学因仁慈、开明和公正的行政而赢得了声誉。他向穷人提供耕牛,给妇女提供纺车,为无家可归者建造住所,种植桑树。通过对公共资金的节流,他能够发起许多慈善计划。① 后来,陈幼学听说了钱一本的善会,感到欣喜。受到善会潜在能量的鼓舞,他宣称:"夫学岂托之空言,将见之行事。"② 正如杨东明所设想的那样,他们行善的消息不胫而走。

　　这就是紧接着杨东明创立第一个善会之后的早期善会留下来的片段:只有散乱的线索,但没有明显的痕迹;只有简洁的梗概,但没有宏大的叙事来解释为何善会的理念会在士人中间突然生根,为何关于这个新型组织的消息会以口口相传的形式找到适合其生长的沃土。直到1614年春天,善会的理念才最终在正直的官员兼思想家高攀龙的书面记录中获得一席之地。高攀龙承认钱一本和陈幼学是其灵感的源泉。高攀龙和其他几个有名望但在善会的社会活动中鲜为人知的人物一起在他的家乡无锡创立了一个善会。③ 由于他认为这个主题很重要,因此他在现存作品中留下了对善会的一则简介、三个面向成员的讲话,以及少量散见于其他篇章的附带性的但与此相

---

① 关于陈幼学,见张廷玉撰,国防研究院明史编纂委员会编,《明史》,卷281,第3161页;Heinrich Busch, "The Tung-lin Shu-yüan and Its Political and Philosophical Significance", p. 136.确山在汝宁府。亦见《钱塘县志》(1718),卷24,第5b页。
② 高攀龙,《高子遗书》,卷9上,第42a页。
③ 除了高攀龙和陈幼学以外,还有叶茂才、安希范和刘元珍。见夫马进,《中国善会善堂史研究》,第98页。

第二章　早期善会及其高瞻远瞩的领导人

关的评论。①

和杨东明一样，高攀龙拥有能够胜任领导之位的特质。一种不同寻常的行为倾向和他的童年经历使他与众不同，并驱使着他寻求高尚的道德境界。他在五岁时就已经表现得格外早熟。年谱断言其"言动如成人"。② 特殊的环境随后进一步将他和他人，尤其是和他的六位兄弟区分开来。高攀龙的父亲是一位富有的地主。由于男丁满堂，父亲将他过继给了一位膝下无子的叔公。③ 当他的生父在1596年去世时，当时三十五岁的高攀龙为父亲服丧尽孝。④ 尽管他在这方面很孝顺，但他却拒绝听从父亲的遗愿和遗嘱。父亲的"遗命"是将家产平分给七个儿子。在1589年，他从养父那里业已继承了一笔财富。高攀龙强烈要求其兄弟们将属于他自己的那一份分给他，但他们拒绝了他的要求。由于无法说服其兄弟，他找到了一个显然能让各方都满意的替代方案，一如既往地表现出了宽宏大量：他用属于他的那一份遗产支付了父亲的丧葬费用；随后，1596年，他利用剩下的资金置义租以赡养族中穷人和族中那些无子的妾室。⑤

高攀龙通过拒受他的那一份家产，令人们关注他自己（亲生

---

① 一套善会规约归功于高攀龙，见余治，《得一录》，卷1B，第2a−3b页，但作者是谁并不清楚，因为他并未出现在高攀龙的现存作品中。这套规约的变化版本出现在陈龙正，《几亭全书》，卷23，第14b−18b页。关于作者不详的问题，见夫马进，《中国善会善堂史研究》，第141−142页，注释58。据说高攀龙也曾经写过题为《同善会录》的文章，见华允诚，《高忠宪公年谱》，第36a页。据我所知，这部作品已佚。亦见夫马进，《中国善会善堂史研究》，第109页。
② 华允诚，《高忠宪公年谱》，第2a页。
③ 这位叔公是他的祖父的幼弟，见华允诚，《高忠宪公年谱》，第1b页。L. Carrington Goodrich and Chaoying Fang, eds. *Dictionary of Ming Biography, 1368−1644*, p. 701.
④ 华允诚，《高忠宪公年谱》，第11b页。
⑤ 同上。

85

儿子和养子的身份)与其六位兄弟之间的区别,正如茹素的冯时可使自己区别于他的八位富有的兄弟那样。通过花费他的那一份遗产来安葬生父和造福宗族,高攀龙证明了自己坚定地致力于——或许更甚于他的兄弟们——亲族的福祉。为了巧妙地应对困境,他追求一种更高境界的善。并且,通过行善,他在本质上将财富——一份遗产的七分之———兑换为道德制高点。

作为一个品格高尚之人,高攀龙刻意摒弃自己的某些奢侈的生活。像他这样身份的士人通常会纳妾,但他坚持一生只娶一个妻子。① 他的那些富有的友人们沉溺于酒池肉林,但在他的家规中,他呼吁节制,坚持说一个人应当将珍馐佳肴的消费控制在最低限度。此外,出于对动物的关爱,他主张应当以茹素代替吃肉。② 他将自己的教导付诸实践,捐余资来救济贫士。③ 他是如此乐善好施,以致他死后被评价为"不遗余力"。④

高攀龙严于律己,遵循着严格的日常养生之道。⑤ 为了不断提醒自己不要浪费,他写日记。在《日鉴篇》中,他制表记录自己是敬还是怠,是义还是欲。他每天自查,每月自评。⑥ 遗憾的是,这部笔记和另一部题为《日省编集》的日记都没有被保存下来,但它们的题目表明了他在自我改善方面的认真努力。⑦

作为一名养子,高攀龙在成长中变得特别正直和仁慈。这个例子令我们想起了另一位善人范仲淹。尽管他是 11 世纪的人,

---

① 华允诚,《高忠宪公年谱》,第 31a 页。
② 高攀龙,《高子遗书》,卷 10 下,第 24b 页。
③ 华允诚,《高忠宪公年谱》,第 17b 页。
④ 同上书,第 31b 页。
⑤ 时间是在 1585 年,见上书,第 3b 页。
⑥ 同上书,第 4a–b 页,1585 年。
⑦ 同上书,第 6b 页。

但在本项研究中,他是五位领导人的榜样。范仲淹因乐善好施和谨身节用而赢得了不朽的声誉。在范仲淹去世后的五个半世纪以后,高攀龙的同时代人继续表达对他的敬仰,并从范仲淹的善行中汲取灵感。和高攀龙一样,范仲淹也是被送给别人领养的,但情况有所不同。当范仲淹两岁时,他的父亲便去世了。他的母亲改嫁到另一个朱氏宗族,并将范仲淹抚养长大,改名朱说。正如崔瑞德所言,范仲淹"获悉自己并非朱氏宗族的一个真正的儿子的时候,是在他因其继兄弟行为不检而训斥他们,却被告知这不关他的事,因为他并没有完全的宗族成员身份时"。范仲淹于是试图恢复使用其本名。在重新向范氏族人保证他不会对他们的财产有任何觊觎以后,他才如愿以偿。当他在之后的生活中变得富有时,他向朱氏一族伸出了援手,且通过建立第一个义庄,给范氏一族带来了巨大的利益。① 从广义上来讲,范仲淹和高攀龙有着相似的童年经历:被他们的原生家庭拒之门外,最终因他们在社会上的暧昧地位而受到质疑。他们都认识到亲属关系的脆弱性和同理心的重要性。二人均被激励着去证明自己对其亲族有着满腔热忱和宽宏大量。他们努力展示自己的道德价值和相对的节俭与克制。个人经历将他们与其养兄弟和亲兄弟区别开来,促使他们去做一些与其同伴中的平庸之辈不一样的事情。倘若追求荣誉引导着他们去获得高官头衔,那么至少在高攀龙的例子中,也引导着他们去执行一套自我改善和自我克制的方案。他们虽属精英阶层,但他们的慈善推动力源于高度个人化的经历。

高攀龙效法范仲淹,向他的宗族捐赠了数目可观的资金。1596 年,距离 1614 年创办善会约二十年前,他置义田赡其族中

---

① Denis Twitchett, "The Fan Clan's Charitable Estate, 1050 – 1760", pp. 99 – 100.

穷戚，还拨出田地来赡养父妾之无出者。① 1608年，他进一步为本区捐赠土地，以苏粮长之困。② 不过，二人的相似点却指向了一个重要的不同之处：高攀龙所处的社会环境促使他另起炉灶，赞助一个善会来超越他的宗族认同。

持守着高尚的信念，高攀龙为志同道合的同伴们挺身而出：在1593年于京师短暂任职期间，当听说他的许多德高望重的友人们被免职以后，他上疏谴责党同伐异的官僚。高攀龙的直言不讳令他立刻被贬到了广东揭阳这个远离礼仪之都和文化之乡的地方。几个月以后，由于需要照顾生病的双亲，他被准许返回无锡家中。③ 从1595年到1621年，他在那里待了将近三十年才重新赴任。

和杨东明在虞城一样，高攀龙在居家时也保持着一种超越本区界域以及高于日常生活琐事的视野。作为一名随时准备为官僚政治服务的进士，他曾经期望能够有机会在官场上证明自己。当这种期望受挫，且意识到京师的不正之风时——在那里，政治阴谋和残酷斗争给他的同僚和他本人带来了许多苦难和挫折——高攀龙，作为一个总是志存高远之人，在家乡找到了机会。他好学深思。他参加"会讲"，在私人书院里发表演讲。④ 他与志

---

① 华允诚，《高忠宪公年谱》，第11b页。
② 同上书，第14b页、第31b页。亦见叶茂才为高攀龙所写的行状，载高攀龙，《高子遗书》，"附录"，第45a-b页。高攀龙为东林书院的创始人之一顾宪成所写的行状，载高攀龙，《高子遗书》，卷11中，第26b页。顾宪成钦佩范仲淹，他自己施舍穷人，捐产以赡其族之贫者和本区之役。
③ 高攀龙，《高子遗书》，卷3，第14a页，《困学记》，见 Rodney Leon Taylor, *The Cultivation of Sagehood as a Religious Goal in Neo-Confucianism: A Study of Selected Writings of Gao P'an-lung, 1562-1626*, p. 125ff.; Pei-yi Wu, *The Confucian's Progress: Autobiographical Writings in Traditional China*, pp. 131-141.
④ 华允诚，《高忠宪公年谱》，第13a页。

同道合的儒士们辩论古代经典和当代政治议题。① 即便高攀龙有时静修,闭门谢客,他还是会投身于改善地方环境的活动中去。1614年,他写了《困学记》这部深刻内省的作品②,还建立了一个善会——此举给他带来了很高的知名度。

由于热忱地信奉至善,杨东明和高攀龙忽略了挡在他们面前的障碍和社会沉疴。他们对于道德使命的坚定不移使他们获得了领导力量。这一特质将他们与同伴们区别开来。高攀龙在《同善会序》中谈到了行善是道德使命,是一个人必须要做的事情。高攀龙通过回答一些听起来好像是平庸的无知之辈所提出的问题来阐述这个主题,但事实上这些问题是由身为前政府官员的同乡人陈幼学所提出的。可想而知,高攀龙给人以满腹经纶的印象。③

当陈幼学问"善所从来"时,高攀龙说道:"噫,大哉子之问也!"他接着将两个同音不同形的字联系起来,阐述"善"是"仁",而"仁"是"人"。高攀龙解释说,"人"和天下生民相连,正如肢体

---

① L. Carrington Goodrich and Chaoying Fang, eds., *Dictionary of Ming Biography, 1368 – 1644*, pp. 704 – 708. 关于东林书院及其成员们的政治苦难,见 Charles O. Hucker, "The Tung-lin Movement of the Late Ming", pp. 132 – 162; Heinrich Busch, "The Tung-lin Shu-yüan and Its Political and Philosophical Significance", pp. 1 – 163; John Meskill, "Academies and Politics in the Ming Dynasty", in *Chinese Government in Ming Times: Seven Studies*; Dardess, John W., *Blood and History in China: The Donglin Faction and Its Repression, 1620 – 1627*。亦见 *The Cambridge History of China*, Vol. 7, *The Ming Dynasty, 1368 – 1644, Part 1*, edited by Frederick W. Mote and Denis Twitchett, pp. 532 – 544。
② 这个典故出自《论语》16. 10 ("困而学之"),见 James Legge, trans., *Confucian Analects*, p. 314. 我遵照罗德尼·泰勒(Rodney Taylor)的做法,而他则遵照亚瑟·威利(Arthur Waley)的看法,将书名改为 *Recollections on the Toils of Learning* (Rodney Leon Taylor, *The Cultivation of Sagehood as a Religious Goal in Neo-Confucianism: A Study of Selected Writings of Gao P'an-lung, 1562 – 1626*, p. 121)。
③ 高攀龙,《高子遗书》,卷9上,第41b – 43a页。

是身份的一部分。接着,在阐述完相关的主题以后,高攀龙开始说道:"吾于身有尺寸之肤,刀斧划割而木然不知者乎?吾于天下有一人颠连困苦,见之而木然不动于中者乎?故善者,仁而已矣,仁者爱人而已矣。"①

高攀龙预想慈善的一个目的是确保每个人在社会中都有一席之地,社会秩序因而得到维持。对于这一点,陈幼学反驳道:"君子欲万物各得其所,而不能使万物各得其所。博施济众,尧舜犹病,如力之不及。"高攀龙回避了这个问题所设下的障碍,将责任从统治者身上转移到了普通人身上。他回答道:"务博者求诸人,仁者取诸己;取诸己者,力所及也。吾取诸力之所及,天下人各取诸力之所及。何人何我,何大何小,何穷何达。施不亦博乎?济不亦众乎?"②

根据高攀龙的记载,此时陈幼学提出了一个困扰许多晚明作者们的施善问题:"闻善者必福,有不然者,何也?"高攀龙回答说:"吾为德于人,非期人之报也。又非施于人所不报,而期天之报也。求福为善,故为善无福。"③

陈幼学向高攀龙进一步追问关于一个人的善行能够从上天那里获得好处这一广为流传的设想。高攀龙仅仅重提了他的观点,即行善是道德使命,"是不知不为善之不可尔"。随后,高攀龙借助了生动的图像,进而解释道:"于吾之身刀斧划割而木然者,

---

① 高攀龙,《高子遗书》,卷9上,第42a页。
② 同上书,卷9上,第42a-b页。
③ 同上书,卷9上,第42b页。亦见 Cynthia J. Brokaw, *The Ledgers of Merit and Demerit: Social Change and Moral Order in Late Imperial China*, pp. 141-142。在一份由他起草但没有上呈的关于地方治理的奏疏中,高攀龙同样在他对三类"善人"的排名中,将一般的道德节操置于慈善之上:"孝子悌弟其上矣","次则仗义好施者"。见高攀龙,《高子遗书》,卷7,第35a页。

必死人也;于天下颠连困苦而木然者,其死一也。然则吾之为善,如渴而饮,饥而食,饮食亦望报耶?"① 陈幼学追问道:"善者固无福与?"高攀龙这一次将选择一分为二,把重点放在了仁上:"道二,仁、不仁而已。仁,生道也;不仁,死道也……仁则生,善则福,犹形影然。"他指出,重要的是以何种精神来行善。"有为之心非仁,无为之善即福也。"②

高攀龙将他的谈话对象描绘成了无知之辈。不过,陈幼学并非常人。他业已证明自己是一位值得人们尊敬的官员,是一位在河南确山发起慈善计划的贤令。高攀龙承认无锡的善会是受到了他的启发。此外,两人共同经历了科举考试的严峻考验,并在同年取得了进士功名。通常来说,同一年通过考试的考生之间会形成一种密切的纽带关系。是什么令高攀龙成为领导人? 是什么使他获得能够传达更为持久信息的力量? 他的异常耿直和对荣誉的追求明显不同于他的兄弟们。这无疑使高攀龙占领了道德高地。但有关陈幼学的生平事迹同样暗示了一些其他因素。

根据高攀龙为陈幼学的妻子所写的墓志铭,陈幼学在年轻时"贫特甚,居荒村中"。他也是一个散漫无章之人。一次,他没钱买酒,明显是喜欢纵欲。多亏了其妻的榜样力量——她性格坚强,给予支持——他戒了酒,用功学习,在1589年考中了进士,并获得了一系列的官职。高攀龙告诉我们,激励陈幼学改过自新的是他的妻子在他参加(并通过)殿试前不久给他上的一课。一天,为了教他知道失败和贫穷可以带来什么,她端上了一碗在大饥荒期间才吃的野菜羹,说道:"他日无忘此滋味也。"此时,陈幼学正

---

① 高攀龙,《高子遗书》,卷9上,第42b-43a页。
② 同上书,卷9上,第43a页。

在精英社会的边缘地带徘徊。①

在一篇庆祝陈幼学八十大寿的文章里,高攀龙写到陈幼学的善行赢得了人们的称赞,或许可以被比作"木中之春,为枝叶花实者也"。高攀龙总结了陈幼学值得称道的一生,宣称"居官而能福其民,居乡而能福其乡"。陈幼学是如此仁慈,以致"世不可一日无斯人也";接着,高攀龙通过暗示陈幼学"日孳孳为善"和延年益寿的回报之间的联系,总结说"世所共幸,斯人之有年也"。②

作为一名干劲实足、标新立异和心慈仁善的官员,陈幼学最终在高攀龙的对比下,相形见绌,且日渐湮没无闻。据悉,他的作品并没有出版,他的教导和名声也没有弟子来传播。当然,正如高攀龙所描述的那样——作为一个被妻子所规劝和被高攀龙教导善的含义之人——陈幼学缺乏那种高攀龙即使在孩提时就"言动如成人"的自信。最重要的是,陈幼学和高攀龙的道德立场有所不同:他显然是考虑过获得回报,而高攀龙则强调道德使命。

令高攀龙不同于陈幼学的不仅仅是个性,还有个人财富以及由此带来的权力。高攀龙是一位拥有二百亩土地的富有地主。③诚然,他正直且富有同情心,但也享受到了由财富创造的特殊机会:通过放弃父亲遗产中属于他的那一份财产,他将自己塑造成高尚和正直的人;通过利用他的广阔资源,他将自己塑造成善人。在慷然倡捐方面,陈幼学有什么样的资源能够与高攀龙相匹敌?与高攀龙不计回报倾其财富行善相比,陈幼学不那么富裕的背景是否令其更加谨慎、更加多疑? 即使作为一位官员,陈幼学也并没有通过捐出自己的俸禄(像许多官员那样)来支持他的慈善计

---

① 高攀龙,《高子遗书》,卷11上,第21a—25a页。
② 同上书,卷9下,第14b—16a页。
③ 华允诚,《高忠宪公年谱》,第28b页。高攀龙在自杀前如是说。

划，而是巧妙地重新安排所筹之资（其中的细节是模糊的）。事实上，财富是权力的一个重要来源，尽管它甚少被那些视自己为读书人而非地主的士人所提及。高攀龙拥有的财富和他愿意舍弃它去行善的意愿——和他人分享它——赋予了他的教导以权威性和公信力。在高攀龙身上，道德高尚和财富强有力地结合在了一起。

善会合法化

1614年，正是高攀龙创办善会的那一年，碰巧也是朝中"败类"公开攻击高攀龙及其正直的同僚们的那一年。在朝中，尤其是与残忍的宦官魏忠贤为敌，可能促使高攀龙资助善会。① 也许他希望通过强化自己在家乡的慈善活动，能够改善来自四面八方的诋毁者给他的声誉带来的损害；或是利用善会提升家乡的道德水平，最终可能使那些后来在朝中的掌权者悔过自新。无论如何，居家时的细小懿行弥补了在庙堂之上的乌烟瘴气。

在高攀龙的善会里，还有其他四位属于东林书院的积极分子。② 在为其中一位名叫刘元珍的人所作的墓志铭中，高攀龙顺带提到，当钱一本在武进（毗陵）创立善会时，东林书院的友人们助其劝善，引起一百位"好义"的居民们的响应。"忠孝节义之贫者"和"鳏寡孤独之贤者"是受助对象。③ 然而，并非所有东林书

---

① Charles O. Hucker, "Su-chou and the Agents of Wei Chung-hsien".
② 安希范、叶茂才、陈幼学和刘元珍。见夫马进，《中国善会善堂史研究》，第98页。关于这四个人物的传记，见许献、高廷珍编，《东林书院志》，卷8，第7a—b页（安希范）；卷8，第8a—14b页（叶茂才）；卷8，第15a—16a页（陈幼学）；卷8，第22a—26a页（刘元珍）。
③ 高攀龙，《高子遗书》，卷11上，第32b页（关于刘元珍）；亦见许献、高廷珍编，《东林书院志》，卷8，第23b—26a页。

院的成员都是善会的拥护者。正如高攀龙所言,"林中人不应为'蛇足'者"①。

官场里残酷的党争,以及朝廷对地方情况的疏忽,在以往许多时期都造成过混乱,但并没有因此而使善会产生。政府失灵周期性地鼓舞着地方精英采取行动,但对每一个时代而言,他们回应的方式有所不同。对于晚明,尤其是在高攀龙和后来的善会赞助者所居住的那些长江三角洲的城市中心而言,繁荣、商业和识字率的提高等新的因素为新型组织创造了机会。

高攀龙通过一个异常大胆之举证明了他的道德权威有助于其善会发挥持久的影响力,亦有助于其作品的保存。在高攀龙听说六位同道中人在一场政治肃清中被折磨至死,自己也将被逮捕时,他选择了自尽,而不是落入贼人之手——这再一次将他和士人中的庸庸碌碌之辈区分开来。高攀龙业已在遗产继承中舍弃了属于自己的份额,如今他牺牲了自己的生命。他的殉难极大地提升了他的声望,使他获得了不朽之名声。作为高攀龙的门生和崇拜者,陈龙正确保了高攀龙的作品在1632年得以编纂、评论和出版。② 当时卸官教书的大儒刘宗周称赞高攀龙已"与道一"③。

---

① 高攀龙,《高子遗书》,卷11上,第33a页。这个典故出自《战国策》。在这个典故里,有人输掉了一场画蛇比赛。他率先完成,但接着给蛇添了足,结果他画的不再是一条蛇,因而被淘汰了。关于这一点,高攀龙的弟子陈龙正在空白处用挖苦的语气评论说,头脑简单之人当然会觉得参与其中是一件多余的事情。

② 关于陈龙正,见L. Carrington Goodrich, and Chaoying Fang, eds., *Dictionary of Ming Biography, 1368-1644*, p. 174;沟口雄三,《いわゆる東林派人士の思想——前近代时期における中國思想の展開》,第111-341页;荒木见悟,《陳龍正の思想:東林学の一継承形態》,卷1,第1-16页;藤田佳美,《明末、嘉興府嘉善県における救荒について》,第23-44页。关于陈龙正的许多信息可能也收集自夫马进,《中国善会善堂史研究》。

③ Huang Tsung-hsi, *The Records of Ming Scholars*, edited by Julia Ching, with the collaboration of Chaoying Fang, p. 240. 黄宗羲,《明儒学案》,卷58,第18b页。

刘宗周的弟子无数,因而令高攀龙的美名得以远播。

适值结私会将广泛招致一些官员的太多猜疑,高攀龙的自杀——一次无懈可击的舍身就义——改变了创办善会的条件。在陈龙正通过进士考试(1634)的两年以前,在他取得第一个官位(1637)的三年以前,作为举人这一中级功名的拥有者,陈龙正在其家乡浙江嘉善这个繁荣的江南地区创办了一个善会。当在嘉善的善会举行首次集会时,不像他的前辈杨东明、陈幼学和高攀龙,他缺少进士这一高级功名和回到家中时作为前政府官员的身份。尽管如此,陈龙正并没有向驻守嘉善的地方官员寻求批准,而是直接指挥着本区中人进行合作。

使陈龙正 跃成为善会领导人的并非他的早慧或杰出成就,而是其父亲的深刻影响和浓厚的家庭行善传统。正如陈龙正所言,他专心于求学的进展慢得可怜。在他十一二岁时,他求学于仙佛,常常渴望精通长生之术;有时他声称想做和尚。当时在南直隶的句容做官的父亲陈于王闻听此事,十分生气。然而他并没有训斥陈龙正,而是自责,承认道:"吾为人无德,居官多罪,致生此儿,可奈何?"接着,他进而想到了"儿为此言,不过避读书耳"。他叹了口气。① 父亲的反应给陈龙正敲响了警钟,他不敢再提离经叛道的嗜好了。在他十四岁时,他开始认真学习。在他二十六七岁时,他有志于经济,但正如他自己所言,"未有真得"。在他到了而立之年,即1615年时,父亲去世了,他自责忽视学业。在走过艰难曲折的道路以后,他在1634年最终通过了进士考试,时年

---

① 陈龙正,《几亭全书》,卷21,第18a页,《困学说》。陈龙正后来变得排佛,并警告说捐赠给佛事会毁掉"布施美名"(同书,卷22,第21b页)。

四十九岁。①

尽管为仕途而学习的过程迟缓,但陈龙正从他的父亲那里学到了大量实际的行政知识。他的父亲在1615年去世时就已经是福建按察使了。他的父亲是一位既雷厉风行又心慈仁善的官员,这在他死后由陈龙正整理的一些由他撰写的政令和有关他的记载中得到了证实。这些文章显示,陈于王抑制地方豪强势力,建立粮仓,并在其他方面改善地方环境。两篇文章特别记载了陈于王在雷厉风行和心慈仁善之间是如何保持平衡的。一篇文章讲述了他宽容对待养济院里的人的事迹:每当给他们分发食物、柴薪和衣物时,他就会说,"此辈而犹有人侵渔其间,或后期致困,人即无可奈何,天亦戮之矣"。陈龙正评论道:"奸猾感公之恻隐,而畏公严明。"② 在第二篇文章中,陈龙正讲述了其父对待囚犯的方式:"狴犴之设,以惩奸宄。公外严内慈,心颇矜之,时加存卹。疾则召医诊视,冬月特设煖匣,禅以衣絮。仁心盎然,溢于法外。"③

陈龙正以钦佩之情书写父亲的居官政绩。1607年,暴雨毁坏了湖广省的收成,时任当地按察副使的陈龙正的父亲发银一千两救荒,使"全活者众"。④ 在句容为官时,陈龙正的父亲改革了徭役,因为对此的大量需求令当地民众倾家荡产。在一些任务中,他用官吏取代被征召的劳役,并完全免除了其他职责,因而减轻了普通民众的负担。他修治堤防,并发起了一个用来稳定粮价

---

① 陈龙正,《几亭全书》,卷21,第18a-b页。亦见陈揆,《陈祠部公家传》,卷1,第1a-b页。
② 陈龙正,《几亭全书》,卷21,第14a页。
③ 同上书,卷21,第14b页。
④ 同上书,卷21,第2b页。

的计划。通过刚柔并济的管理,陈于王完全赢得了当地的民心,以致在他离任那天,民众试图挽留他,说道:"千秋万岁后,何时复见吾公?"①

尽管陈龙正对父亲的赞美之辞仿效了无数对于值得尊敬的官员的颂辞,听起来是陈词滥调,但我们对此应当加以重视。这些陈词滥调毕竟是一个社会所关注的焦点(这一点本身变成了一种陈词滥调),是对仁慈和贤能管理的尊敬。此外,作者们明白,倘若赞美之辞被随意使用和凭空捏造,则会破坏其作品的可信性。正如陈龙正在《家载序》中所断言的那样:"亲之所无,不敢饰也;其所有,不敢忘也。"② 为了证实句容百姓对父亲有着深厚的感情,陈龙正提供了一些有可信度的事实(在他的读者们眼中,过分歪曲事实会导致整个记载失信):当地民众对于其父离开句容感到沮丧;他们随后建造了一个祠堂来纪念他;当听到他去世的消息时,他们为之哭泣。③

关于陈龙正父亲的记载使本已载誉的陈家家声日隆。正如陈龙正必然已知的那样,他的祖父由于在饥馑时期借贷谷物不求偿还的事迹而受到了地方志的表扬。正如陈龙正的儿子们之后所谈到的那样,人们普遍相信这种慷慨能够解释陈家后代繁荣昌盛的原因。④ 过去行善的好名声,以及让陈家充满自豪的积累下来的家庭知识,为未来的子孙后代树立了一个能够赖以生存的标准,并且强调了陈家维持家庭慈善传统的责任。

因而,陈龙正的教养是由他父亲的行为准则所塑造的:一方

---

① 陈龙正,《几亭全书》,卷21,第2a页。
② 同上书,卷21,第1a页。
③ 同上书,卷21,第2a页。
④ 同上书,卷1,第1a页。

面,他有充分的自由去摸索学业,去寻找自己的路;另一方面,他受到了父亲和祖父立下的榜样的熏陶,并最终将其内化了。在经历了一段时期的迷失以后,在多种因素的影响下,陈龙正完全回到了父亲的标准上来:1634年,他最终通过了进士考试,由此实现了父亲的期望。陈龙正悲感泣下,为父亲没有活着看到他的成功而感到遗憾。①

陈龙正对善行的投入还进一步受到了袁黄观点的影响。袁黄的祖先来自陈龙正的家乡嘉善。1585年,袁黄和陈龙正的父亲陈于王一同通过了科举考试。② 当陈龙正少时,袁黄就预言了他的成功。他告诉陈于王说:"公二子皆贤,然少者[即陈龙正]孝思最深,所至不可量。"③ 这是令人欣慰的赞扬。这个见解怎能不令陈龙正在对袁黄的观点进行全面审视时,将一种特殊的权威性附于他身上呢?

袁黄在极为不利的情况下取得了进士功名。他之前的三代人因他的高祖被牵连进一场政治阴谋而被禁止做官。到了袁黄这一代,这个禁令已经被解除了。但在那时,从医谋生成了家庭的传统,而他们很难摆脱这个传统。此外,一位算命先生预言袁黄的选择将有严重的局限性:袁黄将通过考试,但无法取得高级功名;他将膝下无子嗣;他将在五十三岁这个相对年轻的年纪死

---

① 陈龙正,《几亭全书》,卷1,第2a页。
② 关于袁黄,见 L. Carrington Goodrich and Chaoying Fang, eds., *Dictionary of Ming Biography, 1368 - 1644*, pp. 1632 - 1635. 亦见 Ts'un-yan Liu, "Yüan Huang and His 'Four Admonitions'", pp. 108 - 132;酒井忠夫,《中国善书の研究》,第318 - 355页;Cynthia J. Brokaw, *The Ledgers of Merit and Demerit: Social Change and Moral Order in Late Imperial China*。
③ 陈揆,《陈祠部公家传》,第1b页。"孝思"这个词语出自《诗经·下武》,trans. James Legge, *The She King, or, The Book of Poetry*, p. 459. 关于陈于王接受积累功德的建议,见陈龙正,《几亭全书》,卷21,第15b页。

去。袁黄从一位禅僧那里获悉了另一种可能出现的情况：通过记录他的功与过，他可以掌握自己的命运，或者"立命"。袁黄选择了后一种策略。通过积累功德，最终他取得了进士功名，有一个儿子，并活到了七十三岁。① 他的观念因而被改变了。他像皈依者那样劝化人们，传播这样一个理念，即一个人的行为能够改变命运。他的教导与晚明这样一个社会流动性看起来不稳定的时代很是契合，因为它解释了在个人道德方面，为何一些人积累了大量财富，而另一些人则陷入了困境。袁黄的教导深刻地影响着许多出现在本书中的善人。陈龙正的父亲显然也乐意采纳对自己命运负责的观点。当陈龙正疏于学业，以及更糟糕的是，表现出对出家为僧的兴趣时，父亲并没有责备他，而是自责无德和为官多罪。②

为了支持他的善会，陈龙正让丁宾这位以特别慷慨著称的同乡人参与其事。陈龙正年轻时就曾见过丁宾，他是陈龙正的母舅丁铉之叔。③ 在十五岁时，陈龙正和丁氏一族中的一位年轻女子订了婚。他在那时就注意到丁宾来自"甲族"④。在 1571 年获得进士功名以后，丁宾做了知县（在句容，陈龙正的父亲之后也在当地任职），但因违抗了刚愎自用、雷厉风行的首辅张居正的命

---

① L. Carrington Goodrich and Chaoying Fang, eds., *Dictionary of Ming Biography, 1368 - 1644*, pp. 1632 - 1635; Tadao Sakai, "Confucianism and Popular Educational Works", p. 344; Cynthia J. Brokaw, *The Ledgers of Merit and Demerit: Social Change and Moral Order in Late Imperial China*, pp. 64 - 95; Ts'un-yan Liu, "Yüan Huang and His 'Four Admonitions'".
② 陈龙正，《几亭全书》，卷 21，第 18a 页。
③ 陈揆，《陈祠部公家传》，卷 1，第 1b 页；奥崎裕司，《中國鄉紳地主の研究》，第 291 - 292 页。
④ 陈龙正，《几亭全书》，卷 22，第 1b 页。亦见夫马进，《中国善会善堂史研究》，第 100 页，第 138 页，注释 27；陈龙正，《几亭全书》，卷 41，第 17a - b 页，一封给钱士升的回信。

令而被免职。当时,张居正权倾朝野。① 最终,丁宾还是得以复职,随后在南京体面且成功地为官三十年。他在1631年去世,享年九十岁。根据当时的信仰,他的高寿意味着功德无量。

丁宾的高风亮节受到了嘉善地方志的表扬,其中收录了一篇由另外一位嘉善本地人钱士升所写的关于他的文章。② 尽管知道丁宾为官六十年,钱士升仍表示希望避免重复过去已经被正史记载过的信息,意欲转而关注丁宾在家乡的善行。一个重要的例子是丁宾在1588年和1589年间的慷慨解囊。在钱士升的记忆中,这个时期很可怕:"旱潦洊剧,米价翔涌,民间捬麸屑榆以食,道殣泽量。"据钱士升所述,面对着饥馑造成的困境,丁宾慨然以对,"发先世藏粟,悉以赈之。于是四境远近之民扶老携幼,环集公所者,绵亘数里。公计口有籍,部署有法,躬亲噢咻,不间寒暑,所全活无算"。

钱士升还写到1608年和1624年的饥馑再次使嘉善地区受苦。像从前那样,丁宾伸出了援手。他在一生中共有四次伸出援手,没有一次吝惜家财。人们和平共处,城里的商人不必为了粮食被人为压价而担惊受怕(由此使穷人买得起粮食,但令库存贬值),也不必担心被要求强捐。钱士升总结说,丁宾的巨大成就代表了他的家乡,他随后继续写到了丁宾对本区的其他贡献:丁宾首捐余俸来修筑城墙和抵御倭寇;他走访农村地区,问候那些疾苦茕独之人,帮助他们在养济院登记。他还让村中里老向官府上

---

① 关于张居正,见L. Carrington Goodrich and Chaoying Fang, eds., *Dictionary of Ming Biography*, 1368-1644, pp. 53-61.
② 《嘉善县志》(1800),卷6,第18a-b页。关于钱士升,见L. Carrington Goodrich and Chaoying Fang, eds., *Dictionary of Ming Biography*, 1368-1644, pp. 237-239。亦见《年谱》,附于他的《赐余堂集》之后。

报孝子和节妇,以便使他们得到旌表。① 在同一部地方志中的另一条还说到了丁宾在 1624 年向一所儒学捐田一百亩,专门赈济"贫生",还捐银三千两代纳穷民户下丁口额征税粮。②

尽管钱士升全心全意地赞美丁宾,但这部骨架式传记无意中暗示了我们其中也有让人意想不到的棘手问题和政治因素。丁宾的社区面临着一种选择:富人面临被官府强粜,或者以自愿捐赠的方式亲自解决问题。丁宾是否为了保护已囤粮食中的大部分而分给他人一部分呢?他是否担心一些由地方官员强加的政策可能会压低粮食价格,从而令他的库存贬值呢?他是否在审视了这些可用的选择以后,想要主动改善现状,从而名利双收呢?这些关于动机的问题很少能够得到答案。可以肯定的是:无论什么样的动机,都同样回到——换句话说,被表达为——一个贯穿于所有被公开讨论过的可用选择之中的共同原则。这个原则就是想尽一切办法来分发粮食,从而减轻穷人之苦。富民们也许在为有利于自己囤积的策略而活动,为粮食的直接捐赠部署借贷工作,设法将分发日期延后,或者制定规则以缩小受益人群的范围。但比这种自利的策略更重要或更具掩饰性的是令他们在歉收之时向穷人施以援手的文化规范或期待。

丁宾甚至在生前就已经获得了名声。他是一个乐善好施、心慈仁善的楷模,是一位被士人们经常提及的模范善人。高攀龙知道了他的善行。1621 年,高攀龙因目睹游荡于京师的饥寒交迫的乞丐而为他们感到担忧。他试图将丁宾的善行上奏给皇帝,以令皇帝感到惭愧而采取行动。高攀龙解释说,尽管丁宾在南京只

---

① 《嘉善县志》(1800),卷 6,第 18b 页。
② 同上书,卷 9 上,"恤赈",第 8a 页。亦见顾起元,《嬾真草堂集》,卷 19,第 49a - 52b 页。

是一个芝麻官,但他自己设法"清理南京饭堂,籍阖城饥民姓名,逐坊约期,给以钱米,具受实惠"。① 简言之,在陈龙正向丁宾寻求支持来创办善会的十年之前,丁宾的道德权威已经赢得了世人的广泛认同。陈龙正自己利用了丁宾的权威,反过来也提高了丁宾的声望:在编纂高攀龙的作品(在 1632 年出版,就在丁宾去世之后)时,陈龙正在高攀龙于 1621 年的奏疏的空白处评论道:"丁司空随地行实事,此见一斑。"② 通过加入到对过去行善者的颂扬之列,令陈龙正对慈善的钦佩广为人知,他阐明了一个他自己也同样有义务遵从的标准。

得益于有着官员身份的丁宾的支持,陈龙正的善会避开了"私会"的污名,这使陈龙正能够动员同乡人与他进行合作。然而,倘若陈龙正能够从特定的人身上找到成立善会这个想法的权威性,那么他也能够对其他地区成立善会的例子作出回应。根据陈龙正的儿子们所说,陈龙正关于善会的想法是从一位堂兄那里得来的。他听说无锡锡山有这样一个组织,士大夫每一季会捐钱帮助穷人。陈龙正的儿子们说:"公一见其录大喜,商之大司空丁公,立订同志周孝廉丕显、魏庶尝学濂诸君举行。"③ 陈龙正将其他地区善会的例子作为榜样,他自己在一封于 1631 年写给丁宾的信中解释说:"毗陵锡山间,向有同善会……今诸公欲仿而行之,命某题数语于简端。"接着,陈龙正以恭维之辞开场,恳求丁宾

---

① 高攀龙,《高子遗书》,卷 7,第 13a—14b 页。
② 同上书,卷 7,第 14b 页,陈龙正在空白处的评论。陈龙正为高攀龙所作的序写于 1631 年。
③ 陈揆,《陈祠部公家传》,卷 1,第 5a—b 页。周丕显在 1621 年考取了举人,地方志赞赏他的慷慨,尤其是为客死异乡之人施棺,见《嘉善县志》(1800),卷 14,第 10a 页。魏学濂在 1642 年取得了举人功名。亦见夫马进,《中国善会善堂史研究》,第 139 页,注释 26。

支持该会:"咸谓克勤小善,偏赖硕人,得太翁领袖,则响应者必众,而事亦可久。敢以会式奉尘清览,倘不弃遗,则在事诸公之幸,亦某之幸,尤通邑之大幸也。"① 在另一封信中,陈龙正再一次将全邑与丁宾的权威联系在一起,评论道:"同善会得大司空翁慨倡,合邑景从。"②

丁宾的支持帮助陈龙正发起了善会,并赢得了社区的支持。不过,据现存材料显示,陈龙正只是在不以慈善为特定主题的只言片语中附带性地感谢了丁宾的赞助。不过有一个例外,陈龙正在一次善会的讲话中简略提到了丁宾的善举。

为了给善会树立一个案例,陈龙正也倚重自己过去与受到广泛尊敬的老师高攀龙(在当时已经去世)的密切关系。他在1631年的《同善序》中,在重申高攀龙"序之详矣"时借用了高攀龙的权威。当引用高攀龙"为善如渴而饮,饥而食"的犀利教导时,他再一次求助于高攀龙的权威。换言之,这是水到渠成和不可避免的事情。③ 陈龙正对高攀龙的认同如此之强烈,以至于人们开始对善会的各种规章制度究竟是出自高攀龙之手还是出自陈龙正之手产生越来越多的困惑。尽管这些规章制度以陈龙正为作者出现在他的文集中,但一位19世纪的善书编纂者却将此归于高攀龙。④

在高攀龙去世后的一段很长的时间里,他的形象依然高大。

---

① 陈龙正,《几亭全书》,卷41,第14a-b页。
② 同上书,卷41,17b页,《复钱宗伯二》。亦见夫马进,《中国善会善堂史研究》,第100-103页。
③ 陈龙正,《几亭全书》,卷23,第13b页。
④ 见余治,《得一录》,卷1,第2a页。亦见陈龙正,《几亭全书》,卷23,第13a-19b页。夫马进比较了这两个版本,推断说《得一录》中归于高攀龙的文章可能是最早的,见他的《中国善会善堂史研究》,第141-142页,注释58。

关于他自杀的消息广为流传,给士人社会带来了冲击,使他的道德高尚为世人所知晓。他大无畏地选择了自杀,这是对恶势力的激烈抗议,也维护了一个好名声,使任何事件都无法将其玷污。通过和高攀龙的联系,善会获得了独立于官府的合法性和权威性。后来,善会继续受益于官方的支持,但由于受到高攀龙的遗产的鼓舞,它们所需要的官方支持较以前更少了。

在接下来的几代里,善会的倡议者承认受到高攀龙和陈龙正的启发,但没有提到杨东明这位首个已知善会的创办人。陈龙正承认几位前辈(包括张师绎、钱一本和陈幼学,更不必说他的老师高攀龙)的慈善活动。① 他听说过杨东明,他的同乡前辈丁宾也见过杨东明,并承认收到过他的一卷文集。这一卷的标题虽然是《闲居功课》,但它无疑和在1624年出版、收录了杨东明关于虞城两个善会的文章的《山居功课》是同一部作品。② 然而,陈龙正并没有提到杨东明的慈善活动。他显然有意选择将其善会与更加德高望重的高攀龙联系在一起。

后人也同样忽视了杨东明在创办善会中的作用。当昆山的善会在改朝换代的动乱中得以恢复,在清初继续活动时,归庄叙述了一段善会的简史,即事创于高攀龙和钱一本,法详于陈龙正。③ 长洲人彭定求在为一个善会(现已不存)所作的序中特别赞扬了高攀龙的讲话。④ 黄泳在论及1736年由他创办的善会

---

① 陈龙正,《几亭全书》,卷23,第13a-b页;卷7,第5a页。
② 丁宾,《丁清惠公遗集》,卷8,第3b-4a页,《复杨翁丈(讳东明)》。
③ 归庄,《归庄集》,卷3,第176-177页,《同善会约序》。关于归庄,见 Arthur Hummel, ed., *Eminent Chinese of the Ch'ing Period*, p. 427。
④ 彭定求,《南畇文稿》,卷2,第31a页。关于彭定求,见 Arthur Hummel, ed., *Eminent Chinese of the Ch'ing Period*, pp. 616-617。彭定求的父亲向他介绍了《太上感应篇》,并写了关于此书的数篇文章,见《南畇文稿》,卷2,第1a-6b页。

时提到，此会以及由他编撰的相关宣传手册均是从高攀龙和陈龙正的作品中汲取了灵感。19世纪的道德作品集《得一录》收录了高攀龙和陈龙正的文章，许多清代的文章也认可了他们的影响力，但也同样忽略了杨东明。① 高攀龙的殉难令他毫无争议地成为所有善会倡议者中最英勇的人物。通过将他们的善会和高攀龙联系起来，善人们可以最大限度地将其事业合法化，并加以推进。

高攀龙、陈龙正和之后的善人们可能也同样会因为另一个理由而忽略了杨东明作为善会先驱者的角色：杨东明的善会理念是基于排外的会员资格，同他们关于和谐社区的构想并不契合。通过支持家乡的两个不同的善会，杨东明将第一个善会中有功名的成员和第二个善会中富而有力的成员区分开来。诚然，杨东明表扬了在普通民众中间的非正式组织，将之作为自己的善会的灵感源泉，但他仿佛只是暂时步入他们的舞台，攫取他们的想法，随后便退回到其排外的善会的安全区域内，在那里他可以保持其精英身份。相反，高攀龙和陈龙正二人将善会之门向"人人"（这个词汇在上下文中理所当然地排除了女性）敞开，正如陈龙正所言，不论"种田、做生意与衙门中人"②。他们准确地洞悉了他们的善会是一种全邑性质的新型组织，善会的精神被陈龙正的自豪宣告传达了出来，即对于善会而言，"吾邑是个倡始之处"③。

---

① 《枫泾小志》，卷2，第6a-b页。关于黄学海就是黄泱，见《嘉善县志》(1800)，卷14，第52a页。关于《枫泾同善会规条》(1744)，见余治，《得一录》，卷1之2，第3b-5b页。
② 陈龙正，《几亭全书》，卷24，第1b页。
③ 同上书，卷24，第15b页。

小　结

杨东明、高攀龙和陈龙正能够在家乡行使权力,在某种程度上是因为他们拥有大量土地以及和政治权力的联系。然而,他们领导的关键是其强烈的道德信念。他们的慷慨捐赠和高攀龙的自杀能够证明这一点。通过追求道德完美且和他们的同伴们区别开来,他们适应了新的社会关系,并以善会的形式将其巩固下来。除了适应宗族以外的组织、寺院或官方举办的社区集会的需求以外,高攀龙的善会至少到1671年仍继续举会,共有八十六次集会。① 此时,距离高攀龙的时代已经远去。与此同时,陈龙正亲身感受到了自己善会的影响力正在扩大,正如他在1641年第四十次会讲中自豪地评论的那样:"只看近处如杭州苏松,远处如北京各省,都有贤士大夫,仿行此会。"② 到了1644年秋天他最后一次讲话之时,善会已经举会五十一次。在这次讲话后不久,病中的陈龙正绝食以求速死,来表达自己对前明的忠诚。杨东明、高攀龙和陈龙正身先垂范,令自己与众不同。下一章的主题是他们将善会视为医治社会崩溃之良药的替代方案。

---

① 夫马进,《中国善会善堂史研究》,第99页。
② 陈龙正,《几亭全书》,卷24,第15b页。亦见夫马进,《中国善会善堂史研究》,第102-103页。

第三章 善会的替代方案

> 我等同县之人……
>
> ——高攀龙

在善会首次出现前夕,地方精英分子除了依靠佛教机构和国家,至少有四种现成的行善策略:放生动物;通过乡约——由官员试图对百姓进行社会教化,或者对其加以正确引导——这一组织进行运作;以社团的名义单独行善;通过宗族组织来捐助。杨东明、高攀龙和陈龙正各自在不同程度上通过这些替代方案来定义善会。不过,不管是对这些选择的补充或是替代,他们都选择通过善会来表达同情心。通过将善会与它的替代方案进行比较,以及通过对效率和责任的界定问题的探究,本章揭示了这一新型组织不单单是解决贫困或道德改革的另一种手段。更确切地说,与其他替代方案在组织、范围和权威点方面有所不同,善会表达了一种全区性的团结。并且,一旦准备就绪,它便会成为在善会以外的活动的重要参考依据。这个讨论难免会集中在陈龙正的身上。因为他现存的大量作品较杨东明和高攀龙的作品更好地揭示出能够解释善人们之所以如此选择的社会环境。

在1630年——陈龙正时年四十六岁,在他的善会的第一会的两年以前——他有了一次顿悟:在元旦那天,他听到鸡鸣,感觉心境澄明,突然领悟到了"生生之旨",这成为理解德和善的关键。① 他的觉悟和高攀龙所宣称的"鸡鸣而起,孳孳为善"产生了共鸣②;这反过来呼应了《孟子》中的"鸡鸣而起,孳孳为善者,舜之徒也"③这段话。在对生命的意义孜孜不倦地追求中,陈龙正从高攀龙那里寻求指导,从而使他的一生充满了行动主义和对"爱人"的热忱。④ 数年以后,陈龙正的领悟时刻到来了。尽管他与高攀龙的会面很少,记载甚疏,但陈龙正敬佩他的导师,后来还对高攀龙的文集进行了编纂、批注和学习。

"生生之旨"可以追溯到《易经》⑤,但在16世纪才流行起来,部分是透过罗汝芳的教导实现的。罗汝芳是王阳明的弟子,他传播人人皆可成圣的观念,做了很多工作来提高大众识字率。⑥ 杨

---

① 陈揆,《陈祠部公家传》,卷1,第3b-4a页。亦见陈龙正,《几亭全书》,卷41,第10b页。在1630年写给屠愚忏的一封关于军事要务的信中,陈龙正问道:"孰有大于生生者耶?"
② 高攀龙,《高子遗书》,卷3,第26a页。
③ James Legge, trans., *The Works of Mencius*, p. 464 (Mencius 7.1).
④ 陈揆,《陈祠部公家传》,卷1,第3b页;第4a页亦提及生生。关于生生,见夫马进,《中国善会善堂史研究》,第100页、第126页。关于鸡鸣和高攀龙,见荒木见悟,《陳龍正の思想:東林学の一継承形態》,第10页。
⑤ *Concordance to Yi Ching*, "Appendix" (Xici 系辞), shang. 5.
⑥ 关于罗汝芳,见 L. Carrington Goodrich and Chaoying Fang, eds., *Dictionary of Ming Biography, 1368-1644*, pp. 975-979。关于他的教导成为刺激因素,见 C. T. Hsia, "Time and the Human Condition in the Plays of T'ang Hsien-tsu", pp. 249-250。黄宗羲,《明儒学案》,卷34,第2b页、第10a页;亦见 Joanna F. Handlin, *Action in Late Ming Thought: The Reorientation of Lü K'un and Other Scholar-Officials*, pp. 41-54;程玉瑛,《晚明被遗忘的思想家罗汝芳(近溪)诗文事迹编年》。

东明提到了罗汝芳。和罗汝芳一样,他歌颂"生生"是仁的本质。① 相比之下,陈龙正和罗汝芳思想中的一些极端看法保持着距离——他批评罗汝芳"口孔孟而心释迦"②。尽管如此,陈龙正还是欣然接受了"生生之旨"。它已经获得了自己的生命,独立于任何一个拥护它的人。作为一种对死亡的乐观选择,它捕捉到了一种晚明士人对于培育和拯救生命的强烈紧迫感。危机接连不断地爆发,加深了这种紧迫感:高攀龙的自杀、海盗袭击沿海、外族入侵北方边境、严酷的气候、歉收以及饥民的暴动。

焦虑感和困惑感令泾渭分明的二分式选择变得有吸引力。生与死的影像定义着两种截然不同的对立状态,引起了晚明士人的兴趣,拯救或抛弃濒临死亡边缘的生物的选择充当着象征善恶"关头"的一个隐喻。因此,陈龙正将理解高攀龙的"至善"理念和惑于"圣狂界口,生死关头"作了区分。③ 通过这样的辞令,他和同伴们试图让本区中人警醒,并采取行动。

陈龙正意识到拯救动物的行为有重大的象征力量。陈龙正的善会讲话持续了十二年。在1632年,他在现存的九份善会讲语中的第一份里注意到"近来僧家,每每合做放生会,凡有善心的,也欣然乐从"。陈龙正认为放生动物在某种程度上与救助人类相似。但他随后指责这种行为是一种浪费:"如今这会,救济活人,扶持好人,尤觉亲切。"陈龙正甚至将这些组织出现的先后次

---

① 杨东明,《山居功课》,卷5,第30b-31a页。亦见同书,卷1,第2a页;卷5,第40b页。
② 陈龙正,《几亭全书》,卷16,第13b页。
③ 陈龙正的评论附于高攀龙的《知天说》后,载高攀龙,《高子遗书》,卷3,第27b页。

序颠倒,声称善会是"放生会的源头"。①

引起陈龙正注意的并非动物,而是其他那些无助的婴孩。在善会首会的两年前发生的一场可怕的饥馑期间,陈龙正目睹了一对绝望的父母将他们的婴孩从罗星桥投进急流之中,他感到心神不宁。②十年以后,陈龙正背井离乡,在远赴河南洛阳途中,他再一次为那些手无缚鸡之力的弃儿的困境而哀叹。他在善会的首会上同样也为有性命之虞的受压迫民众扼腕叹息:"且如有一二饿病人,倒在古庙中。有人发个善心,把食与他吃,把药去调理他。忽然起来强健行走,见者定然个个欢喜。"③像那些富有同情心的动物放生者一样,好心人能够给穷人和病人以第二次生命。在这两种情境中,见证濒临死亡边缘的生物活下来能够给救助者带来一种令人满足的成就感。因为他们自己选择了慈善之礼,此举能够证实其道德价值。

乡约的一种替代方案

尽管乡约据称可以追溯到1077年的一则遥远的先例,但它在16世纪被视为本质上是全新的事物而一炮而红。1518年(一

---

① 陈龙正,《几亭全书》,卷24,第2a页。陈龙正的现存讲话(同善会讲语)来自第一会(1632年春),见同书,卷24,第1a-2b页;第二会(1632年夏),见同书,卷24,第2b-5b页;第三会(1632年秋),见同书,卷24,第5b-7a页;第五会(1633年秋),见同书,卷24,第7b-8b页;第六会(1633年夏),见同书,卷24,第9a-10a页;第七会(1633年秋),见同书,卷24,第10a-12b页;第十四会(1635年夏),见同书,卷24,第13a-15a页;第四十会(1641年冬),见同书,卷24,第15a-18a页;以及第五十一会(1644年秋),见同书,卷24,第20a-22b页。陈龙正在1637年得到了一个官职,于1640年回到嘉善,于1642年返回京师。这些讲语是否包含了陈龙正的所有讲话,我们并不清楚。

② 同上书,卷25,第1a页,《庚午记救荒事宜》。

③ 同上书,卷24,第1a页。

些记载为 1520 年),王阳明这位被放逐到江西赣州这个落后地区的人物创立了这一组织来平定乱民,并证明了它作为维持地方秩序的工具的有效性。大约五十年以后,由王阳明播下的种子找到了真正适合它的土壤:1567 年,皇帝应允了一位官员的奏疏之请,下诏在全国范围内创办乡约。①

乡约集会的效力和程度难以评估。这些高度本地化的活动很少被记录在后来的文献学家们认为值得保存的作品之中。此外,各地的乡约各异,通常与其他地方管理机构,例如粮食储存、税收,以及一种作为邻里间守望相助的警政系统而存在的保甲融为一体。像变色龙一样,乡约依据地方环境和守任官员的抱负作出改变,有时还会有别名,例如乡甲(表示与保甲的结合),因而丧失了它的独特性。尽管存在这些复杂性,但有证据表明乡约在晚明的蓬勃发展:一些乡约讲话的文字记录被保存下来,陆世仪和祁彪佳都声称他们自己参加过这样的集会。尽管如此,一些晚明士人还是为这个计划逐渐沦为空洞的理论而

---

① 王兰荫,《明代之乡约与民众教育》,第 107 页。关于王阳明的乡约,见他的《南赣乡约》[1518],载《王阳明全书》,第 3 册,第 179 - 183 页;关于王阳明乡约的日期,见 Wing-tsit Chan, *Instructions for Practical Living and Other Neo - Confucian Writings*, *by Wang Yang-ming*,第 298 页,注释 18。亦见 Kung-chuan Hsiao, *Rural China: Imperial Control in the Nineteenth Century*, pp. 184 - 205;酒井忠夫,《中国善書の研究》,第 42 - 56 页;以及 Leif Littrup, *Subbureaucratic Government in China in Ming Times: A Study of Shandong Province in the Sixteenth Century*, esp. pp. 162 - 173。关于宋代的先例,见 Monika Übelhör, "The Community Compact (*Hsiang-yüeh*) of the Sung and Its Educational Significance", pp. 271 - 388。亦见 Kandice Hauf, "The Community Covenant in Sixteenth - Century Ji'an Prefecture, Jiangxi"。关于乡约组织者有意使用白话,见王兰荫,《明代之乡约与民众教育》,第 116 页,引用《圣谕解说》。在程玉瑛之《晚明被遗忘的思想家罗汝芳(近溪)诗文事迹编年》中能够搜集到大量可能出自王阳明的弟子罗汝芳所办的乡约的记载。

扼腕叹息。①

高攀龙是后一群体中的一员。他曾经对乡约体系的失灵表示遗憾。他宣称,乡约是"教化内一要事",并懊丧地补充说:"但县官不以诚心行之,徒成虚文,而约正约副等反为民害。"因此,高攀龙建议:"果有力行者,必敦请邑中德行乡绅或孝廉贡士,为民所钦服者主其事。"② 在一份由他起草的奏折中,高攀龙陈述了这个内容,但在之后,出于不明原因,他并没有将它呈给朝廷。

陈龙正明确将善会定义成一种对乡约的补充。他在首次讲话中,告诉听众要"共成一县好风俗。官府讲乡约,有劝有戒,都是此意"③。或者,像他在1638年写给浙江按台的一封信中所谈到的那样:"敝邑向有同善一会,行之已八九载。每载四举,贵贱上下,油油同心。盖自设是会以来,几无饿殍,无道馑,又时时讲解劝诱,以提醒良心,消弭邪孽,可默为乡约保甲之助。"④

高攀龙和陈龙正从未在他们的讲话中援引崇高的儒家经典,或者使用具有文言特色的优雅短语。对于他们的听众而言,所有这些都太迂腐了。他们宁愿采用在乡约集会中所使用的轻松而口语化的文体。陈龙正的讲稿比高攀龙的多出了很多页。在陈龙正的讲话中尤其突出的是,他灵活地使用了在书面文章中被表达成单音节形式的词汇的双音节形式,且采用了大量口语化的习惯用语:数量副词"个"、助词"的",以及表示变化了的情况的完成词"了"。陈龙正避免引经据典,选择平易近人的表述方式,比如

---

① 关于保甲和乡约,见 Timothy Brook, "The Spatial Structure of Ming Local Administration", esp. pp. 37-43。
② 高攀龙,《高子遗书》,卷7,第29a-b页,《申严宪约责成州县疏》。
③ 陈龙正,《几亭全书》,卷24,第1b页。
④ 同上书,卷45,第20b-21b页,1638年的信;引自夫马进,《中国善会善堂史研究》,第128页,第145页,注释86。

将残花和弃婴联系起来。这些讲话必须保证容易理解,并执行以下的指导方针:"司讲者或讲前辈旧制,或用典会新裁,俱以通俗为主,务使人人易晓,感动善心。倘虑听者未谙,每会更大书讲语一纸,粘贴会所壁上。"①

高攀龙追求简单的议程,他将明朝开国者(太祖高皇帝)下令在每个乡里道上颁布施行的圣谕六言(有"六谕"、"六句"、"皇帝六言"和"六句言语"这些不同的称谓)作为其讲话的基础。这六句话如下所述:"孝顺父母、尊敬长上、和睦乡里、教训子孙、各安生理、毋作非为。"② 圣谕六言一共只有二十四个字,每四个字押一个韵,很容易记住。不过,它们为道德议题的广泛讨论提供了一个纲要,允许讲话者在他们认为合适的情况下,能够像在乡约和善会的集会上那样就不同的观点展开讨论。他们通常在枯燥的宣言中穿插一些琅琅上口的短句和趣闻轶事。

在倡导六谕时,高攀龙将自己与皇权联系在一起——并非是执政有着重重困难的现任皇帝,而是诉诸明朝开国者的权威。他生活在遥远的过去,不受当代问题的困扰,得到了一致颂扬。正如高攀龙所申言的那样:"这太祖高皇帝是我朝的开基圣主,到今造成二百五十年太平天下,我等安稳吃碗茶饭,安

---

① 陈龙正,《几亭全书》,卷23,第15b页。
② 高攀龙,《高子遗书》,卷12,第33a页。六谕是明朝开国皇帝朱元璋(或称明太祖)试图重组乡村组织的计划中的一部分;见 The Cambridge History of China, Vol. 7, The Ming Dynasty, 1368 – 1644, Part 1, edited by Frederick W. Mote and Denis Twitchett, pp. 178 – 179。关于圣谕六言,亦见: Kung-chuan Hsiao, Rural China: Imperial Control in the Nineteenth Century, p. 186;酒井忠夫,《中国善书の研究》,第 42 – 54 页;王兰荫,《明代之乡约与民众教育》,特别是第 107 页以及(关于王钦诺讲六谕)第 116 – 120 页;陈龙正,《几亭全书》,卷 24,第 1b 页,第 22a 页。关于圣谕和乡约的演变关系,见酒井忠夫,《中国善书の研究》,第 39 – 54 页。根据酒井忠夫所述,圣谕六言在嘉靖年间被纳入乡约系统中,在万历年间被推广到全国。

稳穿件衣服,安稳酣睡一觉,皆是高皇帝的洪恩。"①

"只看这牌上写着六句!"高攀龙在第三次讲话中如此指示他的听众(这是他唯一一次在一篇讲话中提到了他的听众),他还补充说,那些"不必添说什么好话"的圣谕使人一生受用不尽。② 张贴于其听众眼前的布告必定令他们对圣谕印象深刻。为之作详解的高攀龙因而代表了高出自身所拥有的权威。接着,为了得到比开国皇帝更高的权威,高攀龙将六谕和上天联系在一起:"高皇帝就是天。这言语便是天的言语。顺了天的言语,天心自然欢喜;逆了天的言语,天心自然震怒。我辈岂能当得上天震怒?"由此,高攀龙将他的听众的注意力引向了上天的权威,让上天来分配回报或补偿,继而将六谕拉进了听众的日常生活之中。他宣称:"他的言语原是我们家常日用。"③ 高攀龙将他的善会与日常的公共事业和遥远的权威机构挂钩,界定了一个本区中人可以合法集会且不受官僚干预的地方。当权的皇帝和官员怎么可能反对那些试图传播由开国圣君所批准的、有着教化意味的圣谕的活动呢?

为了引起他的听众的密切关注,高攀龙提醒说他们面临着两条道路:一条道路上通天堂,另一条道路下达苦海。他补充说,能否做出正确的选择取决于他们是否能够遵照六谕行事,或者是否将之视为"吃不得,著不得"而拒绝考虑它们。在接下来的两场讲话中,高攀龙继续极力劝说他们接受六谕:人人都应该孝敬父

---

① 高攀龙,《高子遗书》,卷 12,第 35b 页。这篇刊于清代选集《得一录》中的讲话省略了对明朝开国皇帝的颂辞,或许是因为清代统治者希望取消在他们之前的明代统治者的合法性。事实上,高皇帝是一位残酷无情的统治者。
② 同上书,卷 12,第 35a-b 页。
③ 同上书,卷 12,第 35b 页。

母和顺从父母,尊敬长辈等。① 在阐述了善恶之选后,他推论道:"人人良善,这一县一团和气,便感召得天地一团和气。当雨便雨,当晴便晴。时和年丰,家给人足,岂不人人享太平之福?"② 高攀龙随后举了一个反例,大致如下所述:相反,如果一个人心地邪恶,变态到把善人说成是无用之人,把恶人说成是有本事的好汉,然后做他想做的事情,却无视六句言语,那么将会引发一连串灾难性的事件。"一人做歹,十人看样,便成了极不好的风俗。这一团恶气,便感召得天地一团恶气。雨旸不时,五谷不登,人民疾病疫疠交作,兵火盗贼出于意外。不知者皆谓'气数当然',不知气数是人心同俗积渐成的。"③

道德选择是攸关生死之事。一位明代官员亦如此教导。当他讲授六谕时,他用以下说教来诠释"孝":"有一民居海上,以渔为业,每藏其鱼,不与母食。后有一鱼化蛇,啮喉而死。"④ 高攀龙同样告诫他的听众,让他们回忆那场由倭寇带来的"作恶异常"的浩劫。他们抢劫了福建的兴化府,屠杀士民。⑤ 高攀龙认为,大屠杀源自当地的道德堕落,指出"有识之人"警告过这座城池将会遭受袭击。他问他的听众:"若不是人心风俗所为,何以有见识人先说在倭子未来之前?"接着,他把话挑明道:"可见一家为善,

---

① 高攀龙,《高子遗书》,卷12,第34b页。参见同书,卷12,第33a页,亦见卷12,第35b-36a页。
② 同上书,卷12,第33a页。
③ 同上书,卷12,第33a-b页。
④ 王兰荫,《明代之乡约与民众教育》,第117页,引用[河南]《项城县志》,万历年间刊本中关于王钦诺的记载。
⑤ 尽管"倭寇"这个术语被广泛使用,但许多海盗是中国人。甚至葡萄牙海盗也在沿海地区活动。见 Kwan-wai So, *Japanese Piracy in Ming China during the Sixteenth Century*, esp. pp. 69-70。

115

便是一家之福。家家为善,便是一县之福。"① 无论人们是否接受高攀龙的劝说,其辞令的用意是清楚的:倘若人们想要避免灾难性的后果,就迫切需要进行道德改革。

然而,乡约与高攀龙发表的讲话这两种道德说教的含义有所不同。前者强调个人行为,而高攀龙则从兴化府的事件中得出了另一个教训,即士民——社区中地位高低不同之人——在倭乱中的遭遇相似,最终的命运是相同的。

在使用方言、六谕和箴言上,善会和乡约是相似的。尽管如此,它们的着力方向还是有所不同。乡约领导人很少是"邑民"②。他们大多是官员,就像王阳明一样。正因为如此,他们不仅声称拥有某种道德权威,而且行使真正的政治权力,要求人们参加集会,作出评判,然后给予表扬和批评、奖励与惩罚。即便是主会的里老,也能够像王阳明教导他们那样,将恶人"执送之官,明正其罪"③。善会领导人尽管通常与政治权力有间接的联系——无疑,他们所在社区的每个人都知道杨东明和高攀龙是告假官员,却不借助官府之力来管理善会。陈龙正的文集所保存的会式规定,"不论有爵无爵,但素行端洁,料理精明者,即可公同推举,轮流任事"④。杨东明和高攀龙甚少通过展示其作为前政府官员的高位来加强他们的教化,而是身体力行——他们为社团的慈善活动筹款。因而他们为像陈龙正这样没有一官半职的人发起并领导一个善会铺平了道路。

晚明的乡约通常有两个程序:讲话和对居民们的行为进行评

---

① 高攀龙,《高子遗书》,卷12,第33b页。
② 王兰荫,《明代之乡约与民众教育》,第107页。
③ 见王阳明,《南赣乡约》,载《王阳明全书》,第3册,第281页。
④ 陈龙正,《几亭全书》,卷23,第14b页。

估。就后者而言,主事官员仪式性地将居民们的姓名登记在"善恶二簿"。这些分开的记录清楚地表明,即使是目不识丁的与会者,其行为路径也有很大的差异。① 乡约集会因而强调了受到公开审查的普通民众与坐下来进行审判的官员或其他拥有权威之人之间的巨大差距。

高攀龙既熟悉善恶二簿,也熟悉第三种类型的簿册——"改过簿"。通过这本簿册,乡约鼓励恶人改过自新,以免被扣上恶的耻辱之帽。② 然而这些簿册在他的善会中并没有一席之地。只要自愿参加集会,所有参加善会之人,无论贵贱、受教育与否,都是良善之人。在一种兼容并包的精神下,陈龙正坚称对财富的考虑并不会使他的社区产生区隔:"今我辈在会中的,凡有施舍,固是行善。然不要认定施舍银钱,方叫'做善'。难道不施舍之时,便无善可为?难道受助之人,便承顶了罪过去?"他认为,小捐施能够激发善人们加强对善行的投入。为了弥合贫富两者之间的显著差异,他宣称:"舍者亦善,受者亦善,方是'同善'。"③

乡约从一开始就带有互助的成分。1077 年的《吕氏乡约》规劝人们要"患难相恤"④。明代的一位讲约者解释说,一个人应该和睦乡里,因为"你们穷时,靠乡里救济"⑤。无论如何,善行看上去像是大多数乡约的附庸,其主要目标是通过提倡道德行为来维持秩序。早期善会将道德改革作为其主要目标,但用来达成这一

---

① 王兰荫,《明代之乡约与民众教育》,第 113 页。
② 高攀龙,《高子遗书》,卷 7,第 29b 页。
③ 陈龙正,《几亭全书》,卷 24,第 3b – 4a 页。
④ 引自 Monika Übelhör, "The Community Compact (*Hsiang-yüeh*) of the Sung and Its Educational Significance", p. 373. 亦见王兰荫,《明代之乡约与民众教育》,第 106 页。
⑤ 王兰荫,《明代之乡约与民众教育》,第 117 页,引用王钦诺。

目标的手段是善行,且随着时间的推移,手段变成了目标。

　　此外,善会扩大了那些缺乏地位、权威或发言权的参与者所能发挥的作用。善会通过领导人和追随者的集资,以及鼓励所有参加者的合作,模糊了受教育程度高低不同的同道中人之间的差别。尽管对地位的考虑仍然继续在善会的日常运作中发挥作用(例如第五章要讨论的陆世仪的例子便说明了这一点),善会为用财富、奉献这类非官僚化的术语来定义地位创造了空间。

　　善会较乡约在程度上也有所不同。在王阳明看来,乡约中的每一位成员都应该拿出三分银子来支付集体内部的活动费用,比如酒的消费(在对成员的行为进行审查期间,特别是那些犯错之人会饮酒)和同饮共食。这些资金的目的是加强社区成员之间的团结,而社区的规模大小是固定不变的。善会成员的资格并不固定,其成员积极使用这笔资金来吸收更多的居民。通过捐赠之举,善会将不属于善会的人定义为受助者,将旁观者定义为善行的见证者,由此来吸收善会之外的人参与到"同善"的计划中来。高攀龙认为,这些捐赠能够使那些以前对此漠不关心的受助者发生转变。正如他所指出的那样:"凡会中受施之人自然思量这个银钱是善会中来的。"① 尽管高攀龙承认(在他未上呈的奏疏中)乡约是"教化内一要事",但他坚持认为人们有可能改过自新,并非因为他们奉命去做,而是因为他们看到了他们上级的好榜样。②

　　早期善会充满了一种传教的精神,一种高攀龙口中的"广仁"的愿望。为了把局外人吸收进来,善会公开在全社区做慈善秀。或者,正如杨东明所言,这是一个挑战:"安得公此善于天下,以遂

---

① 高攀龙,《高子遗书》,卷12,第34b页。
② 同上书,卷7,第28b—29a页。

吾大同之愿哉?"① 高攀龙宣称,来自善会的钱"兴起善心,为子弟者愈思孝亲敬长"。在这里,他插入了一段基于圣谕六言的冗长乏味的陈述,接着总结道:"这等方是'同善'之意。所助虽微,所劝甚大,不虚了此会。"②

高攀龙的"同善"理念基于他的设想,即道德提升"自身而出,非以弥文"③,由此高攀龙善会中的每个人在看到他人受苦时都会作出和他一样的反应——"看得一县中老者、贫者、病者、死而无葬者,真如一家之人,痛痒相关,有无相济"④。

当高攀龙于1621年回到京师(在家近三十年后),看到穷困潦倒、衣不蔽体之人在街上游荡时,令他有了一体之感,无法自拔。他将之比作切肤之痛。高攀龙起草了一份奏疏,恳求皇帝施赈。为了增强说服力,他引用了两位15世纪末的官员的成功陈请:"给布衣一身,米一斗……无家者收入养济院……候和暖,量与行粮,送还原籍。"⑤ 他还援引了丁宾的先例。他是陈龙正的同乡,以慷慨闻名。⑥ 据说丁宾在南直隶设立饭堂,为全城所有的饥民登记,给他们钱米,因此每个人"具受实惠"。高攀龙列出这位官员值得被效仿的善行,实质上是试图让皇帝感到惭愧,使其在京师也采取同样的措施。⑦ 但令高攀龙如此迫切地向皇帝

---

① 杨东明,《山居功课》,卷1,第8a页。
② 高攀龙,《高子遗书》,卷12,第34b页。
③ 同上书,卷7,第28b页。
④ 同上书,卷12,第34a—b页。
⑤ 同上书,卷7,第13b—14a页。这份奏疏被草拟出来,但并没有被上呈。这两位官员是王钟和姚夔。
⑥ 丁宾在1571年取得了进士功名,于1633年去世,根据《嘉善县志》(1800),卷6,第18a页,钱士升为丁宾所作的传记。别的材料说他于1631年去世。
⑦ 高攀龙,《高子遗书》,卷7,第14b页。丁宾在南京待了三十年。无论何时有旱灾发生,他都会请求发粮赈灾。有时他还会捐出自家财产赈济。见张廷玉等修,国防研究院明史编纂委员会编,《明史》,卷221,第1557—1558页。

传递信息的首要原因是他的所见所闻。正如他所说的那样,"'穷民'……哀号之声悲惨万状……目不忍视,耳不忍闻"①。

正如高攀龙向皇帝陈请其见闻时所述,他试图通过教导那些文化程度较低的善会听众去看去听来让他们入会:"但看世间盗贼,那有不破的?但看世间嫖赌打降告状诈人的,那有善终的?到得官府访拏囚禁牢狱之时,想着那街上本本分分肩挑步担做小生意的人也,都是天堂。何苦只贪暂时快意,造成无穷苦楚!今日听得这言语,各要立定主意,做个好人。"②

目见耳闻的能力将一个人与苦难的环境与哭声联系起来,并使有用的信息能够被领会。在高攀龙和陈幼学的对话中,最终证明高攀龙观点的正确性的并非是他的说理,而是陈幼学听到并领会了他所传达的要旨。令高攀龙的观点胜出的并非是他发表的一些宏大叙述;而是陈幼学承认他理解了高攀龙的要旨。正如高攀龙在陈幼学八十大寿时所说的那样——这是陈幼学对谈话的总结:"吾今乃知大身是谓同善。"③

自愿参加和愿意聆听本身就是人们向善的证据。在第十四会上,当发表现存三篇讲语中的第二篇时,高攀龙诉诸他们眼前的场景:一百余人聚集在一起,人人都有自己的意志;因此"可见善是人的本心,为善是人的本分。事如著衣吃饭,人人喜欢做的"。④ 他承认他的听众是普通人,"这同善会广劝世人为善"。高攀龙详细讨论了言语传播的功效:"凡来听者,便是有善根的

---

① 高攀龙,《高子遗书》,卷7,第13a页。
② 同上书,卷12,第36a页。
③ 同上书,卷9上,第43a页。
④ 同上书,卷12,第34a页。像武进(毗陵)的善会启发他那样,高攀龙的善会每季举会一次——也就是说,每年四次——我猜想第十四会很有可能是在1618年夏天举行的。高攀龙的三次讲话都没有确切日期。

第三章 善会的替代方案

人。所以有善缘到此,便有善言入耳。"高攀龙解释说:"一句善言提醒了一点善心,便做了一世善人。"接着,高攀龙回到了善与生、恶与死的类比,问道:"岂但转祸为福,正如起死回生?"①

甚至当为他自己的家庭写作《家训》时,高攀龙也使用了口语化的简单文体。陈龙正在书页边上的空白处的评论暗示说,感谢高攀龙对于文体的选择不落俗套。陈龙正写道,有人曾经问,既然高攀龙学修入微,为何他写作《家训》用的是浅近之语呢?陈龙正回答说:"先生又虑世久族多,未必皆为士类。鄙词谚语,时或引用,士人观此,亦足助警省,农工商贾听此,亦足保身家。"② 高攀龙承认自己的亲族身份参差不一。

和他的善会讲话一样,高攀龙的《家训》也强调六谕。在提出"人失学不读书者"之后,他告诫说:"但守太祖高皇帝圣谕六言……时时在心上转一过,口中念一过,胜于诵经。"高攀龙接着说:"自然生长善根,消沉罪过。在乡里中做个善人,子孙必有兴者。"接下来,作为对六谕的回应,他补充道:"各寻一生理,专专守而勿变,自各有遇,于毋作非为内尤要痛戒嫖赌告状,此三者不读书人尤易犯,破家丧身尤速也。"③ 高攀龙试图在这种程度上维持现状。不过,在努力维持社会稳定的同时,他自己也发生了转变。他做出调整来适应这样一种社会环境,即并非所有族人均是"士类",他乐意将白话视为一种值得自己采用的表达方式。他在他的文章中保留了善会的讲话,他的弟子陈龙正决定将这些讲话

---

① 高攀龙,《高子遗书》,卷 12,第 35a 页。
② 附于《家训》后的陈龙正的评论,载高攀龙,《高子遗书》,卷 10 下,第 25a – b 页。《家训》写于 1607 年;华允诚,《高忠宪公年谱》,第 14b 页。
③ 高攀龙,《高子遗书》,卷 10 下,第 24b 页。

收录到高攀龙的文集之中。① 善会因而缩小了乡约中的受教育之人与普通民众之间的巨大鸿沟。

非正式捐赠的一种备选方案

在善会成立以后，杨东明、高攀龙和陈龙正继续通过个人或小型的非正式社团从事慈善活动。1632年，陈龙正认为善会缺乏足够的资金，便自掏腰包埋葬堆积于城墙边的尸体。② 在1635年饥馑期间，他并没有通过善会来行动，而是设计了一个平粜法，用他的话来说，"补同善会"③。1642年，他还是没有通过善会行动，而是创行粥担法。这个计划是由他的同伴、前政府官员钱士升发起的。④

善会的会式规定三分之一的资金用于购置棺材——这一计划显然只能在城里实施，因为会式进一步指出善会无力为每个乡的贫民提供棺材。⑤ 1642年，陈龙正从由许多"名公"在1637年于京师创行的掩骼会这一先例中获得了灵感，和"吾邑绅贤"一同在嘉善组织了一个类似的方案。他观察到尽管丰年能让穷人勉强维持生活，但歉收会令乞丐死于街头。他提议每个月由一位善人安排坊中杵作在街衢河港寻找尸体，将这些尸体用稻草包裹起来，送入义塚。每找到一具尸体，应当给予自身也十分贫穷的杵作三分银子——这笔钱能够使他们获得一些薄利。从春分到夏

---

① 具有讽刺意味的是，在1855年，江苏的一个乡约指南劝人们仿照高攀龙同善会会讲之法。见余治，《得一录》，卷14之一，第21a页。
② 陈龙正，《几亭全书》，卷26，第19b—20a页。
③ 同上书，卷24，第25a页。
④ 同上书，卷26，第2b—4b页。
⑤ 同上书，卷23，第16a—b页。

至，陈龙正任其事，埋葬了550余具尸体。① 根据他提供的数字，这个计划花费了16.5两银子。

陈龙正继而鼓励城中富民为城墙外的乞丐建造丐房。（尽管陈龙正并没有说明提供这些丐房还有其他好处，即转移了城中那些可能具有危险性的游民。）在一个冬天，根据一份未标日期的《建丐房议》，大约有五六百人在城中游荡乞讨。由于他们在二月到五月没有遮风挡雨之所，其中有五百余人最终丧命，不得不被掩埋。② 陈龙正追求一个双重策略，有时与富民为伍，有时又单独行动。行善的机会数之不尽。那么，善会提供了什么额外的价值呢？

通过收集大量小额捐款，一个善会可以资助那些对于一个收入微薄之人来说成本过高的活动。陈龙正向那些反对者说明了这一点，他们自己"不肯为善，尚且要阻挡人，说'此些小捐施'，济得甚事，救得几人？"陈龙正回答说："不知随分尽这一点善心，在我一人则小，合拢众人则大。"③ 事实上，将捐赠扩大到最大限度似乎并非善会的目标。善会建议人们捐赠的数额从九分到它的十倍，即九钱。④ 善会通过给捐赠者确定高低限额，在其成员中间培养一个团结的社群，这比将募集的资金最大化更有价值。

根据当地居民和前政府官员钱士升发表的一次讲话，从1631年善会创办伊始到1640年春天，嘉善的善会共发银1500

---

① 陈龙正，《几亭全书》，卷26，第4b—6a页。我猜测这篇《埋胔述》写于1642年，因为这篇文章提到了粥担，而这正是陈龙正在该年所支持的。关于1642年的饥馑，亦见陈龙正，《几亭全书》，卷55，第1a—b页。
② 同上书，卷26，第6a—b页。1642年的一篇文章的附录提到了前一年。
③ 同上书，卷24，第4a页。
④ 同上书，卷23，第15a页。

两。① 不管人们认为数额是大还是小,一年的总数必定大约有166两,或一季大约有41两,超过了会式所建议的个人捐助数额(从九分到九钱)。然而,善会筹集到的资金较个人捐助之总和还要更多些。它表达了一种道德视野。根据高攀龙的年谱,其善会的基本目标是"以赡鳏寡孤独,中有节孝者尤加惠之"②。或者,如另一篇行状所言,这宣告了高攀龙的慷慨"宏且远":高攀龙"设为役田役米以苏粮长之困,设同善会以恤邑中鳏寡孤独者,尤厚恤其贫而贤者"③。对于高攀龙而言,济贫是实现道德改革这一目标的手段,是一种努力,而私利或效率并非头等大事。在善会的首会上,他在致欢迎辞时就阐明了这一点:"这个同善会,"他直截了当地宣称,"专一劝人为善。"④ 接着,高攀龙暗示受到压迫只是附带性的,这是社会失序不可避免地带来道德堕落的一个征兆。他发表了道德改革之紧迫性的讲话。

陈龙正回应了高攀龙的观点。在 1631 年所写的一封信中,他向丁宾寻求支持:"向有同善会,名周贫人,实劝众人。其事似小,其意尽远。"⑤ 接着,陈龙正指出,"同善会得大司空翁慨倡,合邑景从",宣称"人心风俗自当有转移补救处"。他紧接着补充说:"非第拯此百数贫人而已。"⑥ 以劝善为目标,善会的会式规定一个人应当"先于孝子节妇之穷而无告者,次及贫老病苦之人,

---

① 钱士升,《赐余堂集》,卷 10,第 17b 页。亦见许崇熙,《赐余堂年谱》,第 34b—35b 页。
② 华允诚,《高忠宪公年谱》,第 15b 页,亦见第 31b 页。
③ 叶茂才,《高攀龙行状》,《高子遗书》,附录,第 45a—b 页。参见夫马进,《中国善会善堂史研究》,第 98 页。
④ 高攀龙,《高子遗书》,卷 12,第 32b 页。
⑤ 陈龙正,《几亭全书》,卷 41,第 14a 页。
⑥ 同上书,卷 41,第 17b 页,1632 年的信,引自夫马进,《中国善会善堂史研究》,第 100 页,第 139 页,注释 27。

公不收于养济,私不肯为乞丐者",他们的需求有赖于"会中诸友"。① 善会应当调查情况。随后,善会应当对受助者于"会后五日内即赈给,以省酬应之烦"。善会通过这种方式帮助有教养的穷人,维护了一个有序而稳定的社会的观念。

为了支持其道德说教,善会的会式对于"不孝不弟赌博健讼酗酒无赖及年力强壮游手游食,以至赤贫者,皆不滥助"②;善会"似宜助而不助者四种:一曰衙门中人,少壮时,白手取财,受享过分,暮年穷苦,稍偿其孽……二曰僧道,不耕而食……三曰屠户,虽行业落定,仁心必短……四曰败子,奢华无度,嫖赌双全,荡祖业,坏风俗……"③ 善会有其特定而有限的目标,因而满足贫困和需求的所有类型的尝试只会破坏它的道德目标。

高攀龙宣称每一个得到善会捐助的人都会"自然思量这个银钱是善会中来的"④。比起捐赠数额来说,他考虑更多的是捐赠所传达的信息。道德提升是最终目标。陈龙正同样承认即使少量的钱也可以有巨大的教化力量。为了回答他自己提出的一个反问,即"这会本是助贫,缘何又专拣好人来助?"陈龙正解释说:"虽则为钱粮不多,其实因此劝人。使那些放肆游花,日就穷苦的,生出懊悔,庶几转头。又使后来人说道:'原来做人不好,到底无人理他。'"⑤

陈龙正的善会根据两大原则——即需求和道德声望——来设定优先权。基于公开声明的原则,善会在仔细收集信息的基础

---

① 陈龙正,《几亭全书》,卷23,第16a页。
② 同上。
③ 同上。
④ 高攀龙,《高子遗书》,卷12,第34b页。
⑤ 陈龙正,《几亭全书》,卷24,第1b页。

上对需求等级进行分类，根据无法量化的道德原则，善会对受助者进行选择。善会诸友支持这样一种资助分配方面的公平观念，证明其对稀缺资源的分配的合理性。"需"可以被量化，在理论上也易分等级；道德价值却难以被精确衡量。综合起来，这两个标准，一个是主观的，另一个是难以捉摸的，这使捐助者在选择受助者时有一些灵活性，且弥补了对于需求的任何错误判断。这两个互补的标准结合起来，至少使捐助者始终有一种正义正在得到伸张的感觉。

倘若陈龙正宣称道德教化是目标，捐助是手段，那么这两个因素是密不可分的，彼此有重要的影响。通过界定善会赞助者和参与者都努力追求的更高的善，以及通过他们自己的赠予来证实他们的信息的合法性，善会领导人鼓励和动员追随者们加入到慈善工作的组织中来。用一小笔钱，捐助者就能以绵薄之力买到一种幸福感，提升他们的自我形象。此外，道德改革的目标总能被清楚地表达出来，但从来没能完全达成，这就使善会活动永不停歇。即使在资源有限时，或者在一场特殊的危机之后，或者需求已经过时的时候，善会仍保持着行善的动力。道德革新这一永远难以捉摸的目标使慈善活动常规化，支持着它成为一种独立于特定危机之外的活动。

陈龙正猜想善会的讲话能够鼓舞与会之人超脱个人利益。出席善会的人数本身证实了善会的价值。陈龙正在首会上劝道："今日是第一遭行起，会友就有数十人，方信得为善最乐。"① 集会激励着每一个参与者下定决心行善。"只因向来不曾点醒，"他在第一篇讲语中慷慨陈词道，"心虽要好，遇着事体，有了自家，便

---

① 陈龙正，《几亭全书》，卷24，第1a页。

顾不得别人。"但他也阐述道:"今日来听此讲,不论种田、做生意与衙门中人,但点醒了这心。"接着,像是回应一位讲约者曾经宣称的那样("回家便照依这说话行"①),他补充说:"回去,俱要立定个绝不害人的主意。"② 陈龙正相信集会能够鼓舞其听众,使与会之人"一步一步走回家去,暗暗思量,岂不大快活?从此随时随处对亲朋,说些有益的话;遇苦恼人,行些方便的事。虽不日日在会中,只当日日是这会的意思了"③。

陈龙正设想,共同见证善良将会唤醒善会的参与者,而那些救活"一二饿病人,倒在古庙中"的"见者"将会满心欢喜。他从这样的反应中推测出"不忍人饿,不忍人病的念头"。④ 每一季度的集会因而强化了成员们行善的决心,激励着他们克服自私自利。陈龙正在他的第二次讲话中承诺:"薄德人即成厚德,'薄福'人渐有'厚福'矣。"他问道:"此惜人痛痒之心,岂需勉强去学?"陈龙正鼓励他的听众:"人人元来有的,只被私心瞒昧。今日但触动后,不再使他瞒过。"⑤

组织慈善活动

和乡约不同的是,善会有一个组织,能够让个人参与到慈善计划中进行合作,这些计划跨越了时间和空间。与高攀龙和陈龙

---

① 王兰荫,《明代之乡约与民众教育》,第 116 页,引用《圣谕解说》。
② 陈龙正,《几亭全书》,卷 24,第 1b 页。参见陆世仪的友人陈瑚在 1653 年的观察:"今日会中说话行事,人人共见共闻,断无有不善的。明日闲居独处,身心念虑间,也要察其是非善恶。"见陈子龙,《陈忠裕公全集年谱》,卷上,第 32a 页。
③ 陈龙正,《几亭全书》,卷 24,第 2b 页。
④ 同上书,卷 24,第 1a—b 页。
⑤ 同上书,卷 24,第 3a 页。

正有关的十六条会式至少能够让一些善会成员致力于一项长期的、需要集体共同努力的活动中来。它用"善友"指成员,暗示细微的同志之情——例如在杨东明的"同善会"中——通过分享饮食来培养。会式指出,在集会当天,"诸友"彼此相互作揖,接着喝茶(由寺僧准备)和吃茶点(由主会提供),这些费用由社团的公共资金支付。① 但与杨东明的"条约"告诫成员不要醉酒(因而暗示了社交活动的广泛性)形成对照的是,这些会式以一种严格的礼仪来调和宴饮交际:不上酒水,而以敲钟来表示正式工作的开始。

为了协同其分会为一个共同的目标而运作,这些会式概述了各种任务以及登记受助者和帮助穷人的程序。不过,涉及出席和捐助这两个主题时,这些会式则允许有很大的灵活性。尽管会式规定善会应当每季集会一次——在二月、五月、八月和十一月的第十五天,但会式也允许有所修正:要变更集会日期,主会只要在活动前至少十天在会所贴出告示即可。② 在约定之日,"善友"应当"持银赴会所收贮",但同样允许两种情况出现:与会者"本日无暇入会,乞先期见付,以便总算给发"③;或者,像会式进一步规定的那样,"不赴会而愿助者,听于先期送主会处收贮。后期而愿入会者,听补送"④。

和杨东明发起的两个善会要求会员缴纳固定会费⑤形成鲜明对比的是,与陈龙正和高攀龙有关的会式规定捐助完全出于自愿,并没有提到要对在预先安排的集会中的未出席之人处以罚

---

① 陈龙正,《几亭全书》,卷23,第15b页。
② 同上书,卷23,第14b页。
③ 同上书,卷23,第14b-15a页。
④ 同上书,卷23,第15b页。
⑤ 杨东明,《山居功课》,卷1,第8a页。

款。省下钱来捐助应该是一件容易的事情。他们建议说:"中人之家,不过每日省钱一文。稍赢之家,不过每日省银一分,即可扶穷救苦。"① 总之,会式宣称:"入会之期,亦无定额。或每会皆与,或每年量与一二会,各随心愿。施者自乐,然后受者相安。"② 陈龙正重申了这个原则,在首会上教导成员应当"各随愿力",表达劝善和同情之心;他强调他们应当"毫不烦难"地为之。③ 就与善会有关的"劝善怜贫"④的目标而言,为个人的主动性留出充足的空间是必要的;只有自愿捐钱——也就是说,故意牺牲个人资源来帮助他人——善会成员才能肯定他们的价值,从而既向他们的社区展示善的力量,又能够扩大其自身的自我意识。他们因"乐善"而赋予慈善以意义。

根据会式,"会友"自己忙于各类文书工作。其内部圈子想必是由士人组成。善会的成员轮流担任主会,主会必须将文案和纸笔带到会上。一友(陈龙正后来称之为"司籍者")收银登籍。⑤ 会中其他诸友鉴定成色不同的捐银。会式解释说,"其最下者,难以给付贫人,听存别用。先取足色及九成内外者,酌量多寡,品搭高低",为的是令"庶无不均之叹"。⑥ 一名"教读"可以获得一两银子的报酬,较司讲之"友"更像受雇,虽然他所承担的任务是什么并不清楚。⑦ 每一位捐助者都被要求"自书尊号银数"。⑧

被记录在案的捐款只有九分(这个数额是由九十多天里每

---

① 陈龙正,《几亭全书》,卷23,第16a页。
② 同上。
③ 同上书,卷24,第2a-b页。
④ 同上书,卷24,第2a页。
⑤ 同上书,卷23,第15a-b页。
⑥ 同上书,卷23,第17a页。
⑦ 同上书,卷23,第15a页。
⑧ 同上书,卷23,第15a-b页。

天省下一文钱积累起来的),以及那些数额更高的款项。它们首先被保存在每场会议的日志开头,又被保存在每场会议的最终记录中,这是主会动用公费刻印出来发给"会友"的。① 这些记录使得经济资源和社会地位迥异的参与者团结一致。此外,它们也令善会成员在集会之间的长时间的空档期保持着一种联系感。

让会友开展个案工作是分配资助的第一步。正如会式规定的那样,每当听说"极贫人户,查无过恶,及孝友贞洁,而茕困无依者,开示幅尾,以俟覆实赈给"②。在集会大约一个月之前,主会应当分发给"善友"几十份白帖,后者填好后再将它们于会前五日上缴。然后主会应当发放照验单,由会友们分发,通知被指定的受助者出席某日巳时的集会。③ 一份随附于会式的现存会单提供空白来记录受助者的居住地、样貌(年龄、体形和头发)、赞助者的姓名以及一笔将在十年间发放的助银。④

会式指示"会友"也应当定期核查贫户的实际情况:"或查居址,或查年纪,或验相貌,对同无误,然后给之。"会式也将"节妇贫儒,及老病不便赴领者"考虑了进来:善会"须发一帖,明开各项,委的当纪纲,送至原举友人转给,仍索回贴缴明"。⑤ 这样的程序在食物救济计划中很常见。⑥ 1630 年,陈龙正在组织嘉善善会之前就曾规定了胥五区人口"兼载贫富,除富户外,就中暗别极贫、

---

① 陈龙正,《几亭全书》,卷 23,第 18a 页。
② 同上书,卷 23,第 15a 页。
③ 同上书,卷 23,第 14b—15a 页。
④ 同上书,卷 23,第 19b—20a 页;亦见同书,卷 23,第 17b 页。
⑤ 同上书,卷 23,第 17a 页。
⑥ 见 Pierre-Étienne Will, *Bureaucracy and Famine in Eighteenth - Century China*, pp. 97-101。关于容貌是贫穷的表征,见同书,p. 99。

次贫二等"①。不过,这里也有道德方面的考虑,因为陈龙正进一步指示负责调查之人不仅要观察穷人的住所、衣着和面貌,也要"探问邻人"。②

对贫民册的维护需要小心谨慎。那些"旧报而近故者"的姓名必须上报,以便将他们的姓名从名单中去除。③ 会式解释说,这是为了阻止骗子冒领,"特设照验单一纸"。④ 1635年,陈龙正阐述了冒领的问题。根据一项计划,穷人能够平籴,这项计划旨在对善会的活动进行补充,但"有等图便目前之人,将票转卖他户,冒名领取,使旁观者,叹贫富之混淆,怨查访之失实"。陈龙正要求禁止转售籴票,警告那些违反之人"来秋断不给票"。⑤

此外,会友们还为因贫穷而无力葬亲的家庭置棺分施。会式进一步拨出三分之二的资金用于助贫,拨出三分之一的资金用于给棺,并将安排作了如下详细说明:在每次集会之前,善会应当将资金给付能够制作和存放棺材的某木商行手中。会式承诺,以这种方式得到的棺材较零买的棺材在质量上更加精良。为了加快棺材的运送速度,且排除把钱送给死者亲人这一渠道,会式规定应当使用小票。每生产一具棺材,木匠应签发一张小票,保存在主会处。当有人太穷买不起棺材时,主会之人就会在核实无欺后

---

① 根据陈龙正,《几亭全书》,卷25,第2a页,他的本邑有二十个区,人口总数是六万。见他附于一个1630年的救荒之策的注解,载同书,卷25,第4b页。大区约有三四十个坊,小区约有二三十个坊,见同书,卷25,第20a页。"邑"这个词也有"城"的意思,陈龙正频频用它指整个县,正如他所言,"一邑之中,惟本区田最高瘠",见同书,卷26,第17b-18a页。在1642年,陈龙正评论说,在1630年,他已经在他的本乡试验过一个救饥法,见同书,卷55,第1a页。
② 同上书,卷25,第2a页。
③ 同上书,卷23,第15a页。
④ 同上书,卷23,第17b页。
⑤ 同上书,卷24,第25b页。

发票。死者亲属随后可将小票交给木匠来代替付款。这个办法能够杜绝奸欺。对于想要折领价银之人，木商行可以径直收票，缴还主会。会式进一步规定，在棺材上方应当印上"同善会给"四个字，并解释说"冒领者难于脱手，自然望而息心"。①

如此，"会友"不单单每季参加集会，有时也会捐钱。正如会式所设想的那样，他们自愿抽出时间干繁重的粗活，这些粗活如此之多，以至于陈龙正将他的付出和普通人的体力劳动作了一个类比。② 在其他情况下，针对诸如建造桥梁和城墙这类社区工程，陈龙正认为提供劳力的普通人和提供资金的社区显贵人物之间有一条巨大的鸿沟——这种设想让我们回想起古代思想家孟子。他说："劳心者治人，劳力者治于人。"③ 陈龙正并没有混淆脑力劳动和体力劳动之间的差异。他写道："成人不自在，自在不成人。"接着他阐述道："即如官长贵人，一定也劳心劳力，虽不亲手去做粗事，然自立身读书而外，见好人，便思奖励；见恶人，便思化诲；见饥寒，便思救济；见暴骨，便思掩埋。纵然力量不周，也与多方设处，代他算计，与民同患，无日忘之。"④ 尽管陈龙正煞费苦心地将这些杂事区别于他所说的"粗事"，断言即便是权贵也必须付出体力劳动和脑力劳动，但他认为——至少暂时地——富人付出的努力和穷人付出的劳力几乎是相当的。

当会友四散到社区中核饥，敲开茅舍的门询问情况，他们必然会宣传其组织的影响深远的善行。由每季集会的宣传、会所外的告示、会友们所做的个案工作、清楚地印有"同善会给"的棺材

---

① 陈龙正，《几亭全书》，卷23，第17b-18a页。
② 同上书，卷24，第16a页。
③ James Legge, trans., *The Works of Mencius*, pp. 249-250 (*Mencius* 3A).
④ 陈龙正，《几亭全书》，卷24，第16a页。

的分施工作，以及将零钱散给聚集在会所外面的乌合之众等，可以清晰地看到他们所付出的努力。① 在这样的情况下，"阴德"的观念——这是在贤者的传记中常常被称道的一种美德——便显得不切实际。陈龙正问道："孰能尽力于人所不见？故难。'慎独'之事在心，利物之事在世，利物矣，物安能不知？"② 陈龙正期待他的善行能够为社会所闻见，同时，他不希望自己和其他捐助者因善会（一个使地方自豪感油然而生的组织）的社团性质而被指责为沽名钓誉。

管理一个善会有隐形成本：个案工作、现场视察、记录保存、会员招募以及每季集会的安排等要求已经捐了钱的成员们投入巨大的时间和精力。从这些数不清的成本来看，没有理由假定通过善会的助资会比善人的即兴捐款更为有效，也没有证据支持或反驳善会的净捐款会超过个人出于慈善目的而单独捐款的总和。此外，善会是补充而不是取代其他所有类型的慈善活动——这些旨在济贫的慈善活动尽可能便捷地进行援助，很少或者没有任何教化意味。

如果善会准许人们公开地走慈善秀，那么它也为成员们提供保护，以免他们一直收到令人烦恼的寻求帮助的请求。善会坚持只帮助值得帮助的穷人的原则，限制了人们自发性的援助，建立了一套为慈善捐赠而设的严格的程序。在某种情况下，主会只被允许在捐赠上有一些自主权。考虑到所有那些没有进入受助者名单，但仍然聚集在会场外，满怀希望获得帮助的贫户之后——以及在"其他一切穷民，力难遍及"这样耳熟能详的惋惜以后——

---

① 陈龙正，《几亭全书》，卷23，第16a-b页。
② 同上书，卷1，第4a页。关于"慎独"，见《大学》6.1；James Legge, trans., *The Great Learning*, p.366。

会式规定:"止于会日俟众将散时,主会当面以零钱随意施舍,尽其一念而已。余日皆不给。"① 会式因而将自发赠予压缩在一段短暂的时间内。在这个时间段里,散钱既能宣扬善会对于人们乞求的回应,也基本上控制着他们。同样,在 1641 年,陈龙正在他的第四篇讲语后所附的《示贫民谕》中,清楚地说明了受助者登记入册的程序,补充说:"其余纷纷手折,登门自诉者,一概不准。毋得空费纸张,终日守候,徒劳无益。"② 因而善会及其作为辅助的有组织的慈善活动为他们的分会提供了缓冲,使他们能够迅速而敷衍地驳回所有纷杂而烦人的援助要求。

然而,在陈龙正家乡的善会持续期间,他的同情心容易溢出善会所定的界线;他经常提到他为善会支付了后者无法处理的计划开支。比如 1632 年埋葬穷人尸体的计划就是一例。那个时候,陈龙正明确解释说,"邑之仁贤共举同善会"。那定然是一个恶臭冲天的夏天。嘉善人翰林学士曹勋看到城墙下遍布的尸体后怆恻伤怀,希望从善会中筹措一些资金买地掩骼。③ "余闻而感其意,"陈龙正叙述道,"且痛死者之无罪,而长弃草间,渐将为虫犬尽也。"在查明有一块足够大的荒地能够容纳十年的坟墓,且工费将是十三两或十四两银子以后,陈龙正总结说:"余念会中剩钱少,不足以给,许自捐资。"④

通过对城墙周围情况的调查,陈龙正和两名仆人发现 202 具尸体是有棺材的,5 具近来被暴露在外面的尸体没有棺材,还有

---

① 陈龙正,《几亭全书》,卷 23,第 16a-b 页。
② 同上书,卷 24,第 19a 页。
③ 同上书,卷 26,第 19b 页。关于曹勋,见《嘉善县志》(1800),卷 13,第 11b-12a 页。翰林学士由仕途无量的进士担任,见 Charles O. Hucker, *A Dictionary of Official Titles in Imperial China*, no. 5419。
④ 陈龙正,《几亭全书》,卷 25,第 19b-20a 页。

无数陈年骸骨。他们提供棺材盖和需要用来包裹尸体的稻草。对于被遗弃在草丛中的陈年骸骨,他们挖了一个很大的坑(方四丈,或者说四十平方英尺,深五英尺),将底部平整。他们"分舟载往,次第行列坎中,封以原上,崇二尺","四隅各村小石碑,镌曰'壬申共塚'"。此外,"园中累年暴棺,复五十三具,皆无亲戚子姓,为邻里所弃者也。暴骨四十具,大都狱中所出罪人"。陈龙正将他们埋葬在一个单独的坑里。这项工作需要十三名杂役,用时十四天,共花费一万贯钱。在仔细记录了自己的开支以后,陈龙正小心翼翼地避免他的慷慨为人所注意。他将这个计划写进了一首韵律和节奏有助于记忆的绝句中,并将诗随同一封信寄给了翰林学士曹勋——这当然不是为了自我标榜,而是"以动后人"。① 陈龙正通过指出这个计划是善会无法承揽的,从而强调了自己的自愿主义。

同样,在1635年,陈龙正提出了一个善会无法完成的平粜计划。在《示十五坊贫户谕》中,他宣称"查得十五坊贫户颇多。同善会义捐有限,遍给则穷于势,遗漏则戚于心"②。这是知县在考虑到粮食储备不足之后,提议设立社仓,将簿册发给十五坊总甲,以便他们能够汇编出列有每位居民拥有的资源情况的图籍。为了开展这项活动,知县从自己的俸禄里捐出了五十两银子,并给城中士绅发布了一则通告。陈龙正随即带头捐赠了三百两银子,接着每一位士绅都捐出了数额不等的钱。经过计算,他们能够储存一千石粮食。士绅将负责采购和分发事宜,也负责管理账目——陈龙正写道,这么做是为了使这个计划避免因衙门中人参

---

① 陈龙正,《几亭全书》,卷26,第19b-20b页。
② 同上书,卷24,第24b-25a页。

与而发生腐败。①

在详细解释了平粜之法并用小票来追踪交易动向之后,陈龙正宣称:"此法专补同善会之所未遍。"陈龙正进一步教导说,那些已经入会之人因此"沾惠已数倍于平粜,勿得纷纷引例,复与众户,争此些须"。② 陈龙正附加在这一告示上的平粜小票上面写有"东亭桥陈宅票",他重申这个计划承担了善会无法完成的任务。

同样,在1642年,陈龙正讨论了一个与善会有关的粥厂计划。他写道,他的本坊已经设立了一个善会来救助那些良民。受助者都是"本地穷民","核贫给单,四季开领"。他们均是"有定居、有定业者"。粥厂服务于那些游移不定、形形色色的乞丐。③ 陈龙正解释说,近年来,旱涝灾害毁坏了收成,蝗虫和螟虫令千里之内多半无收,结果是"民间掘草根、屑树皮者,十室而九"。陈龙正认为农民们可以撑到麦秋成熟之时,但"其无农业者,半转徙为乞丐矣"。他进而想知道居民们如何能够找到资源,为从他处涌入的饥民提供食物。他写道:"终日叫号,无从一饱。饥寒彻骨,啼泣无声,伶仃就毙于古庙颓垣之下者不可数计。嗟乎,累累白骨,谁独非丰穰之年。"④

在前一年,"绅贤"仔细考虑过开设粥厂,但担心私人储备有限,而饥民们却向他们涌来,使之"进退踌躇,有心无策"。就在这时,钱士升发起了"粥担"之法。此法无定额,无定期,亦无定所,可以防止聚众生事。"每晨,用白米数斗煮粥,挑至通衢或郊外。

---

① 陈龙正,《几亭全书》,卷24,第24b页;卷2,第9a-b页。亦见藤田佳美,《明末、嘉兴府嘉善县における救荒について》,第30-31页,引用《嘉善县纂修启祯条款》。
② 陈龙正,《几亭全书》,卷24,第25a-b页。
③ 同上书,卷26,第1a页。
④ 同上书,卷26,第2b-3a页。

凡遇贫乞,令其列坐,人给一杓。约每担需米五六升,可延五六十人一日之命。十担,便延五六百人一日之命。或三日,或五日,更有仁人继之。诸命又可暂延,无设厂聚人之弊。"①

陈龙正以及他的同伴们并没有退守在善会里,限制其对于同胞的责任感,而是间或将其慷慨延伸到善会的范围以外。在禁止放生动物这一习俗之后不久,他又不由自主地找到各种各样的机会来拯救绝境中的人们。他不时地违背自己在善会讲话中提倡的根本原则,即乞丐、流浪汉、僧人和那些诸如因不道德的懒惰和因放荡而给自己招来灾难的冥顽不灵的失败者,都是不值得善会来救助的。陈龙正在善会以外单独行动,有时会帮助囚犯和乞丐这两个被他视作垂死的群体。1642年,他主张囚犯的罪行是被急切的需求所驱使的微不足道的过错。仿佛是意识到自己的观点颇受争议,他援引了丁宾这位德高望重者的先例来辩护。当丁宾在一场大饥中给囚犯提供食物时,有人问他:"之死而致之生之,毋乃非智与?"丁宾回答道:"不然。其人虽应诛,然一日未就刑,犹上帝一日所生之人也。"②

当乞丐的生命危在旦夕时,陈龙正同样也不再谴责他们。在他看来,乞丐在善会所要维持的井然有序的社会中并无容身之处。相反,他们应当为丐头所关怀。陈龙正解释说,根据惯例,"乞儿死,丐头为之埋葬,并平日所供,量与约制,不许多取"。尽管如此,他也认为丐头无法担起责任,认为他"取利甚多。有妻子,有居室,有田产,安然受众乞之供。及其死也,则抛之城下,毫

---

① 关于钱士升也是嘉善人,见 L. Carrington Goodrich and Chaoying Fang, eds., *Dictionary of Ming Biography*, 1368-1644, pp. 237-239。关于引文,见陈龙正,《几亭全书》,卷26,第3a-b页;亦见同卷,卷26,第8b-12a页。
② 陈龙正,《几亭全书》,卷26,第4b页。

无加惠怜悯之心。则平昔之抽索何为?"①

乞丐的真实处境促使陈龙正介入。1641年冬天,当获悉"我邑流丐,去冬约五六百人,自二月至五月,掩埋亦逾五百"后,他为他们建造了丐房。② 受到救助生命之迫切感的感召以及丁宾榜样力量的激励,陈龙正主张,即使是对于那些无疑即将要死去的乞丐,也应该帮助他们。③ 陈龙正对于拯救落难者的热忱和那些受到他批评的动物放生实践者相似:由于受到拯救濒临死亡的生物的象征主义的鼓舞,他有时忽视了一种更为审慎明智、更为节俭地使用资源的观点和规则。

善会的出现并没有降低陈龙正对于那些五花八门且意想不到的求助的个人责任感。相反,一旦善会被确立成一个劝人行善的场所,那么它对于慈善理想而言则仍是一个公共提醒。陈龙正频频评估以自己的慈善活动(安葬穷人、平粜粮食以及创行粥担)来应对善会的"力所未及"。若说他因而突出了自己的慷慨,那么他之所以能够这样做,是因为善会为他的社区提供了一个共同的参照点,一个被广为宣传的行善标准。

宗族的一种替代方案

陈龙正在1641年的捐赠揭示了善会是对以宗族为基础的慈善的补充和竞争。一方面,他向他的宗族捐赠了五百亩土地。④

---

① 陈龙正,《几亭全书》,卷26,第19a—b页。陈龙正进一步将之与政府官员作了一个类比。
② 同上书,卷26,第6a—b页;陈揆《陈祠部公家传》,卷1,第18a页。
③ 陈龙正,《几亭全书》,卷26,第4b页;亦见同书,卷26,第8a页。
④ 同上书,卷21,第31a—36b页。根据陈父的义庄遗则。

在那个场合下,他提到他的父亲念及亲支之穷,甚至包括那些没有谱墓可据的远支。他时常表达出愿意设立义田来周给亲友及远支中困乏之人的愿望。① 义租被用于"赈贫供老,周养废疾",被用于支付宗族祭祀、劳役征税和救荒,以及为尊高年,向亲戚中年过七旬的老人提供肉食,向年过八旬的老人提供衣服,而不论其贫富。②

另一方面,陈龙正在同一年表达了一种强烈的地区共同体的意识,将视野延伸到那些没有血缘关系的人身上:他向善会捐资来建造一个会馆。③ 此外,在《义庄呈》中,他表示,除了其他项目,田产将被用于纳银蠲役,且"通邑"也将从折发钱银中获益。④ 无论他的观点正当与否,显然他被迫表示,全城的利益能够抵消对本族的偏袒。同样,为了平衡义庄分给族人的资助,他引用了 12 世纪的朱熹的先例,设立了一个社仓来帮助胥五区的广大居民。他声称这个计划将"均通有无"⑤。胥五区的许多居民都是他自己的佃户。这也许激发了他对宗族以外的居民们的关心。

在宗族的背景下,陈龙正的视野也延伸至一个广阔的地区共同体。一次,在不经意地提到业已为本族置办了一个义庄以后,他不再进一步讨论那个话题("不必复谕"),随后马上开始探究帮助非亲之人的渠道。他声称"布施须有条理",教导说每一个人应当每年从田租里拿出一定的数额作为行义之资,根据他们的需求

---

① 陈龙正,《几亭全书》,卷 21,第 31a-b 页;陈揆,《陈祠部公家传》,卷 1,第 5b 页。陈龙正还引用了范仲淹的例子作为灵感,见陈龙正,《几亭全书》,卷 21,第 35b-36a 页,第 38a-b 页;卷 25,第 7b-8a 页。
② 陈龙正,《几亭全书》,卷 21,第 31b-34a 页。
③ 《嘉善县志》(1800),卷 4,第 9b-10a 页;卷 6,第 17b 页。
④ 陈龙正,《几亭全书》,卷 21,第 37b 页,《义庄呈》。
⑤ 同上书,卷 26,第 18b 页。

来帮助以下人群:"外亲之近而贫者与朋友之有行谊而贫者;远亲近邻之生无以养,没无以殓者;故旧子孙之不能自立者。"陈龙正接着补充说:"无干众人,耳目偶遗。随时周济,亦无定额。又修桥补路,实有便于人者,随意量捐。"他反对唯"斋游僧",告诫佛教活动中的捐赠将会毁掉"布施美名"。①

和其他晚明的人物一样,陈龙正谈到范仲淹是给宗族捐赠义产的宝贵先例。然而,随着他自己的社会视野变宽,陈龙正对范仲淹规定只帮助那些在族谱中被清楚记载下来的亲戚提出了疑问。他还发现了范仲淹计划中的一个缺点:在六百年的繁衍生养中,范氏宗族产生了如此多的贫困族人,以至于对每个人的资助都非常小。② 陈龙正的解决办法是,根据自己的宗族规模的变化而采取灵活的策略。他赞成余资应当被用来资助远支,即便他们的关系无法得到证实。然后,倘若未来子孙看到近亲的数量增加,那些宗族应当回到更加严格的尺度上来分配资助。③ 陈龙正对社会成员多样性的认知,即"耕读之外,工商经纪"④,有助于他的灵活性,同时可能令他的宗族认同感渐渐削弱。

清初的一份关于明中期顾正心的记录委婉地批评了由范仲淹发起的将资助集中在族人身上的策略。作为华亭(在南直隶松江府)本地人,顾正心慨然捐赠了一万四千七百两银子来设立占地四万零八百亩的义田。田租被用来支付两县的赋役费用——这是在亲戚以外的另一则例子。后来,他因他人的过失,受到错误的指控而锒铛入狱。在狱中,顾正心却依然慷慨。见到狱中囚

---

① 陈龙正,《几亭全书》,卷22,第22a—b页。
② 同上书,卷21,第35b页。
③ 同上书,卷21,第36a页。
④ 同上书,卷21,第34b页。

犯挨冻,他向他们提供了衣服和粮食。"罪可赎者,代为完纳。囹圄几为一空。"顾正心也捐资修葺狱室。这则记载的编者评论说:"范氏义田,流芳千古。然止及同姓,未必及异性,田止以百计,未必至四万有余。顾君所为,何其迈前人而杰出乎!"①

资助陌生人和资助亲戚之间的紧张关系在陈龙正的同时代人温璜对其母亲的记载中也表现得很明显。② 在她明智的言论中,对那些通常是好施之人在面对他们的亲戚时为何总是变得吝啬有两个解释。首先,亲戚将接受馈赠视为理所当然,而那些非亲之人却为蒙惠而表示感激,对他们的感激大加宣扬;其次,非亲之人难以再三要求帮助,而亲戚却认为馈赠是长期的安排之一。③ 善会可以保护其成员免于其亲戚对其索求所带来的伤害,这将在第五章中说明。

杨东明、高攀龙和陈龙正都尊敬范仲淹。他们自己也慷慨地向自己的宗族提供物质上的帮助;同时,他们极力认同并捐建了一个超越宗族界线的社区。这些人往往在建立全社区性质的社团的同时设立宗族义产。让我们思考一下杨东明家乡的情况。一些居民声称是范仲淹的后人。④ 杨东明超越了对宗族的忠诚,创办了一所义学⑤;且他受到范仲淹榜样的鼓舞,设立了义产,除支付应该交给政府的税收以外,还帮助穷困的村民和邻居⑥。

---

① 周梦颜,《阴骘文广义》,卷上,第 37a 页。顾正心的父亲顾中立生活在 1495 年至 1562 年之间,在广西做过官。
② 关于温璜,见张廷玉等修,国防研究院明史编纂委员会编,《明史》,卷 277,第 3112 页;《乌程县志》,卷 6,第 28a 页;由一位不知名的作者所作的序,以及陈宏谋的评论,这部作品的重印本载于陈龙正的选集,《教女遗规》,卷下,第 3b—4a 页。
③ 温璜,《温氏母训》,第 6b 页。
④《虞城县志》,卷 6,第 16a—b 页。
⑤ 杨东明,《山居功课》,卷 3,第 1a—b 页。
⑥ 杨东明,《山居功课》,卷 9,第 5a—6a 页,《义田记》(1603)。

他成立的善会和受此启发成立的广仁会都跨越了宗族的界线。杨东明在前一个社团,而他的两个兄弟在第二个社团。甚至连范仲淹的后人也分别在这两个社团之中。他们中有两人加入了第一个社团,有十人加入了第二个社团。① 高攀龙同样重新调整了这两个策略。他在用遗产设立宗族义产的同时,也积极发起一个善会,宣称"看得一县中老者、贫者、病者、死而无葬者,真如一家之人,痛痒相关"②。他的目标是将对亲属的情感逐渐灌输到一个全区性的、非宗族的组织中。③

善会的职责范围

同情心使陈龙正在很多场合中行善,但并没有促使他改订善会的目标。当在善会中活动时,他坚持着两个紧密相连的目标,帮助值得帮助的穷人和进行道德教化;只有在善会的规模方面,他认为可以有弹性。当善会活动的消息传开,捐赠源源而来,受助者的名单增加,这给了陈龙正在1641年(即举办善会的头十年之后)进行评论的理由:"初时受济者,不过数十人。今已增至三四百人。"随后,他以同样的口吻表达了对善会的资助一直有限的遗憾:"若论合县穷民,养生送死,尚不及十分之一二。"④ 尽管善会经济拮据,但他仍然希望扩大它活动的区域范围。

---

① 在他的《义田记》中,杨东明大致这样写幼弟杨东曙:"余季弟国子生讳东曙者,为人慷慨正直,好善乐施,邑中桥梁、道路无远近,皆其经理,而其他随遇施予者不可计数,殆所称'一乡善士'乎?甫中年不幸有疾,沉疴奄晷者逾数月,而为善之心未已也。"杨东明,《山居功课》,卷9,第5b页。
② 高攀龙,《高子遗书》,卷12,第34a-b页。
③ 对于宗族团结的关注或许在晚明加深了,见 Kai-wing Chow, *The Rise of Confucian Ritualism in Late Imperial China*, pp. 73-79。
④ 陈龙正,《几亭全书》,卷24,第15a-b页。

在用来界定大量善会受助者的标准方面,陈龙正欣然接受两类人,即有需求之人和有德行之人。然而,他对第三个标准,即地理位置的接近程度感到棘手。对这个标准的要求并非一定有价值,而是出于一种日常的考虑:到远方做个案工作是不切实际的。他曾经问道,那些通常居住在府城里的士人如何对散居在不易到达的地方的乡村贫民"亲访的确,具开年貌居址,平日生理"?① 距离问题也涉及善会以外的问题,即公平地对待城乡居民。1640 年的秋天,乡农们抱怨"每年大艘小舟,载米入城,悉出吾辈作苦,而赈饥反后"。陈龙正在 1641 年写给同伴钱士升的信中也肯定了这一点:"此至情语,堪发大悲。"②

实际的考虑有利于将资源集中在城中居民身上。资源是有限的,在远距离的范围内从事个案工作是困难的,且距离会削弱联系感。在附于陈龙正第四篇讲语之后的《示贫民谕》中,他写道:"除城坊极贫之民,听本季主会访确增收外,其有乡区持折自求者。"他将《会中旧例》禁止这样的要求置之一旁,指出了主要问题:"住居遥远四散,人舟稽核,往回费用,耽阁时日,种种繁难。"③

给棺之法也有类似问题。善会会式承诺,随着行善人数的增加,善会将资助城乡贫民的丧葬费用。④ 与此同时,会式宣称,善会无法向每一个乡都提供棺材。⑤ 陈龙正自己在他的《示贫民谕》中赞同了这个观点:"非确见真闻,势难概及,心长力短,各宜

---

① 陈龙正,《几亭全书》,卷 24,第 19a 页。
② 同上书,卷 25,第 12b 页。
③ 同上书,卷 24,第 19a 页。
④ 同上书,卷 23,第 17a 页。尽管关注的焦点在 18 世纪,王国斌和濮培德(Peter C. Perdue)指出,中国的救荒工作面向城乡百姓,而在欧洲,救荒工作则聚焦于主要城市中心的居民身上。见 Wong R. Bin and Peter C. Perdue, "Famine's Foes in Ch'ing China", p. 323.
⑤ 陈龙正,《几亭全书》,卷 23,第 16b 页。

体谅。"①

对于精英分子而言,维护城中居民的善意至关重要。有城垣的城门在夜间防御盗匪,保护粮食库存和政府建筑,以及维持秩序的地方官员和许多地方上的富户。守城穷人的善意对于城中精英的生存而言至关重要。1633年,陈龙正观察到温州的邻镇在1632年成功抵御了一次海寇的袭击,部分是因为军事策略和运气,但也缘于富人和穷人在情感上的团结一致。每一个大户养兵百名(相对较小的人家养兵六七十名),并向穷困的居民提供食物。他们甚至让城外的百姓在乡绅大姓的书斋和正厅寻求庇护——他解释说,"所以人心固结,久困而无内变"。② 陈龙正接着反对把穷人当成一种防御措施而将其赶出家乡嘉善的观点。他计算出保卫城市的两班人马需要6408个人。由于人手不足,他主张周边乡村的穷人应当被允许进城守卫,以换取富人的资助。③

陈龙正的同伴们讨论了如何在城乡居民之间分配资助的问题。在一篇派粥的文章中,陈龙正写到有人问"城市何以后之?"他对此作了如下回应:"惟农最劳,惟农最贫。居乡者,大抵农夫,居城市者,大抵工商贾。又宦仆衙役,十居其三。故凶年转徙沟壑,乡民为多,饿死于城市者,不一二见。惟卖菜者流,最无本业。"④ 陈龙正在城外的胥五区拥有田产,但他自己则居住在城

---

① 陈龙正,《几亭全书》,卷24,第19b页。
② 同上书,卷30,第2b页,《有备无患议》。
③ 同上书,卷30,第2b—3b页。
④ 同上书,卷25,第5b页。"一二"在这里模棱两可,或许可以解读成10%至20%。

里,被相互矛盾的忠诚和利益分割开来。①

陈龙正在1641年扩大了善会的地域范围,他写道:"今后乡民,有真正孤寡无依,素无过失者,各就本区本镇附近乡绅贤士,自往投诉,听其亲访的确,具开年貌居址,平日生理。举单一到,即换给照验单,准收入会。"②

在高攀龙和陈龙正看来,所有事物都是相互联系的;个人行为通过宇宙产生广泛而长久的影响,引起了上天的回应,影响着人们的家庭福祉。这种想法似乎符合《大学》的精神,即从根本上预想了个人的修身、齐家和治国这三个层次的活动是相互依存的。③ 但比较只是为了强调巨大的差异。对于《大学》特指的三个串连的抽象概念,高攀龙和陈龙正补充了第四个概念:地区。他们并没有完全放弃身、家、国的串连单位的想法,而是让国家(或皇权)的问题退居幕后,将善会的注意力集中在促成地区中离散家庭的团结。通过将第一次善会讲语中的听众称为"我等同县之人",高攀龙宣称"这一县一团和气,便感召得天地一团和气";以及"家家为善,便是一县之福"。④ 陈龙正本着同样的精神,尽管完全意识到他的听众的多样性——"不论种田做生意,与衙门中人,但点醒了这心"——还是敦促他的听众"共成一县好风俗",并表达了"通县俱只是一条心"的希望。⑤ 他断言"同善庄"——这是陈龙正用其妻的一百亩奁田设立的信托基金——将惠及"通

---

① 《嘉善县志》(1800)指出,陈龙正提供了五百两银子教育贫家子弟,五百石粮食救济胥五区的穷人,见《嘉善县志》(1800),卷9,第9a页。关于一个为族中贫家子弟所设的义学,见陈龙正,《几亭全书》,卷21,第33b页。
② 陈龙正,《几亭全书》,卷24,第19a页,《示贫民谕》,附于1640年的第四十次讲语之后。
③ James Legge, trans., *The Great Learning*, p. 357.
④ 高攀龙,《高子遗书》,卷12,第32b—33b页。
⑤ 陈龙正,《几亭全书》,卷24,第1b页、第2b页。

邑贫民"。① 和他们的前辈杨东明(他在有功名者的社团和地位显赫的富民的社团之间划分出了明确的界线)相比,高攀龙和陈龙正则设想他们的善会应该接纳这个地区。

陈龙正在与毗邻的街坊的认同和对一个不断扩大的不确定规模的社区的承诺之间进退两难。他对于1630年的一场可怕的饥馑的反应暗示了这一点——刚好在他想到善会这个点子之前。② 在宣称他对那些由于饥馑而被迫"买食豆渣酒糟,杂以草根度命"的穷人"深怀悯恻"之后,他连忙补充说:"本生力薄权微,无能普济。"基于过去的纽带,他为自己对胥五区有特殊的关照进行辩护:"祖宗父母生长于斯,尤不忍忘。算除本年家用饭米外,量余冬米六百石,聊出散施,以济饥虚。度算春花,尚需一月,查分极贫次贫二等,人给三十日粮,以俟麦豆之登。"③(考虑到他要求穷人登记姓名,以便于受助,想必并非所有胥五区的居民都是他的族人。)

有人针对陈龙正的资源分配方式质问道:"岁饥独赈一区,此外坐视其毙耶?"④ 陈龙正的回答大致如下:"吾邑二十区,假令无分彼此,一概赈之⋯⋯应赈者六万人,人给两月,为粮四斗,共计须米二万四千石。"陈龙正绝望地问道:"虽巨室世家,孰能办此?"接着,他又阐述了"至令他郡人民,闻声襁负,或挈家棹舟以来,人众既集,粮无措处","号哭而还,颠仆中道,是促之毙也"。⑤ 由于无法逐一满足日益增长的需求,陈龙正试图激励邻区的富民

---

① 陈龙正,《几亭全书》,卷21,第20b页。
② 关于陈龙正救荒的一个简短讨论,见 Masao Mori, "The Gentry in the Ming: An Outline of the Relations Between the *Shih-ta-fu* and Local Society", pp. 49 – 51。
③ 陈龙正,《几亭全书》,卷25,第3a页,《示胥五区贫户谕》。
④ 同上书,卷25,第4a页。
⑤ 同上书,卷25,第4b页。

们效仿他的做法——一个劝化人心的善会能够帮助他达成这一目标。

即便是在为其集中捐助胥五区的居民的计划而辩护时，陈龙正也认识到市场联系着邻区的福祉。他观察到棉布生产既使本区居民富裕起来，也令居民们易受伤害。通常，家庭通过纺织，将棉花加工成布来增加收入。他们随后把布带到市镇以换取粮食。但陈龙正写道："荒年米贵，则布愈贱。各贾乘农夫之急，闭门不收。"由于对市场波动和投机商人毫无防备，在17世纪初期地位上升的小生意人的生活岌岌可危。①

陈龙正鼓励邻区的居民行善，如果不是通过直赈，至少也通过促进交易有效地令饥民果腹。他呼吁"乡村如有好义之家，量米多少，照时价收换布匹，俟标客银至，顿主结卖，可仍得原初米价"。他承诺这种交易"不过守候两三月间"，且最终会按原来的价格交易，并不会使他们的财富有分毫的减少。通过宣称"应农之急，有莫大之功"，他进一步建议住在城里的乡绅实施这个计划，"则粟布互相流通，农夫饷妇，不至束手枵腹矣"。陈龙正总结说，"捐赈之外，设此权宜"，无异于"惠而不费"。②

一年以后，陈龙正在嘉善创办了善会。尽管善会设址城内，但在理论上它包括了整个地区，而胥五区只是其中的一小部分。它阐明了经成员同意的原则，这些原则为如何分配稀少的资源提供了理据。与此同时，以道德劝诫、一支听众队伍和一个组织作为武装，善会能够——远比一个人单独行动更为有效地——动员

---

① 陈龙正，《几亭全书》，卷25，第3b-4a页。这令人想起了范洛文(Marco H. D. van Leeuwen)的建议，即济贫是一种控制和供养那些无一技之长的劳动者储备的办法，见他的作品：*The Logic of Charity*: *Amsterdam*, *1800-1850*, pp.74, 144。
② 陈龙正，《几亭全书》，卷25，第4a页。

富户行善。

陈龙正的视野超越了他的家乡胥五区和他的宗族,当他宣称善会的一个目标是"通县为善"①时,他常常强调整个地区的福祉。有时他提到"城"②,这个词指的是城墙内的区域。他频频提到"吾邑",在这里"邑"的含义更为模糊,可能包括了城墙外的区域。无论如何,"吾"这个词暗示着他对于亲族和邻居以外的利益的紧密认同。③ 善会就是为了服务这座城市和全社区而出现的。

---

① 陈龙正,《几亭全书》,卷24,第5b页;亦见同书,卷24,第4b页。
② 同上书,卷24,第14a页。
③ 例如,见上书,卷24,第5a页,第15b页,第17a页,第22b页。

第四章 面向穷人和富人的讲话

> 才生得我一个,人中富贵,便像那树中奇花异果?
>
> ——陈龙正

高攀龙的继任者陈龙正注意到了一个高攀龙几乎没有留意的现象,即纯粹的财富——尤其是以金钱的形式——是一股令社会分层的力量,是一种在官僚地位之外的影响来源,也是社会不平等的基础。两者的差异在对凶残的暴徒洗劫福建兴华府一事的看法上可见一斑。为了向他的善会警示以道德改革的紧迫性,高攀龙声称社会的分崩离析为外敌入侵打开了大门。这一警示给陈龙正留下了深刻的印象。他在一篇高攀龙的讲话的跋中对此作了标示,接着对高攀龙的辞令作了回应,认为"合县学善,虽有兵火大患到来,此方人或者可免落劫"[1]。不过,当他在 1635 年对自己的善会发表讲话时,陈龙正以自己的方式详细说明了道德改革这一主题。除了提到兴华之灾以外,他还对其他两个地方

---

[1] 陈龙正,《几亭全书》,卷 24,第 23b 页。

如何应对匪乱进行了比较。他观察到在舒城县，五六十名土匪被抓获并斩首，剩下的土匪见他们的内应被杀，立即逃遁而去。在巢县，心怀不满的贫民秘密加入了匪帮，天下大乱。① 陈龙正从1635年的事件中得到了教训："那些穷民，预先知有倚靠，把那向来思乱的邪心，俱消化了。所以说意外兵荒乱离，但体贴得'同善'意思，果然保守得来。"相反，倘若人们不能分享资源，每家每户只想着自己的小家，那么绝无可能保护每一个人，且"那鸱张快乐的，祸在眼前"。一个井然有序的道德社区是建立在分享财富的基础之上："若信个'同'字，贫富贵贱，合为一心。大户不重钱财，小民尽怀忠爱。"② 陈龙正并没有将这个理念局限于善会的讲话中。在1635年的一篇同样是关于当时的流寇问题的文章中，他重申道："富人出钱米以济贫，一心同力也"；然"大户各啬，不肯通有无，人自为心也……故贫民奸狠者，通贼间而开门迎贼也"。③

一次，高攀龙提到了"有无相济"的需求④，但他用的是抽象而笼统的词汇，将注意力集中在广泛的道德目标上。陈龙正明确将道德改革，或者同善，与贫富之间的资源分享联系在了一起。在他的首次善会讲话中(1632)，他呼吁在富人和穷人之间建立起一种公平的互惠关系："富贵人家，常肯救济贫穷；贫穷人家，自然感激富贵。"⑤ 通过将注意力集中在这两个群体之间的相互影响上，他揭示了他们之间有着巨大的鸿沟，因而不得不搭建桥梁。

高攀龙逐条阐述了明太祖的圣谕六言，以此来推动一项全面

---

① 陈龙正，《几亭全书》，卷24，第14a-b页。
② 同上书，卷24，第15a页。
③ 同上书，卷30，第9b-10a页。
④ 高攀龙，《高子遗书》，卷12，第34b页。
⑤ 陈龙正，《几亭全书》，卷24，第2b页。

的道德自我提升的方案。陈龙正则专注于经济阶层之间的关系，有选择地援引圣谕六言。他将孝顺父母和教训子孙的问题搁置一旁，反而思考第五条"各安生理"和第六条"毋作非为"。通过各安其位和守持勤俭，他推断说，即便是穷人，亦能避免挨饿。① 他称赞大多数穷人是"大半好人，安分苦守"，但他也懊丧地补充道："也有小半无见识的，幸灾乐祸。听闻江北有流贼，便说道等他来倒好。"② 大约九年以后，在他的最后一次讲话中（1644），陈龙正坚持与这种绝望的情绪作斗争，认为生存下来的办法是"各安生理"与"毋作非为"。③ 陈龙正同样在面向社会的中间阶层的讲话时援引圣谕的第五条和第六条。他相信一种焦躁不安的情绪促使中等人家在迎神赛会上花费大量金钱："乖人晓得是借名取乐，呆人尚认做恭敬神明。"接着，陈龙正间接提到了圣谕的第五条和第六条，总结说："不知此即是不安生理，故作非为。"④

高攀龙曾经警告他的家人不要逾越正轨：他们应当远离嫖赌健讼。⑤ 但他的警告很简短，他的视野几乎没有延伸到井然有序的社会领域之外。相反，陈龙正在很大程度上怀抱这个圈子以外的视野，认识到阻碍实现社会和谐的一切复杂因素。他在理论上将"嫖赌健讼游花"从他的视野中排除，将这些群体规定为"不必说"。⑥ 但他在实际上通常允许将这些社会异端之人重新纳入其视野之内，如下所述："有一等无用人，常说'我只是命苦，只是无本钱'。到得仔细看他起来，毕竟身上坐一件病，或贪口，或懒惰，或

---

① 陈龙正，《几亭全书》，卷24，第6a页。
② 同上书，卷24，第14a页。
③ 同上书，卷24，第22a-b页。
④ 同上书，卷24，第5a页。
⑤ 高攀龙，《高子遗书》，卷12，第26a页；卷10下，第23a页。
⑥ 陈龙正，《几亭全书》，卷24，第6a页。

心想不定。俗说叫作'百会百穷,饮食是一去不返的'。日日要酒要腥吃,那里来许多?所以贪口是消财的病。"① 只有在设身处地为这些无依无靠的穷人想其所想以后,陈龙正才回到人应当各安生理的主题上来。

在一次善会讲话中,高攀龙从另一个角度——囚犯的角度——对井然有序的社会一笔带过,提出了一个反问:当你做错事而被囚禁时,相比之下,那些沿街肩挑步担的小生意人难道不是身处天堂吗?② 和他的老师不同的是,陈龙正仔细审视并同情穷人所受的贫困与不公正。在一篇清狱的文章中,陈龙正宣称狱囚是因为轻罪而被关进了监狱,因此,致使其死亡的并非是严重的罪行,而是潦倒的困境。事实上,关押少数罪犯的成本远远超出了任何收益,根据他的计算:"如一县五日瘐一命,全浙七十六州县,日损十五人矣,一月便死四百五十人。"他解释说,更严重的是,"且疫作时,有一县日死四三人者,何其惨哉!"通过权衡像凶年无法还债、犯下微不足道的罪行而损失生命这类骇人听闻的事情,陈龙正总结说,欠债主一些粮食或者几串钱并非使债务人浪费生命的正当理由。③ 他深知大户人家积累了无数家庭的土地,受压迫之人将会起来反抗。④

陈龙正有时也谴责受压迫之人的反叛或目无法纪的态度。他注意到"有小半无见识的,幸灾乐祸,听闻江北有流贼,便说道等他来倒好",坚决教训说,"此等心肠,虽不是"。⑤ 但他亦能站

---

① 陈龙正,《几亭全书》,卷24,第6a页。
② 高攀龙,《高子遗书》,卷12,第36a页。
③ 陈龙正,《几亭全书》,卷26,第8a-b页。
④ 同上书,卷24,第13a页;卷24,第14a页。
⑤ 同上书,卷24,第14a页。

在这些受压迫之人的立场上看问题。陈龙正为他们辩护,他指出了一个人应当体恤受压迫之人心中怀有怨恨的两个原因:"一是穷饿迫身;二是受人作践。"①

富人、中人与穷人

陈龙正并未完全抛弃对善的论述,他反复思考物质援助和人类生存的主题,细想社会和经济现状以及贫富之间的紧张关系。高攀龙则将需要教化之人归并在一起,提到"广劝世人为善"②。陈龙正也追求一县之和谐团结的目标,但他是通过给每一个经济阶层提供特定的治疗来达成目标,这与志愿者为食物救济计划而对人口进行分门别类有几分相似。③ 他将他的善会听众分为三等人:富人、穷人与中人,并为每等人都量身打造了特定的讲话。他向善会教导说:"若要通县为善,看来也不甚难,只得三句粗浅说话:富贵的,大家放宽些。贫穷的,个人要安分。中等人家,不要奉上欺下。"④ 或者,像他在同一次讲话中所阐述的那样,"富贵的该放宽";"中等人家不要奉上欺下";"贫穷人"应该避免"三病","或贪口,或懒惰,或心想不定"。⑤ 在那次讲话刚满一年后,

---

① 陈龙正,《几亭全书》,卷24,第14a页。
② 高攀龙,《高子遗书》,卷12,第35a页。
③ 例如,林希元(约1480—约1560)建议将社会划分成三个富民阶层和三个贫民阶层。林希元曾是一名海外客商,也是一位儒家官员,这些身份可能使他主张以经济为基础的社会分层。见 Pierre-Étienne Will, *Bureaucracy and Famine in Eighteenth-Century China*, p. 98. 关于林希元,见 L. Carrington Goodrich and Chaoying Fang, eds., *Dictionary of Ming Biography*, *1368 - 1644*, pp. 919 - 922.
④ 陈龙正,《几亭全书》,卷24,第5b页。
⑤ 同上书,卷24,第5b—7a页。

陈龙正又继续对这三个社会阶层发表讲话:"旧年中秋,曾说上中下三样人家,各有为善的法子,各有一句粗浅话儿……再说个三样人家,决不可不为善的缘故。"①

当陈龙正将他的注意力从一个经济阶层转向另一个经济阶层时,他继续使用第一人称"我"来显示其与每一个阶层的强烈认同感。尽管他努力尝试将穷人社会化,告诫他们不要"分外营谋,一朝暴富"②,但他仍然对他们的处境表示理解和同情。他注意到大多数穷人在生存线上挣扎,几乎没有什么资源可以浪费:"至如穷人,已是十分福薄,生在苦恼中过活:凡福薄之人,再经靳削不起。"接着,他巧妙地使用了第一人称(我),承认他们的生活往往是不公平的:"别人过恶,报应还迟。我若有差,报应偏速。"③他转而关注中人,仍然使用第一人称,以此显示感同身受。陈龙正强烈谴责他们将大量钱财浪费在了宗教活动上,敦促他们将这些钱用来行善。他教导他们说,"作善定须有益于人",继而问道:"一切点烛烧香,济了甚事?"④

陈龙正同情穷人和中人,放松了对圣谕六言中的第五条"各安生理"的坚持。他认为他们有可能提升自己的地位,劝说听众中的穷人逐步改变命运,通过表达一点孝心或者济人救物的真心,从而"感天地,动鬼神,如《为善阴骘》上所载,转祸为福"。⑤他进而提醒他的听众注意《太上感应篇》传达的信息,即"开口便

---

① 陈龙正,《几亭全书》,卷24,第10a-b页。
② 同上书,卷24,第12a页。
③ 同上。
④ 同上书,卷24,第11b页。
⑤ 同上书,卷24,第12a页。关于《为善阴骘》这部教化作品,见 Cynthia J. Brokaw, *The Ledgers of Merit and Demerit: Social Change and Moral Order in Late Imperial China*, p. 147n86。

说个'祸福无门,惟人自召'"。陈龙正接着评论道:"这话本不专为穷人说,在穷人身上,觉得尤紧切些。"①

对于中等人家,陈龙正也提供了专方。在一次善会集会上,他向他们劝说道:"那中人之家,比上不足,比下有余。我虽无富贵人的力量,日日可救援人。"他进一步说,若他们没有敲诈和欺骗与他们日常互动之人,建议他们用有限的资源来行善。他向他的听众们许诺,"大凡至诚公道之人,鬼神保庇,床上无病人,邻里乡党欢喜,牢里无罪人,年年安稳去"。接着,他并没有要求中等人家安于现状,而是告诉他们识字可以为他们提供晋升之阶:"家事怕不渐长,又可教子读书,指望进步。"②

陈龙正对富人和穷人的规劝几乎同样包罗万象。在1632年的一次善会集会上,他敦促富人去思考:"别人种田,上白米饭是我吃。别人织绢,上好绫罗是我穿。在家冬暖夏凉,出外非船则轿。造化便宜。我已占得多了,与人交关,岂可又占一分?"③ 他警告他的听众们要守"公道"。他注意到不断谈论公心有时会掩盖获取一些好处的私心,问道:"若明要占先,他人怎当得起?"接着,他补充说:"实实落落,将此存心,将此行事,自己心安,子孙长享。"④ 1635年,他再一次让富人挑起维持社会和谐的担子,不断教导他们担负起实现社会和谐的使命感,"全靠大人家轻视钱财,

---

① 陈龙正,《几亭全书》,卷24,第12a-b页。关于《太上感应篇》(约1164)的一个译本,见 Paul Carus, ed., and Teitaro Suzuki, trans., *T'ai-Shang Kan-Ying P'ien: Treatise of the Exalted One on Response and Retribution*。亦见 James Legge, trans., *The Thai-Shang Tractate of Actions and Their Retributions*。
② 陈龙正,《几亭全书》,卷24,第11a-b页。
③ 同上书,卷24,第5b-6a页。
④ 同上书,卷24,第6a页。

平居绝不生事害民,有事各各协力共济,众心成城"①。陈龙正自己给富人树立了一个榜样:作为他们中间的一员,他在1631年创办了一个善会,到1634年获得进士功名时,他已经发表了五次讲话,并以捐钱的方式大致兑现了他的承诺。

陈龙正使富人即便是在善会之外也能坚守道德高地。大约在1640年的一次旅途中,在得知有大规模的饥荒时,他写信给一位友人,谴责北方富人之"风俗人情,大抵可异"。他们自私地坐享财富,而漠视邻里乡党的苦难。他发现一个例子特别令人反感。山东曹县的一个富室坐拥千顷田产(十万亩)——换句话说,这是高攀龙继承的五十亩土地的两千倍。这些土地每年生产大量的稻米、小麦和蔬菜("四五万",陈龙正并没有特别指明计量单位),然而这些地主并没有任何施赈。② 由于认识到贫富之间存在着巨大的鸿沟需要修补,陈龙正提醒他的同伴们,倘若他们想要维持社会秩序,就必须摆脱物质上的私欲。

关于分配财富

陈龙正对单单基于财富的社会差别感到担忧。一次,他几乎都在暗示财富的分配是随机而任意的:"富贵的,要思量几百几千人中,才生得我一个,人中富贵,便像那树中奇花异果,山川中秀石甘泉,天上明霞彩云,人人称羡。"接着,他发现了这个明显反常

---

① 陈龙正,《几亭全书》,卷24,第14a页。参见同书,卷24,第2b页:"统一县箅将来,岂不得了个大受用?"
② 同上书,卷46,第12b页。见沟口雄三,《いわゆる東林派人士の思想——前近代时期における中國思想の展開》,第176页。陈龙正的《几亭全书》的编者们将这封未标注日期的信归入了1640年的书信之中。

现象的合理一面,补充说:"我今开一句口,可以振拔人;行一件事,可以救济人。分明是上天与我修福的地位。"与其说是道德责任带来的结果,不如说是好运——做善事的回报——迫使富人做了一个选择:"若认做我今只该享福,享一分,便短一分。若认得我今正好修福,修一分,前面转增一分。"陈龙正说道:"只这关头认得清,认不清。"①

对财富分配公平性的考虑渗透在陈龙正作品的字里行间。这些作品他打算只给其友人们阅读。其中,在他的一本研究日志中,他将社会分成若干个经济阶层,正如他在善会讲话中所谈到的那样。他注意到任何地方都有贫富之家,坚持说"一乡之富室,救一乡之贫民"。按着,他回到了公平这个主题上来:"乐岁不均,民未至死;凶年小均,沟壑者罕矣。"② 陈龙正勉强接受了一个人不可能通过法令建立起"小均之法"的想法,寄希望于那些管理农村地区的仁人志士能够根据他们占有的资源情况来表达他们的同情。③ 但重点仍然是:何者推动了公平问题?何者被陈龙正用作判断正义的标准?这才是攸关生存和人身保障的问题。

对于公平的想法使陈龙正回想起了"均田"。这是一个在百姓中间分配土地的制度,为大约3世纪到9世纪的统治者所实施,并取得了不同程度的成功。陈龙正忽略掉这个制度的原意,即从那些有能力抗税的大地主那里把土地夺过来,转而看重其中所内含的"均"的概念。尽管他对均田制的复兴感到无望,但他提议"小均之法",由此"仁人处乡,自发其情,随力而为之"。④ 尽管

---

① 陈龙正,《几亭全书》,卷24,第10b页。
② 同上书,卷14,第5b页。
③ 同上。
④ 同上。

他承认"贫富之数,虽圣世也不能一齐",但他马上补充说:"但使无大富,自可无大贫矣。"①

当向一位不是善会中人的有文化的友人发表讲话时,陈龙正再一次以牺牲富人的利益为代价来表达对穷人的同情。对于雇佣乳母的行为,他写道:"富者省乳哺之劳,贫者代哺之。"他提到自己家里多年以来雇了数十名乳母,但他解释说,随着他日渐成熟,他变得越来越关注乳母的困境。他意识到鼓励贫穷的母亲遗弃自己的孩子去照顾富人的孩子,本质上"无异杀人子以养吾子"。他推断因环境所迫疏于照料自己的孩子,而去喂养富人家的孩子的母亲也许会心生怨恨,而那些富人家的孩子会受人怨恨而无法生长发育。② 正如他所看到的那样,富人的利益和穷人的福祉紧密相连,密不可分。

陈龙正在批评富人和穷人的经济两极化所引起的不公正时,用到了一部说教故事作品集,即《福寿全书》。该书大约在他的善会建立时期出版,其中一篇讲"惜福",另一篇讲"广慈"。与陈龙正对狱囚的关怀相呼应,一则宋代的材料提醒不公平致使人下狱:当一位富人正打算捐献五百万钱出来修葺庙宇时,一位官员建议其将资金转而用来清狱。这位官员解释说,这些狱囚仅仅是因为无力交税而被判有罪。③ 另一则材料是关于一位妇人罗氏,

---

① 陈龙正,《几亭全书》,卷12,第9a页。
② 同上书,卷22,第23b—24a页。亦见沟口雄三,《いわゆる東林派人士の思想——前近代时期における中國思想の展開》,第163—164页。关于这篇文章的完整译文,见 Pei-yi Wu, "Childhood Remembered: Parents and Children in China, 800–1700", pp. 136–137。
③ 郑瑄汇编,《福寿全书》,卷4,第10b—11a页。这位官员是宋朝人孙觉,与王安石关系甚笃;见脱脱等修,《宋史》,卷344,第10925—10928页。关于《福寿全书》的作者误归于陈继儒,见屈万里编,《普林斯顿大学葛思德东方图书馆中文善本书志》,第302页,其中指出《福寿全书》和郑瑄所编的《昨非菴日纂》内容雷同。郑瑄出现在下编。

与陈龙正对乳母的关怀相符。尽管罗氏已年过七旬,但她坚持在严寒的月份于黎明时分起床,为她的佣人们准备粥。其子曰:"天寒何自苦如此?"她回答说:"奴婢亦人子也。清晨寒冷,须使腹有火气,乃堪从事。"① 在这则材料的前几页,编者评论道:"奴婢亦人子,少于我惟钱耳。"②《福寿全书》与陈龙正同样认为金钱是影响社会地位的一种不公平的、武断的决定性因素。

锦衣玉食

在1641年饥馑期间的一次善会集会上,陈龙正对本区中那些自我放纵的挥霍之人大发雷霆。他注意到那些荒村小巷中人吃着残渣谷糠,而富裕的居民们频频光顾市集与饭馆,购物、吃喝和聚会,"却像不知有荒年"。③ 杭州也同样如此。陈龙正对他的听众们说:根据一位刚从那里回来的人的讲述,满街都是佳肴,转眼间就被抢购一空,西湖酒船歌吹,无日不开。他问道:"荒景何在?"他补充说:"虽使有爱民之心,何从开告荒之口?"④

正当善会和其他慈善组织方兴未艾时,人们在园林、戏剧演出和古董上的大肆花费却呈上升趋势。在杭州东南约三十里的浙江绍兴府城——此地有许多慈善活动,将在本书的下编加以讨论——祁彪佳、张岱以及许多其他富人们既无视节俭的理念,同

---

① 郑瑄汇编,《福寿全书》,卷4,第5b-6a页。罗氏是杨万里(杨诚斋)的妻子。杨万里从学于胡瑗,与王安石交好,见脱脱等修,《宋史》,卷433,第12863-12870页。
② 郑瑄汇编,《福寿全书》,卷4,第4a页。
③ 陈龙正,《几亭全书》,卷24,第17a页。
④ 同上。

时也做善事。① 他们的消费习惯值得一书，因为其为慈善活动做了准备，并提供了一些具体的数字来进行反驳——人们或许会用已知的数字来衡量慈善捐赠，并询问如何合理使用剩余资源，这也是一些晚明士人自己会问到的问题。

张岱用一组简洁而精辟的小传梳理了其显赫的五世。② 它成书于明亡以后，张岱自身蒙受了重大损失——简言之，张岱是以一个遗民的视角进行写作的。张岱的高祖和曾祖都是节俭、朴素和谦逊的典范③，但他回忆说，最近几代人却建造了富丽堂皇的屋宇，积聚了价值连城的艺术品，潇洒享乐。如果这算不上是堕落的话，大体上也算是反常。④ 他的一位叔叔在木工工程上花费上万，另一位叔叔通宵达旦地酗酒，季叔则将时间浪费在与里中的败家子们玩蹴鞠、赛马和斗鸡上。⑤ 在这些败家子中间，最突出的是他的堂兄弟张萼。他是如此骄纵，以至于"偶见一物，适当其意，则百计购之"。他花了三十两买了十条金鱼，但在回家途中发现它们有些泛白，就将它们捞起来丢弃在路上。他花了五十两买了一面铜炉。但当发现铜炉的颜色有些暗淡时，他试图用火来

---

① 关于张岱，见 Arthur Hummel, ed., *Eminent Chinese of the Ch'ing Period*, pp. 53 – 54；黄桂兰，《张岱生平及其文学》，特别是第 31 – 32 页（与祁彪佳命名的园景相符）；Jonathan D. Spence, *Return to Dragon Mountain: Memories of a Late Ming Man*。亦见 Philip A. Kafalas, *In Limpid Dream: Nostalgia and Zhang Dai's Reminiscences of the Ming*。
② 张岱，《琅嬛文集》，第 101 – 129 页。
③ 高祖父是张天复；曾祖父是张元忭（L. Carrington Goodrich and Chaoying Fang, eds., *Dictionary of Ming Biography, 1368 – 1644*, p. 110），他是一位硕学鸿儒，也是王阳明的学生王畿的弟子。
④ 张岱，《琅嬛文集》，第 113 页。这种挥霍无度的生活习惯始于他的舅祖朱石门（朱赓的兄弟），他的父叔辈效仿他，见同书，第 109 页。
⑤ 同上书，第 114 页（木工）；同书，第 106 页、120 – 121 页（酗酒）；第 116 页（蹴鞠等）。季叔也同样大摆宴席，招待宾客，常常一次招待五六十位客人（同书，第 116 页）。张岱显然也喜欢斗鸡，见张岱，《陶庵梦忆》，卷 3，第 40 – 41 页。

抛光,却不小心把它熔化了。他还丢弃了一块被他毁了的古董墨砚,这块墨砚是他花了三十两银子买回来的。一个小妾一晚上令他花费了几百两银子。①

在张岱的朋友中,有一位是同乡祁彪佳。其妻的姐姐嫁的就是那位挥霍无度的张萼。② 和张氏族人一样,祁彪佳花钱也大手大脚。他组织了一班人在自己家中演出剧目③,搜罗绘画和古董,为其父聚有 31500 册书的著名藏书楼采购书籍。④ 1635 年,在为官逾十年以后,祁彪佳告病还乡,回到了绍兴山阴。归乡后的他迅速开始为自己建造一座园林。这个工程花费了五千两白银,使他在两年里劳心劳力,甚至令他魂牵梦萦。祁彪佳承认他情不自禁。"予亦病而愈,愈而复病,此开园之痴癖也。"⑤ 尽管如此,祁彪佳还是为自己的行为如此辩护:"于是卜筑之兴,遂勃不

---

① 张岱,《琅嬛文集》,第 125 – 127 页;Jonathan D. Spence, *Return to Dragon Mountain*: *Memories of a Late Ming Man*, pp. 180 – 185。
② 二人的家庭在许多方面联系在一起。张岱经常出现在祁彪佳的日记里。他给祁彪佳写了一封信,详细说明建园比造屋困难得多(张岱,《琅嬛文集》,第 90 页),并创作了数首诗歌祝贺祁彪佳的园林,这些诗歌收录在祁彪佳的《寓山注》,卷 1,第 5a 页,卷 1,第 8b 页,卷 1,第 10b 页,等等。祁彪佳造访了张岱、张岱的父亲以及张岱的叔父的园林,并对其进行了描绘(祁彪佳,《祁彪佳集》,卷 8,分别是第 183 页、第 195 页、第 183 页)。关于祁彪佳,见 Arthur Hummel, ed., *Eminent Chinese of the Ch'ing Period*, p. 126;L. Carrington Goodrich and Chaoying Fang, eds., *Dictionary of Ming Biography*, *1368 – 1644*, pp. 216 – 220;王思任,《祁忠敏公年谱》。亦见参考书目中的应裕康的两篇文章。
③ 祁彪佳对于各种戏曲形式的热衷最终促使他编纂了一部有着 677 部戏剧作品的目录提要,包括一些由他的兄弟们和一位堂兄所写的作品,见祁彪佳,《远山堂明曲品剧品校录》,特别是第 182 – 183 页(兄麟佳);第 199 页(兄骏佳);卷 11,第 193 页(堂兄豸佳)。关于祁彪佳在他的日记中记录的有关看戏或赞助戏剧演出的所有评论的一份清单,见载于同书的附录,第 298 – 303 页,注释 24。
④ 关于册数,见祁彪佳,《祁彪佳集》,卷 7,第 169 页。
⑤ 同上书,卷 7,第 151 页。祁彪佳后来也提到他的"卜筑之癖"(同书,卷 7,第 168 页)。关于寓山的成因,亦见同书,卷 8,第 212 页。关于另外一次提到在他的梦里建造花园的情况,见祁彪佳,《居林适笔·序》,1636 年,第 1a 页。

可遏。"① "癖"的念想以及由此带来的开销,不可阻挡地流行起来,甚至获得了尊重。正如张岱在明亡以后所评论的那样,癖具有一种社会价值:正如"瑕玉"②一样,癖这一个人缺点也体现了"深情",这对于"交"而言是必要的。③ 在园林、戏曲和古董上的奢侈消费——所有这些均有助于使娱乐活动获得成功——证明了它在建立社会关系方面占有优势。

拥有花园可以带来社会优势,祁彪佳的一位熟人,即扶摇直上的盐商汪汝谦深谙这一点。④ 在祁彪佳回到山阴的十多年以前,汪汝谦已经在他的不系园中奢华地款待"名流文采"⑤。这座园林并非普通意义上的种植植物或者逃避现世的地方;更确切地说,它是一艘大游船,与陈龙正所批判的是同一类事物。⑥ 当汪汝谦吹嘘"到处吾园无住著,歌声只在水东西"⑦,或是当问到"岂必垒石凿沼圈邱壑,而私之曰'我园我园也哉'"⑧时,他清楚地意识到他的船包含了园林的基本特性。

---

① 祁彪佳,《祁彪佳集》,卷7,第150页。
② 张岱,《琅嬛文集》,第112页。亦见 Judith T. Zeitlin, "The Petrified Heart: Obsession in Chinese Literature, Art, and Medicine"。
③ 张岱,《琅嬛文集》,第118页。还要注意的是,张岱在提到祁彪佳的堂兄时也发表了类似的看法,见张岱,《陶庵梦忆》,第58-59页。
④ 关于汪如谦的小传,见钱谦益,《幼学集》,卷32,第4a页;一些零碎的信息(连同钱谦益的传记)收录于汪汝谦,《春星堂诗集》。韩南(Patrick Hanan)猜想汪汝谦可能赞助过著名的小说家和戏曲家李渔,见他的 The Invention of Li Yu, p. 217n41。汪汝谦结交了与祁彪佳相识的陈子龙和钱谦益。
⑤《小传》,第1a页,载《春星堂诗集》。汪汝谦在1623年写过他的所谓"园"(见同书,卷1,第2b页)。关于汪汝谦的园,亦见张岱,《陶庵梦忆》,卷4,第45-46页。张岱描述了在1634年秋天,他坐着这艘船出游,同行的还有一名歌妓。在船上,他和其他八个人不期而遇,其中有一个是优伶。一路上放歌纵酒。
⑥ 汪汝谦,《春星堂诗集》,卷1,第1a页。
⑦ 同上书,卷1,第1b页。
⑧ 同上书,卷1,第2b页。

第四章 面向穷人和富人的讲话

汪汝谦将他的"园"想象成"名士来宾"的一个社交中心。① 其中就有艺术家董其昌,以及私交甚笃的出版商陈继儒。后者在考中生员后就放弃了对仕途的追求。② 根据陈继儒所言,汪汝谦离开安徽新安,以便在西湖上拥有一艘楼船,是因为他"知有西子湖便当有佳人才子,有佳人才子便当有觞咏翰墨,有觞咏翰墨便当有寓公客卿。相与约束莺花平章风月,然明盖其人也,四方客至"③。祁彪佳也被吸引到汪汝谦的园林中来。他在 1635 年拜访了汪汝谦,提到(并未提供任何细节)其租下了不系园④,和汪汝谦通信⑤(至少曾经在园林这个话题上)⑥,且视汪汝谦为座上宾。⑦ 通过在风景优美的场地豪奢地款待宾客,汪汝谦获得了进入士人圈子,甚至能够对士人圈子施加影响的机会——尽管他只是一位富裕的盐商。这一点需要我们注意。⑧

社会的压力无情地迫使祁彪佳和其他人在娱乐上挥霍无

---

① 汪汝谦,《春星堂诗集》,卷 1,第 12b 页。
② 关于董其昌,见 Arthur Hummel, ed., *Eminent Chinese of the Ch'ing Period*, pp. 787 - 789;Nelson I. Wu, "Tung Ch'i-ch'ang (1555 - 1636): Apathy in Government and Fervor in Art"; Celia Carrrington Riely, "Tung Ch'i-ch'ang's Life"。
③ 陈继儒,载汪汝谦,《春星堂诗集》,卷 2,第 1b - 2a 页。关于陈继儒,见 Arthur Hummel, ed., *Eminent Chinese of the Ch'ing Period*, pp. 83 - 84。
④ 祁彪佳,《归南快录》,1635 年 6 月 5 日。
⑤ 同上书,1635 年 7 月 27 日、8 月 22 日;祁彪佳,《居林适笔》,1636 年 9 月 25 日。
⑥ 祁彪佳,《祁彪佳集》,卷 3,第 53 页。祁彪佳还请汪汝谦为花园题诗,见《山居拙录》,1637 年 5 月 30 日。关于这首诗,见祁彪佳,《寓山注》,卷 1,第 8a 页。
⑦ 祁彪佳,《自鉴录》,1638 年 3 月 30 日。关于汪汝谦的燕舞笙歌,亦见同书,1638 年 3 月 30 日。
⑧ 关于汪汝谦是一位盐商的简介,见《两浙盐法志》,卷 15,第 29a 页。汪汝谦自己的作品并没有提到他的收入来源,仅仅提到了他的家庭来自安徽歙县,那里出了很多盐商。关于汪汝谦在西湖宴请"名流文采",见《小传》,第 1a - b 页,以及许多收录在汪汝谦《春星堂诗集》中的作品。根据钱谦益《幼学集》,卷 32,第 3b 页,汪汝谦的父亲是一名贡生。然而,这个头衔是可以捐纳获得的,并不一定意味着受过高等教育。

度——这与宋代首个宗族义庄的创立者范仲淹形成鲜明的对比。当范仲淹离任还乡,回到洛阳时,他在为自己建造一座园林与为本宗族设立一个慈善信托基金之间做出了一个明确的选择。他解释说:"乡大夫园林相望,为主人者莫得常游,而谁独障吾游者,岂必有诸己而后为乐耶?俸赐之余,宜颁恤宗族。"① 祁彪佳和他的许多友人们并没有做出这样的选择,他们一面慷慨地为社区公益作出贡献,一面尽情地享用着他们的财富。即便是当他解释为何赞赏范仲淹建造一座园林的决定时,祁彪佳也完全绕开了节俭这个话题。他说他心生悔意,也许是伪装出来的失意——无数访客涌进他的园林,令他沦落到了"不过众客中之一客耳"的地步。② 他因而援引了范仲淹的例子来让人们知道他自己的园林是一块有效的社交磁铁。

正是在这样极度繁荣的社会环境下,在17世纪三四十年代的江南地区,杨东明、高攀龙和陈龙正在各自的社区里宣讲节制与慈善。绍兴人王朝式同样诉诸道德论辩以令祁彪佳作出对社会负责任的举动。③ 在1637年——严重的饥馑之前——王朝式给祁彪佳写了一封规劝信,他在信中说当看到祁彪佳的园林时,他想到了四个过失——其中三个属于祁彪佳,一个属于他自己。在这些过失中,首要的是在祁彪佳居家的两年间,他并没有去匡扶社稷,润泽生民,而仅仅是经营土木,刻镂花石。王朝式警告说:"人尽如此,国复何赖?"王朝式进一步指出祁彪佳不仅辜负了

---

① 引自 Denis Twitchett, "The Fan Clan's Charitable Estate, 1050–1760", p. 105.
② 祁彪佳,《居林适笔·序》,1636年,第1a页。
③ 王朝式因他慷慨救荒以及创办姚江书院而闻名,见《山阴县志》(1803),卷14,第91b页。他和祁彪佳一同名列刘宗周的弟子之列,载刘宗周,《蕺山弟子籍》,第1页。

父亲,后者建造了一座藏书宏富的藏书楼以造福子孙后代;也有负于自己,因为他未能有效利用他的天资或才能去济世。至于第四个过失,王朝式自己对此负责:他任由祁彪佳推动造园工程,作为一个朋友的他有负于祁彪佳。①

似乎是为了回应王朝式的告诫,祁彪佳将王朝式对他的指责写进了有关园林的文章中,并作了如下评论:"嗟乎!此良规也!予何幸而得闻此良规也!开园以来,皆振予过者,膏肓针砭,实惟斯言。"但此后祁彪佳仍然坚称他的生活方式并不可能改变;事实上,由于他拒绝了王朝式的建议,第四个过失——负友——并不在于王朝式,而在于他自己。因此,祁彪佳解释说,"志予之益其过"令他将一个园亭命名为"四负堂"。②

祁彪佳的许多同道中人都认可享用财富,并劝其远离王朝式的那些严格的价值观念。③ 祁彪佳坚称,最初为他的园林所作的设计是朴实无华的;只是经过一番犹豫后,他才同意宾客们对于扩建"果有不可无者"的建议。④ 一位友人"戏"为祁彪佳"解"王朝式之规劝。⑤ 祁彪佳在友人的理由中找漏洞,但他还是确保在他的日记里记下了这位友人的推理,从而将友人的看法留予后人。此外,他的行为含蓄地嘲弄了王朝式的建议:他频频邀请友

---

① 祁彪佳,《祁彪佳集》,卷7,第168-169页。关于这封信的一则评论,见祁彪佳,《山居拙录》,1637年2月20日,2月21日。
② 祁彪佳,《祁彪佳集》,卷7,第169页。亦见王思任,《祁忠敏公年谱》,第10b页。
③ 这种繁荣的程度无法精确衡量,但在许多方面都有所提示。相反,例如,祁彪佳的目录罗列了大约两百个花园,而李格非的宋代目录只罗列了洛阳十九个花园,见李格非著,毛晋编,《洛阳名园记》,特别是第2b页。此外,在李格非提到的十九个花园中,只有富弼的花园是建于李格非的时代(第1a页),而祁彪佳描述的大部分花园是在晚明建造的。
④ 关于最后这一点,见祁彪佳,《祁彪佳集》,卷7,第150页。
⑤ 祁彪佳,《山居拙录》,1637年3月5日。

人们赴宴会、赏烟花和看戏演出——在四负堂的各个角落里举行奢华的娱乐活动。① 在祁彪佳的社区以及他自己的观念中,利用财富可以巩固权力和社会地位这种新兴的想法,与节俭和慷慨的理想作着较量。

16世纪初期,在受人瞩目、自我放纵式的消费与为社区公益事业服务之间求得平衡的模式变得清晰起来:当商人兼艺术收藏家安国在常州府无锡建造他的园林时,他特别注意雇佣饥民来做这项工作,努力为自己树立为善的名声。② 这种模式持续到了清代:当冯溥在北京建造了一座园林以延纳士人雅聚时,他有意将它建在了他之前重建的一个育婴堂边上。③ 盐商汪汝谦也同样通过对求助者有求必应来平衡他在自己的游船上与士人寻欢作乐的行为。④ 尽管这是对财富的炫耀性消费的补偿,但他们用公开的慈善秀掩盖了积累阴德的理想。

随着17世纪30年代后期到40年代初期环境的恶化,祁彪佳越来越意识到自己的富裕与人们的贫困之间的不平衡,并为此感到不安。显然,他终究还是听从了王朝式的规劝,有时也会表达对自己热衷于园林的顾虑,他将自己"性喜山水构园"描述为

---

① 祁彪佳,《山居拙录》,1637年4月13日,6月2日,6月24日,9月18日。
② 关于安国,见 L. Carrington Goodrich and Chaoying Fang, eds., *Dictionary of Ming Biography, 1368-1644*, pp. 9-10。
③ 关于冯溥,见 Arthur Hummel, ed., *Eminent Chinese of the Ch'ing Period*, p. 243。一部佚名的中篇小说用类似的讽刺语气讲述了19世纪末期的商人胡雪岩在为其妾室建造一个大型园林的同时还设立了一个粥厂,见《胡雪岩外传》。关于胡雪岩的真实生活,19世纪的李子明(Arthur Hummel, ed., *Eminent Chinese of the Ch'ing Period*, p. 493)并没有提到他是否有花园(只有一个位于杭州的跨越数坊的大宅),但他注意到胡雪岩通过行善(通过赞助一个医局、一个善堂,以及施棺赈济)获得了建立遍及全中国的钱庄网络的影响和信任,引自《胡雪岩外传·提要》,第1页。
④《两浙盐法志》,卷15,第29a页;亦见钱谦益,《幼学集》,载《牧斋全集》,卷32,第3b页。

"拙癖"①;或者声称"予之所以为快者,正予之所以为愧者也"②。1639年,当给他的族人们贺岁时,祁彪佳目睹他们的"贫窘之状"而触目惊心,以至于写道:"因叹予辈居室园亭,种种溢分,亟更思赈赡之举,归与诸兄弟小酌。"③ 最终,祁彪佳证明了自己有社会责任感,他全心全意地组织了许多慈善活动。尽管如此,在他临终前,他还是向他的一个儿子坦言道:"若翁家居无甚失德,但耽玩泉石,营构多,是余过也。"④ 相比之下,陈龙正因"性俭而好施",尤其是从不沉溺于宴饮娱乐和卜筑园亭之中,而在死后赢得了自己儿子的称赞。⑤

在有道德、有社会责任感的人和不计后果、挥霍无度的人之间存在着无数社会联系。通过妻子商氏的姐妹,祁彪佳和那位挥霍无度、喜怒无常的张萼联系在一起。因此,当张萼殴打一名无辜的婢女,制造了一起丑闻时,用张岱的话来讲,"几成民变矣",祁彪佳不得不出面干预,以维护商老先生的声誉。⑥ 财富可以用来做好事,也可以用来办坏事;尽管女婿张萼把钱都投入到了无底深渊之中,商老先生还是以受人尊敬和乐善好施而闻名。⑦ 有时,流动的社会关系也为晚明提供了能够影响富人的渠道。尽管批评祁彪佳,但王朝式仍然陪同他分发医疗救援物资给病人。王

---

① 祁彪佳,《山居拙录·序》,1637年。
② 祁彪佳,《归南快录》,1635年,第1b页。
③ 祁彪佳,《弃录》,1639年1月1日。
④ 见谢晋为祁彪佳所作的传记,载祁彪佳,《祁彪佳集》,第252页,译自 Duncan Campbell, "Qi Biaojia's 'Footnotes to Allegory Mountain': Introduction and Translation", p. 244.
⑤ 陈揆,《陈祠部公家传》,卷2,第3a页。
⑥ 关于骚乱,见张岱,《琅嬛文集》,第125-126页。关于祁彪佳和他的岳父多次共进晚餐,见祁彪佳的日记。
⑦ 关于商周祚,见毛奇龄,《西河集》,卷63,第3a-b页。

朝式的老师刘宗周加入到了祁彪佳和其他园林主人（金兰、倪元璐和张岱，仅举几个人的名字）之列，在1640年和1641年饥馑时期开展救荒行动。像建造园林这种明显可见的铺张浪费行为——增加了拥有者获得社会影响力的可能性——也激发了社区成员的道德感，从而敦促富人与穷人分享资源。

应当捐赠多少？

作为捐赠者，在面对慈善的需求和他们的自利冲动时，是什么决定了他们的捐赠数额？他们制定了何种标准来评价贡献？他们如何衡量陈龙正的善会在十几年的时间里集体捐赠了1500两银子给穷人，而张萼花了30两购买金鱼的现象？或者对于祁彪佳花了5000两银子在他的园林上，而花在慈善捐赠上的数字是1637年用于救荒的10两、用于赡族的150两、用于赡村的100两，1640年用于救荒的80两以及1641年用于救荒的300两，该如何评价？①

一些晚明的文献暗示慈善捐赠的数额应当和一个人的财产成正比。一些文章明确说明了这个比例。杨东明在一篇关于义田的文章中建议，"富有力者捐十分一，举此奚难？"②（他以何种原则将"十分一"作为捐赠的一个合理标准，以及他是否将这个百分比设想成是基于年收入或是财产的价值，这一点并不清楚。）

---

① 祁彪佳，《弃录》，1639年7月9日（作屋之数）；祁彪佳，《山居拙录》，1637年闰4月4日（在1637年的救荒）；祁彪佳，《弃录》，1639年11月28日（宗族）；祁彪佳，《弃录》，1639年12月21日（村之贫者）；祁彪佳，《感慕录》，1640年5月23日；祁彪佳，《小捄录》，1641年10月25日（在1640年和1641年的救荒）。
② 杨东明，《山居功课》，卷9，第5a页。

《福寿全书》也教导富人捐出其支出的十分之一去救助生命,组织一些小型社团为穷人和病人提供住所。①

十分之一这个数字类似于一种税收,然而它之所以不同于税收是因为它只不过是一个建议。② 从定义上看,慈善捐赠是人们出于同情心的表达而自愿为之,是人们乐于去做的事情,正如被经常使用的"乐善"这个词所表达的那样;由于捐赠是自愿的,所以在数量上并没有限制,这取决于捐赠者的意愿。总的来说,晚明的文献将捐赠设想成沿着一个宽广的连续体下降。一端是耗尽一个人的资源的选项。有时人们会读到这样的故事:一个人如此全心全意地投身于救助他人,以至于自己心甘情愿地生活在极端穷困之中。另一端是行善或捐赠微不足道的金额,本质上说他们基本上没有花什么钱。③ 捐赠数额的参数不仅具有广泛性,而且互有利弊。善会领导人和通俗善书所坚持的不费钱的行善选项,为的是将吝啬之人纳入行善计划,使一些捐赠者能够通过细行展现大爱。十分之一的标准旨在提醒潜在的捐赠者应当捐多少出来,也使富裕的捐赠者免于捐更多钱财而带来压力。

囤积盈余可以被解释成对资源的谨慎保存。与慈善或"分财"原则相悖的不仅是贪婪与支撑社会网络的压力,还有节俭的重要价值。后者旨在为家庭和后代的利益保存财富。陈龙正称赞他的后母是节俭的榜样。陈龙正告诉他的儿孙们,她只有两枚

---

① 郑瑄汇编,《福寿全书》,卷 4,第 9a 页。
② 正如邓海伦(Helen Dunstan)引用《礼记》和《孟子》所指出的:"理想的农业税率"被认为是10%,见Helen Dunstan, *Conflicting Counsels to Confuse the Age: A Documentary Study of Political Economy in Qing China, 1644 - 1840*, p. 151n1。
③ 关于 17 世纪熊弘备的作品《不费钱功德例》的一则讨论,见 Tadao Sakai, "Confucianism and Popular Educational Works", esp. pp. 250 - 262。这部作品本身被收入陈宏谋的《训俗遗规》,卷 4,第 43a - 51a 页。

黑角梳,从来没有为自己添置任何昂贵的衣服和首饰。他向他们劝诫道:"子孙勿忘此意,且宜数数向妇人道之。"①

高攀龙则回避了捐赠和占有之间的冲突。在他的《家训》中,他建议家人利用残羹剩饭、零钱和敝衣败絮来行善。这既不会花很多钱,也很方便:

> 古语云:"世间第一好事,莫如救难怜贫人。"若不遭天祸,舍施能费几文。故济人不在大费己财,但以方便存心。残羹剩饭亦可救人之饥,敝衣败絮亦可救人之寒。酒筵省得一二品,馈赠省得一二器,少置衣服一二套,省去"长物"一二件。切切为贫人算计。存些赢余以济人急难,去无用可成大用,积小惠可成大德。此为"善"中一大功课也。②

高攀龙强调他们的捐赠并不会降低生活水准,他在约束其家人的奢侈行为方面态度温和。

陈龙正的态度并没有那么温和。陈龙正谴责一个早已确立下来的丧葬习俗对资源的浪费达到了具有挑战性的程度,他问道:"焚之何意?"接着,他建议将衣服转而留给后人或者送给穷困的友人。③ 高攀龙温和地鼓励节俭,陈龙正则严厉地抨击吝啬和囤积行为,劝说其善会目标并非"虚虚劝化",而是"去人贪暴,提人慈悯的实工夫"。④ 他劝谏富人们减少开支以增加他们的慈善捐赠:"每见富贵之家,自奉则不惜,周人则未免有吝色。若能节缩浮费,就耳目玩好上,省得一二件,便勾养活几个穷人性命。若件件省,日日省,少些受用,那省出来的财物,不知勾活了若干人。"⑤

---

① 陈龙正,《几亭全书》,卷21,第17b页。
② 高攀龙,《高子遗书》,卷10下,第23b页,《家训》。
③ 陈龙正,《几亭全书》,卷22,第4a页。
④ 同上书,卷24,第13a页。
⑤ 同上书,卷24,第16a—b页。

相应地,陈龙正重新塑造了范仲淹的形象,他将一个富裕却节俭、慷慨的人物转变成一个乐善好施以至于家徒四壁的善人形象。根据崔瑞德的研究,范仲淹"到临终之时,已积聚了相当的财富,但仍然继续过着一种俭朴和自我克制的简单生活,同时亦尽其可能不只帮助范氏本族,并且还帮助他的过继家族"①。陈龙正对这些事实作了全新的解读,暗示范仲淹的慷慨导致他死时身无分文。当有人提出行善会给人带来富裕的名声,从而招来烦人的索求与纠葛时,陈龙正举了范仲淹的例子,回避了他的谈话对象所关心的问题。他声称,范仲淹有千万俸禄(陈龙正无法给出具体数目),但他把钱捐给了大规模济贫的救荒事业,以致"临没无以殓"。陈龙正总结说,"略慷慨则不富,愈慷慨则愈贫,义不聚财。"②

高攀龙仅仅提到了减少一些具体事物(如衣服、食物和"长物")的开销,陈龙正则引入了钱的话题。至少在江南地区,钱能够派上大用场。随着白银从新大陆流入中国,钱只不过是一种交易手段,本身没有价值,这从而加深了陈龙正对于囤积这种吝啬而无意义的行为的警觉。③ 在一次讲话中,在声称所有人在本质

---

① Denis Twitchett, "The Fan Clan's Charitable Estate, 1050 – 1760", p. 100.
② 陈龙正,《几亭全书》,卷 25,第 7b‑8a 页。关于范仲淹死时如此穷困,以至于他的儿辈无力营葬的观点,亦见金之俊,《息斋集》,卷 4,第 16b 页。关于金之俊,见 Arthur Hummel, ed., *Eminent Chinese of the Ch'ing Period*, pp. 160 – 161。
③ 根据 William S. Atwell, "Notes on Silver, Foreign Trade, and the Late Ming Economy",1571 年后不久,白银开始大量流入 (p. 1),在 17 世纪 20 年代放缓,在 17 世纪 30 年代复兴 (p. 10),以及在 1637 年"几乎停滞不前"(p. 12)。他认为,17 世纪 30 年代和 40 年代初,出口到中国的白银减少可能导致大范围的动荡 (pp. 16‑18)。万志英(Richard von Glahn)并不认为中国只是对白银的流入作出反应,也不认为停止向中国出口白银会引发一场危机,而是认为中国对白银的需求吸引了外国商人,见 Richard von Glahn, *Fountain of Fortune: Money and Monetary Policy in China, 1000‑1700*, p. 6;亦见 p. 207,他提到在 17 世纪 40 年代和 50 年代,江南没有"严重的经济混乱",但享有"适度的繁荣"。为了此处讨论 (转下页)

上是一样的——"那富贵的,身体肠胃,不过与平人一般",因此暗示普通人也应该享有某些公平之后,陈龙正质问他的听众:"安居美食之外,十分多积钱财,果有何用?"接着,针对不公平现象,他补充说:"古云'一将功成万骨枯'。凡做成一家大人家,不知起结了几家田地,拆白了几个宅基,方成就得来。仔细思量。"① 金钱和财富使人堕落,陈龙正警告说:"令人坏心术,坏人品,伤情分,敛众怨,有九分为着钱财。"② 一部善书引用了他的宣言,即"谚称'富人为财主',言能主持财帛也。家业虽不可废,然须约己周人。今之多财者,皆役于财者也。能惜能用,方为财主。但惜不用,不过财奴"。陈龙正的观点因而在清代得以继续传播。③

陈龙正以同样的方法宣称钱与衣食器用这些其他形式的财富不同。他相信这是一种"自然之情性","凡物可藏者,必不可生;可生者,必不可藏"。为了阐明这一点,他写道:"雨露土膏人力,合而成之岁岁可生",并补充说:"其性贵新不贵旧。食久则腐,衣久则敝,器久则坏,虽好畜聚之人,不聚此三物。"他断言"金"是与众不同的。不像其他种类的物品会腐烂,"金"有三个优点:"体简而易贮,已分而可合,遍传而不坏。"它也有三

(接上页)的目的,我们没有必要在这两种观点中进行选择。不用多说,关于金钱及其危险的话题在晚明的作品中被讨论得很多,正如我们在小说《三教开迷归正演义》中可能看到的那样。这部小说出版于白银流入的高峰期间,也就是在1612年至17世纪20年代,见Judith A. Berling, "Religion and Popular Culture: The Management of Moral Capital in The Romance of the Three Teachings", p. 188. 正如白居惕(Judith A. Berling)所言,这部小说探讨了金钱的腐败影响(pp. 201 - 205),并提出了将一个"道德资本之管理"的宗教观点作为一种解决方案(pp. 208 - 212)。这是一个与明代善书的发展密切相关的观点(p. 211)。关于财神身上的邪恶与危险,亦见Richard von Glahn, "The Enchantment of Wealth: The God Wutong in the Social History of Jiangnan"。

① 陈龙正,《几亭全书》,卷24,第13a页。
② 同上。
③ 周梦颜,《阴骘文广义》,卷上,第12a页。

个缺点:"易贮,故贪者多聚而无餍;分合,故奢者镂饰以美观;不坏,故愚者久积而忘用。"① 他坚称:"故财也者,为人所用,不为人所藏。"②

晚明以前的作者们谴责囤积行为,尤其是在饥馑时期人们的生命受到威胁的时候。然而,当物品是粮食时,囤积者们(或许甚至是自欺欺人)会拿囤积居奇对他们自己的家庭生存来说是至关重要的这个原因来掩饰其贪婪。此外,由于他们明白储存太久的粮食会腐烂,即便是最贪婪的囤积者,也会寻找机会转卖他们的库存。在晚明,通过丝帛贸易从海外流入中国的白银的加速流通给囤积行为带来了一道新的曙光,这是陈龙正自己所观察到的现象。③ 白银不会被损耗,可以被无限期地贮藏。这令这种没有意义的、愚蠢的、不可再生的囤积行为得到了强烈的关注。

晚明的善书被货币交易的辞令所吸引,反复告诫它们的读者去积累功德,而不是去积累转瞬即逝的财富,并一如既往地提供了许多例子去证明它们的观点。例如,一则故事讲述了一个四世同堂的家庭自身是一个大同的标志:他们"不藏赀";他们宁愿为

---

① 陈龙正,《几亭全书》,卷51,第21a页,《生财议》(1641),根据陈龙正的儿子所述。亦见陈龙正,《几亭全书》,卷13,第21b—22a页;卷22,第17b页。赞成保持货币流通的论据很少。大约在1077年,沈括指出,"钱利于流借,十室之邑,有钱十万,而聚于一人之室,虽百岁故十万也。贸而迁之,使人乡十万之利遍于十室,则利百万矣。迁而不已,钱不可胜计"。引自Lien-sheng Yang, "Economic Justification for Spending: An Uncommon Idea in Traditional China", p. 69. 杨联陞(Lien-sheng Yang)引用的关于消费的丰富讨论是由陆楫所写的。陆楫在1540年左右居住在上海,他的看法被视为是中国的异见(同上, pp. 72—74)。
② 陈龙正,《几亭全书》,卷51,第20b—21a页;亦见卷14,第5b页。陈龙正的儿子将这篇文章(将"议"变成"论")的日期归于1642年,见陈揆,《陈祠部公家传》,卷1,第18b—19a页。
③ 陈龙正,《几亭全书》,卷12,第8b页。关于陈龙正的财政主张的讨论以及陈龙正的几篇重要文章的翻译,见Richard von Glahn, *Fountain of Fortune: Money and Monetary Policy in China, 1000—1700*, pp. 201—203.

亲朋好友支付婚丧嫁娶的费用,而他们自己却生活在简陋的环境中,以至于每当下雨时,他们不得不在屋中撑伞挡漏雨;最终家中五子"皆达宦"。①

货币交易的辞令进一步阐明了富人和穷人之间令人不安的相互制衡,指出过度的消费等于对穷人的压迫。在劝说善会成员中的中等人家花钱去帮助穷困之人,而不是设宴去讨好富人时,陈龙正写道,举办这样一个宴会需要压榨十个小家庭。② 或者,像《迪吉录》的编者颜茂猷所言,"一衣之华至费十家之产,一席之丰足活数人至命"③。

富人的奢华宴会和穷人勉强获得的微薄小利之间的显著差异困扰着陈龙正,以至于他在为叙述自己试图去救助五位弃儿的事迹的文字作序时,引用了一位官员对唐太宗所说的话:"京师冠裾歌宴,不知外间有饥馑地也。"直到那时,陈龙正才继续讲述自己的故事:1640年,在舟行千余里到洛阳的途中,他目睹了不计其数的尸体和弃儿。陈龙正注意到,只要他在船上,即使船靠岸,他还是无能为力。一行人最终由陆路继续行进。当经过一个小村庄时,陈龙正从轿子里看到一个两岁大的孩子坐在树下。小孩一看到轿子就开始大喊"爷爷"。陈龙正意识到这个孩子被遗弃了。尽管他吃了一惊,但却"默思无策"。一行人向前走。他的双眼噙着泪水,心如刀割。在走了几里路以后,他让轿子停下来,花钱雇人把那个孩子抱了回来。在村子里打听了一番以后,他获悉一对年过四旬的夫妇膝下无子,有十亩土地。这对夫妇欣然前来收留了这个走失的儿童。陈龙正想要给他们一两银子,但他们拒

---

① 颜茂猷编注,《迪吉录》,"太集",第16a页。
② 陈龙正,《几亭全书》,卷24,第7a页。
③ 颜茂猷编注,《迪吉录》,"太集",第68b页。

绝了,坚称"我自愿养之"。陈龙正称赞他们的善心,并说服他们收下这笔钱,"亦见我意也"。这个孩子虽然面黄肌瘦,但人却机灵,能吃面条,跟了他们的姓。陈龙正推断说这个孩子能够存活下来,甚至可能延续那对夫妇的香火。当他继续其行程的同时,他设想可以再多花十五两银子行善救人。最终,通过努力,他在不同程度上成功救下了其他四个孩子。①

陈龙正的记录对于地位高低之人均有教育意义。他提及唐朝皇帝是用来委婉地告诫当今天子;他自己的行动则证明了小额金钱(与一个人的资源有关)可以救助生命。若说这些经验有任何教化力量,那是因为这是他从深切的个人体验中得来的,并展现出了一个在绝境中找到行动之法的过程。目睹尸体和听闻"爷爷"的哀叫,这是他觉醒的关键。陈龙正通过提到齐宣王不忍见牛被献祭②,以及由孟子所杜撰的"见入井之孺子"这一令人恐惧的画面来强调这一点。③

对宴会和行善花费的比较也出现在了一位行旅者的记录里。这位行旅者极有可能是一位商人,但他和苏州府昆山的绅士们关系密切。1699年,绅士们希望举办一场宴会来庆祝这位行商的五十大寿。这位行商拒绝了,反而选择召集友人们在一座寺庙里将他们的集资分派给孤寡废疾者和穷人。他自己也捐了一些钱出来。这些钱原本会被存进一个善会里。这暗示了此时一些善会担当着钱会或钱庄的角色。这份记录的编者证明了这样一个

---

① 陈龙正,《几亭全书》,卷57,第8b–11a页。
② James Legge, trans., *The Works of Mencius*, pp. 139–141 (*Mencius* 1A. 7).
③ 陈龙正,《几亭全书》,卷57,第8b–11a页。被提到的部分(*Mencius* 2A. 6)收录于:
James Legge, trans., *The Works of Mencius*, p. 202.

观点:行商拒绝设宴之举令动物免受杀戮之苦。① 但是这份记录本身明确谈到了对穷人的慈善。正如杨东明将一个寻欢作乐的社团改造成一个善会,这位行商也将设宴的冲动转变为行善——但其中有一些差异。和杨东明不同的是,行商并没有一官半职。他的影响力仅仅建立在财富的基础上。尽管如此,作为行善的倡议者,他也在文字记录中获得了一席之地。到了1699年,在杨东明把富人们吸收进第二个善会的一个世纪以后,社会环境发生了转变,昆山的绅士们甚至将领导之位让给了一位素封之商人。和其他17世纪晚期的商人们一样,如果说他从善会贮存的资金中获益的话,那么他也通过自己的慈善活动,以受人尊敬的面貌出现在公众的视野中。

恰在陈龙正对他的善会发表讲话,谈到举办一场宴会需要压迫十个人为代价时,颜茂猷也在做类似的计算。他为一个善会建立案例,顺便提议以百分之十作为捐赠的标准:

> 在富人过宿之一费,足就十命矣。师巫之一费,足救二百命矣。千金之子粒,十损一焉。岁月之衣服饮食,十啬一焉,足救千命矣。甚轻而易举也。若得数人共结此会,置一空屋,积草荐其中以贮贫病者,使免风餐水宿之患,则调养易愈。寒天尤急。第须得一善人以掌管之。四门由此,则夭札者鲜矣。②

颜茂猷1624年创立云起社,正好是在高攀龙(1614)和陈龙正(1632)创办善会的时期。和这两个善会一样,云起社将道德改革和做善事结合在了一起。同它们一样,云起社也欢迎各色会

---

① 周梦颜,《万善先资集》,卷1,第9a页。
② 颜茂猷编注,《迪吉录》,"太集",第13a-b页。

员。正如颜茂猷所言,"贵贱贫富,俱可一视参入"①。不过,和它的善会对手们不同的是,云起社要求成员全心全意地投入,并就会员资格设立了明确的界定。每一位被考察的会员必须在入会前坦陈过往,且为重大过错而忏悔;每一位会员必须记录功过格,以达成累计做十万件善事的目标;犯下严重过错的会员将会被除名。尽管云起社与其他社团如此之不同,但云起社还是使我们想起杨东明提到的他将"贩夫耕叟"的"俗会"作为自己善会的灵感。这个时代的社会流动性让地位不同的人纷纷集中到社区公益事业上来。能够进一步表明这一合流的是颜茂猷在考中举人的前两年创立了云起社;十年以后,在他的善行给他带来了与身居高位的士大夫的接触机会之后,他被特赐进士功名,继而获得了官职。

小 结

事实证明,在 1641 年饥馑时期,维持嘉善善会的运作是一件困难的事情。陈龙正写道,依赖于非常规的资金"不可继"。但他并没有放弃这个组织,他决心通过捐赠土地,成立一个信托基金来巩固善会的资金,"岁收其租入之赢以供会事"。(什么算是"租入之赢",这个安排是否给陈家带来了一些物质上的好处,我们并不清楚。)考虑到"不可无记"——这是另一个针对制度性的长久问题的举措——他责成钱士升帮忙。②

---

① 酒井忠夫,《顔茂猷の思想について》,第 267 页。
② 《嘉善县志》(1800),卷 4,公署,第 9b — 10a 页,引用钱士升。关于钱士升,见 L. Carrington Goodrich and Chaoying Fang, eds., *Dictionary of Ming Biography*, *1368 — 1644*, pp. 237 — 239。他的第二个儿子娶了陈龙正的女儿为妻,见奥崎裕司,《中國郷紳地主の研究》,第 289 页。

与此同时,陈龙正还在一处废弃的私立书院的基址上建造了同善会馆。他对地点的选择对于许多晚明的士人所面对的一个关头具有象征意义:与其去恢复一个曾经被用来支持学术、静思和为科举考试作准备的机构,陈龙正选择将学校的基址改为一个培养社区能动主义的会馆。在陈龙正选择建立一个慈善机构的过程中,他得到了许多同时代人的支持。就在这个时候,其他许多城市也在仿行他的善会。① 刚好在一年以后,祁彪佳记录了他曾听说过此会,并赞赏善会这个想法。② 陈龙正转而从其他地方行之有效的慈善策略中汲取灵感。陈龙正从一位来自绍兴府会稽县的友人那里听闻——所以他在1641年的一封信中顺带提及——刘宗周近来倡议救荒,而祁彪佳拮据主持,因此民以大和。③ 随着善举的消息在精英中间传播开来,善会赢得了认可和合法性。

善会将发展成为恒常的机构,拥有大量建筑、大片田产且受人瞩目。它们和其他进行日常慈善活动的机构之所以能够生根发展,不仅仅是因为它们教养了穷人,应对了危机,还因为它们同样满足了捐助者的需求。它们为社团提供了合法的理由——正值所有书院和文社受到怀疑,尤其是在和东林书院有关的政治斗争以后。高攀龙和其他善会发起人也曾卷入其中。④ 在陆世仪

---

① 陈龙正,《几亭全书》,卷24,第15b页。
② 祁彪佳,《感慕录》,1640年5月16日。
③ 陈龙正,《几亭全书》,卷25,第12a页,给钱士升的一封信。陈龙正对"每乡托一良士"的办法特别感兴趣。关于嘉善人钱士升,见 L. Carrington Goodrich and Chaoying Fang, eds., *Dictionary of Ming Biography, 1368 – 1644*, pp. 237 – 239。1636年,当有人提议向长江三角洲的富裕地主们征税时,钱士升激烈而坚决地反对这个观点,以至于触怒龙颜,因而被迫辞官。他的看法是,乡绅保护普通百姓的生活,乡绅当然有义务做一些善事。
④ 例如,见 John Meskill, "Academies and Politics in the Ming Dynasty"。

的例子中,政治气氛对公众结社的抑制显而易见。陆世仪曾表达了"不当有私会"的忧虑,力劝他的家乡太仓的善会去寻求知州的支持。① 不过,比陆世仪更有信心的管理者,例如杨东明、高攀龙和陈龙正,能够在没有官方支持的情况下成立善会,而免受私会的污蔑。集体救助生命比集思广益少了更多麻烦。

善会也提供了一个舞台——尽管在这个被金钱分化了的社会中,士人缺乏地位,但他们能够在地区层面发挥影响力——这正是陈龙正所认识到的将学识从"富贵"中区分开来的一点。他的许多后继者都将这两个方面视为是一致的。一次,他宣称:"天欲使人皆贤皆富贵",不料他话锋一转,说道:"而不能也。"接着,他找出了在地方上有影响力的两大来源:"故生智以牖愚也,非使之欺愚,生富贵以扶济贫贱也。"② 他设想每个阶层在处理贫富差距的问题上是互补的:有学识之人(无论是现任官员、致仕士绅,或是无一官半职的学者)能够提供道德教化,富贵之人能够教养和帮助穷困之人。陈龙正建议富贵之人道:"我今开一句口,可以振拔人;行一件事,可以救济人。分明是上天与我修福的地位。"③ 善会将这样一个信息制度化——富人可以和士人一样,为崇高的事业而献身。它赋予了金钱以一个同样能够被儒家学者、政府官员和商人所接受的意义。晚明善会因而为商人在慈善活动中取得领导权铺平了道路,这一点在下一个朝代中变得十分明显。

陈龙正在斟酌学识和财富在维持社会秩序中的相应角色时举棋不定。在理论上,他倾向于有官位之人(他们通过了科举考

---

① 陆世仪,《志学录》,3月17日。
② 陈揆,《陈祠部公家传》,卷1,第4b页。
③ 陈龙正,《几亭全书》,卷24,第10b页。

试,通常满腹经纶)。1630年,他坚称官员应当在关怀穷人方面以身作则:"回天变,莫如结人心,结人心,莫如救人命。而消弭挽回,非愚贱事,全赖富贵人,首在当道,次及乡绅。"① 不过,在他的善会讲话中,陈龙正对士大夫或君子(这两个词既指怀抱儒家理想,又意味着高中科举)的讨论让位于对大户人家或"富贵人"的讨论。因此,陈龙正在一篇文章中想当然地认为地方官员("父母官")身处地方等级结构的顶层,应当在慈善事业中起带头作用:"如今幸得有父母官在上,先自捐贷,倡率乡官富户。虽聚集钱粮,一时未多,却是专为有事时底桩。预先做个机括,到得果然有急,各大户自然慷慨捐施。"② 陈龙正分派给富人的行善的道德责任并不比分派给知识分子的少。

陈龙正现存的作品为大幅修改由一些历史学家们提出的一个模式提供了理据。换言之,由于朝廷忙于防御边境,且缺少资金,因此忽视了地方社区,从而为居民中的积极分子留下了一个真空地带。③ 诚然,陈龙正和他的一些同时代人一样倡导地方对资源的控制。他问道:"捐贷以助国,何如散财以周民急乎?"④ 他也坚信粮食储备应当由地方人士来管理,而非由国家来管理⑤——这一时期边防和内乱的确牵制了国家的大量精力。不

---

① 陈龙正,《几亭全书》,卷25,第1a-b页。
② 同上书,卷24,第14b页。"乡官"这个词指在官僚体系中的下级官吏,见罗竹风编,《汉语大词典》,卷10,第664页。
③ 例如,见 Masao Mori, "The Gentry in the Ming: An Outline of the Relations Between the *Shih-ta-fu* and Local Society"。
④ 陈龙正,《几亭全书》,卷7,第6a页。
⑤ 同上书,卷14,第4b页。亦见 Pierre-Étienne Will, *Bureaucracy and Famine in Eighteenth-Century China*, p.104。陈龙正倡议"每乡每区立一社仓",推断说社仓不仅能够活民,还能通过广施赈济来弭盗,见陈龙正,《几亭全书》,卷14,第5a-b页。

过,陈龙正的作品也表明,除了在帝国官僚机构中工作以外,还有另一个引人注目的选择——这就是陈龙正在他的讲话中所谈到的由"富贵"和有学识之人来管理善会事务的替代方案;这个替代方案使管理重点从国家转向地方社区。陈龙正声称,为了实现"天下之大务",必须要身居高位。然而,在写作《乡筹序》时,他又宣称"有位无位,可以共陈,则惟乡邦之事"①。善会并非表现为由一个精英联合集团统治地方社会,而是允许富人和有功名之人同样在地方上发挥影响力。他们的慈善活动既揭示了在他们中间存在着紧张和冲突,也提供了一个协商的渠道。这个受人瞩目的,为国家所接纳的,由地方社区中的各色支持者发起的善会,表达出了一种地方自豪感。

---

① 陈龙正,《几亭全书》,卷23,第1a页。

第五章　边缘视角中的善会

> 其家积惰贫困,固所自取。况遇此荒岁,予岂能为从井之救。
>
> ——陆世仪

　　在现存关于晚明善会的文献中,只有一份文献将焦点放在一位小人物——也就是陈龙正建议花少量钱或者不花钱去行善的中产阶级,而非地方上有名望的领导人——所持的观点上。这份文献是一位名叫陆世仪的年轻儒士的日记,他居住在距离陈龙正的家乡嘉善以北四十五英里外的南直隶太仓州。他的日记讲述了 1641 年的事件。这一年正好是陈龙正捐钱给嘉善的善会建造会馆的一年。① 陆世仪的日记显示了他认真对待道德自修和操持正业,并且让人能够推断为何其他那些经常出现,却在文献记

---

① 关于陆世仪,见 Arthur Hummel, ed., *Eminent Chinese of the Ch'ing Period*, p. 548,以及以下传记:陈瑚,《桴亭先生行状》;陆世仪的儿子陆允正,《桴亭先生行实》;凌锡祺,《尊道先生年谱》。亦见夫马进,《中国善会善堂史研究》,第 113-116 页。

录中一闪即逝的小人物,自己虽然没有留下只言片语,但必定是参加了慈善活动。此外,陆世仪的日记是现存已知晚明记录中唯一一份提到受助者姓名,并讨论其特殊困难的作品。因而它展示了处于社会边缘地带的参与者除了为大规模的慈善计划提供人力资源以外,还充当了贫富两者之间沟通的桥梁。

由杰出的地方领导人为后代所编纂的庆功文字披上了浮华的公共外衣。当写到关于他们的善会或者对他们的善会成员进行讲话时,杨东明、高攀龙和陈龙正巧妙地包装了他们的信息,以契合他们及其听众都能理解的一般预期或潜在规则。他们全心全意地专注于自己的目标,以增强一种团结的使命感,并提升参与者的自尊,以乐观的心态扫除一切阻碍他们的复杂因素。他们那些鼓舞人心的言论并没有给幕后分歧的披露留有任何空间。一般而言,参与者习惯于理所当然地只保存那些赞许和振奋人心的资料。因此,善会的正式记录创造了一种和谐完美的错觉。

相比之下,陆世仪的日记记录的仅仅是影响其日常所考之事,其表述隐晦,内容粗略。陆世仪并未向将来的读者解释善会是如何建立起来的,或者解释善会遵循何种操作规则。他也没有恰如其分地介绍各个人物。他的挚友愚若虽然出现在日记里,但没有姓氏。陆世仪和他的友人们将这些事情看成是理所当然之事。陆世仪的日记并没有高举抽象的理想,向大批支持者发表讲话,阐明由领导人及其追随者所共享的一个通用目标,而仅仅讨论善会对他而言意味着什么,始终展示的是在善会的公共外衣下的那些杂乱无章的事情:年轻的士子们围绕着善会的政策和程序,以及由参与者们利用会金帮助他们的亲戚和熟人的计划而展开的激烈而有分歧的辩论。

陆世仪的日记以其对日常困难的现实揭示和真实细节,保证了较位高者的抽象且高尚的文献记录有更为丰富的信息量。然而,这种承诺也是不真实的,因为现实主义是以牺牲连贯性作为代价的。陆世仪对地方生活的轻描淡写与威严的领导人对善会的概貌描绘在何处恰好相符合?他对善会遇到的麻烦和以自我为中心的参与者的揭示是否超过甚至否定了上层领导人留下来的浮夸记录?为了评估这份作为其家乡善会资料的日记的重要性,我们必须判断一下陆世仪记日记的习惯和目的,及其在太仓社会中的地位。尽管陆世仪对事件的记载直截了当,但处于精英社会的边缘地带的身份严重限制了他对善会的宗旨和潜力的看法。他的记录并非与位高者的热情洋溢的报道相悖,而是对它们的补充。我们的第一个任务是准确认识这两种类型的记录在何处以及如何相吻合。

考 德

陆世仪时刻记着考德和课业这两个目标,他恰如其分地将日记命名为《志学录》。我简单称之为他的日记。到了这部现存日记问世的1641年,陆世仪对于道德自修的焦虑早已使他成为一名记日记的老手。为了监督自己,他将自己的活动日志和阅读日志都记录了下来。他曾经对改善习惯和思维感到心绪不宁,不停地从一种记法转换成另一种记法。起初,他遵循着一种自律的养生之道,这在《功过格》中已有清楚描述。这项工作可以追溯到大约12世纪,通过与袁黄的联系,它重获了新生。袁黄在第二章中已经作为陈龙正的同乡友人出现过。他劝人通过积累功德掌握自己的命运。袁黄的方法是如此流行,以至于陆世仪有一天惊讶地得知他的友人陈瑚也采用了这个方法。①

然而,陆世仪很快就对袁黄的方法感到不满意。就像同时代的其他严肃的卫道士一样,他发现了袁黄的一个错误观点,即道德自修可以通过积累功德的方式机械地达成,随后用善行来抵消恶行,就像用钱来还债一样。杨东明曾将这个想法清楚地表述如下:"天福善人,如持左券。"② 对于陆世仪的许多同时代人而言,袁黄的计划唤起了人们的逐利思想,将道德问题归结为冷冰冰的算法,且限制了人们对于道德观念的理解。儒士刘宗周作为其中一位尤其直言不讳的批评者,被大批精英分子所追随。陆世仪也曾经参加过他的讲座。刘宗周激烈地抨击袁黄的办法是以牺牲内在精神修养为代价,公然强调获取功德的目的。陆世仪对刘宗周的观点产生了共鸣,告诫其外甥要抵制袁黄的办法。他解释说,"得鱼忘筌,得兔忘蹄"③。

---

① 陈瑚,《桴亭先生行状》,第 3a-b 页。亦见吴镜沆,《陈安道先生年谱》,卷上,第 5a 页。这发生在 1633 年,根据凌锡祺《尊道先生年谱》,第 4b 页;以及 1636 年,根据吴镜沆《陈安道先生年谱》,第 5a 页。亦见陈瑚,《圣学入门书·序》,第 2a-b 页。关于陈瑚的简介,见 Arthur Hummel, ed., *Eminent Chinese of the Ch'ing Period*, p. 549。关于陈瑚,见王鸣盛,《陈确安先生传》,载陈瑚,《圣学入门书》;《太仓州志》(1803),卷 27,第 20b 页;《太仓州志》(1918),卷 19,第 41b 页。关于功过格,见酒井忠夫,《中国善书の研究》,第 356-400 页;"Confucianism and Popular Educational Works", p. 343; Cynthia J. Brokaw, *The Ledgers of Merit and Demerit: Social Change and Moral Order in Late Imperial China*, pp. 26, 61。关于晚明日记写作和焦虑,尤其是作为清初写日记的一个序幕,见王汎森,《日谱与明末清初思想家——以颜李学派为主的讨论》。
② 杨东明,《山居功课》,卷 1,第 7b 页。
③ 陆世仪在这里用了《庄子》中的一个短语。《与舜光甥论格致篇书》(在这里用"篇"代替"编"),载陆世仪,《论学酬答》,卷 4,第 20b 页,引自 Cynthia J. Brokaw, *The Ledgers of Merit and Demerit: Social Change and Moral Order in Late Imperial China*, p. 128。

陆世仪随后在 1636 年开始了另一种记录，即《格致编》。①他在页首写下了"敬天"这两个字，全身心地投入到每日考德中去。在每一则日记的开头，他都会宣布当天是"敬胜"还是"怠胜"。大约在那个时候，陆世仪还和三位友人一同结成了一个持续了数年的学习小组，在道德上互相砥砺。他还写了一部题为《考德课业录》的日记。② 每晚，他将"每日所为之事与所读之书夜必实书于录"。为了对他的进展进行评估，他标记了自己是"敬"还是"不敬"。③ 或者，用陈瑚的话来说，从 1637 年开始，四位友人（陆世仪、陈瑚、盛敬和江士韶）采用了一种能够令他们"迁善改过"的学习方法。④

在开始他的《考德录》后不久，陆世仪又开始了另一部名为《思辨录》的日记的写作。这一次他从出自《中庸》这部经典的"慎思明辨"这个成语中汲取灵感。⑤ 当他的父亲去世时，陆世仪还记了一部《居丧日记》。⑥ 然而，没有一种方法能够令他感到满意。他认为自己所考犹疏，再次修改了自己的方法。这一次，他以十个等级来给自己打分，写出了现存的这部 1641 年的日记《志学录》。⑦

---

① 陆世仪，《思辨录辑要》，卷 3，第 4a 页；凌锡祺，《尊道先生年谱》，第 5b 页，引用一封写给外甥许舜光的信，载陆世仪，《论学酬答》，卷 4，第 20a 页。关于编者特别提到《格致编》的日期差异（1636 年或 1637 年），见凌锡祺，《尊道先生年谱》，第 6a 页。
② 凌锡祺，《尊道先生年谱》，第 6a-b 页。陆世仪经常将书名简化成《考德录》。
③ 同上书，第 6b 页；引用陆世仪，《论学酬答》，卷 4，第 16b 页。
④ 陈瑚，《圣学入门书·序》，第 2a-b 页。亦见凌锡祺，《尊道先生年谱》，第 5b-6a 页；吴镜沆，《陈安道先生年谱》，卷上，第 5a 页。关于四位友人，见《太仓州志》（1803），卷 27，第 19b-22b 页。
⑤ 陆世仪使用了"慎思明辨"这个词语中的第二个字和第四个字；见 Zhongyong, 20.19, James Legge, trans., The Doctrine of the Mean, p. 413；陈瑚，《桴亭先生行状》，第 4a 页。
⑥ 陆允正，《桴亭先生行实》，第 16b 页。
⑦ 钱敬堂，《志学录·序》（1830），第 1b 页。

在陆世仪所记的众多日记中,只有两部是现存的:《思辨录》是一部依照主题整理的笔记集,而不是日常琐事的叙述;以及这部被保存在19世纪陆世仪的作品中的日记。这部作品集的编者注意到这部日记较前三年的日记尤为详尽。陆世仪曾经让一位友人誊写了一部节本;随后,他后悔对日记进行了过度压缩,鉴于"无非有益身心者",他又重新抄写了一份原稿,同时进一步节取友人所辑之大略,置于诸首来使用。① 因此,这部日记逃离了被删节的命运,有二十天的空白期②,提供了一个在晚明士人生活中少见的十个月的逐日呈现的视角。这几个月由于一连串威胁到社会政治秩序的不祥事件而让人感受到了压力。

自　考

陆世仪每天都在日记里评估自己的行为举止是"怠胜"还是"敬胜"。每十天,也就是说,每个月里有三次,他将自己的优点和缺点记录在一份十二排的表格内:两份登记表,分为上和下,由六个竖排分开。这些栏目代表了出自《大学》的学习类型,从而将他和古老的智慧——"格致""诚意""正心""修身""齐家""治平"——联系在一起。③ 陆世仪用这个表格把他的积极行为记录在上表,以便将这些积极行为与记录在下表中的消极行为进行比较。

在他的日记中,丧父这一年为陆世仪的一切所作所想增加了

---

① 钱敬堂,《志学录·序》(1830),第2b页。据我所知,编者提到的其他年份的日记已佚。
② 见编者的注,陆世仪,《志学录》,第34a页。
③ James Legge, trans., *The Great Learning*, pp. 358 – 359.

情感的强度。陆世仪的父亲于1638年去世。在父亲患病五年期间,陆世仪对他悉心照料。1641年,即在陆世仪守丧的第三年,念及父亲,他仍然会郁郁寡欢。当陆世仪读了众多友人的日记,看到他们多记家庭之事,他想到了自己的父亲,开始变得十分悲伤。① 当他给生母(她在陆世仪12岁时去世,随后他由"恩母"抚养)供奉一些祭品(因为收成不好,数量很少)时,想到自己儿女众多,他为父亲"不能同享"而感到心中不快。② 他曾将父亲的遗像悬挂于祠堂之上瞻拜。他写道:"回思往日,不禁泪下。"③

在研读了丧礼手册以后,陆世仪下决心在三年守丧期间禁欲。他通过在日记中频频写下"独宿"这个词以提及这一点。这样的禁欲尽管在仪式上有过规定,但可能未被广泛实践过,因此陆世仪的行为成了那些闲言碎语的话题:一则日记证实,陆世仪曾记录一位婢女定是向一位邻居漏言其"三年不同宿",于是他不得不向妻子解释说:"古人重丧之故。"④

陆世仪非常注重合乎礼节要求的行为,因为他经常使用"宜"这个词。他对礼教的热爱预示着一种品质,这也是一些历史学家们在其晚年生活中所注意到的,即对于礼的深切关注。⑤ 诚然,有时他的行为举止和已经内在化了的社会规则相抵触。尽管他坚持禁欲之道,但他仍然因为背离了一些别的服丧要求以及没有坚持吃素而责罚自己。⑥ 他记日记的目的之一就是找出并处理

---

① 陆世仪,《志学录》,3月4日。
② 同上书,11月18日。
③ 同上书,12月8日。
④ 同上书,3月5日。
⑤ 例如,见 Kai-wing Chow, *The Rise of Confucian Ritualism in Late Imperial China*, p.49; Arthur Hummel, ed., *Eminent Chinese of the Ch'ing Period*, p.549。
⑥ 陆世仪,《志学录》,3月5日。

这些差异,使他的行为举止符合他所认为的合宜。

陆世仪甚至仔细检查过自己的梦,在日记中指出它们是"正"还是"邪",是"净"还是"杂"。他相信,"人有邪梦,固是心不正","日间留些子萌芽,夜间便复再发"。① 正如他所理解的那样,"至人非无梦,只无妄梦。梦杂,是放心多"②。

陆世仪被丧亲之痛所困扰。他梦到自己为父亲哭泣以及"荐先妣"。③ 他写道,其中一个关于父亲的梦,"念之甚切"④。在另一天,对于个人损失的知觉与对王朝衰落的预感尤其令他泪流满面。他注意到近来的灾祸,包括漕河——也就是说,粮食从富饶的长江三角洲地区运往京师(北京)的生命线受阻,以及刚读了一些圣谕,他严厉地责备自己道:"真令人欲涕,而臣工莫有能分忧者。"陆世仪抽泣到傍晚,评论说:"独宿。梦木刻先君像,哭而拜之。"⑤

正如陆世仪所记录和理解的那样,他的梦绝大多数是朴素的,既没有来自天神的启示,也没有来自阴间的预言。一次,陆世仪颇有先见之明地指出,"梦观鱼必主天雨";另一次,他特别提到——这一次并未赋予梦以任何特殊的意义——"梦元豹神羊黑虎";还有一次,在考试完后的那天晚上,他梦到了鬼。⑥ 然而,除了仅有的一两个例外,他的梦不像其他一些明代士人的梦,表达的既非对高中科举的强烈愿望,亦非对失败的深切焦虑。它们并没有揭示出平天下的使命感,这与一位盐商的不拘小节的、笨拙

---

① 引自钱敬堂,《志学录·序》,第2a页。
② 陆世仪,《志学录》,9月28日。
③ 同上书,7月8日,8月10日;亦见8月9日。
④ 同上书,8月30日。
⑤ 同上书,4月1日。
⑥ 同上书,9月24日,5月5日,9月7日。

的、几乎没有受过什么教育的儿子王艮做的预示着自己将获得一些声望的梦不同。1511年,王艮梦见天空坠落,惊惶失措的众人被迫仓皇逃跑;他奋臂托天而起,将日月星辰复位如故,令秩序得到恢复,因此民众们为他的超凡英雄气概而喝彩。① 受到为民众服务的梦想的感召,以及自信地认为一个日益堕落的社会需要他的才能,他向王阳明求教,随后全心全意地教育士人和包括樵夫、奴仆在内的民众。陆世仪读过王艮的《心斋语录》,但不感兴趣。他评论说,他发现其中合于道的地方大约只有十分之一二。② 与王艮不同——他受到了经济繁荣带来的教学机会的鼓舞——陆世仪依然谨慎。

陆世仪的梦既没有扩大他的视野,也没有延伸他的想象空间。狭隘和单调的梦与他的日常生活相似。他接下来的陈述揭示了这一点:"独宿,梦与诸兄言纪事法,朗朗如昼。"③ 即便陆世仪的梦较那些记于纸端的梦更为精彩,但他认为值得记录下来的梦仍会被他平平无奇的想法过滤。因此,陆世仪在生活中并不积极追求崇高的目标。他哀叹群臣百官之无能④,而他自己也缺乏应对这个局面的个性、地位或财富。在清代,他获得了一些荣誉:1661年,一位他担任过其幕僚的知县赞助了一些他的作品的出版。但在明亡以前,陆世仪缺乏一种杨东明、高攀龙和陈龙正,以及甚至一度被边缘化的王艮所拥有的必然的权威意识。

---

① 关于王艮,见 L. Carrington Goodrich and Chaoying Fang, eds., *Dictionary of Ming Biography*, 1368 – 1644, pp. 1382 – 1385; Wm. Theodore de Bary, "Individualism and Humanitarianism in Late Ming Thought", p. 158.
② 陆世仪,《志学录》,4月22日。
③ 同上书,3月5日。
④ 同上书,4月1日。

记日记作为一种社交活动

陆世仪记日记的嗜好几近狂热。他的日志激增,其中充满了相互参照的事件。除了写《纪事录》(也就是说,他的日记)以外,陆世仪还下定决心编纂《相观录》。他在书中保存了他的友人"诸兄"的嘉言善行。① 他在日记里特别提到了他的决定。一个月以后,他提到在新的《相观录》中补充了五条内容。② 大量像这样相互参照的事件给陆世仪的生活增添了复杂性,但又将其局限在一个狭窄的领域内。

这些日记不仅仅是陆世仪和他的友人们用来监督和自律的工具,还表达了一种态度,即他们的言行值得保存。陆世仪和他的友人们因而更立一册,题为《会讲集说》。它的目标有两个:保存他们五年以来的劳动成果,以及让后来与讲之人知晓过去的记录。③ 因而,他们虔诚地保存了大量的记录——这给他们带来了过重的负担,使他们完全陷于自己小小的社交圈子里的琐碎事务中。

陆世仪和他的友人们各自记日记,但他们都是在社会关系的背景下这么做的,他们彼此交流记日记的方法。当陆世仪与陈瑚见面时,二人拿出了他们的日记来评论和批评,争论问题,直到他们求其理之同归。④ 陆世仪谈道:"纪事例宜纪善而不纪过。"根

---

① 陆世仪,《志学录》,3月8日。
② 同上书,4月7日。
③ 同上书,3月17日。
④ 这发生在1637年,根据陈瑚,《桴亭先生行状》,第4a页;以及凌锡祺,《尊道先生年谱》,第6b—7a页。

据陆世仪的日记,陈瑚"不以为然"。只有在拜访友人钱蕃侯的书斋,查阅凡例以后,他们才改变主意,同意陆世仪的看法。陆世仪对陈瑚说:"《志学录》只须纪过,凡家庭隐微之善,皆不可纪,亦不必纪。"①

从陆世仪的日记可以判断,大约每十天,友人们便聚集起来"互考德业"②。显然,他们期待能够定期见面,这促使陆世仪有一次就一个过失发表评论:"自五月上旬至此,诸兄俱未阅也。"③参加这些聚会也是友人们对彼此的一项严肃的义务:有一次,当轮到陆世仪担任纪事却迟到时,他不得不交了罚金。④ 自我审查的记录是以一种社会关系的形式,且在同伴们的监督之下被保存下来的。陆世仪认识到友人们检阅的不仅是他的《考德课业录》,而且——正如他们五个人在一天晚上所做的那样——还有他的日记。⑤

陆世仪和他的同伴们记日记依据的是一套共享的价值观。这些是他们从儒家经典中获得的,被用来加强他们之间的友谊。陆世仪根据他的阅读摘要,选择了《思辨录》作为题目。这个典故出自《中庸》,体现了他钦佩友人陈瑚的日记的特点。同样受到陆世仪的《格致篇》的启发,陈瑚在 1647 年开始在他自己的日记中记录"敬"胜或"怠"胜。⑥

---

① 陆世仪,《志学录》,3月8日。钱蕃侯和陈瑚、陆世仪以及其他一位太仓居民在 1627 年组织了一个文会,见陈瑚,《桴亭先生行状》,第 2a-b 页。
② 陆世仪,《志学录》,3月4日,3月14日,3月23日,4月5日,4月27日,5月4日,6月21日,6月26日。
③ 同上书,6月21日。
④ 同上书,3月4日。
⑤ 同上书,4月19日。
⑥ 陈瑚,《圣学入门书·序》,第 2a-b 页。关于陈瑚对他的方法的说明,见《圣学入门书》,第 24a-26b 页。

第五章 边缘视角中的善会

当陆世仪在《格致篇》的扉页写下"敬天"时,他将所记放在了天运的语境中,让人们想到了《诗经》中的两行诗:"敬天之怒,无敢戏豫。"① 当他给十日表格的各部分贴上标签来回顾自己的行为时,他使用了《大学》中的关键词。陈瑚提到陆世仪选择以《思辨录》为题是受到了陈瑚本人的日记的影响时,陆世仪有意将注意力从自己的作品中转移开去,反而将他记日记的举动定义成是一种古代备受尊崇之举的延续:"予因效古人读书记法,偶有所得,则笔而志之,谓之《求道录》。君见而善之曰:'此《中庸》之所云"慎思明辨"也。'遂有《思辨录》之记。"② 对于古代传统学习的记述让两位儒生的友谊神圣化,并得到了巩固。

陆世仪并不一定赞同其同伴们的观点,但他不得不对此加以辩驳,并建立起足够的共识,使他的朋友圈里的人认为他的日记可信。陆世仪的个人追求与他们的观点相抵触,并受到后者的影响。尽管在观点上存在分歧,但他还是找到了一种解决办法来遵循他的良知原则,同时也对他的同伴们负责。从他所处的社会环境的习俗来看,他的日记是真诚而直率的。他的坦诚是显而易见的,尤其是当他的日记与他身后的崇拜者们所编纂的记录相矛盾时。陈瑚评论说,"与室人异寝室者三年而后复,君固不言而躬行,而家人亦未之觉也",陆世仪频频在他的日记(被包括陈瑚在内的友人们所阅读)中表明他独宿——而且,他独宿的消息还是从他家里不胫而走的。③ 陆世仪之子允正赞扬父亲隐善,他特别

---

① James Legge, trans., *The She King, or, The Book of Poetry*, p. 503.
② 陈瑚,《桴亭先生行状》,第 3b-4a 页;James Legge, trans., *The Doctrine of the Mean*, p. 413。
③ 陈瑚,《桴亭先生行状》,第 5a 页。

提到了他为无力偿债之人提供棺椁①,而陆世仪却展示了一幅截然不同的画面:在这一幕中,他试图将资助买棺椁一事推给善会,并表达了他对垂死之人的反复无常之习的不耐烦。

陆世仪的日记作为一种史料

我们从现存的材料中可以看到两幅不同的善会画面:一幅画面是一个和谐的、高效的机构,其提倡成员要有愉快的满足感;另一幅画面则充满了紧张的不稳定安排。两幅画面之间的尖锐分歧在某种程度上源自其所依据的材料类型的不同:一种是由杨东明、高攀龙和陈龙正所撰写的、正式的、"公共"的文献,一种是由陆世仪所记录的私人日记。然而,善会的理想与现实这两种视角同样反映了作者的性格和所处的社会地位。杨东明、高攀龙和陈龙正自信且富有,令他们能够脚踏实地进入到道德领导人的角色之中,并倾向于乐观地看待他们的善会可能取得的成就。声望和财富增强了他们的权威,使他们能够发表公开演说,激励听众们采取行动。

陆世仪的背景远为逊色。据他的挚友陈瑚所说,陆世仪的祖先"皆有隐德不仕"。陈瑚讲述了陆世仪的父亲是如何获得一份教职的。故事讲到,一位官员的随从疾驶过陆家所居住的陋巷,无意中溅湿并弄脏了陆世仪父亲的衣服。这位官员立刻下马道歉,但陆世仪的父亲已经不见了踪影。这位官员查明了他的身份,嘱咐其友人聘请他在一个家塾中任教。因此,陆父以其谦逊

---

① 陆允正,《桴亭先生行实》,第17a页。

和不愿冒犯他人而赢得了些许社会认可。①

当陆世仪的母亲在他十二岁那年去世时,由于家里请不起乳母,陆世仪被寄养他姓。② 在陆世仪十三岁时,其父亲的雇主发现陆世仪身体羸弱。③ 成年以后,陆世仪有了土地,因为他曾在1641年表达了对蝗虫不再肆虐其"亦有"之田的地区的宽慰。④ 他的养母也拥有土地,这在陆世仪偶尔提到她收租的事情中得到了证实。⑤ 陆世仪有足够的经济实力去接受教育。平日,他从未"日止二食"⑥。但与诸如杨东明那样能够赞助数百件棉袄的计划相比,陆世仪所掌握的经济资源是匮乏的。1641年秋天,陆世仪意识到他只剩下一两半银子,几乎无法满足他的家庭所需。他记录道:"今岁银钱缺少,失此不无怏怏。"⑦ 两个月以后,他把自己描述成"贫贱"的,并为自己在旅居苏州候考时过得节俭而感到庆幸。⑧

陆世仪在1632年成为生员,但这个成绩只是千辛万苦通过一系列科举考试得来的,最终也许是(面对种种不利因素)通向仕途的第一步。这个功名大概给他带来了一些小的特权——廪膳和免税——但没有带给他权威。陆世仪在本质上仍然是一名生员,不得不通过每隔三年重考来重新获得他的生员身份,并追寻获得更高功名的一线希望。

在1641年陆世仪还是一名生员的时候,他的日记显示他非

---

① 陈瑚,《桴亭先生行状》,第1b-2a页。
② 同上书,第2a页。
③ 陆允正,《桴亭先生行实》,第15b页。
④ 陆世仪,《志学录》,8月14日。
⑤ 同上书,9月21日。
⑥ 同上书,11月14日。
⑦ 同上书,10月29日。
⑧ 同上书,11月14日。

常认真地阅读《孟子》中的一章，钻研《诗经》①，请他的同伴们来修正他的文稿，阅读科举考试所要求的"时文"样本②，参加学习训练，并思考一些可能在考试中被要求讨论的政治问题。作为一名对自己所学无甚信心的生员，陆世仪如何能够满足官员和拥有更高学位的人（这些人的权威业已被可靠的科举考试的成功合法化了）的要求呢？

陆世仪生活在一个拥挤的社区。当他试图学习时，会被邻居们练武的嘈杂声所干扰。当一名差役传唤他去做约正时，陆世仪误以为这名差役敲错了门。尽管他跻身于太仓的文化精英之列，且有发展前途，但他的生活条件明显不如当地那些富民们。当他到一户人家家中拜访时，他惊讶于这户人家的主人"居丛竹中四无人声，有蔬果田池之乐，使得此以为讲学之地，亦一佳景也"③。

陆世仪徘徊在士绅社会的边缘地带，面对社会机遇时表现怯懦。一次，他有机会去讨好一名身居高位的异乡来客。陆世仪在日记中指出，许多友人"群趋之"。陆世仪写到，其中有一位叫王承昭的人，"亦拜门下，复作剧延之。因留予陪席，谓予亦当膳诗文送之，冀其一荐"。然而，陆世仪持保留意见，在某种程度上是因为他不知道来客"人品何如"，并且正如他所言，因为"予厕其间，甚觉不韵，非予所欲。必有竟席踧踖者，因决然辞之"。④

同样，陆世仪（连同他的友人陈瑚）在先前的一个例子中，对于一次重要集会"坚谢不应命"。这件事情发生在 1630 年，当时

---

① 陆世仪，《志学录》，分别是 6 月 30 日、8 月 5 日。
② 又名"八股文"，见 Benjamin A. Elman, *A Cultural History of Civil Examinations in Late Imperial China*, p. 526。
③ 陆世仪，《志学录》，7 月 22 日。
④ 同上书，11 月 2 日。

全国知名人士都争先恐后地加入复社。在陆世仪的同乡张采（进士出身，先前是一名知县）和张溥（进士出身，但拒绝赴任）的领导下，这个组织从一个小型文社成长为一个致力于道德和政治改革的巨大的学术网络。这个网络如此庞大，以至于1633年（在苏州）的社集吸引了超过两千名士人——所有这些信息参考了陆世仪自己在几年后所写的《复社纪略》。① 尽管一再被敦促参加，尽管确信复社提供了宝贵的人际交往的机会（结果是许多成员在后来通过了更高级别的考试），陆世仪却选择待在家中。②

在拒绝赴宴之请的七个月前，陆世仪知道他的社会地位并不稳固。关于他将要担任约正的消息不胫而走。③ "乡约"这个组织起初是为了对被集合起来的乡民进行道德讲话而设计的，但承担着治安与纳税的功能。在太仓，陆世仪的一则简要评论暗示乡约兼有纳税与赋役的功能④，这两项任务使约正有责任强制不情愿且贫困的平民服从命令。

关于他将担任约正的消息从天而降——而且这个消息是以一种类似短篇小说中描述关于灵异事件的噩梦的方式传来的。这份征召到来之时，正值陆世仪听闻扬州城遭围困的传言，他心忧在当地的幼弟，刚到家坐了一会儿，一名青衣人突然来访。起初，陆世仪以为这名不速之客是一位邻居的友人，无意中走错了房子。随后他才知道这是一位来报信的阴阳生。正如陆世仪所

---

① 陆世仪，《复社纪略》，载《东林始末》，卷2，第207页。William S. Atwell, "From Education to Politics: The Fu She", p. 341. 关于张溥，以及对张采的简介，见 Arthur Hummel, ed., *Eminent Chinese of the Ch'ing Period*, pp. 51-53. 关于张采，他的其中一项成就是编纂《太仓州志》，亦见张廷玉等修，国防研究院明史编纂委员会编，《明史》，卷288，第3242页，附于张溥的传记之后。
② 凌锡祺，《尊道先生年谱》，第3a页；陈瑚，《桴亭先生行状》，第2b页。
③ 陆世仪，《志学录》，4月23日。
④ 同上书，7月3日。

叙述的那样:"袖出州尊名帖,命予为州前铺约正。予心中顿觉不快,仪文语言之间便多率略。不与之揖,不命之坐;但直言'予决不能任斯事,幸为我辞'。"随后,陆世仪想到近来很难拒绝这项义务,便叫他的仆人请信使进来,与此同时,他决定和友人陈瑚商量辞免之计。①

陆世仪不顾一切地试图逃避这个役事,动用了一切可能的关系。他草拟了一封信进行上诉,并请求一位友人的父亲来审阅这封信。这位父亲认为信"中间尚有太亢直处",建议修改一下。② 不久之后,陆世仪听闻知州要出城。由于"恐约正事迟则无及",他急忙给对方呈递了一份揭帖,"力言不能胜任之故";但是知州并没有同意他的请辞。③ 随后,他得到了一些友人的支持,又连忙赶到张采的住处,再次迫切要求"辞约正之任"。这一次,陆世仪提出了一个很有说服力的理由:"以有妨读书为言。"陆世仪叙述道:"受老[张采]首肯,命予择一人以自代。先是,城中报名约正者甚难辞,予亦深虑之。至是,见受老相亮,不觉深喜。"④

陆世仪容易被那些在他上面的人的一时兴致和行动所影响。当他在张采处听闻知州说要离开当地,他"一忧一喜"。他阐述

---

① 陆世仪,《志学录》,4月23日。陆世仪可能预感到他将会被征召当约正。十天前,他提到过"闻约副信,甚恶之",见同书,4月13日以及4月7日。我们并不清楚陆世仪后来在讨论乡约职责时,为何要将"约正"变为"约副"。关于"约正",见王阳明,《南赣乡约》,载《王阳明全书》,第3册,第280页;Kung-chuan Hsiao, *Rural China: Imperial Control in the Nineteenth Century*, p. 616n9。贺凯(Charles O. Hucker)将"知州"这个词译成"subprefectural magistrate",见Charles O. Hucker, *A Dictionary of Official Titles in Imperial China*, no. 965。为了简洁起见,我使用"知州"这个词。
② 陆世仪,《志学录》,4月24日。
③ 同上书,4月26日。
④ 同上书,4月28日。

道:"喜则喜约正之得辞,忧则忧州尊之或去也。"① 陆世仪随后拜访了一位熟人,询问"谁可任约正之责者"。他还和陈瑚见面,一同去阻止一个叫王瀚的人将陆世仪的名字写进约正册籍里。② 次日清晨,陆世仪早起,前往王瀚的女婿何叔熙家中,相约一同去"辞约正"③,不料竟从王瀚那里得知,他的名字已经被登记在州中册籍中。陆世仪写道:"因欲予同其婿何叔老至受老处核实。值受老为杂事闭门,未扣而归。"④ 陆世仪对此感到无能为力。

回顾过去那紧张的十天的行为,陆世仪发现,从积极的方面来说,他以平静的心态来面对痛苦的折磨:"旬中事甚杂,心甚清。即如问答之会,前期皆以杂事奔走。与宴席闻鼓吹,至期复以约正事,往返公庭,酬答朋友,而问答之际,心殊不放。"陆世仪以坚忍的态度总结道:"亦一验也。"从消极的方面来说,他由于"闻约正事动心"而自责。⑤

令人沮丧的是,陆世仪的日记并没有提到他最终是否不得已而当上了约正。在他慌慌张张地为自己摆脱这一职责而努力的一个月之后,他仍然常常想着乡约这个事情。他提到自己读过王阳明的一篇乡约之法的文章——无疑就是著名的《南赣乡约》,当中描述了王阳明临时建立的一个组织,该组织的目的是在江西南部赣州那种穷山恶水之地的叛民中间维持秩序。⑥ 几周以后,陆

---

① 陆世仪,《志学录》,4月28日。
② 同上。王瀚有举人功名。
③ 同上书,4月29日。
④ 同上。
⑤ 同上书,第25b页。
⑥ 同上书,5月19日。关于王阳明的文章,见王阳明,《南赣乡约》,《王阳明全书》,第3册,第279—283页;亦见 *Instructions for Practical Living and Other Neo-Confucian Writings*, *by Wang Yang-ming*. Translated, introduced by, and with notes by Wing-tsit Chan, pp. 298—306。

世仪和他的同伴们谈论各种各样的话题——"士夫免役不如给田"、"斗口有云必雨"、"条鞭之弊"和"役法不公"——他们也谈到了"约正爵禄"。这次谈论令陆世仪"有心得"。① 次日,陆世仪编纂了一份题为《乡约杂说》的手册。②

早在青衣使者带着不受欢迎的征召到来之前,陆世仪已经表现出了对乡约组织的兴趣。1640年秋天,他写了一部长篇作品《治乡三约》。他想象乡约应当寓社学、社仓与保甲于其中③,将约正定义成一个核心人物,官民双方通过他进行交流:"凡公事官府下于约正,约正会三长而议行之";"凡民事亦上于约正而行官府"。他以理想化的"三代"(即古老的黄金时代)作为他的标准制度,对当下的做法进行了批判:富民及无赖之徒为之任其事;不谓之"职"而谓之"役"。④ 在被征召以前,陆世仪还阅读了一篇题为《约正图籍》的文章,评说其间多误之处。⑤

具有讽刺意味的是,陆世仪的《治乡三约》——扩展成了长达三十页的有思想深度的文字——在后来或许引起了人们对陆世仪的关注,视其为约正一职的一名合适的候选人。1638年,知州和张采、张溥一起积极推行乡约制度,以应对其管辖的广大地区,其中包括邻近的昆山地区的动乱。⑥ 动乱的主要源头是天罡会——除了知道这是由一群沆瀣一气的奴仆联合起来从事不法

---

① 陆世仪,《志学录》,6月26日。
② 同上书,6月27日。陆世仪在下一个朝代继续表现出对乡约的兴趣。1654年,他和陈瑚邀请的某个人物在蔚村发表了讲话,见凌锡祺《尊道先生年谱》,第28b页。
③ 陆世仪,《治乡三约》(1640年序),第1b页。
④ 同上书,第2b页;《序》,第1b页。关于由劳役引发的剧烈动荡以及对此进行改革的尝试,见 Susumu Fuma, "Late Ming Urban Reform and the Popular Uprising in Hangzhou"。
⑤ 陆世仪,《志学录》,3月1日。
⑥ 冯真群,《钱忠介公年谱》,第6a页。

勾当以外，我们对这个团伙的情况知之甚少。知州决定，每一名约正和约副应当被分配到当地每一个既定的行政区域：城郭二十四铺，以及合境二十九个都。集会记录善人的姓名，并将恶人施以枷锁并拷打。诸绅分讲六谕于城郭，约正分讲六谕于村镇。①

陆世仪写作《治乡三约》时正好是在知州启动乡约后不久。八年以来，他一直保持着生员的身份，这样做可能是为了使他的才华获得认可。或者，当获悉知州的新任命时，他也许是希望确保约正的地位能够得到提升。无论如何，他孤注一掷地免除自己的职役，这揭示了他的边缘地位。尽管他有一些机会接触到权威人物，但最终也无力改变他们的想法——这一点和陈龙正非常不同，后者即便是在考中进士之前，也能从丁宾那里得到对善会的认可。正如陆世仪的索梦未能将他带入别的梦境一样，在现实生活中，他也同样陷入了平庸，在自己崇高的目标和卑微的现实之间，在获得归属的愿望和边缘化的状态之间不安地徘徊。② 怀着自我怀疑与犹豫不决的心态，他评论自己一天"怠胜"，另一天"敬胜"。尽管寻求自我提升，但他仍然裹足不前。

陆世仪作为捐助者

陆世仪徘徊在精英阶层的边缘地带，他的社会身份很模糊。他既是受助者，也是捐助者。当他向一名友人的父亲请求帮忙润

---

① 张采，《送钱侯入刑曹序》，载钱肃乐，《钱忠介公集》，卷23，第4b-5b页。"罡"指的是一个星座，可能是北斗星。
② 在明亡以后，有几次陆世仪被授予官职，但都被他拒绝了。1657年，他为一位学使短暂阅卷。尽管如此，由于其作品的价值，他在1875年从祀文庙，见Arthur Hummel, ed., *Eminent Chinese of the Ch'ing Period*, pp. 548-549。

色一封书信,以及大多数时候试图赢得支持以逃避约正之职时,他处于从属地位。但他也希望将自己塑造成一位乐意承担社区事务的捐助者。一天,他命妻子与后门的老媪商量——他认为他们应当照看一下"鳏寡孤独"的生活。也就是说,这些人都是无亲无故、无依无靠之人。① 在另一个被评为"敬"的日子,他写道:"至放生池一步,见有饥民卧草中者,殆不可保。因念施粥之法尚有二弊:日给一餐,老弱者不能活,一也;强壮者混入得食,耗粟太多,二也。"② 另外,当他总结四月中旬的行为时,他在正面的"敬"一栏里写了"同善会事一日……矜恤孤寡"③。

陆世仪作为捐助者和受助者的双重身份在1641年7月再次显现出来——那时歉收的问题变得明显起来。④ 一方面,他被其他精英成员归为需要补助的"贫儒";另一方面,他试图表明自己是一个有着高尚情操的人。正如陆世仪所言:"时州中报贫儒月给米四斗五升。王完吾[尚宾]亦报予名。⑤ 予将辞之。曰夏[陈瑚]援'邻里乡党有相周之义'。⑥ 予深然之,乃思以月分三项:一项与重远弟。弟本无籍乎此,以久客未归,家中乏用也;一以给愚若遗孤;一以散给贫户。"⑦ 作为一个收入微薄之人,陆世仪进行了小规模的捐助,他不是自掏腰包,而是从一笔意外之财中重新分配资金。

---

① 陆世仪,《志学录》,3月6日。
② 同上书,3月27日。
③ 同上书,第20b页。
④ 例如,他对于正在恶化的环境的评论,见上书,5月20日。
⑤ 陆世仪用字"完吾"来表示王尚宾,见上书,第19a页。
⑥ 在被引用的篇章中,孔子劝说一位推辞受粟的邑长道:"毋。以与尔邻里乡党乎?"见 The Analects 6.3; James Legge, trans., Confucian Analects, p.186。
⑦ 陆世仪,《志学录》,7月3日。

避地之策

在应对即将到来的骚乱威胁时,陆世仪按照惯常做法采取了一种二分策略。作为太仓百姓,他要保护自己的土地,有义务去保护他的家庭和社区,准备好与前方到来的威胁作斗争。与此同时,他制定了逃往较为安全之地的计划。早在1633年,正好在他成为生员以后,他和友人陈瑚"知其不久将乱"①。此时正值海寇在沿海地区的作乱升级②——同年,一场台风给陈龙正带来了被盗匪突袭的不祥预感。陆世仪和一位应邀前来训练地方军队防御的武人一同习武。他研究了现有的军事手册,发现它们大不实用。他自己写作了《八阵发明》,其中满是对阵法的说明。③ 想必他已经准备好应对可能出现的对其城镇的袭击。

1638年秋季的情况加深了陆世仪对江南地区将要发生灾祸的预感。数月以来,滴雨未下。他观察到:"禾尽槁,土焦赤,麦种不得下。城市溪井皆竭,居民负担争汲河流,河流复竭。乃就河底掘井,深丈余。汲之。"担水的价格是十五文④——换言之,这几乎相当于1638年的一升粮食的价格。⑤ 情况变得更为糟糕,在陆世仪所在的地区,曾在短期内使经济繁荣的种植策略发生了改变:农民们由种植粮食作物改为种植棉花和烟草,粮食作为"生生之源大窒"。⑥

---

① 陈瑚,《桴亭先生行状》,第11b页。
② 凌锡祺,《尊道先生年谱》,第3b页。
③ 同上书,第3b—4a页。这部军事手册被保存在他的文集之中。
④ 陆世仪,《避地三策》,第1a页。
⑤ 关于粮食价格,见陆世仪,《救荒平粜议》,载《陆桴亭先生文集》,卷5,第4a页。
⑥ 陆世仪,《救荒平粜议》,载《陆桴亭先生文集》,卷5,第4a页。

意识到饥馑将会导致盗匪横行后,陆世仪编了一部题为《城守全书》的作品。① 不过,这并没有使他对现状多一分希望。在他的《避地三策》一文中,他回忆了上一年的赤氛:"见识者知为旱征,至今岁,赤氛尤甚。日出没时,赤氛亘天如火。兼之旱蝗为灾,遗种在地。徐思来岁,可为寒心。"② 整个 1641 年,坏消息纷至沓来。一位熟人言及"北方人相食之事"③。一位异乡的旅客谈到了扬州遭受盗匪的袭击,这迫使陆世仪想到古代经典《左传》所描述的一则类似的社会堕落到野蛮状态的场景:公元前 637 年,一位"伊川之民"被发现"被发而祭于野"。这被诠释成斯地为西部的夷狄所占领。陆世仪说道:"今中原风气如此,吾恐将来之祸不止夷狄也。"④ 那天,陆世仪指出自己"心气多浮,不能主一"。他随后开始和友人们商讨"避乱事"。⑤

次月,襄阳城(在湖广,在汉江沿岸)被洪水淹没⑥;作为从江南到北京运输粮食的枢纽,漕河也被梗塞。听到这个消息,再加上当地的小麦也枯萎了,陆世仪"迁道出城外一视"⑦。他继而又想到了救灾的时机:"煮粥太早,恐七八月有难继之忧也。"⑧ 粥厂的主题如今不可避免地引人注目。在路过一个设有粥厂的寺

---

① 凌锡祺,《尊道先生年谱》,第 8b-9a 页。据我所知,这部作品已佚。
② 陆世仪,《避地三策》,第 1a 页。
③ 陆世仪,《志学录》,3 月 3 日。
④ 同上。这个典故出自《左传》,僖公二十二年,trans. James Legge, *The Ch'un Ts'ew with The Tso Chuen*, p. 182,陆世仪稍稍修改了语序。
⑤ 陆世仪,《志学录》,3 月 3 日。
⑥ 魏丕信指出,汉河一带的河堤在 1636 年已经被洪水冲毁,年久失修是因为那里的战争,见 Pierre-Étienne Will, "Un cycle hydraulique en Chine: la province du Hubei du XVIe au XIXe siècles", pp. 275-276;汉河沿岸的襄阳的位置,见 p. 287 的地图。
⑦ 陆世仪,《志学录》,4 月 2 日。
⑧ 同上书,4 月 1 日。

院时,即便一则榜文坚决宣称"闲人过此一步者,罚米多少"①,陆世仪的同伴仍坚持要去看一眼。

五月份出现了蝗灾。陆世仪写道:"滩山一路飞蝗蔽天,一望如云烟,连接不断,江南素无此灾。"接着,他回想起前些年的情景,沉思道:"自戊寅至此,无岁无之,而尤莫甚于今岁……未知作何底止也。"② 七月份传来了土匪金星图谋变乱的消息,八月份传来了海寇作乱的消息,九月份又来了另一个打击:木棉大坏。③陆世仪写道:"州中无赖之子皆失业",并补充说:"赌博复盛。州尊严法,苴之囚系者日累累然。此辈实椎埋之雄,以此自耗其雄心,无以生养教导之,而徒行禁戢,吾恐其为防川也。"④

在紧张的1641年夏末的几个月里,陆世仪对军事技能的兴趣在短时间内被重新激发。他练习箭术。这项技术在他为父亲守丧的三年里被忽略了。他还进行军事演练,和友人王登善、陈瑚一同练习枪矛——他称其"臂腿作楚甚益",并补充说"见劳不可不习也"。⑤ 他想出了一种御海贼之策,甚至在梦里都心忧防御问题。一次,他梦到了一种用来射鸟的弩。四天后,他把它画了下来,并命人将它制造出来。⑥

尽管如此,陆世仪身上也出现了对军事预备失去兴趣的苗头,或者是察觉到它的徒劳无功。一天,他表达了对邻居们在练枪时制造出噪声的心烦意乱。他指出:"心屡驰去,思殊不属,至

---

① 陆世仪,《志学录》,4月6日。关于友人允三的姓氏,见同书,第51b页。
② 同上书,5月20日。
③ 同上书,分别是7月15日,8月3日,9月1日。
④ 同上书,9月1日。
⑤ 同上书,7月11日,8月7日。
⑥ 同上书,8月9日(海贼),7月24日(弩)。

晚完后比尚未膳。"① 甚至在计划军事防御时,他还是会去细想自己在1638年时最先想到的另一个方案:避地。② 1641年4月,他与数位友人商讨"避地读书之乐",同意友人们对于计划退避之处的选定:"自今思之,往孝丰有三妙:山水之乐,一也;进地理之学,二也;避约副之役,三也。"③

和陆世仪一同想到避地这个主意的是他的一群同样处于边缘地位的友人们。一天,当陆世仪与友人生员顾士琏一同学习时,突然被另一位生员周家屏打断了。陆世仪讲述他"云流冠信迫安庆(在南直隶),思欲约众友为避地计"。陆世仪告诉他逃往西北之计。周家屏对此表示赞同,并对那里的稻田的可利用性发表了评论。陆世仪特别提到顾士琏——我们只知道他是太仓同善会的活跃分子——"亦欣然愿同事共商"。在商议完这个事情后,友人们散去。④

那天晚些时候,陆世仪阅览了《武备志》——一部成书于约1620年的140卷的巨著。它的作者对中国边境的脆弱性表现出了警觉,深虑国家的防卫问题。⑤ 然而,在数日后一个被他标为"敬"的日子里,他写道:"以避地事遍约诸友,奔走竟日。幸诸友无不同志。避地之事相聚而谋者,五年于兹矣。至今日,虽已定局,然犹未有就绪。成事之难如此哉。"⑥

---

① 陆世仪,《志学录》,8月24日。
② 陆世仪,《避地三策》,第1a页。
③ 陆世仪,《志学录》,4月13日,4月17日。
④ 同上书,5月2日。关于顾士琏,见《太仓州志》(1803),卷36,第5a–b页。清初,顾士琏受到海瑞的启发,在一项河道工程中发挥了作用,并和陆世仪等人一同为当地请求宽征。他活到了84岁。
⑤ 陆世仪,《志学录》,5月2日。关于作者茅元仪,见 L. Carrington Goodrich and Chaoying Fang, eds., *Dictionary of Ming Biography, 1368–1644*, p.1053.
⑥ 陆世仪,《志学录》,5月7日。

陆世仪的避地想法最终与对于世外桃源的印象，尤其与古代诗人陶渊明在其著名的散文《桃花源记》中所构想出来的幻境联系在了一起。陶渊明讲述了一位渔夫某一天漫步到一个山泉后方的山洞，从那里进入了一个与世隔绝的世界。居住于此的是秦朝遗民的后人。他们与世无争，无忧无虑。大约在1644年或1645年，陆世仪与其友人们确实逃到了一个偏僻的乡村，陆世仪这才回忆起儿时对陶渊明笔下这一"善地"的憧憬。至时，他自己身处的溃灭王朝与一个没落王朝之间的类比既痛楚，又清晰。①

合作与竞争

在这场暴风雨中，陆世仪陷入了既想解决本地问题，又想抽身逃离的矛盾之中。他与数位友人一同创办了一个同善会——这个组织被高攀龙和陈龙正看成是用来稳定地方社会的乡约的替代方案。在陆世仪之子所写的行实中，善会的成员们"日聚银米散饥民，全活无算"②。

在管理善会时，诸"兄"——陆世仪及年轻的士友们——对经费和受助者的名单缺乏最终的话语权。当同伴生员顾士琏前去与知州商讨善会之事时，陆世仪获悉知州"欲以同善会属受先[张

---

① 陆世仪，《水村读书社约序》，载《陆桴亭先生文集》，卷3，第7a页；写于会中友人在1637年组织一个学习小组的七八年以后（同书，卷3，第8a页）。文中提到的村庄正好位于毗陵和太仓的西南面。和陆世仪一起的友人还有陈瑚，他和他的父亲一同退隐到昆山蔚村，在那儿以耕田为生。关于陈瑚的父亲的简介，见《太仓州志》(1803)，卷35，第13a-b页。
② 陆允正，《桴亭先生行实》，第17a页。我无法找到在 Arthur Hummel, ed., *Eminent Chinese of the Ch'ing Period*, p. 548 中所说的陆世仪是其中一位善会组织者这个说法的证据。

采]"，陆世仪在日记里评论说，知州"其意犹未能尽信诸兄也"①。其结果是知州负责管理得到推荐的受助者名单，前政府官员张采负责管理财务。②

陆世仪起初似乎渴望投身于善会事业。当他捐出自己的一份子钱时，他试图弄清善会是如何管理的，力促顾士琏"以条例出阅"。正如陆世仪所言，第一条规定："始会之日，具连名呈请州尊，又请受老登座讲道。"这条规定促使陆世仪"言甚痛快"。他强调了团结的必要性，主张善会的话语权应当归还给知州，认为他们不应有"私会"——也就是说，这个社团并没有得到官方的授权。他进而认为知州"宜"亲自正式邀请张采发表讲话。陆世仪在日记中记录说："诸友皆悚听，咸以为然。因欲以予作书致州尊。予直任不辞。"③

陆世仪对自己的角色深感自豪。次日，他报道说："为同善会代作致州尊书"，接着带有几分自命不凡的语气补充道："可作而作义也，不可与而不与亦义也。此际胸中颇无留滞。独宿梦正。"④ 他对那十天的总结写在"治平之学"的标题之下。陆世仪自豪地重申道："代同善会作致州尊书。"⑤ 在接下来的十天会计工作中，他再一次从自己的参与中获得了自尊："朋友爱敬，处同善会疏密得宜。"⑥

然而，他所在的城镇的权力关系就是如此。陆世仪被降格为书记员和勤杂工，即便他有一些领导权，但也几乎没有发挥领导

---

① 陆世仪，《志学录》，3月12日。
② 同上。
③ 同上书，3月17日。亦见夫马进，《中国善会善堂史研究》，第103-104页。
④ 陆世仪，《志学录》，3月18日。
⑤ 同上书，第9b页。
⑥ 同上书，第16a-b页。

才能的空间。运作善会的最终话语权显然属于知州；在首次集会上发言的特权属于致仕官员张采；而那些基本任务——写信、安排和散资——属于年轻的生员们和受补助的士子，如陆世仪、顾士琏、陈瑚与周家屏。作为对他们的回馈，善会给这些士子提供了施展才华、获得接近甚至结交权势之人的机会。此外，不像乡约承诺将他们分散在当地众多行政区域内，善会把他们集合起来，在他们中间培养同志情谊，自始至终给他们一种行善的积极向上的感觉。

杨东明为他的家乡虞城善会所列出的条约既有条理又具权威性，给人一种会中人一致同意的印象。太仓的善会也制定了一套相似的规约或条款。陆世仪曾经蜻蜓点水式地提到过它。陈瑚在1641年夏天试图在《同善会规》里添加两条内容："崇耆老以风仁寿；劝习射以豫武备。"尽管他不得不将其建议呈递给主事官员，但这些建议并没有付诸实践。① 一项条款一旦被诉诸纸端，则有望使这一安排变得确定无疑和无可争议。不过，从陆世仪日记中的观点来看，真实的情况较理想的情况更为明显：无论何时出现新的情况，这些条款都有足够的诠释和讨论的空间。

太仓的年轻士子们不仅彼此合作，而且不可避免地彼此竞争。在顾士琏先与知州见面讨论"同善会事"，并捎回来张采将会负责善会的消息之后，陆世仪在他的日记里认为自己高于顾士琏。他批评顾士琏未能有效传达这些消息，给他贴上了"卤莽"的标签。② 在另一则日记中，他解释说，即使顾士琏卤莽行事，但因"以名与会中，不欲其决裂"；在和陈瑚商议之后，他决定听任顾士

---

① 陆世仪，《志学录》，3月17日。见吴镜沆，《陈安道先生年谱》，卷上，第8b页。
② 陆世仪，《志学录》，3月12日。

琏随其意愿行事。① 在日记中一个被标为"敬"的日子,对顾士琏,陆世仪看起来似乎已经妥协。他写道,"在馆阅文,顾殷重[顾士琏]来谈同善会事,欲盟之神。予与曰夏皆赞之"。一种友好愉快的气氛显然已经恢复。他们讨论了读书之法。当顾士琏起身告辞时,"有谵言"。②

太仓的善会在每年的四月十五日与十月十五日举会两次。善会的计划有两个部分:讲同善会语,随后发同善会银。在评为"敬胜"的一天,陆世仪在日记中指出在首会后,他在计划中的个人参与意识是显而易见的。他和友人陈瑚先后抵达集会之地城隍庙,他们想要对一些安排加以改进。陆世仪解释说:"至城隍庙见设讲坛在殿内,不便众听,乃与诸兄言移之于外。"③ 关于会讲本身,他激动地写道:"听受先生讲同善会语,甚警策。听者皆赞叹。州尊色喜,予亦深喜。"接着,有感于当时人们的振奋之情,他骄傲地宣称:"州尊好贤乐善,将来必更有可观,地方安宁。"④

陆世仪对自己参加如此庄严而隆重的场合深感自豪,但和陈龙正这样的人物比起来,他肩上的担子相对轻些。后者想让嘉善的善会持久发展下去,之后他在该年捐建了一个同善会馆。相反,陆世仪并没有考虑过善会的将来。他主要是希望这个组织能够确保太平。正如他所言,"吾辈可安坐读书也"⑤。

---

① 陆世仪,《志学录》,3月22日。
② 同上书,3月28日。陆世仪经常提到他在馆中工作,"馆"指的是某处官方建筑物,可能是一个学馆。
③ 同上书,4月15日。最初被设想成城墙和护城河的保护者的城隍与官僚体制联系紧密。见 C. K. Yang, *Religion in Chinese Society*, p. 155。每一个地区都有一座城隍庙,其神格映射着地方官员,并紧密结合在一起。
④ 陆世仪,《志学录》,4月15日。
⑤ 同上。

张采鼓舞人心的讲话成为太仓同善会首会的开门红。然而，恰巧在正式的典礼活动之后，陆世仪和顾士琏之间的矛盾再次爆发。这一次的矛盾涉及在一处官方建筑物发放同善会银的问题。这项工作由成员们继续做完。陆世仪"欲分男女于二处发，业挥之分左右矣"。他抱怨顾士琏"不听"，他在日记里再次清算旧账："唱名先发男册，发银甚迟，老妇候领者，饥疲不胜苦。诸兄与予皆哀之，更欲分发。殷重专执自用。曰夏以为此殷重无才，非有他也。幸卒事可矣。予甚韪曰夏之言，然心终不乐殷重之执拗。"①

士子们之间的凝聚力是脆弱的。在这次矛盾爆发的两天以后，陆世仪和陈瑚试图从善会中抽身。在标为"敬"的那一天，陆世仪写道："与殷重商同善会秋季事。予与曰夏欲辞去己名，而势有不可，恐反赜厥事，乃语以名不必去，但劳不能任，幸以格外待我两人可也。"②

十月十五日，当善会秋会来临时，士子间的矛盾再次爆发，对粮食与棉花作物歉收的担忧无疑令情况更加恶化。在集会之前，善会成员们送了分金③，并推荐有资格的受助者。陆世仪在城隍庙里参加了集会，并在那儿聆听知州的讲话。他一如既往地批评事务管理方面的问题："发散同善会银都不依执事，而杂乱无纪。一则庑工执法不坚，一则叔熙〔王瀚的女婿〕、殷重不奉法也。本弱末强，洵不可治。"④ 陆世仪接着补充说："庙中多贫人，未报名者庑工执不肯发钱。予与庑工言皆得略沾其惠。发钱时，诸友复乱，意见互出。予执不听。一如予约束，终事井然。后闻有诮予

---

① 陆世仪，《志学录》，4月15日。
② 同上书，4月17日。
③ 同上书，3月17日，亦见10月10日。
④ 同上书，10月15日。

者,虽其言不足凭,然气质之小疵则未尝无之。大抵遇事当安闲。然诸友乱甚,若巽与之言,终不见听,奈何?"① 究竟谁才是真正的固执己见者,我们并不清楚。不过,这种不明朗的情况本身就传达了一个信息:发生在诸"兄"之间的分歧并没有阻碍像顾士琏与陆世仪那样的人到了下一个朝代仍然是朋友。由于缺乏一个政策来应对那些在集会上没有被推荐的一贫如洗之人,负责分配同善会银的生员们之间出现了争论。每个人都用强有力的理据表达自己的看法,但没有人有足以超过其他人的权威。

五位善会受助者

有多少贫困的男女被推荐到太仓同善会？挑选受助者遵循何种程序？用什么标准来定义需求？这些问题在现有资料的记录中并没有被提及。不过,陆世仪的日记往往十分清晰。它阐明了六个受助者的例子。这些例子在不经意间引起陆世仪的注意,因而被写进了他的日记中,因为他们的生活不知怎地和陆世仪自己紧密纠缠在了一起。我们无法判断他们是否代表了太仓同善会里的受助者。在一些例子中,陆世仪早已意识到某个特定人物穷困潦倒,只是在善会成立以后,他才想到去伸出援手。他并没有通过查饥户（正如陈龙正的条约所主张的那样）挑选这些人,而是因为这些人经由一些不期而遇或者特殊的情况引起了他的注意。

以发生在五月初五的一件事情为例。这件事情虽然未被陆世仪归到此类中,但碰巧发生在端午节。在行完节祀礼后,陆世

---

① 陆世仪,《志学录》,10月15日。

仪买了鱼作为礼物,去拜访他养母那边的亲戚。在那里,他目睹了他的"疏戚之老者",令他深感怜悯,以至于他下定决心,"秋季当举入同善会"。① 节日里的这一次聚会激励着他自发地对早已熟悉的情况作出反应。

一个特殊时刻的情绪,一次破例,同样促使陆世仪推荐了两个人接受善会的帮助。第一个例子是一件喜事。在得知陈瑚举子的消息后,兴高采烈的陆世仪探望了他的友人,之后他在日记里评论道:"曰夏久欲举其亲于同善会,以秋会未举,尚未及之。" 陆世仪注意到"曰夏尊人似亦以此为喜",以及"此真曰夏顺亲之事",继而调查了这位老人的情况:"予辈友人敢不力成之?"② 三天后,陆世仪起草了一份"公举",将陈瑚的父亲列入善会的花名册中。③

陆世仪一直以来就知道陈瑚的家庭异常贫困。陈瑚将其早年教育归功于有幸受邀和江家子弟们一同上学(其中最年轻的江士韶成为他一辈子的朋友)。④ 后来,江士韶受邀来教陆世仪养母的幼弟。⑤ 1641年末,陆世仪和一位熟人谈起了陈瑚的经济状况。对方提议"约曰夏诸高足豫支束修少许,以济目前之急"⑥。陈瑚的父亲朝典自命有学问,但未获任何功名;明亡以后,他跟随陈瑚避地昆山蔚村,一直依靠其子,终其天年。⑦ 但关于陈家较为贫困的最强有力的证据是:在陆世仪推荐陈父入善会差不多一

---

① 陆世仪,《志学录》,5月5日。
② 同上书,7月8日。
③ 同上书,7月11日。
④ 吴镜沆,《陈安道先生年谱》,卷上,第2a页。这是在1621年,陈瑚九岁那年。
⑤ 陈瑚,《桴亭先生行状》,第2b页。
⑥ 陆世仪,《志学录》,12月18日。
⑦ 《太仓州志》(1918),卷19,第39b页;钱宝琛编,《壬癸志稿》(1880),卷9,第4a页。

个月以前,他曾经与陈瑚和钱薏侯商议成立银会之事,陆世仪在他的日记中解释了原因,"以曰夏空乏故也"。① 促使陆世仪推荐陈瑚之父的并非他对陈家的经济状况有了新的了解——尽管到了七月份,每个人都深知将会歉收,更确切地说,促使陆世仪采取行动的原因是他的一次破例,因为他听到了陈瑚的孩子出生的消息。这件事不仅使陆世仪看清了长期以来的情况,也令他的社交圈对此产生了好感,给了他一次劝说其诸"友"来帮助陈家的机会。

在另外一位友人的叔父的例子中,陆世仪做出向善会推荐受助者的决定似乎完全是出于冲动。十一月,食物供给量陡然下降,陆世仪和三位友人(曹鈖、陈瑚和盛敬)坐船去郡城赴考。在那里他们与曹鈖的叔父住在一起。陆世仪观察到其友人之"叔老而孤"。他在日记里指出:"予有举诸同善会之意,而曰夏亦有同心,当谨识之。"②

此外,陆世仪还推荐了他的本宗的一位六房叔祖接受善会的资助。这位叔祖一向流寓湖南洞庭,在一所村塾教书。由于没有成家,他东归谋生,业已向"诸兄"求助,并从中得到了一些小惠。想到叔祖可能获得额外的资助,从而减轻本族的负担,陆世仪在他的日记里沉思道:"要亦非吾族之幸事也?"③

六周以后,这位叔祖(这一回陆世仪认为和他同高祖)拜访了陆世仪。陆世仪在日记里反复强调这位叔祖"穷来归",这次还详细说明了情况:"兄弟不纳,有构之者,又生衅怨。至饮食俱无所托。穷而将归。乃复来谢前日同善会之恤。予哀之,留午饭。"陆

---

① 陆世仪,《志学录》,6月15日。
② 同上书,11月8日。
③ 同上书,10月15日。

世仪欲与一位友人周家屏商议借钱给他的可能性,但在他做好安排之前,这位叔祖已经离开了。①

在陆世仪特别提到的推荐给善会的受助者的例子中,他用最长的篇幅描述其"兄"兼挚友愚若的遗孀。愚若去世这件事情刚好出现在现存日记的开头,似乎增强了陆世仪丧父所造成的空虚感。在日记里的早些时候,陆世仪评论说自己为发现愚若之子守礼而感到欣慰,"吾友为不亡矣"②。在一周内,由于渴望和他已故的友人继续有某种联系,陆世仪和妻子商量说:"愚若嫂守节甚贫苦,其子甚秀善。意欲以女许之,岁时便于周给。"陆世仪写到他的妻子同意了这个建议。③ 随后,他向一位共同的熟人打听愚若遗孀在其夫死以后的守节情况与家庭困难的详细情况,并算了其子与陆世仪之女的生辰八字。陆世仪解释说:"因叹愚若嫂之贤,并矜其苦。"④

这位友人所说的情况令人震惊。他说:"愚若嫂至五六月间甚有一碗麦汤度一日者,甚矣其苦也。"更糟糕的是,他提到"近日有僧尼占其居"。当忧心忡忡的陆世仪询问详情时,这位友人解释说:"愚若殁后,其岳翁李华宇以女寡居移家就之。华宇亦贫甚,不能作活。舍旁有空屋,日就颓圮。华宇之侄避难来止,并挈其妇之翁姬以居。妇翁姬已为僧尼,同舍栖止,甚非礼。华宇利其修葺,遂许之。"⑤ 毫无自卫能力的寡妇眼睁睁地看着她的房子被其父亲、父亲之侄和侄媳父母以及僧尼所占。除了那个侄子

---

① 陆世仪,《志学录》,12月1日。
② 同上书,3月2日。
③ 同上书,3月6日。
④ 同上书,3月9日。
⑤ 同上。

可能出钱维修过房屋以外,这些人都一贫如洗。

陆世仪进一步询问"内事"。这位双方的熟人打消了他的疑虑:"愚若嫂志行甚洁,此无可疑者。"陆世仪接着托这位友人"至其家谕李华宇,令其侄速迁之"。① 第二天,二位友人与陈瑚陪同愚若之子拜访了陆家。之后,他们一行人接着前往愚若家,在他的棺椁前鞠躬。当陈瑚撩起帷幔看到棺椁,回想起昔日的友谊时,他不胜惨然。陆世仪进一步对这个插曲作了如下叙述:"与李华宇言,寡妇之家不宜僧尼出入,令侄宜速去。"当华宇看上去有些犹豫时,陆世仪"正告以令侄姓李,不可居张氏宅,况又同众僧尼乎!"② 华宇最终让了步。在看了愚若"兄"的遗书和遗笔最后一眼之后,他离开了。陆世仪对这些事情得到解决感到安慰。他在那天的日记中总结道:"目涩痛,即寝。独宿梦正。"③

五周以后,陆世仪有理由在日记中写道:"领同善会银,又与诸兄醵钱共送愚若嫂处。"④ 三个月以后,陆世仪再次试图帮助愚若的遗孀。这一次是通过写一份"公举"来让她和陈瑚的父亲一同得到善会的资助。⑤

关于陆世仪想要将贫困者交给善会负责的一个例子是一位叫费伯言的人。尽管我们对于费伯言和陆世仪究竟是什么样的亲戚关系并不清楚,但他娶了陆氏族女。费伯言在陆世仪的日记中很晚才出现,且无任何介绍。费伯言贫病。陆世仪在日记里写道:"卧后时时念费伯言。若身死,衣棺尚不可得。未审同善会中

---

① 陆世仪,《志学录》,3月9日。
② 同上书,3月10日。
③ 同上。
④ 同上书,4月17日。
⑤ 同上书,7月11日。

近日尚可得棺否。又其子俱无栖泊，无法以处之，心殊戚戚。"①陆世仪被唤起了社会良知，感到应当帮助这位远亲——尽管他确实不情愿这么做。

　　第二天，费伯言的儿子前来告诉陆世仪其父的病情，希望可以借到钱。陆世仪评论道："伯言固陆氏族婿。向曾贷恩母银五两，予银二两，三年子母未偿。今病日就危笃，意更伤之。以岁荒仅与米一升。"② 陆世仪能给的少之又少，相当于他去年提到过的守城士兵每日口粮的一半。③ 在这一周里，费伯言的儿子再次拜访了陆世仪，这一次他带来了一些书籍，想要换钱。陆世仪写道："书既无用，予又乏钱。且其家积惰，贫困固所自取。况遇此荒岁，予岂能从井之救，勉与麦一升。"④ 仔细考虑到"费伯言病必死，即不病死，亦当饿死，死后必无棺木"，陆世仪不顾一切地东奔西跑求援。"乃至周宸工处问同善会，不值。又访叔熙、殷重，俱不值。又访徐子久，云不施棺矣。嗟乎！此亦伯言之命也。"随后，他试图为费伯言的不被接纳辩解，说他注定要失败。他援引各安生理（在善会和乡约中如此常见）这个辞令，总结说："可为游手好闲、喜食懒作之戒。"⑤

　　我们并不清楚这些例子是否包含了所有陆世仪亲自向善会推荐的受助者。他的日记既没有透露捐助者们究竟捐了多少钱，

---

① 陆世仪，《志学录》，12月18日。
② 同上书，12月19日。
③ 陆世仪，《思辨录辑要》，卷17，第13b页。在救荒中一个成人的固定口粮是每日半升糙米，关于这一叙述的一份18世纪的参考文献，见Pierre-Étienne Will, *Bureaucracy and Famine in Eighteenth-Century China*, p. 130. 魏丕信指出，"米"这个术语（我笼统地将它翻译成rice），指的是任何已经脱壳的粮食，见同书，p. 131.
④ 陆世仪，《志学录》，12月23日。
⑤ 同上。

也没有说明善会到底资助了多少受助者。尽管如此,对陆世仪而言,它揭示了善会能补宗族之不足。虽然陆世仪生活在一个宗族繁盛之地,但他现存的文集并没有提供任何证据来证明其对宗族团结的推动力,除了他简要地提到善会对其叔祖的资助最终将使他的宗族受益。① 在陆世仪当时的社会环境中,亲族关系似乎变得淡漠。他的叔祖被自己的宗族所排挤;那位不幸的姻亲费伯言被视为不受欢迎的包袱;愚若的遗孀从她的亲戚们那里没有得到任何帮助,反而遭其利用。陆世仪的友人陈瑚在没有亲戚帮助的情况下度过了贫困的青年时代;他获得的支持都来自善会的捐助者。陆世仪和陈瑚同是区区塾师之子,几乎没有任何社会资源。他们通过创造一个虚构的亲属关系来弥补这一缺失:1650年,在陈瑚的父亲七十大寿时,陆世仪宣称:"确庵视予如兄,予视温如先生如父。"② 善会向那些没有得到宗族帮助的人伸出了援手。

陆世仪对善会的叙述进一步表明了另外一点,也就是说,陆世仪与那些迫切需要帮助的受助者之间没有多大的距离。他和诸如他的叔祖、费伯言之子这样的亲戚之间亦无多少隔阂,他们都觉得可以理所当然地向他索取资源。他与曾在一次候考时借宿过的友人曹钤的叔父,或是和密友陈瑚的父亲也没有多少距离。他与挚友愚若的遗孀也没有多少距离。他希望将女儿许配给对方的儿子。陆世仪和亲戚或姻亲住得很近,并与那些处于精英社会边缘的有教养的穷人进行社会互动。

陆世仪并没有给这些熟人和亲戚以私人的馈赠,转而向善会求助。或许是他自己的资源确实难以满足这些有求于自己的熟

---

① 陆世仪,《志学录》,10月15日。
② 陆世仪,《陆桴亭先生文集》,卷4,第22a页。

人和亲戚。他曾经为自己找了一个借口,在致斋之礼要求他待在家中的那天出门:"家贫乏,僮必拘。"① 他对一个策略表现出来的兴趣也表明了这一点,这个策略使贫富不等的友人们组成一个团体,为他们计划好的避地之策购买田地。在提出了一个反问之后——在他的同伴们中间,谁有余资数百两来购买他们可能的避地?——陆世仪提议同伴们合资,各尽所能,按股分配。② 陆世仪缺乏财力的事实在新年前的一则日记中得到了进一步的证明:"以岁荒祭物甚薄,草率粗略莫此为甚。"③

陆世仪手头拮据,固然无法像丁宾、陈龙正一样有赈狱与救死这些壮举,但他或许有一些资金可以支配。陆世仪希望将他的廪膳分给比自己更有需要的人,也鼓励其妻乐善好施,且最终给费伯言提供了一口棺材。陆世仪在善会以外的行动有一定的自由,要么送些小小的私人礼物,要么就断然拒绝寻求帮助的请求。他选择通过善会来工作,从而再次引出了一个在陈龙正的例子中业已提到过的问题,即:通过一个社团来施与和直接给予穷人有何区别?陆世仪的独特材料让我们从一个新的角度来重新审视这个问题。

善会根据参与者分享案例并公开向整个社区宣布的原则行事,审查并决定如何去处理每一个案例,从而将决定权(是否要给和给多少)从个别成员手中转移出来。善会拉开了捐助者与受助者之间的距离,使求助者如费伯言——陆世仪对这类人不感同情,仅仅是承担义务——对参与者的影响得到了缓和。然而,在六个例子中有三个例子,是陆世仪将受助者交给(或者想要交给)善

---

① 陆世仪,《志学录》,12月28日。
② 陆世仪,《避地三策》,第3a-b页。
③ 陆世仪,《志学录》,12月29日。

会,不是因为他想逃避对他人的责任,而是因为他受到同情心的驱使而主动、自愿帮助那些甚至未曾向他求助之人(像友人之叔、养母之戚那样)。善会授权给参与者,承诺为求助者提供帮助。

至于那些陆世仪确实感同身受的个案,善会让受助者与获得资助分配有了时间距离。因为太仓的善会每年只集会两次,数月的等待常常会推迟一个人被认定为受助者和受助的时间。当陆世仪想要推荐其养母家的穷亲戚接受来自善会的资助时,春会刚刚过去了,而秋会尚有五个月之久。① 当陆世仪向善会请求帮助陈瑚的父亲时,离秋会还有三个月。② 当他决定"当谨识之",将友人曹鈖的叔父推荐给善会时,秋会才刚刚举行过。因此陆世仪必须将这个分配计划记到 1642 年的秋天,也就是五个月以后。③ 当一些非常特殊的情况——如一次孩子的降生、一次科考之旅、失去一个朋友——打破了他的常态时,陆世仪对于一贫如洗的熟人和亲戚的同情之心便油然而生。他感动得想要伸出援手,但意识到自己财力有限,他依靠善会的例行程序来调和自己的自发情感。

陆世仪的社交圈子令他能够直接接触到像费伯言那种游手好闲之人和像张采那样拥有进士功名的成功人士,以及艰难时期的难民和富民。在两极之间周旋,对于陆世仪而言具有挑战性,这使他产生了平等的意识和交流的渴望。许多思想家们亦推崇这种"万物一体"。陆世仪对于一体的渴望在一则有关他旅居县城参加科考的日记中表现得十分明显。陆世仪在文中解释了他为何要放弃一日三餐的习惯:"予虽贫贱,然处太平时,未尝日止

---

① 陆世仪,《志学录》,5 月 5 日。
② 同上书,7 月 8 日。
③ 同上书,11 月 8 日。

二食。间或有之，踰时必饿。自今岁荒歉，物力甚艰，诸兄在寓所皆日食二餐，予亦同之，亦不觉饥。"① 并非赤贫，而是同理心，促使陆世仪产生了要和他的同伴们一样节衣缩食的愿望。

就在陆世仪觉得无法为游手好闲的费伯言资助一口棺材的那天晚上，他应邀参加一场宴席。那天深夜，他不安地记录了"酒席过丰"，接着辩称主人能够完全负担得起，宴会不只是为他们二人而设，以及"然饮食无异平时，检身治心之功亦稍疏矣"。② 奢靡的宴席和费伯言的求助发生在同一天；在陆世仪的脑海中也同样闪过了陈龙正和其他人都明确表示的一场宴席的开销能够拯救数百人的生命这个算法。我们知道，陆世仪参加善会就必然会使他在宴席主人和一日二餐的士子的角色之间变来变去而不会感到良心极度不安。善会不仅向穷人施以援手，而且还充当了一位提醒者——在推荐受助者和确定分配之间被打断的几个月里，富人应当想着穷人的福祉。在这层关系上，我们可以想想陈瑚。他自己是善会中人，而他的父亲被认为穷得足以符合被善会资助的条件。善会宣称，撇开需求不讲，捐赠代表着一种更高境界的善，也必定会减轻受助者的个人债务感。

上层视角中的地方社会

倘若陆世仪的日记没有被保存下来，那么我们所看到的太仓同善会——事实上是所有晚明的善会——将完全被置于地方上层社会有权有势者的视角下。以张采留下的正式记录为例。陆

---

① 陆世仪，《志学录》，11月14日。
② 同上书，12月23日。

世仪曾经在善会的春会上听过这位致仕官员的讲话。张采将他对善会的支持说成是受到其同伴们在别的地方的活动的影响："见友人举于魏塘（浙江嘉善县的一个市镇），则心动；继举鹿城，心益动。虽两年濒死，而此念不退。病中分歇立例，登板布告。"① 受到善会将带来秩序的鼓舞，张采的文章充满了虔诚之辞，以"人性皆善……前贤约立'兹会'"起头，以保证绅衿们的小捐施最终"当有翕感"作结。② 作为领导人，张采并不比杨东明、高攀龙和陈龙正逊色。他将善会视为一种能够团结社区的工具。他写道，"正如掘地引水"，善会规条将动员人们去行善。张采的文章简洁而平实，只有三页纸，而这个活动却让陆世仪忙碌了好些日子。如果没有陆世仪的日记作为对太仓同善会日常工作的补充，张采的文章就站不住脚，缺少背景，张采只是以一种含糊的笔调将之解释过去了。

从现存知州的作品中，我们对太仓同善会知之甚少，知州借由出席首次春会，然后在秋会上发表讲话来赋予善会以权威。尽管陆世仪只提到了他的官衔——知州叫钱肃乐③，但生员与高官之间的鸿沟却是如此之深广。在 1637 年取得进士功名后不久，钱肃乐就被派往太仓这个被外界视为"难治"之地就职。④ 他

---

① 张采，《知畏堂文存》，卷 10，第 2b-3a 页。张采在这里用"娄东"这个名称指代太仓。
② 同上书，卷 10，第 2a-3a 页。
③ 关于钱肃乐，见收录于钱肃乐《钱忠介公集》卷 23 中的材料：他的传记出自张廷玉等修，国防研究院明史编纂委员会编，《明史》，卷 276，第 1a-2b 页；以及由他的同时代人和后人所编纂的传记性文章。特别是他的兄弟钱肃图（卷 23，第 19a-23a 页）和太仓人张采（卷 23，第 3a-6b 页）的文章。亦见顾锡畴所写的关于钱肃乐离任情况的一篇文章（卷 23，第 1a-6b 页）。顾锡畴还为现藏于普林斯顿大学葛思德东方图书馆的《迪吉录》的一个版本写了一篇序。亦见冯真群，《钱忠介公年谱》。我的描述是这些资料的集合，它们有相当大的重叠和细节上的差异。
④ 冯真群，《钱忠介公年谱》，第 6a 页。

表现出了同情心；他珍视所有生命，教其家庭持戒数年。① 他也是一位雷厉风行的行政长官。

也正是在太仓人张采和张溥的协助下，钱肃乐才得以在1638年时既力行乡约来进行道德价值观方面的教化，也立保甲法来加强防卫。此外，他还修湖川塘。② 1639年，他召集地方士绅里老，每月讲六谕两次，严厉谴责听众中间存在"三朋四友，饮酒宿娼，任他老人家饥也不管，寒也不管，你夫妻不痛恨么"的情况。他认为商业会引起社会不安定，于是进一步训斥他们如此浮躁地"朝农暮贾"。③

钱肃乐为州内二十九都各设一名约正和一名约副。乡约集会的任务要求讲六谕，之后将善人的姓名及其善行写在一张朱榜上，奏乐旌赏。恶人的姓名随后会被标在一张白榜上，并被带到官员面前杖责。④

钱肃乐的管理才能在1640年夏天的饥馑中受到了考验。在饥饿的驱使下，附近数千名昆山（同样在钱肃乐的辖区）的百姓揭竿掠劫。他们的目标中有一条是对一位副使、一名木贾和一些徽商进行为期两日的包围。钱肃乐从太仓急忙赶来镇压起义。他抓捕并处决了两名带头者，暴徒们于是一哄而散。他分别在朱白二榜上彰善惩恶。社会秩序得以恢复。考虑到问题的根源并非是这些暴徒，而是积谷之家，钱肃乐劝说居民们出米平粜。最终，

---

① 在写作《戒杀文》这篇文章时，钱家已经遵循这个养生法十年之久，见钱肃乐，《钱忠介公集》，卷4，第13a–14b页。
② 冯真群，《钱忠介公年谱》，第6a页。
③ 钱肃乐，《六谕释理》，载《钱忠介公集》，分别是卷8，第14a页和卷8，第16b页。与高攀龙与陈龙正的善会讲话不同，钱肃乐的讲话用的是文言文。
④ 钱肃图的报道，见钱肃乐，《钱忠介公年谱》，卷23，第20b页。

"活者十余万,昆山大治"。①

有关钱肃乐的作品及其事迹与陆世仪的日记中的一则关于钱肃乐祷雨(获得成功)的记录及数则关于蝗灾的记录相吻合。钱肃乐亲自率领四民捕蝗。他还下令每捕到一升蝗虫奖励一升米。这个政策导致"厅内外蝗积如山"。② 尽管没有提到姓名,但根据陆世仪的日记,在一座寺庙里,于四月初一那天召集所有城乡地区的约正、约副开会的必定是钱肃乐无疑。(这大约是在陆世仪被征召做约正的三周以前。)陆世仪和友人陈瑚、王承昭前去观看。正如陆世仪所报道的那样:"观者几倾城,亦治邑者百年以来之旷举矣。"③ 无疑这就是张采所描述的集会。钱肃乐在会上关于六谕的讲话激励着每一个人,一些人甚至潸然泪下。

即便乡约集会的规模令人印象深刻,陆世仪却没有感到精神振奋。他以冷静、批判的超然口吻指出:"惜礼仪未整,未能生观者之恭敬也。"④ 相比之下,对于两周以后张采的善会讲话,陆世仪却表现出了热情,并特别评论说张采的讲话也让知州钱肃乐感到高兴。⑤ 陆世仪为他在善会的那些行动中担任管理者的角色感到自豪。然而,在乡约集会上,他仅仅是一名被淹没在广大听众中间的观察者——虽有足够的识见来批评这些程序,但缺乏采

---

① 冯真群,《钱忠介公年谱》,第7a页;亦见全祖望为钱肃乐所作的墓志铭,载钱肃乐,《钱忠介公集》,卷首,第14b-15a页。只有顾锡畴的传记提到了对商人的攻击,见同书,卷23,第2a-b页。也在1640年,钱肃乐行常平法来稳定粮价,见冯真群,《钱忠介公年谱》,第6a页。
② 关于祷雨,见陆世仪,《志学录》,5月13日;冯真群,《钱忠介公年谱》,第7a页。关于钱肃乐祷雨,见钱肃乐,《钱忠介公集》,卷4,第15b-17a页。关于蝗虫,见钱肃乐,《钱忠介公集》,卷23,第21a页;陆世仪,《志学录》,5月20日,8月14日。
③ 陆世仪,《志学录》,4月1日。
④ 同上。
⑤ 同上书,4月15日。

取行动的权威。

当生员们为 1641 年的善会安排争得面红耳赤时,官员钱肃乐已经在处理大事了。他动用权威将所有二十九个都的约正都召集起来,吸引了几乎全城人来听他的讲话;对他来说,向善会发表讲话必定是小事一桩。当陆世仪在处理直接影响到他的家人和朋友的问题时,钱肃乐专注于那些迫在眉睫的麻烦。他关注危险的拉帮结派——例如天罡会、糍团会、乌龙会和十龙会;根据他自己的叙述,这也是他急于宣讲六谕的原因。① 1678 年的《太仓州志》将这些帮派解释成"私"会,通过公立一瓯,成员们出资投瓯。成员中有讼师、打行和衙役。一人有事,集体出力。州中最常见的是乌龙会,在被知州钱肃乐镇压后便消失匿迹了。②

钱肃乐还忧虑未来有可能出现饥馑。1640 年,面对发生在昆山的粮食骚乱,他建立起维护当地民生的机制;在 1641 年饥馑发生时,他在太仓设厂四隅,煮粥以振,行常平法。上贫振米,次贫减价籴。结果,历史记载坚称太仓州并未遭遇饥馑。③

然而,尽管钱肃乐是积极的行动主义者,但他现存的作品并没有提到过善会。一篇关于钱肃乐的文章提到了太仓同善会,但这篇文章出现在一部 19 世纪的作品中。它的编者也许做了回溯推断(例如从陆世仪的作品中),并没有给出直接证据来证明钱肃乐就是善会的创办人。这则信息以最简略的篇幅叙述了钱肃乐的成就(祷雨、捕蝗、平息粮食骚乱,鼓励大户之家出粟赈饥,从而减价平粜),并且接着指出:"设法煮糜,举同善会周恤善类。全活

---

① 钱肃乐,《钱忠介公集》,卷 8,第 17b 页。
② 《太仓州志》(1678),卷 5,第 6a 页。
③ 张采的报道载钱肃乐,《钱忠介公集》,卷 23,第 5b 页;冯真群,《钱忠介公年谱》,第 6b–7b 页。

甚众。"① 从官员钱肃乐的角度看,大型粥厂和平抑粮价的计划较善会所有能够完成的计划都更为紧迫和更为有效。

1642年,当钱肃乐刚刚被擢升到刑部要离开当地时,太仓和昆山的百姓们共同赞颂其仁政与善治,从而也为对他的管理与救济的那些溢美之词提供了支持。他的传记全然掩盖了陆世仪所观察到的那些可怕的情况。陆世仪写道:"郡中饥荒特甚,兼以寒冻日,冻饿死者无虑数人,里巷俱无生气。"陆世仪阐释道:"又男妇皆游手乐饮食,不事生产,至此饥荒之岁,犹然泄泄。闻妇人多有毁身自给者,风俗恶劣,一至于此。长民者不得不引为己过。"②

陆世仪最坏的预感在六周后被证实。就在州衙门前,他目睹了一位妇人在吃她自己的孩子。他评论说"此世道之大变",注意到这些行为即便是在饥荒最严重的中原地区也难以启齿。他对此事发生在自己的家乡表示震惊,更糟糕的是,知州仅仅惩罚了这个妇人,将她驱逐出境。③ 陆世仪批评"贤者之流皆持议为必不当杀"。作为一位非常注重行为要合乎礼节之要求的人,陆世仪总结说人类业已较禽兽更为堕落。④ 为了避免堕落到芸芸众生的水准,小人物陆世仪执迷于"宜"。知州钱肃乐则坚定地着眼于维持秩序和减少饥荒。无疑,钱肃乐理解了这位母亲在其州衙门前犯下的可怕罪行所传递出来的一则讯息,即地方官员为饥民做得不够好。在这些极其困难的环境下,钱肃乐处理得既灵活又

---

① 钱宝琛编,《壬癸志稿》(1880),卷1,第13a-b页。
② 陆世仪,《志学录》,11月12日。
③ 是年年初,陆世仪和一位友人讨论了北方人相食的话题。这位友人称,"此不足怪。人食兽禽与食人无异"。陆世仪纠正了他的友人,认为一个人必须识分殊。这位友人理屈词穷。见上书,4月28日。
④ 同上书,12月26日。

宽宏大量，他将这个伤风败俗之人驱逐出境。

小　结

通过对当地生活的近距离观察和不光彩的细节的展示，如僧尼强占寡妇的居所、士子们争论不休，更不用说善会的一些无关紧要的事情，比如友人家中的纷争与劝阻诉讼的努力，陆世仪的日记或许较杨东明、陈龙正和高攀龙留下的刻板记录更为现实和精确。但是，撇开这些陈词滥调，转而支持陆世仪的私密记录，又将忽略一个关键问题：对社会和谐的乐观态度抬高了杨东明、陈龙正和高攀龙，并赋予他们特殊的权力。他们成功领导的关键是他们有能力超越一切障碍，超越俗世中的一切不幸的细节。他们超凡脱俗，鼓励着诸如陆世仪这样受张采的善会讲话所激励的追随者。乐观的宣言代表着一个共同的目标。当钱肃乐只是轻易让食子的妇人离开时，陆世仪表达了道德义愤。但是在 1640 年和 1641 年之前就被标记为难治的职位上，钱肃乐正是通过关注诸如食物分配这样的重大事件成功地维持了秩序；也正是像张采那样，钱肃乐明确表达要建立一个善会的计划来赢得广泛的支持。

尽管陆世仪的日记揭露了太仓社会的阴暗面，但这无损那些高瞻远瞩的领导人们的叙述。相反，作为一个对比鲜明的例子，它表明，领导能力属于那些拥有权威和资源，以及——性格亦是一个因素，例如王艮的例子所说明的那样——乐观而自信的居民。

下编
在危机期间制定慈善惯例

第六章　动员食物救济

> 诸友有议论未合者,大约人我恩怨之见未能尽忘耳。
> ——祁彪佳

在晚明的危机中,于1641年肆虐绍兴府的严重饥馑尤为突出。这不仅因为它像所有的危机那样波及社会上下阶层的人——从高官显达到有志士子和默默无闻的乡村首领——而且还因为留下了大量相关的材料。这些材料代表着不同的观点:未雨绸缪、日复一日的经历,以及对过去的回顾。通过将它们一一归类,我们可以了解每一种叙述类型所代表的惯例。它们也揭示了社区中的分歧、最终动员当地居民进行合作的过程、有别于其同伴的领导人的素质,以及当地社区成员和威严的帝国官员之间的互动。

来自高层的材料出自推官陈子龙。① 1641年初,他因觐见而

---

① 关于陈子龙,见 Arthur Hummel, ed., *Eminent Chinese of the Ch'ing Period*, pp. 102-103; Kang-i Sun Chang, *The Late-Ming Poet Ch'en Tzu-lung: Crises of Love and Loyalism*; William S. Atwell, "Ch'en Tzu-lung (1608-1647): A Scholar-Official of the Late Ming Dynasty"。

在京师作短暂逗留。在回任途中,当行近绍兴时,他感受到空气里弥漫着一种紧迫感。接连下了十天的大雪阻断了山路。在绍兴府下辖的八县之一诸暨,当地民众正在闹事。正如陈子龙在1640年指出的那样,万历年间的动乱令奸民盘踞在被封禁的山中。过去连续五年,水灾频发,这一年的情况更加严重。正如被都察院派去处理诸暨事务的陈子龙所观察到的那样,"盗贼如蝟毛而起"①。

他叙述道:"予闻之驰往。途次见饥民千百为群,持梃刃,负囊橐,拥车不得行。愬曰:'民旦夕且死,当往劫某氏某氏。'"因此,这场危机造成的严重性将考验和估量他的领导能力。陈子龙描述了自己如何使当地恢复秩序,顺带提到早在前一年,他就预见会发生饥馑,督促当地百姓将所积的粮食数量登记在册,为之后需要的平粜做准备;他们一共录得一万多石粮食。② 接着,他强调自己为了社区心甘情愿吃苦耐劳。他写道:"予徒步雪中,求其发粟。富室皆感动,或有减价十之三,以惠乡闾者。又有愿捐十之三作粥縻,以拯下户者。坊市乡遂皆令孝廉诸生领之。又移公币数千金,遣贾人给符验,告籴于临郡。"③

陈子龙以秩序得以恢复、活人以千万计这一老生常谈的调子作结。他弱化了社会等级,表扬了所有那些义无反顾地应对突发事件之人:维护善治的驻守官员、救死扶伤的致仕官员,以及他特别提到的那些"亦多贤者,相助为理"的孝廉诸生。④

---

① 陈子龙,《陈忠裕公全集年谱》,卷上,第28b页。
② 同上书,卷上,第30a-31b页;亦见倪会鼎,《倪文正公年谱》,卷3,第4a页。
③ 陈子龙,《陈忠裕公全集年谱》,卷上,第30b页。
④ 同上书,卷上,第30b-32a页。祁彪佳用"孝廉"这个词指代举人,用"诸生"这个词指代秀才或生员。

第六章 动员食物救济

陈子龙将发生在1641年饥荒中的可怕事件写成了一个好的故事。他以后见之明的方式来写作，将内容组织成一个有着明确的开始、经过与结尾的故事：面对危机，处理危机，以及庆祝好结果。从在雪地里与饥饿的暴徒不期而遇发展到慈善活动取得硕果，他的叙述流畅而直接。对于陈子龙而言，有意义的是那些可理解的、合乎熟悉的模式的事实——也就是说，秩序的成功恢复。

陈子龙还根据社会等级对一篇纪念捐赠者的碑文巧妙地加以整理：官员们带头发放粮食，激励社会各阶层贡献力量："上户助米谷，中户助薪菜，下户助工力。"结果带来了大规模的善举："凡日二十日罢，凡用公私之粟三万五千二百二十石，所活四万九千五百八十人。"① 作为对陈子龙所记的补充，《绍兴府志》粗略地谈道：救灾工作是通过二百七十六个粥厂进行的，拯救了一万九千六百条生命。（在这里，陈子龙的"四万"被换成了"合万"。这表明两份记录中的一份有一个抄写错误。）知府王孙兰起草了一份文件，共二十六则，概括了整个过程，包括向穷人散米发钱，官员和当地民众通过平粜来控制粮价，设立流动的和固定的粥厂、药局和病坊。三府十九县随后皆行其法。②

1724年和1803年的《山阴县志》对1641年饥荒期间居民们的慷慨给予同样的赞扬。除了在细节上有所不同以外，它们均提到了一位名叫朱炯的人，说他的捐赠拯救了饥民；一位名叫倪复

---

① 陈子龙，《陈卧子先生安雅堂稿》，卷6，第5a页。
② 引自评者王昶，《陈忠裕公全集年谱》，卷上，第31a—b页。相同的论述亦见知府王孙兰的传记，载毛奇龄，《西河集》，卷77，第3b—4a页。关于宁、绍、台三府十九县都仿行祁彪佳的救济之策的评论，见毛奇龄为祁彪佳所作的传记，载毛奇龄，《西河集》，卷76，第5a页。

的人在米价达到三百钱时拿出了二百石粮食赈济饥民①；一位名叫沈懋简的人也持续捐助了数年。在1628年的洪灾以后，沈懋简延请僧侣道士掩埋了数千具遗骸；在1644年的饥馑时期，他赈济了不计其数的人；他也为狱囚煮粥，埋葬弃尸，帮助夫妻破镜重圆。方志总结说他"乐善好施"——仿佛是为了提醒读者，善行能够延年益寿——补充说他活到了九十岁。② 另外一位善人从山西致仕回到山阴以后，组织洛社耆英之会，周济亲族，赈济穷人，育婴和放生。③ 此人的倡议让人想到了杨东明的善会，后者亦是从古时洛阳的友情中汲取灵感的。

地方志中有关善人的条目表明了一个重要观点：许多如今默默无闻、身份不明的人士心甘情愿地为本社区的福祉做出贡献。然而文献的简洁让历史学家们感到沮丧。对于这些善人的社会背景和社区地位，人们或许会提出大量的问题，但都无法找到答案。从关于"岁饥"的陈述到宣称结果是"存活甚众"，传记对此采取了尽可能简洁的表述，几乎没有足够的细节能够详细说明每一条记录。记录这些文献的主要目的是通过确保将捐赠者的良好声誉刊印出来奖励他们，并树立榜样，激励后代。

祁彪佳的日记

将官员陈子龙和如今不知名的居民这两个世界的人联系起

---

① 关于朱炯，见《山阴县志》(1724)，卷33，第7a页；《山阴县志》(1803)，卷14，第89a页。关于倪复，见《山阴县志》(1724)，卷33，第7b页；《山阴县志》(1803)，卷13，第89a页。
②《山阴县志》(1724)，卷33，第8b页；《山阴县志》(1803)，卷14，第76b页。
③ 关于胡拱枢，见《山阴县志》(1724)，卷33，第27a-b页。

来的是一位地方士绅的日记。由于他在救荒活动中的特殊贡献，陈子龙将他单独列了出来。他在本书中是以一位虔诚的放生者和一位自负的园林主人的形象出现的。他就是祁彪佳。祁彪佳居住在山阴县。山阴县和其余七个县（会稽、萧山、诸暨、余姚、上虞、嵊和新昌）构成了绍兴府。山阴和会稽的县衙和府衙都在绍兴府城的城墙之内。山阴据西面一半，会稽据东面一半。有时我们并不清楚祁彪佳所指的是他自己的居住地还是整座大城。令人更加困惑的是他偶尔还使用了古地名"越"，根据语境，"越"指涉浙江省、绍兴府及府城。

祁彪佳也遭遇了陈子龙笔下的暴动。他在一个雪灾天入城，听说了十几户人家（想必是富户）遭到抢劫，其中一家完全被毁了。他注意到"乡绅富室惴惴，不免有即给米者"，补充说富民派米分钱，令刁民"气愈骄"。商铺都关了门，行人几乎绝迹。此时，和陈子龙的叙述不同的是，祁彪佳对那天发生的事情进行了细致入微的叙述："予与内子方饭外父家，闻之，投箸而起，归寓。"①

祁彪佳的日记揭示了事件的偶然性、协商的公开性、错误的开始以及幡然醒悟。日记顺带提到了他的族人诈抢了一艘运送粮食的船，将当地的粮食贩卖到外地。一些友人认为祁彪佳在为自己家谋利。② 在把每一部分写到他的日记中时，祁彪佳既不能预先判断哪些事情从长远来看占据重要地位，也无法预测哪一天的争吵到了第二天是否激化或者平息。正如他在这场危机的中途所观察到的那样，当淫雨对庄稼来说是个凶兆时，"人情皇皇，

---

① 祁彪佳，《小捄录》，1641年1月16日。关于祁彪佳的精明能干的岳父商周祚，见《会稽县志》，卷23，第12b页。
② 祁彪佳，《小捄录》，分别为1641年11月17日，2月25日，6月22日。

真不知所终矣"①。

陈子龙在庆祝行善取得硕果的文章中表扬了绍兴居民刘宗周、倪元璐、祁彪佳和余煌所作的努力,但单独列出了祁彪佳,因其最为积极。② 本章将会提出疑问:祁彪佳和刘宗周的许多同伴们(倪元璐、姜逢元、余煌、金兰和张焜芳)与祁彪佳本人很相似,他们以前也是官员,有显赫的家世,给人以乐善好施的印象,渴望展示自己的优点,努力投入到救荒活动中,掌握着一些财富(尽管他们的财富的准确数目和资产排名现在并不清楚),并和官员建立了有效的联系——考虑到这些相似之处,是什么将祁彪佳和他们区分开来?③ 祁彪佳的日记为此提供了帮助。它追溯到1631年,阐明了祁彪佳在遭遇这场危机之前的性格和兴趣是如何逐渐发展的。他的与众不同值得注意,因为至少在讨论慈善时,人们在给中国的地方精英打上均质化的标签时必须谨慎。

骚乱促使绍兴民众积极合作,发放救灾物资。陈子龙采用了工整的、回溯式的而非暂时性的记录,使一系列事件从属于这一决定性时刻。陈子龙提到,1640年他仅仅是将自己对饥馑的未雨绸缪这一先见之明记录了下来。随着饥馑的情况恶化,祁彪佳的日记篇幅变长了:在1640年至1642年严重饥馑时期,他的日

---

① 祁彪佳,《小捄录》,1641年5月8日。
② 关于刘宗周,见 Arthur Hummel, ed., *Eminent Chinese of the Ch'ing Period*, pp. 532-533。关于倪元璐,见 Arthur Hummel, ed., *Eminent Chinese of the Ch'ing Period*, p. 587; Ray Huang, "Ni Yüan-lu: 'Realism' in a Neo-Confucian Scholar-Statesman", pp. 415-482。在1624年高中状元后,余煌供职于翰林院。
③ 和祁彪佳一样,金兰和倪元璐拥有花园。关于金兰的半亩园,见祁彪佳,《祁彪佳集》,卷8,第187页。他的祖父金辂是一位儿科专家,无论病人贫富与否,他都一视同仁。关于金辂,见《会稽县志》,卷25,第14b页。关于张焜芳(1628年进士),见张廷玉等修,国防研究院明史编纂委员会编,《明史》,卷291,第3272页;张岱,《琅嬛文集》,第122-124页。姜逢元在万历年间获得了进士功名,并出任过多个职位,见他的传记,载毛奇龄,《西河集》,卷75,第26b-28a页。

记长达150多页，约55600字。它们表明，逮至1641年，善人们已经形成共识并结成同盟；它们记录了社区中的许多集会和争论，表明陈子龙认为理所当然的合作是经历了很大的困难才实现的。只有解决彼此之间的分歧，绍兴的居民们才能管理好一个大规模的组织。他们借此捱过了充满压力的几个月，并从府城延伸到周边八县的偏远乡村地区。祁彪佳的日记揭露了他的同伴们在几乎所有可以想象到的关于救荒形式的问题上的分歧，提出了这样一个问题：考虑到他的同乡人均有独立的思想，也提出了大量的对策，那么成功监督数百个粥厂的合作是如何达成的呢？

从计划到实施，陈子龙的记录显示一切进行得非常顺利。他简单地宣称救助计划卓有成效。祁彪佳的日记则一路穿插着救荒计划付诸实施过程中遇到的棘手问题、灾难和不断变化的环境，这些都迫使负责救灾工作的任事再三重新商议和调整他们的计划。本章借此机会来考察当地居民制定救荒计划的过程，然后将那些计划与实践情况进行比较。

王朝衰落的迹象？

历史学家们通常以朝代循环来解释17世纪40年代初期的饥馑：当明廷衰落时，基础设施也崩坏了；堤坝腐朽，令耕地无力抵御洪水；维持仓储和社会稳定的机构停止了运转。根据这个范式，加速王朝衰落的是道德腐朽，从万历皇帝这样不负责任、铺张浪费的统治者开始，道德腐朽最终腐蚀了整个官僚体系和社会。官员们无所作为，维持社会秩序和福利的责任从疲弱的朝廷转移到地方精英的手中。但事实证明，他们并不心甘情愿，且既贪婪又自私。因此，王朝的衰落加速了，天命的权力从一个朝代转移到下一个朝代也就顺理成章了。①

受到这一道德范式的影响,中国的历史学家们在几个世纪里保留和强调了那些能够证实政治衰落和人性堕落之间关联的信息,从而支持了这一范式,使之看上去像物理学中的自然规律那样正确。尤其是在明亡以后,历史学家们容易回到朝代循环的理论上去,往往没有注意到那些破坏这一理论的事实。

绍兴民众意识到中国的边境被围困了,朝廷既不堪重负,又资源匮乏。祁彪佳表达了对本朝命运的担忧,明白灾荒不可避免地播下了"乱萌"之种。② 当获悉边境骚乱和水路可能受阻,到了入都无地的地步时,他写道:"不觉惨感欲涕。"③ 他明白天乐农村地区的饥馑"虽曰天行",但他承认问题的另一半来自人们未能成功修缮灌溉系统。④ 尽管如此,他对绍兴救荒行动的记录否定了这样一个观点,即衰落的政体创造了一个地方精英成员不得不填补的空白。毋宁说,它表明,地方精英成员通过和官员联手来获取资源、维持秩序、调节粮价,并确保粮食被广泛地派发到城中病坊和乡村粥厂。

像许多日记的作者一样,祁彪佳习惯性地写下天气情况。每

---

① 反映这一观点的资料见 Ray Huang, *1587, a Year of No Significance: The Ming Dynasty in Decline*。关于晚明社会关系的恶化,见 Mi Chü Wiens, "Socioeconomic Change during the Ming Dynasty in the Kiangnan Area"; Tanaka Masatoshi, "Popular Uprisings, Rent Resistance, and Bondservant Rebellions in the late Ming"; Kobayashi Kazumi, "The Other Side of Rent and Tax Resistance Struggles: Ideology and the Road to Rebellion"。关于解释晚明社会紧张局势的一个审慎的概述,见 Martin Heijdra, "The Socio-Economic Development of Rural China during the Ming"。
② 例如,见祁彪佳,《小捄录》,1641年1月28日;亦见祁彪佳,《感慕录》,1640年9月6日。
③ 祁彪佳,《小捄录》,1641年4月10日。
④ 同上书,1641年5月5日。

第六章 动员食物救济

天清晨迎接他的天气立刻使新的一天变得不同寻常。这一点对他而言比我们所能了解的要真实得多。他机械式的日常工作从观察天气变成了忧心忡忡的警觉。这在1640年偶尔出现,随后在1641年变得更为明显。接下来席卷全球的小冰期使绍兴地区连续几天下起了雪。祁彪佳在1640年初记录他的笔砚冻了起来,雪花有豆那么大。①

就在骚乱发生的前一天,祁彪佳趁着雪霁欣赏了一下湖边的景色。一阵大风迫使他的队伍折返,于是他们发现停驻于湖边的船被埋进了雪堆。祁彪佳注意到"米价日高,当此积雪,人情必至汹汹"。第二天他补充说连绵不止的雪令他担忧。② 一星期以后,当他从睡梦中醒来,他让婢女开窗"卜晴雨",接着记录道:"至是,雨雪凡九日矣。"③ 在接下来的一个月里他都保持警觉,他在日记中写道:"自正月初十以后,无三日中风日晴和者,天怒已甚。"④ 接着,他在向一位老农请教了淫雨问题后,得知"二月清明,雨不为害,乃少慰"⑤。尽管有这样的保证,但暴雨、洪水、大雪和蝗虫仍持续肆虐着绍兴。

由于担心出现最坏的情况,祁彪佳接受了一部看起来像是宋朝末期的书所传达的观点。这部书据说是1638年在一口井里被发现的,由一位宋朝的忠烈之士所写。⑥ 这部"井中心史"真实与否存疑,或者像一些学者后来所争论的那样,这是一部晚明的伪

---

① 祁彪佳,《感慕录》,分别为1640年1月17日,1月18日。参阅李明珠(Lillian M. Li)的说法,即决定收成的"最重要的单一变量"是天气,见 *Fighting Famine in North China: State, Market, and Environmental Decline, 1690s–1990s*, p. 37。
② 祁彪佳,《小拯录》,1641年1月14日至15日。
③ 同上书,1641年1月23日。
④ 同上书,1641年2月17日。
⑤ 同上书,1641年2月28日。
⑥ 同上书,1641年5月5日。

作。该书的出版者敏锐地把握了该书出版的时间,利用了祁彪佳的同伴们对政治衰落的预感。不过,"井中心史"传达的信息是双重的。尽管它讲述的是一个王朝的溃灭,但也歌颂了一位爱国者的英雄主义。这则信息必定在晚明的救荒行动中引起了祁彪佳和其他领导人的共鸣。因为尽管他们对本朝有着不祥的预感,但他们相信自己有力量和识见去阻止它的衰退。① 他们乐观地认为能够掌控自己的命运——也就是说,通过行善,他们能够从上天引出有利的条件。尽管"天时人事可忧"②,但祁彪佳欣然肩负起救灾工作的责任,希望能够扭转乾坤。

一次,祁彪佳在《救荒杂议》中批评官员们"安坐堂皇,惟是以催科讯谳为事"③。这种行为被理解成王朝倾覆的预兆。尽管如此,祁彪佳的日记和其他有关绍兴救荒活动的材料中几乎没有证据显示地方官员是懒惰的,或者他们代表皇帝行使的权威受到了损害。毋宁说,这些官员赢得了当地社区领导人的尊重,并与他们进行了有效的合作;居民们以非凡的韧性、奉献精神和组织才能来应对这场危机。

最终,祁彪佳和志同道合的同时代人输掉了这场斗争。随着明王朝的覆灭而一同消亡的(无论是自杀还是生病),是我的叙述

---

① 这里所说的书是郑思肖的《心史》。关于姚士粦可能是晚明的作者,见 L. Carrington Goodrich and Chaoying Fang, eds., *Dictionary of Ming Biography*, 1368-1644, pp. 1559-1560。祁彪佳将张玉华当成出版者。孙康宜(Kang-i Sun Chang)暗示这部书激励了明代的忠臣义士,见 *The Late-Ming Poet Ch'en Tzu-lung: Crises of Love and Loyalism*, pp. 7, 133n32。关于郑思肖对于忠的宣言,见 Frederick W. Mote, "Confucian Eremitism in the Yüan Period", pp. 234-235;关于牟复礼(Frederick W. Mote)认为《心史》并非伪作的观点亦见该书(p. 352n50)。
② 祁彪佳,《小捄录》,1641年1月23日。
③ 祁彪佳,《祁彪佳集》,卷5,第87页。《救荒杂议》涵盖了大量诸如编甲、捕蝗、任事和利用商贩进行粮食交易等主题。同书,卷6,第115-149页。

中提到的许多人。这个结局因而看上去像是证实了王朝衰落的范式。然而,倘若有人不再拘泥于这一范式,转而从祁彪佳的日记中重塑事件,那么另一个故事就会出现。经济的繁荣使得绍兴地区拥有大批士人和大量剩余财富,为解决饥馑问题提供了全新可行的行动方案。绍兴居民面对的不是由基础设施崩坏而造成的绝对饥馑,而是不断变化的社会经济条件使他们所在的地区越来越依赖区域间的贸易。这增强了他们的责任感,并引发了关于资源公平分配的新问题。①

公共焦虑、个人损失

祁彪佳早在1641年以前已养成了一种习惯,即对需要帮助的穷人采取临时救济的方式。因为他的善行体现在他的自我形象中,所以他特别注意至少把其中的一些写进日记里:1631年,在以巡察御史的身份暂居京师期间,他给了一位同乡五两银子资助其返回家乡。② 有时他会给聚集在长安街上的乞丐们派发救济金。③ 一次,他注意到几十个乞丐已经摸清了他的必经之路,"计予停舆散钱"④。

回到绍兴以后,祁彪佳小规模的、临时性的善举逐渐转变为长期的合作行动。1636年,他参与了一个药局的运作。随后,他开始

---

① 关于饥馑并非源自粮食供给,而是源自对权利的定义,见 Amartya Sen, *Poverty and Famines: An Essay on Entitlement and Deprivation*。关于政治和文化在粮食分配中的作用的假设有许多参考著作,见其中一例:Cecil Woodham-Smith, *The Great Hunger, Ireland, 1845-1849*。
② 祁彪佳,《涉北程言》,1631年12月12日。
③ 同上书,1631年12月10日。
④ 同上书,1631年12月28日。

注意到即将发生饥馑的苗头,并逐渐参与到大规模的集体行动中。1637年,当会稽(剡中)遭遇饥馑时,王朝式和另外一个人突然造访祁彪佳,同他商讨减轻赋税的动议。这是在气候变化的非常时期帮助百姓的一个惯常策略。在倪元璐加入以后,他们一同前去拜见了王知府,并"力言剡中饥荒状"。祁彪佳指出,王知府表示同情,允许宽征,并补充说(未作解释):"第须得金钱二三千耳。"在那天晚些时候的白马山房的士人集会上,饥馑这个话题再次出现。在他们研究完学问以后,王朝式开始商讨赈事,但苦无应者。祁彪佳记录道:"予再捐十金以为创,且为设募助之策。归舟,作书以宽征之意报刘宛穀父母。"① 三天后,祁彪佳拜访了刘知县,代表会稽百姓谢其"施赈惠"。在和刘知县商讨"三赈之法"以后,祁彪佳继续拜访了知县路广兴,同他商议钦赈宽恤之事。② 祁彪佳爽快地回应了王朝式的恳求。然而,如果我们将他的日记视为一本指南的话,直到1640年,他才对救荒这个主题产生了兴趣。

  三年以后,正当饥馑日渐严峻,一种绝望的气氛笼罩于社区时,祁彪佳痛失两位至亲:1640年,他的母亲去世了③;1641年,王朝式病故了。后者是祁彪佳珍视和信赖的友人,曾经反对他建造园林,并在1637年提出救荒这个主题。祁母的去世令祁彪佳伤心欲绝。几个月以后,当他不得不将母亲的遗骸葬在一座山上时,大雨阻拦着扶棺的亲友们。祁彪佳自己继续痛哭。观者都为之感泣。④

---

① 祁彪佳,《山居拙录》,1637年闰4月4日。亦见同书,1637年3月9日(简单提及王朝式的赈嵊之议),3月15日(赈嵊),4月2日(赈剡),6月29日(王朝式提出赈剡的话题)。
② 同上书,1637年闰4月7日。
③ 祁彪佳,《感慕录》,1640年3月4日。
④ 王思任,《祁忠敏公年谱》,第11b—12a页;祁彪佳,《感慕录》,1640年8月15日。

第六章　动员食物救济

祁彪佳的母亲病入膏肓的最后几个月令他走上了拯救生命的道路。为了祈求上天让他的母亲恢复健康，他开始放生。① 当祁彪佳的母亲的身体稍有起色时，他花费一百斛放生了一些水族动物。他的年谱解释说，这是为了"资太夫人福"。② 在母亲去世以后，祁彪佳将放生动物的习惯转到了救助人命上来。根据一则记载，从母亲的葬礼上坐船回家途中，他"梦呼救者"；第二天，他碰见一名屠夫正要宰杀一头猪，于是祁彪佳心生怜悯，将它买下来放生。③ 母亲的病逝令他的情感变得脆弱，使他对求助变得敏感，加深了他对于他人的关心。无论祁彪佳在保护其家庭、村庄和宗族方面有何利己的目的，1640年痛苦的个人损失促使他将自己的利益与拯救生灵联系在一起。

同样，因个人损失而参与救荒行动的还有祁彪佳的熟人韩伦。韩伦四岁丧母。他日夜哭泣，几乎痛不欲生。数年以后，一位算命先生预言他的父亲会在某一天死去。震惊的韩伦决心自我净化。他坚持斋沐，前往山顶真武帝庙，沿途匍叩四十里。那晚，他梦见一位神仙宣称，如果他能诚心行善，他的父亲能够多活十二年。对于每一位需要帮助的人，韩伦都施以援手。在1641年饥荒时期，他和祁彪佳一同赈灾。祁彪佳曾在雪夜走到韩家，同他商议赈济筹备事宜。④ 他们同样因个人损失而投身慈善，两人成了合适的搭档。

---

① 祁彪佳，《感慕录》，1640年闰1月26日；王思任，《祁忠敏公年谱》，第11b页。
② 王思任，《祁忠敏公年谱》，第11b页；祁彪佳，《感慕录》，1640年闰1月28日，2月10日。
③ 王思任，《祁忠敏公年谱》，第12a页；祁彪佳，《感慕录》，1640年8月25日。
④ 另一位善人"无德色"，在1641年饥荒期间鬻产赈济、施舍医药和棺椁。他在五岁时为亡母"哀毁骨立，俨如成人"，见《山阴县志》(1724)，卷33，第26a页；《山阴县志》(1803)，卷14，第88b页，"沈懋庸"条。关于祁彪佳提及韩伦的部分，例如，见祁彪佳，《小捄录》，1641年1月18日，5月22日。

在祁母去世后不久,祁彪佳便得知了饥馑的消息。一封来自同乡余煌的信谈到了"深以越中米贵为虑"。① 一位访客带来了余姚饥馑的消息。② 亲友们造访祁家,同他商谈"赈事"。③ 一位友人和一位僧人一同前来告知祁彪佳寺院缺乏食物,需要募资。根据记录,祁彪佳提到僧众艰苦的消息促使他帮助了他们三次。④

饥　馑

为了应对1640年的饥馑,祁彪佳制定计划,将粮食平粜给他的族人和村里人。为了将那些计划广而告之,他起草了一份题为《平粜之法》的声明,在受助者中间派发。然而,在这个节骨眼上,在距离1641年初的骚乱尚有八个月时,祁彪佳看起来还没有完全明白正在逼近的饥馑的严重性。他还在为自己的公告采用何种书法风格而烦恼,他对审美的关注暂时超越了对其他方面的考虑。在两位友人的帮助下,他取著名艺术家董其昌的字帖来临摹⑤,而将董家自招的厄运抛诸脑后:1616年,董家盛气凌人地虐待奴仆和社会底层百姓的行径激怒了成千上万不同阶层的市民。他们反复呼喊"若要柴米强,先杀董其昌",袭击并摧毁了他的奢华庄园和财产。⑥

---

① 祁彪佳,《感慕录》,1640年3月27日。
② 同上书,1640年3月29日;祁彪佳在这里用"姚江"来指代余姚。亦见1640年4月21日,5月4日。
③ 同上书,1640年4月29日。
④ 同上书,1640年4月14日。
⑤ 同上书,1640年4月18日。
⑥ Nelson I. Wu, "Tung Ch'i-ch'ang (1555 - 1636): Apathy in Government and Fervor in Art", pp. 286 - 288. 亦见 Celia Carrrington Riely, "Tung Ch'i-ch'ang's Life", Vol. 2, pp. 415 - 417, esp. 417。

第六章 动员食物救济

关于资源匮乏的抱怨四处蔓延,让居民们意识到危机的严重性,将其隐约不定的担忧转化为迫切关注的意见和谈判。祁彪佳和友人们相互交换和转递信件,加速了信息的流通。当社区道德模范刘宗周约祁彪佳商议赈事时,祁彪佳将此前一封写给余煌的信的副本附呈给了他。① 六天以后,祁彪佳匆忙赶赴城中——顺道造访了一座寺庙和一位熟人的书室——接着在他的寓所接待友人,商议救荒策略。② 他们两两商谈,或者在小组集会时商谈。某一日,祁彪佳独自向八个人解释了平粜给米的紧迫性。祁彪佳考量了舆论氛围,并将自己的观点打磨成能够被广泛接受的策略。随后他写信给宁绍道台郑瑄,小心翼翼地提议"和籴三则十款"以控制价格——也就是说,在不损害卖方利益的前提下降低买方价格——同时进口粮食以保持稳定的供应。③

因造访祁家而被祁彪佳写进日记的人不计其数,许多人至今默默无闻。就在一次公共集会以后,金兰首先拜访了他。金兰是他的"同年",和他一同获得了进士功名。金兰给祁彪佳看了一封李洧磐的信,这封信转达了另外一个人的意见。写这封信的李洧磐和祁彪佳相隔甚远,以至于祁彪佳评论说"尚未知予读礼"。尽管如此,李洧磐仍视祁彪佳为一位重要的行动者,劝其加入到救荒行动中来。金兰还和祁彪佳交流了周知县的意见。周知县显然赞同给米(而非平粜)。在听说这个办法已经在余姚付诸实施

---

① 祁彪佳,《感慕录》,1640 年 5 月 1 日。
② 同上书,1640 年 5 月 7 日。
③ 同上。通过和籴法所获得的粮食将被储存于"常平仓",见祁彪佳,《祁彪佳集》,卷 5,第 92 页。祁彪佳经常使用"公祖"这个非正式的称谓来指代知府(太公祖)、同知(副公祖),以及其他比知府品级更高的地方官员。见 Charles O. Hucker, *A Dictionary of Official Titles in Imperial China*, no. 3492. 有时,我会把这个词翻译成"official"或"local authority";在更多的情况下,我会把它换成这个人的实际头衔。

以后，祁彪佳给刘宗周写了一封信，促其与另外二人商议。祁彪佳在日记中说："旋来访议赈荒事。"显然他们充当了刘宗周的特使。当晚，在听完另一位客人"言募助之难"以后，祁彪佳记下了商议的情况："幸诸友实心任事，鼓舞不倦。"① 从1640年至1641年祁彪佳的日记看，其中有充足的文献来说明这一天的经历经常是重复发生的：信息和意见涌向祁彪佳，随后传递出去，通常还包括几次他没有出席的社团的信息和意见。

除了非正式的谈话和书信往来，那些大致称得上有社会地位的居民也频频在危机时期召开正式会议。绍兴为这些大型集会提供了许多地点：两县一府城的城隍庙，其神格分别对应了知县和知府②；众多的寺院，诸如永福寺和融光寺③；以及纪念当地英雄王阳明的祠堂。

要开会的消息通常会提前几天发出。1640年饥馑期间，在五月初八那天发出了本月十一日要开会的通知。1641年初，祁彪佳的表叔率其侄儿携带一封"公函"，说诸绅应于次日到文昌社集会。④ 有一次，知府约定三天以后在文成祠集会。⑤ 不久以后，友人们被告知六天以后于此处重新集会。⑥ 另一个情况是，各坊

---

① 祁彪佳，《感慕录》，1640年5月18日。邢君是邢旋，见祁彪佳，《小捄录》，1641年4月28日。
② 《绍兴府志》(1683)的地图显示了三座位于绍兴府城、山阴县城和会稽县城内的这样的庙宇。这幅地图被复制在以下文献中：John B. Watt, "The Yamen and Urban Administration", pp. 354-355; James H. Cole, Shaoxing: Competition and Cooperation in Nineteenth-Century China, pp. xiv-xv。
③ 融光寺坐落在距离城西二十里的柯桥，根据《绍兴府志》(1683)，卷23，祠祀5，第17a页。对这个寺院的说明出现在《山阴县志》(1724)，卷5，第26b页。
④ 祁彪佳，《小捄录》，1641年1月11日。
⑤ 同上书，1641年3月24日。
⑥ 同上书，1641年4月13日。

"诸友"都收到了王知府将在两天后于城隍庙召开会议的通知。① 一次,祁彪佳让一位仆人遍请"柯市之善信者",于次日在融光寺开会。果然,超过二十位文学耆老到场。②

出席这些会议之人显然是自愿的。有时,祁彪佳预料某些关键人物能够出席,因为他提到,由于刘宗周无法亲自出席,便递上一封信作为替代。③ 此外,尽管王知府曾带口信给祁彪佳,说他自杭州(武林)过来的船可能被风所阻,但他最终还是召开了一次会议(这是由他亲自安排的)。④ 尽管如此,祁彪佳的日记并没有提及像杨东明的善会那样对缺席会议之人进行罚款的事件。⑤ 这一事实,加上祁彪佳习惯于计算与会者的人数或者记下他们的名字,以及他自己也曾拒绝过出席某次会议⑥,表明对于每次举会的反应都是无法预测的,参会成员的人数也不固定。

与会者的身份从官员、前政府官员到拥有不同功名的士人不等。祁彪佳总是按照自上而下的社会等级顺序依次列出他们的名字。⑦ 有时,他会记下出席会议的人的姓名,他们中的一些小人物的生活至今鲜为人知。有时,他也提到出席者多得无法全部列上去。⑧ 祁彪佳通常将帮手们称为"诸友",偶尔也使用"诸兄"⑨,有时这两个词会交替用在同一个人身上,这使我们并不清

---

① 祁彪佳,《小捄录》,1641 年 7 月 20 日,7 月 22 日。
② 同上书,1641 年 3 月 7 日至 8 日。
③ 同上书,1641 年 9 月 22 日。
④ 同上书,1641 年 3 月 27 日。
⑤ 不过,没有履行承诺任事的"友"会被罚款。
⑥ 同上书,1641 年 9 月 13 日。
⑦ 例如,见祁彪佳,《感慕录》,1640 年 5 月 8 日。关于一则例外,见祁彪佳,《小捄录》,1641 年 3 月 27 日。
⑧ 祁彪佳,《小捄录》,1641 年 1 月 18 日。
⑨ 例如,见上书,1641 年 2 月 2 日。

楚这两个词是否意味着不同程度的亲密关系。尽管如此，这两个词都暗含了一种能够缓和社会身份差异的同志情谊——尽管偶尔会有一个核心圈子，既包括拥有进士功名的地方领导人，也包括官员，他们在向"诸友"传达要旨之前需要先进行磋商。①

在文成祠的一次集会上，与会者中有祁彪佳和其他五位乡缙姜逢元、余煌、刘宗周、倪元璐和张岱的九叔张焜芳，以及三位孝廉。祁彪佳提议和籴，并给他们审阅了一封自己起草的信札。他写道："皆以为可。诸文学聚集甚众，亦皆以为可。乃托姜箴老[姜逢元]言之府公祖。三日期缙绅会于公所，共相商议。"②

在既定集会的前一天，大雨倾泄在绍兴这片业已湿透的土地上。刚刚起草完《粥厂事宜十五条》的祁彪佳被知府和两位知县召进了城里。他在日记中特别提到那天还收到了一封由两位同乡所写的信，"以赈事责成于予"③。翌日，祁彪佳发现官绅们已经齐聚城隍庙，共商"和籴"之策。诸绅已经写下了他们打算出售多少粮食。为了强调当前的合作气氛，祁彪佳提到在那些与会人员中，只有一个人拒不合作。④

另有一次会议是提前两天通知将于五月十八日在刘宗周的蕺山住所召开。⑤ 在会议上分歧爆发了。刘宗周最初动议发"私募之簿"。祁彪佳提议将各簿募赀总会于一处，统计饥民户口数量，出余资散赈。祁彪佳记录道："诸友有议论未合者，大约人我

---

① 例如，府城的城隍庙会议，见祁彪佳《小捄录》，1641年7月22日。
② 祁彪佳《感慕录》，1640年5月8日。在祁彪佳看来，"文学"指在科举考试中较低级别的应试者，即生员、监生和儒士，见祁彪佳《祁彪佳集》，卷6，第148页。
③ 祁彪佳《感慕录》，1640年5月10日。
④ 同上书，1640年5月11日。这个人是王思任，他将会再次出现。
⑤ 同上书，1640年5月16日。

恩怨之见未能尽忘耳。"① 尽管祁彪佳对会议进程的总结晦涩，但其揭示了三点："诸友"就策略进行了商讨和争论；一些"诸友"最终为了一个共同的观点而放弃了他们的立场；祁彪佳坚持一个人应该超越自身利益的观念。

在进行争论的同时，他们也在收集穷人的数据。在1640年救荒行动开展之前，祁彪佳先从他的侄子奕远的信中获悉"城中饥民凡八千余口"，接着他进行计算："每口上贫可赈一斗二升，次贫可赈一斗。"② 随后，他将注意力转移到位于山阴西南约三十五里的乡村地区。他和先祖们长久以来都和那里有着联系。祁彪佳视察了柯山和西泽二村的饥户，查明了当地富户愿意拿出多少米来认捐。③ 他的本族各家认二十七日，程王诸姓认十七日，路南孔氏认一日。④

下一步是制定分配粮食的程序。祁彪佳准备给米票，查确饥民姓名，然后在宗祠和社庙发放给米票。祁彪佳对那天的情况进行了叙述："凡查报饥民一百七户，计二百五十八口。"⑤

因此，祁彪佳在代表地方官员采取行动的五天以后贴出了"给米牌示"。计划仍在进行中。祁彪佳为迎接知县汪元兆的来访做足了准备。祁彪佳叙述了汪元兆"下乡劝赈至弥陀寺"一事。这座寺庙坐落在梅墅村。那是祁彪佳的出生地，也是祁彪佳的父

---

① 祁彪佳，《感慕录》，1640年5月18日。
② 同上书，1640年5月23日。
③ 同上书，1640年5月24日。柯山位于山阴西南三十五里处，根据《柯山小志》，第1a页，载《绍兴县志资料》。
④ 祁彪佳，《感慕录》，1640年5月25日。
⑤ 同上书，1640年5月26日。从陈绳之出现的上下文来判断，我猜想他是祁彪佳的管家或账房。

亲居住过的地方。祁彪佳出门会晤官员,"示以认米日期,饥民户口"①。这些丰富的文献记录了救济工作的每一个阶段,为所有参与者提供了一个共同的参照点。

1641年的会议遵循了类似的模式:小范围的磋商与正式的讨论交替进行。1641年3月,三四十位"友"聚集在城里东北角的天王寺。这一次是为了仔细商讨在乡下设立粥厂的意见分歧。祁彪佳记录道:"有议城中设粥之不便者,有议乡间设粥亦不便。"但他补充说:"而苦无他策可济之者。陆雍之言卖粥一法,日轮一友任之,每粥一盂取钱二文,使体面者亦得持钱受粥。"②最后,"诸友"达成了共识。其中一人邀请每一位任事写下其姓名。此外,还有每一位"友"的同志的加入,因此他们有了五六十名任事。③

第二天,祁彪佳在城里四处奔走,和他的许多知名同伴们商议,并与王知府安排了一次会议,定于三日后在文成祠召开。④在既定之日,他陪同著名的张氏家族的三名成员来到文成祠,在那里已经齐聚了"城中各坊任事之友,乡间各区任事之友"。前来参加会议的还有缙绅余煌和张焜芳、两位孝廉、为数众多的官员,以及两位知县。⑤

当祁彪佳和友人们在为下和坊派发粮食争论策略时,一封来自一位同伴的信提到诸友正在天王寺里等待本村决议的情况。祁彪佳赶到寺中,在那里他见到了六个人(他们经常出现在祁彪

---

① 祁彪佳,《感慕录》,1640年5月27日。关于牌示,见同书,1640年5月22日。关于弥陀寺,见祁彪佳,《祁彪佳集》,卷4,第64-67页,尤其是第66页。
② 祁彪佳,《小捄录》,1641年3月23日。
③ 同上。
④ 同上书,1641年3月24日。
⑤ 同上书,1641年3月27日。其中一位姓张的人是张尊。

佳的日记中,除此以外我们一无所知)。祁彪佳向他们解释了手头的任务:"相度粥厂之地","择贤能之人为任",以及"募富赒饥"。诸友次第发表意见。① 在许多场合,当地上下阶层的精英人士会聚在一起讨论政策,并与当地官员进行磋商。每一次,与会者的意见都不一致,但都达成了共识。

在与救荒有关的会议及磋商上,祁彪佳经常使用"公"这个词,通常被译为英文"public",例如"公所"和"公函"。有一回,祁彪佳将一次由知府召集的城隍庙会议说成"公议"。② 然而,"公"这个词更准确的意思是"官方",与"私"相对;以及"公开",它并非指涉普遍意义上的公,而仅仅指涉那些用定义不清的标准来判断自己归属的人。共识是通过商讨达成的,但每一个声音的分量不同,这取决于社会地位、政治和社会关系、道德说服力以及许多其他因素。祁彪佳的日记重现了那些推动共识的力量,以及在此过程中让他有资格成为一位领袖的特质。

信息专家

祁彪佳巧妙地将自己与其他前政府官员区分开来,而以一个特殊的角色自居。1640年年中,在城隍庙举行的一次会议上,祁彪佳晚到了,他像是会议上这些争辩的局外人。在会后,他留了下来。他留心记录道:"两父母更请予与张九山[张焜芳]议数语。"随后,考虑到仍然有少量没有解决的救荒安排,祁彪佳请"诸友"稍作停留,以定"领簿盟神之期,散粜之所,认募之人"。③ 正

---

① 祁彪佳,《小捄录》,1641年4月7日。
② 同上书,1641年1月15日。
③ 祁彪佳,《感慕录》,1640年5月11日。

如祁彪佳的年谱所言:"春夏间,淫雨坏麦,米值骤腾。议《救荒策》十五条。当道及诸缙绅以先生居丧逾百日,力请出董其事。遂与余武贞先生行和籴法。"① 祁彪佳有时被别人推选行事,有时自告奋勇。有时他声称自己是受命而行,正如他写到的那样,"先是,刘先生以荒政促予料理"②。有时他自愿为之,一次他评论说,"苦无倡首,予毅然任之"③。

祁彪佳精通行政管理知识,能够领导救灾工作。为了获得有关粮食供应的信息,他参考了实用指南。实用指南是学者们在过去几个世纪里汇集的智慧宝库,每一部都不断地修改和阐述以前的出版物中的内容,以便在自己的时代推陈出新。一部13世纪早期由董煟所作的指南——《救荒活民书》——在15世纪得到了朱熊的蒐补,随后(和许多其他作品一起)被徐光启查阅。徐光启是大型六卷本全书《农政全书》的编者。④ 徐光启的作品除了载有有关耕种、农具、灌溉技术和养蚕的大量信息以外,还搜集了大量关于救荒的材料,包括古代政治理论家的观点、前贤的建议、奏折和战略计划。徐光启去世的时候,其手稿尚未完成。但他的手稿被陈子龙从他的孙子那里抢救了下来。陈子龙和两位同伴合作,对徐光启的作品进行了编纂,增补了脱漏部分,并在1639年

---

① 王思任,《祁忠敏公年谱》,第11b页。祁彪佳提到了另一篇文章,也是十五条,但题目有所变化,载祁彪佳,《感慕录》,1640年5月10日。
② 祁彪佳,《小捄录》,1641年1月10日。
③ 同上书,1641年1月17日。
④ 关于徐光启,见 Arthur Hummel, ed., *Eminent Chinese of the Ch'ing Period*, pp. 316-319。根据陈龙正的记载,朱熊是一介平民,"身行救荒诸善事","又以施药有尽,施方无穷",他重新出版了董煟的《活民书》,见陈龙正,《几亭全书》,卷55,第1b页,《救荒策会序》。

出版了此书。① 这正好是在陈子龙出任绍兴推官一职前不久。

祁彪佳在年轻时必定在父亲的宏伟藏书楼中接触过这些指南。他自己的书就存放在那里。② 在父亲去世以后,他研读了《牧津》。这是由他的父亲编纂的关于过去官员在行政事务方面的观点的重要集子。③ 他也密切关注新的出版物。1639年,他让仆人从杭州(吴)寻得了一部刚刚出版的《皇明经济文编》。我猜想这可能是同一部书的不同名称(以"经世"代替"经济"),或是《皇明经世文编》的一个误写。④ 这部卷帙浩繁的书共有五百多卷,由陈子龙等人编纂。这也是祁彪佳后来经常提到的一部书。⑤ 1641年,他从陈子龙那里收到了一部徐光启的著作。⑥ 他之后用它来查阅诸如捕蝗、通过合适的灌溉来抵御干旱等技术。⑦ 他声称:"言之最详者,莫过于云间之徐文定公。"⑧

1641年的饥馑,加上丧母,使祁彪佳变得持重。他将赏心悦目的活动如看戏和游园弃置一旁,转而认真研究救荒策略。他细

---

① 陈子龙,《陈忠裕公全集年谱》,卷上,第25a页。陈子龙有自己的非商业性质的作坊来出版这部作品,见 Kai-wing Chow, *Publishing, Culture, and Power in Early Modern China*, pp. 77–78。
② 祁彪佳,《归南快录》,1635年7月5日。关于其父亲的藏书的一个目录,见祁承㸁,《澹生堂藏书目》,载《绍兴先正遗书》,卷8,第1a–2a页。在他的父亲去世以后,祁彪佳评论说他自己的藏书不及父亲的一半。见祁彪佳,《归南快录》,1635年9月8日。
③ 祁彪佳,《山居拙录》,1637年4月2日,4月11日,4月15日。
④ 祁彪佳,《弃录》,1639年6月17日。
⑤ 祁彪佳,《小捄录》,1641年3月17日,4月28日。《皇明经世文编》于1638年出版,见 Wolfgang Franke, *An Introduction to the Sources of Ming History*, 5.1.8。
⑥ 祁彪佳,《小捄录》,1641年2月23日;祁彪佳,《壬午日历》,1642年1月1日(关于祁彪佳阅读徐光启的作品)。
⑦ 祁彪佳,《祁彪佳集》,卷5,第93页。
⑧ 同上书,卷5,第79页。

读了友人的《救荒急策》，并审查了上年的赈簿。① 他精读了上一年的《邸报》，悉心抄录了所有与荒政有关的东西；以及——为了表现自身的重要性——他辑录了写给官员的救荒信件。② 他查阅了陈子龙的《皇明经济文编》，抄录了关于救荒、弭盗和城守的部分。③ 甚至在乘舟外出期间，他还采辑了历代名臣奏疏中有关荒政的内容。④ 当一场倾盆大雨快要将新苗毁于一旦时，忧心忡忡的祁彪佳花了几天时间来钻研董煟的《救荒活民书》。⑤

关于救荒的书信、提案和指南从祁彪佳的笔端流出。⑥ 他常常反复修订这一系列的草稿。在为本坊草拟方案时，他将这些草稿在"友"和官员中间传阅，征求他们的意见。⑦ 一次，在一个六天的行程期间，他讨论《粥厂事宜》，草拟"十五条"方案，并给知县送去了一份。⑧ 在几天的时间里，他还创作了《监粜事宜数则》、《给米牌》、《给米事宜》和一篇题为《赈荒末议》的文章，并从一位访客那里获得了积极的反馈。⑨ 通过传阅提案、与同伴们交换意见、改进方案，祁彪佳在他们中间建立了共识。

与祁彪佳的社会地位相当的人普遍可以获得许多现存的行

---

① 祁彪佳，《小捄录》，1641年1月13日。
② 祁彪佳，《小捄录》，1641年3月12日；亦见3月9日，3月12日（《邸报》），3月13日（书信）。关于《邸报》，见 Wolfgang Franke, *An Introduction to the Sources of Ming History*, p. 8。
③ 祁彪佳，《小捄录》，1641年3月17日，4月28日，5月21日。
④ 同上书，1641年3月22日。
⑤ 同上书，1641年8月16日，8月17日，8月18日，8月19日。
⑥ 祁彪佳的日记特别提到了许多涉及饥馑的书信。关于一封关于赈救流民的信，见上书，1641年3月13日。关于祁彪佳阅读救荒手册，见同书，1641年2月23日，3月5日，4月8日，10月3日。
⑦ 同上书，1641年4月9日。
⑧ 祁彪佳，《感慕录》，1640年5月9日，5月10日，5月14日。
⑨ 同上书，1640年5月19日，5月22日，5月23日。

政指南。① 然而，它们对历史学家的作用是有限的，因为几乎难以证实这些指南得到了成功执行。祁彪佳的日记记录的日常生活的实际情况为祁彪佳和绍兴同乡刘宗周、倪元璐、张陛所编纂的作品或他们自己所具备的管理知识提供了依据。这些人都熟谙救荒策略。他们了解不同类型的粮仓（义仓、社仓和常平仓）的优点与不足，也知晓操控粮价的后果——比如，降低价格仅仅是鼓励商人囤积库存。他们懂得如何控制粥厂人群，以及对人口按需分类，以便有限的资源得到合理有效的利用。他们从先贤那里（甚至是从一篇由张陛所作的展现宋代先例和政策的短文中②）获得了权威和指示，但他们明白传统必须发展以适应新的环境，因此他们继续对行政指南进行更新和修改。

祁彪佳的日记帮助人们将宏大而综合的愿景与实际的救荒计划联系在一起。他的日记揭示了他是一个非常务实，没有盲从过去的知识的人，他能够快速地对书本上的建议是否符合当下的情况进行检验。当蝗虫席卷寓山，使祁彪佳"心甚忧之"，他迅速"阅诸救荒书，凡有关捕蝗者，皆节录刊布"；接着，那天下午，他"集村中人用铳炮金声驱蝗，且扑捕于南园"。祁彪佳写道："夜与无迹师举火堤上，盖仿书中所言，蝗见火光，即飞投也。"他无可奈何地说，此法"卒不验"。③ 尽管如此，这一事件还是表明了他在不断变化的环境中对于新思想的开放态度。

正如祁彪佳在日记中提到的大量信件和建议所表明的那样，

---

① 这些手册数量之大、范围之广，已经被解释得很清楚了。见 Pierre-Étienne Will, "Handbooks and Anthologies for Officials in Imperial China: A Descriptive and Critical Bibliography"。
② 张陛，《救荒事宜》，第 3b 页、第 4a 页。
③ 祁彪佳，《小抹录》，1641 年 6 月 29 日。

173 他对每一种救荒策略的组成部分和后果都有分析把握。祁彪佳在骚乱前不久起草了《救荒小议》,在三大总纲领下分析了十七条项目:(1)通商告籴六条;(2)储米平粜五条;(3)募助给米六条。①在给汪知县的一封信中,祁彪佳"言目前救荒七事,有前所以言者,其中商措本之数,坚任事之心,议劝囤之法";以及为汪濬源草拟了两个告示,一是劝乡间遍行给米,一是劝乡间不许私囤粮食。② 祁彪佳在争论中反复引入了这种微调性的分析,例如"和粜三则十款"——也就是说,以不损害买卖双方的价格购买粮食③;"私贩宜禁十条";"禁法十五条"④。当阅读和制定救荒意见时,祁彪佳将所知所学浓缩成一部他希望留给后代的题为《救荒全书》的作品。这部作品似乎是在大约 1642 年完成的,那时他将这部作品分为十八卷。⑤

如此,在 1641 年初骚乱前夕,当祁彪佳发现被知府召集起来参加"公议"的众绅"议未决",许多人"请退,具议单以上"时,晚到的他准备充分,悉心逐条陈述:他主张,基本办法应当是一个三步走的计划,以便通商告籴和平粜给米。一回到他的住所,祁彪佳便写信给知府王孙兰,颇具权威性地列举了计划中的下列三条:

---

① 祁彪佳,《小捄录》,1641 年 1 月 10 日。
② 同上书,1641 年 1 月 21 日。
③ 祁彪佳,《感慕录》,1640 年 5 月 7 日。
④ 祁彪佳,《小捄录》,1641 年 9 月 19 日。
⑤ 祁彪佳,《壬午日历》,1642 年 8 月 1 日。《救荒全书》的一部未刊手稿在中国国家图书馆;另一部未刊手稿在中国台湾地区。见 Pierre-Étienne Will, "Handbooks and Anthologies for Officials in Imperial China: A Descriptive and Critical Bibliography", s. v. *jiuhuang quanshu*. 我见过这部作品中的数页,是夫马进好心给我的。现有的是已经出版的《救荒全书小序》,载《祁彪佳集》,卷 5,第 76 - 115 页。我猜想这是介绍《救荒全书》的各个部分的文章。根据祁彪佳的日记,《小序》的八节中有六节的名称与构成全书的各节名称一致,见《壬午日历》,1642 年 2 月 27 日。祁彪佳也提到"作《救荒小记》二十余首",见《小捄录》,1641 年 10 月 16 日。

"一则严示谕开典铺米铺;一则严示谕禁强借强籴;一则令任事之友分坊立刻查上贫次贫,使其有得食之望,人心便可少安。"①

流程和招募

祁彪佳的社区有了充足的志愿者,他们在城中三十九坊和周边乡村地区监督散赈。祁彪佳的记录证明了为数众多的文学、"友"和有功名之人(从备受尊崇的进士功名到数量膨胀的低级功名)参与其中:一次会议有三十至四十个人;另一次在城隍庙里召开的会议上,和官员们在一起的有四五十位"友"②;有五六个人一组的访客;有名单上的"任事诸友"。更让人信服的是,仕事的数量是充足的,这在祁彪佳提到的一个策略中有所体现:"一友之外,使开其同志者,遂得任事五六十人。"③

然而,并非所有受过教育的居民都乐意自告奋勇。祁彪佳不得不花费相当大的精力走访和劝说居民们在救荒工作中进行合作。当得知他推荐的一位参加救荒工作的孝廉未曾任事,祁彪佳"为饥民"恳求他进行合作。④ 祁彪佳还拜访了一位熟人,"劝其任天乐赈事",随后又拜访了刘世鹍,适逢他出去了,但后来他还是参与到了救荒工作中来。⑤ 祁彪佳建议官员陈子龙和毕九臣力劝进士余煌负责管理粥厂。陈子龙想去拜访余煌。祁彪佳就赶往余煌家中等待陈子龙的到来。他和余煌商议"择本村有好义

---

① 祁彪佳,《小抹录》,1641年1月15日。关于这封信,见祁彪佳,《祁彪佳集》,卷3,第42页。
② 祁彪佳,《小抹录》,1641年3月23日,9月22日。
③ 同上书,1641年3月23日。
④ 同上书,1641年2月20日。
⑤ 同上书,1641年3月3日,4月16日。

大户"负责管理粥厂的重要性。祁彪佳在日记中指出，余煌"大都与予合"，但接着解释说，余煌以对那些人不熟悉为由拒绝了择选任事之人的请求。① 一次，祁彪佳还不得不处理了一位孝廉的问题，这位孝廉虽然最为积极地管理天乐农村地区的救荒事务，但他拒绝和其他"友"合作。② 想必合作是可取的，因为它遏制了腐败，使社区的受助者均能享受到每一位捐赠者的恩惠，并暗示了将行动合法化的共识。

尽管存在这样的问题，但在余煌拒绝负责粥厂事务的第二天，由祁彪佳分发的传单得到了许多友人的回应。他们涌进了祁彪佳的城中寓所。他们将两个县（会稽和山阴）各分成五区，然后分配人员来负责粥厂事务，每区由最多五人、最少四人负责。就在这时，道台郑煊和其他的地方高官来巡视，祁彪佳将方案向他们汇报。到日落之时，一份列有参与行动的友人的名单已经被拟好了。③

资料的脱漏

尽管祁彪佳的日记说明了任事的招募情况，但他对所有运送粮食和为粥厂准备米粥的劳役却没有给予足够的重视。在祁彪佳的行善视野中，这些卑贱之人无足轻重。有一次，他对征召来的里役（想必他们是粮食运输的受托之人）将粮食卖到绍兴以外的地区表示担忧。④ 另有一次，他在调查天乐乡的情况时得知，

---

① 祁彪佳，《小捄录》，1641年3月24日。
② 同上书，1641年3月3日。
③ 同上书，1641年3月25日。
④ 同上书，1641年1月20日。

在绍兴府周边的乡村地区，四十八都中的一都被里役侵扣了赈资。① 另一次，在给汪知县的一封信中，祁彪佳力主宽征，顺便提到了那些在乡间参与救荒工作的里役，大致如下所述："虽任事不尽里役，而里役亦在其中。虽出米不尽里役，而里役亦在其中。若奔走办粮，必不能分身执事。"②

祁彪佳也甚少关注其他在派发粮食中同样重要的下层人物。这些人当中有监督粥厂排队、担粥穿梭于市镇和掩埋饿殍的僧人③；有熬夜准备几串钱来分发的仆人④；有负责将米粥售给"次贫"的行僧——这个计划旨在对免费粥铺进行补充。根据祁彪佳关于救荒的大体论述可知，卖粥不但会使那些通常不愿意在公开场合露面就食之人受益，也将使卖方获利："今卖粥之法，持钱二文，便得盃粥。一人市归，举家可饱。主卖之长者，虽捐折大半，而得此售资，转展贸易，又可稍延时日。"⑤ 根据祁彪佳的日记，两文一碗粥的价格备受争议，而这一政策是否已经实施，倘若实施了，那么该计划是否有效，这些都不是重点：祁彪佳设想有一群默默无闻的劳役，他们的服务可能会被用于救济饥荒（这就像应征入伍的士兵那样，是通过强制手段；或者像卖粥之人那样，是通过对物质利益的许诺）。

在现存记录的背后发生了许多我们现在无法触及的事情。祁彪佳的日记想当然地省略了大量信息，未能明确说明他的宗族有多少户人家，有多少别的宗族居住在本村，以及那些投身慈善

---

① 祁彪佳，《小捄录》，1641年3月18日。
② 祁彪佳，《祁彪佳集》，卷3，第51页。
③ 例如，祁彪佳将掩埋农村穷人的事情委托予僧侣，并给他们提供了一些资金。见祁彪佳，《小捄录》，1641年5月5日。
④ 同上书，1641年3月29日。
⑤ 祁彪佳，《祁彪佳集》，卷5，第109—110页。

的同伴们与许多似乎没有参与到救荒活动中的拥有进士功名之人的财富对比情况。尽管祁彪佳及时地将他在饥馑时期所收发的大量信件写进了日记,但他鲜有描述这些信件的内容。他的日记是为了补充他的个人档案。无论是他的后人还是他的学生,都会在他死后整理并出版他的作品。偶尔,他的日记提到的某篇文章会被保存下来。① 更为常见的情况是,日记显示数量庞大的材料已经散佚。在1640年饥馑期间,祁彪佳曾经写了一封信给汪汝谦。② 汪汝谦是一位富商,也是在杭州西湖上的一艘名为"不系舟"的游船的主人。在写信给汪汝谦的两天后,祁彪佳派管家陈长耀监督诸如庄奴插柳的工作③,并和仆人们前往杭州(武林)。当时,粮食采购成为祁彪佳考虑的主要问题。上个月,他还命人赴苏州(吴中)购买粮食。④ 但对于这次到杭州的差使是否也涉及粮食交易,是否涉及汪汝谦,他的日记语焉不详。

方 案

1641年初,绍兴本地的领导人制定的救荒方案首先是在城中各坊派米。然后,一旦"中贫"人家得到安抚,秩序得以恢复,便会在农村地区设立粥厂。已经就位的行政区划为其中的每一个方案提供了框架。山阴和会稽两个县的城区坐落于绍兴府城内,

---

① 例如,见一封写给道台郑瑄的信,被保存在《祁彪佳集》,卷3,第39-41页。祁彪佳的《小捄录》中于1641年3月28日写了这封信。亦见余煌写给各色官员和祁彪佳的书信,载余煌,《余忠节公遗文》。
② 祁彪佳,《感慕录》,1640年5月22日。
③ 祁彪佳,《小捄录》,1641年2月19日。祁彪佳在1638年常常提到陈长耀,见栽种(4月22日)、垒石(5月13日)、经营(11月4日),以及帮忙会计(11月26日)。祁彪佳也提到陈长耀给他看由其创作的一首曲子(4月3日)。
④ 祁彪佳,《感慕录》,1640年4月23日。

共分三十九个城坊。根据当地居民倪元璐的年谱,他认为每坊的富户应当照看贫户,贫户应当通过保护富户的方式来报答其恩情(在祁彪佳的日记里未有明确说明是作为回报)。倪元璐的年谱叙述道:官员放宽了对贸易的限制,拓宽了从邻近的温州府和台州府进口粮食的渠道;官员和商人提供资金以供平籴;饥民被分成三等,"上饥"给粥,"次饥"授米,"下饥"平籴。①

为了计算农村地区的粮食分配,救济组织者不仅可以使用他们自己所造的饥民册,还可以使用与保甲制度有关的现有人口普查资料。尽管各个地区的具体情况不尽相同,但保甲基本上将家庭组织成嵌套单元——十家为一甲,十甲为一保——为农村地区的赋税征收和相互监督提供了便利。② 祁彪佳设想知县为下一轮播种提供的资金(六十两银子)将会通过保甲("以保统甲,以甲长统各甲")发放下去。知县在保甲印单上盖印。十天以后,一位同事(陆雍之)从天乐乡下回来,报称牛种已经通过保甲给散完毕,"井然有条,且俱以鬋券为质"。他们随后造册报官。③

在1641年初骚乱后的一天,祁彪佳代表知府给各坊任事诸友送去名刺,以安排一个关于约期给米的小型会议。作为回应,来到祁彪佳的住所的"诸兄"如此之多,以至于正如祁彪佳所言

---

① 倪会鼎,《倪文正公年谱》,卷3,第5b-6b页。
② 从本质上说,保甲组织使税收和治安责任的分配成为可能。从实践上说,保甲差异很大。在理论上,十户组成一排(祁彪佳没有提到过),十排或一百户组成一甲,见Kung-chuan Hsiao, *Rural China: Imperial Control in the Nineteenth Century*, p. 44。萧公权(Kung-chuan Hsiao)谈的是清代的情况。亦见Charles O. Hucker, *A Dictionary of Official Titles in Imperial China*, p. 90; Timothy Brook, "The Spatial Structure of Ming Local Administration";关于保甲自宋代至明代的一个概况调查,见闻钧天,《中国保甲制度》。
③ 祁彪佳,《小拯录》,1641年5月12日,5月22日。关于"保甲体制",尤其是在救荒中的人口调查,至少可以追溯到15世纪,见Pierre-Étienne Will, *Bureaucracy and Famine in Eighteenth-Century China*, p. 108。

(虽然给出了其中四个人的名字),"不能悉数"。不久以后,韩伦——这位行善以求其父长寿的居民——和一位友人一同拜访了他,"共商本坊议赈之事"①。

次日清晨,雪霁。祁彪佳早早起身,写信向王知府建言。这一次,他分析问题是通过四项指示:"发仓谷"、"颁严示"、"劝囤户"和"议通籴"。他起草了一份"严禁强籴强抢"的告示。作为回应,王知府拜访了祁彪佳,同他商议粮食应当如何分配,以防饥民聚众生事。祁彪佳解释说:"若饥民临仓候领,必致攘乱。仍发与各坊任事之文学,令其一并领出,必期人得均沾。"②

那天,祁彪佳的住所来了更多的访客——他只说出了其中六个人的名字。他派一个人去调查坊中还没有被走访过的人家。祁彪佳本坊的任事"诸友"随后聚集在永福寺里。祁彪佳对此事进行了记述:"盟神任事,各认给米之期。"为了突出他的领导角色,祁彪佳补充说:"予先认六日,余各以次书之。不足则诸友出募补。"除了那六位访客以外,祁彪佳还提及"诸友"中的六位任事。这些都是社区里的小人物。除了偶尔出现在祁彪佳的日记中以外,他们鲜有事迹为人所知;不过,祁彪佳重视他们的贡献,留心记下了他们的名字,宣称"咸以实心任之"。接着,他补充说:"韩友五完[韩伦]奔走计议,其劳独甚,终赈事无倦色。"在安排好以后,祁彪佳发起了一个募集资金的簿册,并从官方权威那里获得了力量:"代汪父母书数言于前,以示劝勉。"③

在他们的会晤结束以后,祁彪佳本坊的诸友们随后和其他坊

---

① 祁彪佳,《小捄录》,1641年1月17日。关于一"兄"刘世坤,见《山阴县志》(1803),卷14,第92b-93a页。
② 祁彪佳,《小捄录》,1641年1月18日。
③ 同上。

的诸友们一同在城隍庙召开了一个大型会议。大会同意了两项阻止聚众闹事的原则:分散施赈并同时发粮,以使饥民不必担心谁先得到粮食。当着两位知府和山阴、会稽两位知县的面,各坊任事诸友交出了饥民户口册。在各坊的饥民册下都印有任事的姓名。祁彪佳指出,这些记录十有八九井井有条,推断失序的情况只发生在三四个坊。诸文学随后散去,只剩下祁彪佳和官员们细商通籴之策。① 祁彪佳报道了最后的结果:"呼米牙十数人共酌之,主官与商并行。"②

祁彪佳在无休止的商议之中耗费了大量的时间。在和官员们分开以后,祁彪佳又和文学们进一步商议。他随后回到本坊,"诸友"马上前来和他商讨募助事宜。祁彪佳写道."数日间,同诸友查理本坊之饥民,且填注给米印票,皆于极冗中料理。已备,乃出,与诸友亲至饥民之门,散与印票,仍一面再行查核,而冒滥与遗漏者遂少。"③

在两天后的另一次会议上,祁彪佳和本坊友人决定在六个地点散米:一处被简单地定在九曲,在那里有祁彪佳的城中住所;五处是建筑物,包括永福寺、天妃宫、木杓庵、火神庙和大帝庙。④ 如果该坊可作为其他三十八坊的一个指南,那么绍兴城里有大量的准公共性建筑物,可以用来临时储存和分发粮食。

祁彪佳在他的日记里解释说,通过将本坊的散米地点分散到六处,救荒组织者们能够使妇人们容易获得分配给自己的食物

---

① 我把"通籴"这个术语作为"让粮食流通"和"以低价购买粮食"的合并加以解读。祁彪佳总是用它来指在商人的帮助下从外地进口粮食。
② 祁彪佳,《小捄录》,1641年1月19日。
③ 同上。
④ 同上书,1641年1月21日。关于祁彪佳的九曲寓所,见同书,1641年5月2日,3月24日。

(想必是为了使她们免于行路劳顿),而且能够制止饥民挤在一处。本坊的散米处一共救助了六百二十多名饥民,向每个人提供三合——这个配给量较18世纪成年人日均消耗的五合要少很多。① 这个计划在一月二十六日结束,但众"友"对此发表了不同的看法。祁彪佳叙述说,普遍的看法是"日久米少,稍虚其日,以八日作十日"。于是,祁彪佳将给米印票上的截止日期由当月二十六日改填为二十八日。他用了十二石米,自己稍加填补了些。那天下午,他在天妃宫散米。② 这似乎是一个临时性的措施,因为在正月二十五日那天,祁彪佳本坊"劝募始定",为六百二十二名饥民提供了七十余天的口粮,一直持续到四月末小麦收获之时。③

祁彪佳进一步指出,负责散米的"诸友"名单已经确定,"俾无推诿",出赈之家也得到了通知。祁彪佳为领仓米而措银兑出,并拜访了三位铺户。坊中有资格平籴的各家可持籴票去指定商铺,只有在核对籴票上的姓名无误以后,铺户才会发米。④ 在正月二十七日那天,他们在九曲给散籴票。次日,祁彪佳出谢本坊诸友。作为计划的主要协调者,他随后走遍全城去感谢那些在其他坊中帮忙的人。⑤

政策争论

友人们频频聚集在私人宅第和准公共建筑中商议对策。起

---

① Pierre-Étienne Will, *Bureaucracy and Famine in Eighteenth - Century China*, p. 130.
② 祁彪佳,《小捄录》,1641年1月21日。
③ 同上书,1641年1月25日。
④ 同上。
⑤ 同上书,1641年1月28日。

初在1640年还很平静,而之后在整个1641年则变得更加激烈。救济物品应当以何种形式发放出去?是以低于市场价格出售粮食,还是像有人坚持的那样,只能通过"赈"?① 是直接散米,还是设立粥厂?如果是后者,那么粥厂是否应当免费?还是要求那些被列入"次贫"的人为每碗粥支付少量的钱?一些领导人坚持认为饥民应当去发放地点领取救济品。倪元璐反对这一点,他争论道:"地广人众,则稽核难而敝窦出。且枵腹者岂堪奔走道路,而待升龠之廪耶?坊各养坊,即行之城市,于都鄙何独不然?"倪元璐进一步就此策略加以申说,提出了这么做的两大优点:由于受助者就在附近,这个计划易于管理;没有大规模的人群聚集,疫病不会扩散。②

粮食应当如何获得?粮食应当储存在地方粮仓,还是从邻近地区输入?应当向粮户强籴,还是仅仅靠劝粜来稳定粮食价格?③ 如何——倘若有的话——调控粮食价格?当刘宗周有"抑价之议"时,祁彪佳"力争以为不可"。④ 是否应当设立义仓?如果是,如何囤积粮食?是根据田地规模向地主征税,还是通过借贷的方式?⑤ 祁彪佳所记录下来的谈话内容并不完整,议程也没有得到很好的解释,几个月以来在同乡居民中间的争论也被零星记录下来。此外,随着事态的发展,人们的看法也发生了变化。

每一项政策所垂青的都是某些支持者或某一地区,每一位参与者都有自己的忠诚和利益。祁彪佳心系他的族人和那些生活

---

① 祁彪佳,《感慕录》,1640年5月11日。
② 倪会鼎,《倪文正公年谱》,卷3,第6b页。
③ 祁彪佳,《感慕录》,1640年5月12日。
④ 祁彪佳,《小捄录》,1641年4月21日。
⑤ 祁彪佳,《感慕录》,1640年10月30日。

在乡下地区的仅能糊口的佃农们。每年年底,受到家长式精神的鼓舞,他照例会给他们一些慈善捐赠。在1637年年底,他和妻子坐船到各村给贫家"赡米"①。1639年年底,在会计完赡族银后,他"复增充一百五十金"②;他随后为族中义学延请一位塾师;在和诸邻长者商议完赈村事以后,他先捐米散给贫家,再散赡族银给族人,为这一年画上了圆满的句号。③ 这就是祁彪佳对其乡村地区的忠诚。当1641年的首次会议一结束,他就记录道:"吾村屈指便可得六十余石。"④

然而,个人忠诚和私人偏好常常会对家族认同造成破坏或带来挑战,甚至会切断兄弟之间的纽带,这一点在张焜芳的例子中很明显。他常常出现在祁彪佳的日记里,是一位在救荒工作中特别活跃的人物。当焜芳因中进士而收到旗匾时,他那个性情暴躁、爱搞破坏的弟弟谩骂道:"区区鳖进士!怎入得我紫渊眼内!"他随后将旗帜撕裂做了裤子,将旗杆锯断做了薪柴,将牌匾劈碎做了栅栏。⑤ 在同一个家庭中,出了一个反社会的败类,也出了一个造福于其社区的力争上游之人。

祁彪佳的族人中也有一些离经叛道之人。萧姓、朱姓和陈姓都抱怨祁彪佳的族人冒用他的名义欺骗他们。祁彪佳写道:"为之发指,即具词控邑父母查究。"⑥ 数月以后,祁彪佳的一些族人

---

① 祁彪佳,《山居拙录》,1637年12月27日。祁彪佳的妻子商景兰享有很大的行动自由,受过良好的教育,特别是在明亡以后,以诗才闻名,见 Dorothy Ko, *Teachers of the Inner Chambers: Women and Culture in Seventeenth-Century China*, pp. 226-232。
② 祁彪佳,《弃录》,1639年11月28日。
③ 同上书,1639年12月8日(义学);亦见同书,1639年12月27日,12月28日。
④ 祁彪佳,《小捄录》,1641年1月15日。
⑤ 张岱,《琅嬛文集》,第122页。
⑥ 祁彪佳,《小捄录》,1641年3月4日。

结党抢米。祁彪佳会同族长房长,商议依照宗法惩治作恶之人。祁彪佳希望他们有悔过之心,"痛言以禁饬之"。① 后来,祁彪佳得知一位侄子冒用他的名义抢米。②

社会关系在高度不稳定的网络中纵横交错,其中任意一条线的拉扯或放松都会对其他线产生不可预知的影响。祁彪佳与宗族、村落和城坊的纽带挑战甚至切断了他和同一社会阶层成员之间的团结,这些人中的每一个人同样有着大量相互抵触的忠诚。与此同时,祁彪佳的特殊利益被和他有着同样社会地位和学识的人所声称的价值观所掩盖。他们不仅致力于维护一种道德秩序,以利于土地的高产耕作和按时收取租税,而且也明白,科举考试的成功和崇高的社会地位令他们对百姓的福祉负有责任。因此,在保护本村和本坊的同时,祁彪佳也承认其邻居的各种需求,并对那些并非本区的熟人的恳求给予帮助。身陷于一个错综复杂的社会网络之中,祁彪佳在整个危机过程中置身于各种不同的意见之中。这些意见来自正式会议中的与会者、家中访客、写信之人和传闻,以及身居高位的道台、商人、僧侣和村中首领。这也证明了祁彪佳在1641年的日记中常常提到的与之意见相同或相左的情况。每一次,祁彪佳都积极提出自己的主张,但反对的意见也不无道理。他把自己塑造成一名调停者:"各坊之友有以人心不同,沮议梗令为诉,予婉劝之。"③ 祁彪佳对于舆论环境的不稳定保持警惕,他不厌其烦地把一场又一场的辩论写进了日记。

尽管有着相似的教育背景,且在绍兴上层社会占有一席之地,祁彪佳、有功名的同伴和"友"还是在救荒策略上不断地发表

---

① 祁彪佳,《小捄录》,1641年8月15日。
② 同上书,1641年12月8日,12月5日。
③ 同上书,1641年1月20日。

针锋相对的意见。总而言之，没有一项政策始终符合特定的社会地位，或者符合所谓的"精英利益"或"精英观点"；事实上，如果拿祁彪佳的日记作为一份指南，可知大量进士出身（光是在1629年就有二十七人）的山阴居民并没有参与到救荒工作中来。可以肯定地说，并非所有未参与者在当时都在绍兴以外的地方任职。本项研究无法用追求阶级利益或动机来解释祁彪佳和他的同伴们所作的选择，而是提出了另外一个由争论引发的问题：考虑到精英成员们在千差万别的动机下追求各式各样的策略，是什么力量促使他们中的许多人（尽管他们中间存在着分歧）仍然能够参与到大规模的合作计划中来？

单独行善还是集体行善？

从救荒策略的争论来看，出现了两种常见的反应模式：社区中的一些成员——包括几位受到地方史志表扬的善人——单独行动，有时会得到一小群人的支持；其他成员努力达成一个切实可行的共识，并倾向于合作努力，其中总是有官员的参与。

一个单独行动的例子是张陛。他和叔父张焜芳、长侄张岱都是赫赫有名的进士出身的张元忭家族的后人。[①] 1640年中期的饥馑期间，意见上的分歧促使张陛与一群核心成员分道扬镳。他的《救荒事宜》将情况大致总结如下：刘宗周主煮粥议，而金兰、余

---

① 关于张陛，见《山阴县志》(1724)，卷33，第6a—b页，第22b页；《山阴县志》(1803)，卷15，第17b—18a页。两部地方志在细节上有所不同。《山阴县志》(1724)，卷33，第6a页，将张陛认作张韶芳之子。《山阴县志》(1803)，卷14，第88b—89a页，将他认作张景华之子。关于张元忭，见 L. Carrington Goodrich and Chaoying Fang, eds., *Dictionary of Ming Biography, 1368–1644*, pp.110–111.

煌和祁彪佳主平粜议。金兰"毅然首事,捐赀平粜七百余石,民食其惠已三十余日矣"①。祁彪佳的一本未标明日期的备忘录提到金兰将三百两银子用于平粜,目的是解决粮食周转贸易的问题。乡绅富室能够出粜,从而使米价下跌,同时确保这种补助性质的粮食能够一直出现在市场上。祁彪佳宣称,这种方法远比其他仅能持续一轮的援助策略更为有效。②

那时,张陛和友人们有了他所说的"私议"。他们委婉地承认"诸先生之论伟矣",但认为每一个策略都有其缺点:粥厂只能救助乞丐,而没有惠及"寒士";降低米价将会使中贫人家受惠,而没有惠及赤贫人家。他们担心"寒士、嫠妇、孤儿、耄耋、废疾闭户忍饥茕茕无告者"会被忽略掉。因此,张陛转而求助于他的母族来发起他自己的计划。他变卖了两顷薄田,母亲那边的亲戚会同他们的友人筹集了一定数量的银子,足以购买超过五百石的米。③张陛补充说:"遍告当道及荐绅先生,皆忿愚赞叹,欢声如雷。"④张陛意识到他提供的粮食和全府的需求比起来只是沧海一粟。尽管如此,倘若粮食分配得当,山阴和会稽两县的众多居民能够"餐母氏之粟"五天,从而导致米价下跌十分之二。⑤

倪元璐送给张陛一幅写有"分人以财"的赠联。⑥ 刘宗周在张陛的《救荒事宜》的序言中,通过暗讽那些"好行其德者,亦沾沾耳"的居民来表扬张陛。刘宗周断言,只有在张陛散完家中粮食,

---

① 张陛,《救荒事宜》,第 1b - 2a 页。关于这部作品的版本与内容摘要,见 Pierre-Étienne Will, "Handbooks and Anthologies for Officials in Imperial China: A Descriptive and Critical Bibliography"。
② 祁彪佳,《祁彪佳集》,卷 6,第 131 - 132 页。
③ "千余石",根据《山阴县志》(1803),卷 15,第 7b 页。
④ 张陛,《救荒事宜》,第 2a - b 页。
⑤ 同上书,第 2b - 3a 页。
⑥ 《山阴县志》(1724),卷 33,第 7a 页。

有关他的善举的消息被传扬开来以后，才能激发那些有最低限量的粮户争先恐后地提供援助——不论是通过平粜、直赈，或是设立粥厂。① 张陛的倡议激发了一种竞争精神，人们不甘落后。

从这段时间的间隔来看，我们无法判断张陛是否比他的那些据称"好行其德者，亦沾沾耳"的同伴们无私；也无法确定张陛的救济计划，包括将"薄田"卖给他的姻亲是否可能从中受益；以及通过这一次的高姿态，使自己免于在其他场合中的慈善责任。另外，对于能否在粮食价格可能下跌之前脱手的忧虑，可能不仅激发了张陛，也激发了那些紧随其后之人。无论动机是什么，关键依然是：绍兴拥有大量和张陛一样有主见的居民，凭借一己之力行善，或者既在大规模的行动中合作，也发起独立的计划。即便是受到陈子龙表扬的倪元璐，虽肩负着集体行动的领导重任，也组织起自己的救援行动。他担心集体救援的主要计划忽视了那些居住在偏远地区的饥民，或者那些被"饥民之籍"遗漏之人，因而独揽了这项任务，设立了一命浮图会，取救人一命胜造七级浮屠之意。② 根据他的疏文可知，捐助者们可以个人名义或集体名义捐出一层（一条生命），然后，他们将承担每十天的给米任务，大约持续三个半月，直到下一次功德圆满。③

一小部分的拥护者被吸引到这些单独的行动者周围。五六位张陛的姻亲在他的救荒事业中协助了他。④ 一位叫单一贯的

---

① 刘宗周，《救荒事宜·序》，载张陛，《救荒事宜》，第1b页。
② 陈子龙，《陈忠裕公全集年谱》，卷上，第31a页；倪元璐，《鸿宝应本》，卷27，第24a页。这个活动的时间在1642年，根据倪会鼎，《倪文正公年谱》，卷3，第8b页。关于一份类似的文献，见钱肃乐，《钱忠介公集》，卷4，第17a–19b页。对浮屠募缘册的说明，见余治，《得一录》，卷2，第44a页。
③ 倪元璐提出这个计划应当在七月十五日结束，见倪元璐，《鸿宝应本》，卷17，第25b页。
④ 张陛，《救荒事宜》，第8b页。

"名诸生"和倪元璐一起创立了"一命浮屠格",还因慷慨捐出一百五十石粮食煮粥以赈,拯救了一千余条生命,而和倪元璐一起受到了地方志的表扬。① 祁彪佳的日记粗略地指出,其他的捐助者也都单独行动,其中有一"友"因多次赈米救济同村人而赢得了祁彪佳的表扬,称他"真好义"。②

单独的或以小团体名义的单独行动者们和大规模集体行动之间的分歧并不总是那么明显。祁彪佳虽然领导着由官方批准和赢得热烈赞誉的大规模社区救助计划,但他有时也出于对自己有利的原因单独行动,正如他1641年的日记中关于在他乡下田产附近散钱的几则记录所证明的那样。因此,当听说同村有一位孀妇因饥饿病倒了,且全家老少皆病,无人能够做饭时,他倾囊相赠。③

陈子龙在记录中对善行热情赞扬,对绍兴的精英成员们之间的冲突却毫不在意。祁彪佳完全忽视了张陛的功德,只是在谈到饥馑时提到过他一次。④ 不过,张陛及其友人们的"私议"可作为集体行动的一则反例,用来强调祁彪佳只是顺带提及的事实。例如,在1640年中期的一次会议上,其他人都支持平粜,而王思任拒不合作,力主赈济。⑤ 王思任明显是站在张陛一边。在一篇为张陛的文章所作的序言中,他赞扬张陛的乐善好施及其计划之成效,这个计划确保了"一粒一时俱到饥人之腹"。⑥

---

① 《山阴县志》(1724),卷33,第8b页。
② 祁彪佳,《小捄录》,1641年5月9日。
③ 同上书,1641年4月15日。
④ 关于这个例外,见祁彪佳,《小捄录》,1641年4月24日,关于一次"发西区簿示,以俟陈公祖之巡行"的讨论。对张陛的偶然提及,见祁彪佳,《感慕录》,1640年8月12日,7月20日;祁彪佳,《小捄录》,1641年5月2日。
⑤ 祁彪佳,《感慕录》,1640年5月11日。
⑥ 王思任,《救荒事宜·序》,载张陛,《救荒事宜》,第1a页。

正如绍兴的捐助者们自己所认识到的那样,每一项政策都有利于不同类别的需求。张陛和倪元璐对帮助那些也许未能沾惠之人表达了特别的兴趣。和王思任一起,他们均主张"直赈"。一些像张陛那样的救荒支持者,特别关心那些不希望在粥厂被人看到的有教养的穷人。正如太仓陆世仪在1638年后的某日所写到的那样:"施粥行,非鳏寡孤独、旦暮不能存活者,必不肯靦颜而啜人之粥。"① 但张陛也表达了对赤贫之人的关心,劝说任事们作为代表对他们的居住地亲自开展调查。对于人们认为户口调查不会遗漏一户或一人的普遍看法,张陛不以为然,反问道:"孰知穷街僻巷,屋不入闲架,民不入保甲者,如蜂房蟻垤焉?"②

这些争论涉及的需求类别有时本身是模糊的。捐助者们经常谈到"次贫"和"极贫",并对这些分类中的每一种类型都指定了不同的待遇;然而,他们现存的作品并没有精确地为每个类别定义标准。例如,张陛就将那些不能举火者定义为赤贫,而将那些稍能自食但蓄积不多者定义为次贫。③ 虽然清代的一些作家对于这些范畴的界定较为精确,但明代的分类往往以饥民的外表这样模糊的标准作为依据。④ 那么,究竟谁才是"次贫"人群中祁彪佳真正关心的人?只有在顺带提及并且是作为一位同事的意见时,祁彪佳才提出这样的可能性:倘若次贫者无法平粜,他们将会"嗷嗷"。⑤ 他的同僚余煌更是斩钉截铁地声称:"倡乱不尽饥民,

---

① 陆世仪,《救荒平粜议》,载《陆桴亭先生文集》,卷5,第8a页。靦,同"腼"。
② 张陛,《救荒事宜》,第3b-4a页。蟻,同"蚁"。
③ 同上书,第4a页。
④ 关于对穷人的分类,见 Pierre-Étienne Will, *Bureaucracy and Famine in Eighteenth-Century China*, pp. 97-102。
⑤ 祁彪佳,《小捄录》,1641年5月10日。

必奸民借饥民以逞,而饥民附之。昨已得之,目睹颇有认识。"①

祁彪佳的日记留下了许多模糊不清的关键点。在这些令人困惑的信息中,小规模的单独行动和大规模的集体行动之间的区别无疑是需要解释的。

模式和日程

祁彪佳将救荒活动设想成应当符合他在指南和指示中提出的一般模式或计划。正如他向知县汪元兆解释的那样,"认米日期饥民户口,俾为各乡之式"②。这个主张被祁彪佳的后人在他的年谱中加以强调。③ 这就是日记的本质,它以作者的经历为中心,只有当消息顺道传来时,作者才会提到自己生活以外的城市和乡村。然而,祁彪佳本区的救济策略在整个绍兴府被广为效法。在余姚(姚江)县,"友"王大舍(经常出现在祁彪佳的日记中)承担了救荒任事之职。④ 在萧山,知县捐俸米,鼓励富户仿行其法。结果是分县六区,每区粥厂均运营三周。⑤ 一个明确的模式有助于协调参与救济行动的大批诸"友",确保他们在一个大的区域内同时以及在某种程度上公平地分配物资,从而阻止穷人四处游荡以寻找最佳机会。

既定的模式通过一些机制得到强化。在同伴们的见证下所

---

① 在一封给周知县的信中,时间是1641年1月18日,载余煌,《余忠节公遗文》,第10b页。
② 祁彪佳,《感慕录》,1640年5月27日。
③ 毛奇龄,《西河集》,卷76,第5a页。
④ 祁彪佳,《小捄录》,1641年1月29日,2月4日。
⑤ 《萧山县志》(1683),卷9,第5b—6a页。在明王朝的最后几年里,萧山的情况恶化:"许三杀子而食,官立毙之";"疫疠大作,死者相籍于道";"大旱,米价涌贵。米每石三两三钱,大麦每石一两五钱"。

立下的誓约确保了参与者恪守承诺。粮食和金钱的认捐记录使他们履行承诺。在公共场所发布的公告——比如祁彪佳发布的四厢粥厂的告示——在要求组织者履行义务的同时,也符合社区的期待。① 此外,正如祁彪佳经常提到的那样,组织者记录了救灾工作的每一个阶段:对贫户进行登记,将志愿者列入名单,对募集或派发钱粮的账目进行核实。1641年初,祁彪佳查阅了前一年饥馑期间所汇编的"赈簿"②。当一个正式小组视察萧山附近农村地区的粥厂时,知县送来了赈簿以供检阅。③

有了根据既定规程收集信息而刊印的表格,一个庞大的诸"友"网络渗透到了农村地区。一天,负责西区的"友"——祁彪佳在日记中提到了他们的姓名,从而表扬了他们每个人的努力——带回来天乐乡百姓受苦的消息;另一位友人"于每村皆述数语"。④ 接着第二拨友人也回来了。祁彪佳写道:"合之奕远侄所造山阴五区之册皆齐。区之前皆列地理图,详悉具备。见诸友任事之苦心。"⑤ 那些同意视察中区粥厂的人再次用表格在三种类型下面填写信息,"以其人之勤怠、粥之稀稠、饥民之多寡,列为三等"。这些记录随后成为官员陈子龙对任事进行惩戒和表扬的依据。⑥

建立在对社区内部运作程序的共识之上的救荒模式提供了问责的办法。散米是公开进行的,便于项目负责人、"友"和官员

---

① 祁彪佳,《小捄录》,1641年5月4日。
② 同上书,1641年1月13日。
③ 同上书,1641年5月7日。关于记录社仓秋收和春散的记录的一个样本,见刘宗周,《刘子全书》,卷24,第35a—b页。
④ 祁彪佳,《小捄录》,1641年4月16日。
⑤ 同上书,1641年4月16日。祁鸿孙是凤佳之子。
⑥ 同上书,1641年5月16日。

进行监督。祁彪佳经常检查救济行动。他和韩伦入城观看胡青莲家的给米情况。① 他分别去了社庙和宗祠视察第三期和第四期的散米情况。② 他在下和坊的永福寺观看韩伦散米。③ 他和陈长耀四处走动,视察西如与下和坊的粥铺。数月以后,他又去观看一"友"在止水庵散粥。④ 祁彪佳也受到了监督。一次,他刚好在横街北祠发完给米印票后就前往孙忠烈祠和诸友一同散赈谷,秦仲骧叔侄前来监督。⑤

作为监督者和被监督者,祁彪佳制定了超越特殊利益的广义上的计划和要求。尽管他寻求保护本族、本村和本坊,他也明白"救荒事而稍涉于私,此后人不我信矣"⑥。在一封向汪知县请求宽征四十天直到七月份(那时预期有新的收成)的信中,祁彪佳认为:"计本邑一百二十厂,每厂约以饥民三百口计之,便有三万六千之民命所关。"他接着强调说:"事关通邑……非有所私。"⑦

随机应变

尽管地方领导人努力规范和协调救灾工作,但还是出现了失误,这不仅仅是因为少数任事玩忽职守或腐败透顶。有时,捐助者们会采取权宜之策。一天,祁彪佳向汪知县呈递了一份救助

---

① 祁彪佳,《小捄录》,1641年2月10日。踞种山的西边,见祁彪佳,《祁彪佳集》,卷8,第185页。
② 同上书,1641年2月8日、2月15日。
③ 同上书,1641年2月21日。关于寺院位置,见同书,1641年6月23日。
④ 同上书,1641年5月2日,7月22日。
⑤ 同上书,1641年1月27日。忠烈是元代孙惠死后的谥号。
⑥ 同上书,1641年3月5日。
⑦ 祁彪佳,《祁彪佳集》,卷3,第51—52页。

"各乡"的蓝图。① 几天后,在承诺向"本族及近村"散米八天以后,他偏离了协定。他解释说:"至是并给之,以省守候之烦。"祁彪佳没有考虑到饥民可能会拿分得的粮食作交易,或是过早吃完的情况,而是选择了一条适合自己的路。然而,就在同一天,他发现饥民比他想象的要多,就临时让他们凑合着吃点东西,用"米几及七石"——大概已经超出了最初的配给量。②

对需求和资源的计算无休无止。当祁彪佳前去柯山石佛寺散米时,他得知最初的人口统计无意中遗漏了"孤寡三口"。祁彪佳解释说,由于米数已定,他无法满足他们的需要。他连忙补充道:"然心不能已,乃短第七期三日,以其米给彼。"③ 当路南村的居民来求祁彪佳增加米数时,祁彪佳"少助之,再增给三日之期,聊慰饥肠"④。

计划从一开始就带有开放性。祁彪佳知道"不足则诸友出募补"⑤。对于地处偏远、不便管理粥厂的南区来说,他们计划只散米一次。但在敦促完周知县将罚米加助会稽南区后,祁彪佳推断说:"今计米有余,仍于化山、云门、平水[最后一处距离府城二十五里]设三粥厂,盖为山民出入之总路也。"⑥ 几周以后,祁彪佳的兄长骏佳在一座寺庙前散余粮,在平水设立了三个粥厂。⑦

尽管救援计划、指示和日程表深深刻在他们的脑海中,祁彪佳和他的同伴们仍然在不断地临时制定和调整程序,同时在书面

---

① 祁彪佳,《感慕录》,1640 年 5 月 27 日。
② 同上书,1640 年 6 月 1 日。
③ 祁彪佳,《小捄录》,1641 年 2 月 30 日。
④ 同上书,1641 年 3 月 1 日。
⑤ 同上书,1641 年 1 月 18 日。
⑥ 同上书,1641 年 5 月 4 日。关于平水,见《绍兴府志》(万历年间刊本),卷 1,第 26a 页。
⑦ 祁彪佳,《小捄录》,1641 年 5 月 29 日。

指南和有关各方之间进行协调。一天,祁彪佳邀请下和坊的四位友人商讨在既定之日散米的重要性问题。随后,在更定米数和给散之日以慰众望以后,他出门前往大帝庙会见"诸友";他们一同前往郭应鹏家中。祁彪佳解释说,郭应鹏后来履行了十天内分两期给米的承诺。他们劝说郭应鹏将两期并在一起进行,"饥民欢然"。①

粮食储备的波动同样需要开会商讨。四月份,祁彪佳邀请那些负责下和坊的友人们——他给出了韩伦和其他三个人的名字——到他家中商议本坊再赈之事。祁彪佳问道:"物力已竭。何以延至秋成?"当注意到"众议不一"时,他提议进行募捐。他承认这并不一定会带来很多收益,但足以"服众心"。他还反对试图"以前日未赈而煮粥以延之"的举措,将之比作"朝四暮三"的欺诈手段。在这里他提到一则轶事,这则轶事讲述了一位养猿人在缺乏食物供应的情况下打算减少猿猴的食物供应。养猿人首先提出白天供应三个橡栗、晚上供应四个橡栗的办法。这激怒了猿猴们。他把次序颠倒了一下,它们便心满意足了。② 祁彪佳问他的听众们:"民愚而神何可欺哉?"他在日记中记录道:"众议未决。"③

计划尽管周详,但饥馑或盈余的每一个迹象、每一个意想不到的问题,都需要对计划进行调整,重新商议。尽管如此,正如祁彪佳所言,每一项争议都变成了一项工作协议。凭着对救荒管理知识的娴熟掌握,祁彪佳在其同伴们针锋相对的意见、手握权力的官员们的建议以及城乡地区的需求之间游刃有余。

---

① 祁彪佳,《小捄录》,1641 年 3 月 26 日。
② A. C. Graham, trans., *The Book of Lieh-tzu*, pp. 55-56.
③ 祁彪佳,《小捄录》,1641 年 4 月 7 日。

日程表被打乱

祁彪佳写于1641的日记展现了救荒倡议者遵循既定的日程表所做的努力,以及导致他们的安排出现偏差的情况。养活本坊六百二十二名饥民的计划是每五六天散米一次,偶尔会跳过一天,以便使资源能够维持到四月底小麦收获之时。① 然而,接下来的应急措施迫使祁彪佳和他的同伴们临时制定方案,以延长资源供应的时间。三月份,祁彪佳计算出只有余米四十石。倘若这个计划要延续到六月份,那么还需要额外的十五石米。因此,他建议负责下和坊的"诸友"将米数由三合减少到一合。在向王知府汇报后,他按照议定委托他们再次募集资金。② 几周以后,祁彪佳谈及下和坊延赈米,每十天由一文学负责监督。对于那些仍然没有得到任何救济之人,应拿出五石米来给予一些帮助。③ 又过了几周,在重新评估了情况以后,祁彪佳建议负责下和坊的"诸友"考虑以官米助发:"以三升慰次贫之待籴者,余则仍以每口一合接其期至七月初十,余则加赈之饥民。"祁彪佳特别提到友人们"俱欢欣而去"。④

在被祁彪佳称为"予村"的地方,计划是给米七期,每五天为一期,但是这个计划也被改变了。在第二期给米后,祁彪佳记录道:"德公兄因麦熟尚远,将五期稍迟其日。"⑤ 因此,第三期和第

---

① 祁彪佳,《小捄录》,1641年1月25日。
② 同上书,1641年3月28日。
③ 同上书,1641年5月2日。
④ 同上书,1641年5月23日。
⑤ 同上书,1641年2月2日。

四期的给米间隔七天,且祁彪佳提到三月初五的给米可能安排在初七。① 临近其乡下田产的柯山,赈米共六期,每十天为一期。② 我们并不清楚为何要区别对待。在任何情况下,粮食分配也要按照日程表进行。

为了努力使行动标准化,祁彪佳及其同伴们不得不反复修改策略来应对意料之外的情况。糟糕的天气耽误了收成。蝗虫起初渐次从天而降,之后就大批地布满了祁彪佳的田地,这促使他组织防御行动。③ 他参加祷蝗活动,从救荒书籍中搜集捕蝗信息,刻就刷印,并让十区诸友到各村广为传播。④ 作为最后一搏,他先是给出了每捕一升蝗虫就给食物的奖励,后来每捕一斗蝗虫就能得到五十文钱的奖励。⑤

出乎意料的状况还有流民蜂拥至没有围墙的乡间。绍兴推官陈子龙认为,对他们的安抚应当责成于寺观。在一封长达数千字的文书中,祁彪佳力主用粥厂取而代之。⑥ 有关流民的问题曾在一次会议上被讨论过。这个会议是由祁彪佳、兄长骏佳、同伴兼管家陈长耀和"文学耆老""二十余人"在柯桥融光寺里召开的。⑦ 在"宣扬公祖父母德意"后——以便公开地建立起他与官方权威的联系——祁彪佳提到聚集在柯桥的流民们既没有食物,也没有住所,"死亡相继"。祁彪佳估计那些睡在寺前的人有十分之一都会死去,补充说他们的悲惨境遇令他掩泣。⑧ 六周以后,

---

① 祁彪佳,《小捄录》,1641年2月8日,2月15日,3月5日。
② 同上书,1641年2月18日。
③ 见上书,1641年6月16日对蝗虫自西南来的报道。
④ 同上书,1641年5月20日,7月1日(祈祷),6月29日(情报),7月2日(印刷)。
⑤ 同上书,1641年7月2日,7月6日。
⑥ 同上书,1641年3月1日。
⑦ 同上书,1641年3月8日。
⑧ 同上。

当祁彪佳前往柯桥散钱时,流民的数量已接近一千,妇女较往常多。①

安顿流民的责任落在了当地居民身上。正如祁彪佳对柯市的领导者所说的那样:"市中开铺饶裕者出粥米,稍次者出柴银,以寺中上人每日轮六人为炊爨奔走之任。"祁彪佳接着说,"文学耆老一同劝募,且日轮二人监粥"。至于为那些饿死之人掩埋尸体,祁彪佳主动请缨,认为他的家庭能够力任。他计算出每具尸体将花费一钱。这个计划将被交由僧人们轮流负责。②

考虑到刘宗周关于人们应当将救助流民和当地百姓区分开来的声明,祁彪佳接着说:"予恐无力兼顾。"他认为,倘若居民中的有田之人能够照田给米以助土著,开铺之人能够量捐以救游移,那么这两个方案都是切实可行的。祁彪佳还担心,如果按照抚台严督那样独设固定粥厂,将会引来大批有暴动倾向的流民。他提出了疑问:"乃独设于柯市,能无此患乎?"祁彪佳赞同月堂僧关于"分僧挑粥于市之两岸,令分食之"的提议。③

当两天以后回到柯桥寺,同诸位上人商议煮粥之策时,祁彪佳突然想到了一个问题:"毕竟以独设有限,虽欲分别流土,而土著者闻风以至,设有一二十里之遥,不得粥而去,困踣道路,则是予辈贻之害也。"④ 此时,友人宋心源对此感到迟疑,和两位友人在当地一座神阁会面。祁彪佳记录道:"不若立社首鸠钱,不立其期,不标其名,随时给散,然犹恐四方多至者,物力不给,又以不若

---

① 祁彪佳,《小捄录》,1641年4月18日。
② 同上书,1641年3月8日。
③ 同上。祁彪佳采用"抚台"这个非正式的称谓来指代监督府级机构的重要协调人。见 Charles O. Hucker, *A Dictionary of Official Titles in Imperial China*, nos. 2103, 2731。
④ 祁彪佳,《小捄录》,1641年3月10日。

置钱常住,择信行之僧日行市中,见饥饿病困极者,方与之。"祁彪佳和兄长骏佳、月堂僧和居民沈国模商议至夜分。祁彪佳写道:"予俟议定,死者又数人矣。乃先以银钱给寺中上人,令速救困卧者。"①

五天后,祁彪佳、兄长凤佳和象佳,以及沈国模一同在柯寺重聚,进一步商议救助流民的办法。祁彪佳记录说,"一以散钱为主",并补充说,"书定任募诸友姓名。予先散钱一千二百文以为之式,令丐流点进,皆坐文昌祠中,逐一分散,无一哗乱者。困卧寺前诸病丐,先送之入病坊"。在那天晚些时候,祁彪佳回到堰下病坊,见到了那些得到两碗粥的乞丐们,他们看起来稍有起色。②

两周以后,祁彪佳又和其他人(他的老师邹汝功昆仲、他的管家陈长耀叔侄、他的兄长凤佳和无量上人)③在柯桥寺散钱。受钱者再次被要求坐在大殿和文昌武曲二祠中,然后次第给散后离开。祁彪佳一干人发放了"七千余文给过七百余人"。④ 八天以后,祁彪佳请邹汝恢和陈长耀穿钱,每十文为一串,以施予穷人,到午夜才完成。次日,他们邀请无量上人赴柯市散钱一万一千余文。几位在西区行赈的当地"诸友"过来观看散钱。⑤

在一篇题为《散钱议》的文章中,祁彪佳表达了对于流丐"恻然怜之"的情感。在"辛巳岁,越中大饥"期间,每一村镇中每天都会有五六名流浪者濒临死亡。他发现这两种选择都有问题:如果他的同伴们只在一处设立粥厂,乱民将难以被控制;如果他们将

---

① 祁彪佳,《小捄录》,1641年3月10日。
② 同上书,1641年3月15日。
③ 关于邹汝功是塾师的身份证明,见祁彪佳,《感慕录》,1640年3月29日。
④ 祁彪佳,《小捄录》,1641年3月30日。
⑤ 同上书,1641年4月8日至9日。

募集的米分给他们,这些人将无处做饭。如果他们转而依靠经常出入于集市的卖饼小贩,那么他的同伴们可以给饥民每人四五枚钱来帮助他们度日。因此,祁彪佳兄弟和当地居民吴期生昆仲一致同意把他们将要散钱的消息广而告之,大约每三天一期,共十五期,为期四十五天。① 由于担心既定的散钱计划会造成人多拥挤,资金不足,而店主们因为预计会有聚众生事,也会在计划散钱之日歇业,祁彪佳等人"相订所散,或早一日,或迟一日,大要不出此三日之中",使"攒挤遂少矣"。根据这一描述,每一个走出寺院的人都能得到他们所给的十文钱。妇女、儿童和男子被区分开来。尽管他们遵循相同的程序,但他们给儿童较成年男子少一些钱,而给妇女多一些钱。"每期乞施者几千人。滥者或有,遗者绝无。"②

随着饥馑持续到夏天,祁彪佳和他的同伴们继续实行临时措施。两位从北区粥厂巡视回来的"友"注意到,当施粥计划按照既定的时间结束时,在七月初仍有百姓将会挨饿。他们因此提议以麦代米,留余粮以延至七月。③ 十天后,祁彪佳和负责中区的兄长祁凤佳,以及受祁彪佳之邀参与讨论的倪元璐,决定在城内官厂七月初十那天停业以后,应当让私铺重开。他们计算出这么做需要大约五十石米,并将此事委托给了倪元璐。④ 七月初一,祁彪佳作延粥书,"示十区诸友"。⑤

在府城城隍庙召开的一次会议上,延长救济期限的议题被

---

① 祁彪佳,《祁彪佳集》,卷6,第134页。关于吴期生家遭遇盗匪的袭击,见同书,卷3,第47页。
② 同上书,卷6,第134页。
③ 祁彪佳,《小捄录》,1641年6月13日。
④ 同上书,1641年6月24日。
⑤ 同上书,1641年7月1日。

重新提了出来,代表各坊的"诸友"出席了会议。王知府和两位知县向倪元璐和祁彪佳征求在乡间延开粥厂,城中各坊意欲仿行之事。祁彪佳叙述道:"予辈议此际募助更难,惟温米将至,抽其余利[大概在这里指的是允许商人从进口商品中获得的利润],每坊助以二石,聊示投醪之意耳。"除此之外,没有更多可以做的了。倪元璐已经向每一个粥铺散了三石官米。①

三月,当祁彪佳亲眼看到在不幸的天乐乡下,"妇子沿途采草作食,所遇行道之人,半跄跟有菜色"时,他又多了一份担忧。祁彪佳注意到村中房屋都锁闭。他前去打听,得知人人都逃荒他处。堤坝溃决,水高于田,结果是上一年颗粒无收,田地荒草丛生。祁彪佳进一步问道:"何故不耕不下谷种?"留守的居民解释说,他们把所有的财产都典鬻给了当铺,补充说:"甚则鬻妻子,不过数钱,未能支朝夕。"②

因此,祁彪佳必须面对的挑战之一是借贷"牛种",以恢复农业生产力。五月,他计算出西区尚有三十余石的米,靠这些米他们可以获得一百两银子;这个金额,加上盐台巡道的助资,共有二百二十余两银子——大约每亩田地能贷二钱,取二分利息。在秋成后,计价纳谷。③

小　结

每当新的危机将计划打乱时,分歧就会爆发,使绍兴的领导人们面临着分道扬镳的威胁。不过,在居民们中间,一批受过教

---

① 祁彪佳,《小捄录》,1641年7月22日。
② 同上书,1641年3月18日。
③ 同上书,1641年5月8日。

育的核心人物并不像张陛那样我行我素，而是通过频频集会来战胜新的挑战，祁彪佳开始成为救荒行动的统筹者。祁彪佳跻身领导人之位，源于他对行善的卓越贡献、个人损失的激发、对救荒情报的掌握，以及充沛的精力。同样重要的还有祁彪佳广阔的视野，这使他能够达到可能建立共识的条件。在达成这一目标的过程中，他与官方权威结成了联盟。与所有的指南、盟誓和记录一样，官方权威在动荡不安的时期维持了参与者之间的凝聚力。鼓励地方精英分子进行合作的向心力将是下一章的主题。

第七章　与官员结盟

　　　　　　　　　以坊赈坊。

　　　　　　　　　　　　　　——倪元璐

　　　　　　两公祖极是予言。

　　　　　　　　　　　　　　——祁彪佳

　　祁彪佳及其同伴们深知官方权威有利于维持秩序、应对大批麇集的流民，以及进口外粮。不过，一些居民仍然抵制官方对地方事务的干预。每个人都有他的街坊与族人要保护，即便是思想境界最崇高之人，也常常一心想用自己独特的方式行善。尽管祁彪佳也有特殊的利益，但他认识到其所在的城坊、其产业周边的乡村地区及其宗族与邻境地区的福祉紧密相连。他以跨区域的视角来看待问题，寻求共识以支持数月的大规模救济计划，积极与官员缔结联盟。

维持秩序

　　1641年初的骚乱后不久，祁彪佳和妻子、两个儿子一同从乡下的庄园匆忙赶往绍兴府城。到了夜晚，固若金汤的城墙紧闭城门，保护着城中居民不受铤而走险、四处劫掠的乡民的侵扰。城居也提供了一个能够接近地方官员的条件。途中，祁彪佳给知府王孙兰写了一封有关救荒事宜的信。① 一次，他在城里岳父家中吃饭，当听到暴乱的消息时，他突然起身前往王孙兰的私署会晤。在场的还有绍兴府同知毕九臣、山阴知县汪元兆和会稽知县周灿。②

　　祁彪佳告诉官员们，不但必须要散粮以安抚饥民，还要擒治犯人。他进一步建议，通过开仓赈济的方式能够诱使犯人掉以轻心。至于未乱之地，祁彪佳建议他们于各坊张贴食物救济的牌示，派差役登记居民的姓名。每位官员应负责监督数坊。他们应当发放有居民姓名的赈票。通过将饥民分散成小批次的办法，他们能够分散暴徒的力量。百姓将得到粮食，秩序将得到恢复。祁彪佳进而警告不要行"士民之赈"。他担心流民会"争先出银粟以饵之，无有端绪，奸心愈生"。祁彪佳在日记里提到，官员们"皆是予言"。③

　　祁彪佳叙述说，官员们"点衙役出牌示，而乱风少戢矣"。命令业已通过保甲传达下去，甲长举着牌示，甲下的居民向本甲汇报。祁彪佳写道，当晚"雪转甚"，然后对当天的日记作了总结：

---

① 祁彪佳，《小捄录》，1641年1月15日；关于这封信，见祁彪佳，《祁彪佳集》，卷3，第42页。日记和书信使用类似的措辞讨论祁彪佳提出的三点。
② 祁彪佳，《小捄录》，1641年1月16日。
③ 同上。

第七章 与官员结盟

"刊发给米票,令通城皆向予取,以一其式。又黏知会各坊任事文学,约齐举行。竟夜不能成寐。"①

第二天,传来了让人心安的消息:官员们擒获了众多抢犯,并给他们上了枷锁。他们下令米铺和当铺照常营业。这个措施是为了预防任何恐慌性的抢购粮食的行为。祁彪佳记录道,"城中已见帖然,西郭门尚有强抢者",并补充说,"亦即逮治之,而乡间乱风方兴未已。东浦石堨处处见告。沉酿堰亦有强借之事矣"。②

当时,来自临县诸暨(暨阳)的一个拥有成百上千名成员的团伙正在该地游荡,劫掠村子。祁彪佳从他的两位兄长那里听说了此事,预料将会发生穷凶极恶的事件,"亟趋谒王太公祖、毕公祖告急"。他还前往左营,为绍兴府同知毕九臣巡行请兵。一回到家中,他就给毕九臣呈递了一个关于乡村消弭之急务的便条。③这可能是在祁彪佳现存的作品中首次表扬毕九臣饬行保甲来绥宁地方的一封书信。但他随后继续评论说:"不意尚有大盗高元一伙,其所劫彤山尼庵,离敝村止一里之遥。"高元曾是祁彪佳的一位亲戚的家奴,因坏法而被逐出家门,也曾对祁彪佳的友人吴期生犯过事,但随即逃脱,一跃成为强盗头目。在近村,这批人结了十龙会。近期抓获的陶三、王五、王黑和王九都是这个团伙中人。根据陶三的证词,高元为了食物曾经打劫过附近的房舍,如今已有野心下海劫掠。同僚余煌关于大盗下海洗劫绍兴府的赭山和杭州府的海宁这两个沿海市镇的消息令祁彪佳更加忧虑。此外,藏匿于天乐乡村地区的大盗杨三持有锐器,麾下有四十余

---

① 祁彪佳,《小捄录》,1641年1月16日。
② 同上书,1641年1月17日。
③ 同上。

名手下。祁彪佳担心将来他们可能会变得更加猖獗。①

两天以后,祁彪佳记录了(正如陈子龙的年谱所说的那样)诸暨流民来越地就食,"江北之丐徒较尝尤甚"。那天,在城隍庙的会议上,负责各坊给米的任事诸友对如何对付这些威胁性的团伙进行了辩论。祁彪佳报道说:"或曰:'驱之。'驱于城则流毒于四乡矣。或曰:'安之。'是必在郡者与赈粥,复业者与归资,而两者在官,皆难处。"祁彪佳自己承认"亦惘然莫为之计"。他听说了倪元璐提出的"以坊赈坊、以坊护坊、以坊缉坊"三议,但对此表示怀疑。他问此举"庶几流民可无聚噪之事乎?"② 一小队营兵被派来保护祁彪佳在城中的寓所③,但随后而来的消息令祁彪佳"甚忧之"——数千名村民在听闻将要发城行赈的消息后将城团团围住,意欲强籴。④

维持秩序是个问题,这种情况持续了数周。动乱使平水周边的山区陷入了困境。在本乡,祁彪佳从饥民中挑选了约一百名壮丁,组织团练,承诺会论功行赏。⑤ 他不久前得知在城中东北一隅的昌安坊的居民们针对打劫也采用了相似的策略,他们从合资格救济的贫民队伍里挑选出最身强力壮之人来防卫,并提供每人每日定粮。⑥

---

① 祁彪佳,《祁彪佳集》,卷3,第47-48页。
② 祁彪佳,《小抹录》,1641年1月19日。
③ 同上。
④ 同上书,1641年1月20日。
⑤ 同上书,1641年2月2日。
⑥ 同上书,1641年1月22日。参阅祁彪佳,《祁彪佳集》,卷5,第80页。祁彪佳的同乡王志学列举了古代以工代赈的办法。在捐出一千石来赈灾以后,他为居民们提供工作机会来修葺他的破败居所。和高攀龙一样,王志学走的是一条大道,这令他与他的兄弟们不同;他侍继母至孝,有几次还出手救他的四位游手好闲的败家兄弟们。见《山阴县志》(1803),卷14,第89b-90a页。

祁彪佳招募的几十名壮丁并没有在五天后于社庙里露面。祁彪佳记录说,擅离职守之人将会受到惩罚,但没有提到如何执行。① 一周以后,刚好在宗祠观看完散米后,祁彪佳似乎觉得以回馈粮食的方式来换取相应的服务合情合理。他从宗族中挑选出三十二名壮丁组成一个夜间巡逻队伍。然而,这些举措并没有减轻祁彪佳的不安情绪。那天晚些时候,有消息称有人遇难,身中三刀四箭,这让祁彪佳为之掩泣。②

小小的挑衅行为容易引起居民们的反应。一天夜里,祁彪佳听说在其"兄"宁方家中发生了盗警。③ 他急忙赶到那里,查明有八十余名壮丁奔赴救援,并记下了他们的姓名,以便及时行赏。④ 不过,祁彪佳在第二天记录道:"盖先是有牵牛过吾村者,族侄误认以为盗,鸣锣集众。"⑤

三天以后,在社庙散米时,宁方奖励了(想必是额外的粮食)那些闻警报而赴救援之人。随后,祁彪佳严厉训斥了那些不孝、赌荡之人,以"冀其省改"。⑥ 他们在祁氏社庙里给米以后,同样随即便举讲乡约。⑦ 对穷人的接济是和团结并教化他们紧密联系在一起的。

祁彪佳的倡议高度本地化。尽管他的利益和一些辖区有瓜葛,但他明白可以从官方的干预中获利。为了让三江闸重开以保护麦田不被淹没——这是在1641年初雨雪连绵的天气之后——

---

① 祁彪佳,《小捄录》,1641年2月7日。
② 同上书,1641年2月15日。
③ 我无法确定宁方的身份。他可能是祁彪佳的一位堂兄。
④ 同上书,1641年3月1日。
⑤ 同上书,1641年3月2日。
⑥ 同上书,1641年3月5日。祁彪佳还提到了那些在二月二十九日闻警救援之人在三日后于社庙领赏。
⑦ 同上书,1641年4月1日。

他不得不向王知府求助。① 他认为饥民会被吸引到最先发放食物的地方,因而劝说绍兴推官陈子龙要确保让绍兴府境内的所有地区"一体行粥"。②

祁彪佳始终如一地推动综合性的计划。刘宗周想在各坊"发私募之簿"。祁彪佳坚持认为各簿募贽应"总会一处"。③ 倪元璐和其他的居民们希望坊村自顾自照应。祁彪佳明白,如果忽视这个事情,邻境的流民无疑会聚集到本区惹是生非。④ 当天乐的士绅里老前往祁彪佳位于寓山的住所,诉说三都九里的遭遇时,祁彪佳问道:"本乡自募与城中任事之文学协募,孰便?"他在日记中记录道:"皆言宜协募。"⑤

在救援行动中,官方权威在实施广泛的合作和执行方面是非常宝贵的。一次,有人阻挠煮粥(情况究竟如何并不清楚),推官陈子龙盛怒,罚了粥厂首事者一百石生米。"会稽诸友人余人"在城隍庙和祁彪佳会面,求他为犯者辩护。祁彪佳站在官方权威一边,拒绝了这一请求。⑥ 一次,五位访客告知祁彪佳西巫一厂受到"奸棍"的阻挠,祁彪佳立即写信给府同知毕九臣,要求惩治这些坏人,以一儆百。⑦

---

① 祁彪佳,《小捄录》,1641 年 1 月 22 日。
② 同上书,1641 年 4 月 9 日。
③ 祁彪佳,《感慕录》,1640 年 5 月 18 日。
④ 祁彪佳,《小捄录》,1641 年 1 月 19 日。
⑤ 同上书,1641 年 3 月 1 日。
⑥ 同上书,1641 年 4 月 9 日。
⑦ 同上书,1641 年 6 月 6 日;用"区"替换"巫"。同样,祁彪佳请求毕九臣发宪牌,禁止药局中的纷扰(同书,1641 年 7 月 1 日)。

形成政策

尽管需要依赖官方权威,但祁彪佳并非一个唯命是从之人。他在保持初衷与自我定位不变的情况下,常常用自己的观点和建议反驳官员的意见。那天,在骚乱过后的一次由知府召开的"公议"上,正当士绅们要盟誓时,祁彪佳晚到,"不禁饶舌"。他说他们应当"通商告籴",并应立即确保当铺照常营业,确保各户不会被强枭,以及任事诸友应当分坊查饥。祁彪佳于是写了一封信给王知府,对这个救宁地方和散赈的议程做了总结。① 几天以后,他和其他的致仕官员们先是拜访了一位官员(成圮洲,杭州知府),接着拜访了推官陈子龙,对其他诸如为运粮船提供武装押运、巡行乡间以控制奸民这些事情加以敦促。② 祁彪佳日复一日地写信给官员提建议。当陈子龙提议将安插流移的任务交给寺院负责时,祁彪佳用了一个替代方案加以反驳。当陈子龙谈到他意欲从江右(江西)籴粮时,祁彪佳表示从温州告籴会更好。③ 当陈子龙主张设立粥厂(打算将此事委托给余煌)时,祁彪佳坚称,"不然。在此时实实不宜设粥",主张改在五月或六月。接着,他们就时机和每一项安排的优缺点进行了辩论。④ 此外,祁彪佳对官员要求诸多。例如有一次,在证明粥厂任事诸生之诚信后,他对陈子龙提了"四事":"尚委信以杜谗口"、"早处钱米"、"预备簿

---

① 祁彪佳,《小捄录》,1641 年 1 月 15 日。关于这封写给王知府的信,见祁彪佳,《祁彪佳集》,卷 3,第 42 页。
② 祁彪佳,《小捄录》,1641 年 1 月 23 日。
③ 同上书,1641 年 3 月 1 日。
④ 同上书,1641 年 3 月 3 日。

示",以及"令各县一体行粥"。①

尽管祁彪佳重视官方权威,但他并没有人云亦云,而是将之视为达到目的的一种手段。他常常煞费苦心地在日记中记录地方官员们将救荒之事委任于他,或是在和商人或任事文学打交道时带着官方的文告或者官员的信件。他利用官方权威支持他自己,尤其是促成诸"友"的合作。他们知道,倘若任务圆满完成,祁彪佳能够为其在官员面前美言几句,正如他写信给陈子龙表扬几位文学任事之诚时那样。②

祁彪佳在为官时就表现出了执法的天赋。他在实施严惩方面毫不手软,曾经将罡星会的成员杖杀,并将其尸首曝于街市。③不过,官员执法和施行体罚有利于居家时的祁彪佳,他和同样身份显赫的居民则将精力和资源投入到慈善活动中。官员调迁他方,而绍兴的乡贤们则要留下来面对当地百姓几十年甚至几代人的评判。

一次,祁彪佳听闻有人在柯市私运绍米出境,他的兄长凤佳希望出台一个禁令加以阻止。祁彪佳告诫说:"余以为[私运]断不可。"他在日记里写到其"兄"(事实上是一位堂兄)宁方"极以为是"。祁彪佳于是写信给道台,请他严禁私运。④ 当道台回信要求"官与民"共同禁止将大米私运出境时,祁彪佳回复说他"宁禁之在官",警告说如果允许百姓私禁,将生祸端。⑤ 祁彪佳维护着行之有效的官方权威。

---

① 祁彪佳,《小捄录》,1641年4月9日。
② 同上。
③ 王思任,《祁忠敏公年谱》,第8b页。
④ 祁彪佳,《小捄录》,1641年7月23日。
⑤ 同上书,1641年7月25日。

位高权重的官员们下施权威,但他们自己却无不易受来自下层的压力的影响。曾经为官的祁彪佳能够施展自己的权威,这是基于他过去的宦绩、对地方环境的熟悉、关于救荒事务的知识,以及对于民众要求的响应能力。当饥民嗷嗷待哺时,并不是官员,而是他,"曲谕"告知其所定之议,以安抚他们。①

当官员们需要救济方案时,祁彪佳负责起草。作为对官员的修正意见的回应,他重新起草了《厂中任事条目》和《粥厂事宜十四条》。② 合作令他能够建言献策,接受官方的委任,并与其他的地方精英分子共同劝导官员以补其自身非正式领导之不足。秉持着全心全意为社区服务的理念,祁彪佳在官员们面前树立了道德权威,正如当他"作书以获盗之功暨南区巡劝之劳颂毕几臣公祖"时,或是当他在日记中写到"甚服其明快"时——这些均暗示着祁彪佳才是救荒策略的真正仲裁者。③

巡行乡村粥厂

对于乡村粥厂的管理而言,官员们责无旁贷。自从1641年初的骚乱以来,巡行的需求成为祁彪佳心中的一块大石头。④ 在他举办的一场宴会上,祁彪佳认为"诸兄"应当促请刘宗周(比祁彪佳年长二十四岁)去找陈子龙谈有关巡视粥厂及通籴事宜。⑤ 陈龙正也认识到巡行能够"劝募安拊",这说明他也是通情达理的。⑥ 几

---

① 祁彪佳,《小捄录》,1641年1月15日。
② 同上书,1641年4月10日。
③ 同上书,1641年4月27日,5月27日。
④ 同上书,1641年1月23日。
⑤ 同上书,1641年2月2日。
⑥ 同上书,1641年3月3日。

周以后，祁彪佳告诉陈子龙，乡民们期待他的莅临，并建议他即便无法视察到每一个村子，也要造访十区的主要几处地点。①

为了准备此次巡行，官员们在王文成祠里集会。祁彪佳检查了每区的缴册，细诉本区之苦，并提出了一个巡行方案。祁彪佳有些居高临下地观察道，"不但诸友得畅所欲言，且彬彬成礼"，补充说，这次会议的结果是，"王公祖主议以五区分配巡行，捕厅得山会之南区，水利厅得山会之东区，刑厅［陈子龙］得山会之中区，山阴会稽两父母各得本邑之西北区"。两县知县每人得米二百石，知府得米一百石。因此每区应当得米五十石，还尚未将可能来自捕厅、刑厅的加助或是盐台守道巡道的捐助这些额外的资助计算进来。②次日，祁彪佳派人给陈子龙送了一份中区路程巡视图，并给了毕九臣一份。③

计划似乎已经得到了落实，但并非如此。在回到寓所后不久，祁彪佳接待了五位访客，"所议皆赈事也"。其中两人认为，山阴知县无法胜任巡行山萧联界的西区之任。他们敦促祁彪佳去请推官陈子龙代之。祁彪佳伺机给陈子龙递了一个便条。④建议正中祁彪佳下怀。陈子龙的官衔高于知县，且指挥着一队营兵，因而他应当巡视西区，西区是祁彪佳和祁家几位兄弟的乡下产业所在地。此外，刚刚出版了徐光启的《农政全书》，且以诗才闻名的陈子龙承诺护行。

在获悉府同知毕九臣亦将巡行西区⑤的两天以后，祁彪佳将

---

① 祁彪佳，《小捄录》，1641年4月16日。
② 同上书，1641年4月19日。
③ 同上书，1641年4月20日。
④ 同上书，1641年4月19日。
⑤ 同上书，1641年5月2日。

《西区巡行事宜》和路程转寄给了陈子龙。随后他收拾行装,写道:"予每出必携银钱作济贫之用。至是,以西乡最贫苦,乃多备百余封。"①

在既定之日,两位官员和祁彪佳一行人起程,各坐各船,每个人无疑都有同行的随从和不知其名的仆人。旅途之艰辛要求众人频频从大船换到小船,从水路换到轿子。他们在九眼村这个穷乡僻壤之地设立了一个粥厂。祁彪佳曾经提到过此处曾为一位姓周的人所有,已年久失修。② 他们随后吃了"蔬食"——祁彪佳隐晦地提到,考虑到周围物资匮乏,他们不得不放弃了日常佳肴。③ 换了小船后,他们继续向距离府城西南五十里的夏履桥进发④,然后经陆路前往一座寺庙,在那里他们为当地百姓解决了一些纠纷。他们改坐轿子,翻过一座山,"小憩岭上",穿过几个偏僻的小村庄,经由张家桥前往葛家山头。祁彪佳写道:"盖上下盈湖地也。一望莱芜,耕种者几于绝迹。久旱之后,沙土扑面。两公祖忧心如焚。"⑤

第二天也同样艰难。他们舍舟而走陆路,一路"禾苗载野",于傍晚抵达距离萧山城南三十里的临浦。⑥ 祁彪佳观察到这个世外桃源较"天乐一乡,此稍稍称乐土矣",天乐之名一语双关,字面意思是"天堂的快乐"。⑦ 干旱令水道枯竭,一行人不得不乘轿,微月下行田间。他们尽了最大的努力去安抚饥肠辘辘的轿

---

① 祁彪佳,《小摢录》,1641 年 5 月 4 日。
② 祁彪佳,《祁彪佳集》,卷 8,第 215 页。
③ 祁彪佳,《小摢录》,1641 年 5 月 6 日。
④ 关于这座桥的位置,见《绍兴府志》(万历年间刊本),卷 1,第 25b 页。
⑤ 祁彪佳,《小摢录》,1641 年 5 月 6 日。
⑥ 一个内地的资源被调集以方便运输的标志是:在 1570 年,六名临浦里人用四艘船设立了一个义渡。见《萧山县志》(1751),卷 14,第 21b 页。
⑦ 祁彪佳,《小摢录》,1641 年 5 月 7 日。

夫,祁彪佳并没有具体说明采用何种方式。①

当队伍进入到穷乡僻壤之地后,当地的居民和"友"都露面了。在一个落脚点,一位生员出来商议分厂之事;樗里的饥民们抱怨他们恐无食物可吃;任事之"友"走出来欢迎巡视组。② 在另一个落脚点,三位正在激烈争论的"友"走上前来。祁彪佳写道,两位官员"为裁定之"。再往前,赵、陈二生员露面并陪同队伍来到一座寺庙,在那里,另一位生员和一位姓王的孝廉也加入到队伍中来。在计算完当地的助米数量之后,巡视组得知赵王二人意见不合,王孝廉提议赈米,而赵生员主煮粥。陈子龙拍板采纳了后者的意见,从而打破了僵局。③

巡视组的官员们还惩治了贪腐之人,确保了粥厂任事坚守既定的方针。一抵达当晚下榻的寺庙,他们就调查了汪知县捐给各村的赈资被侵克的情况,随后责备了犯事之人。④ 在临浦,尽管官方计划是两地联合管理,但生员们捎话说要"以私意"分山阴和萧山两邑的粥厂。两位官员训斥了他们。⑤ 当抵达渔临关时,巡视组获悉居民们没有得到规定的食物份额。任事者编了一个差劲的借口,即"饥民耻食粥"。陈子龙训斥了他们。⑥ 第二天,他们继续前行。陈子龙处罚了一名阻赈之人。⑦

祁彪佳对此次巡行的第一手记录提到了多种多样的交通工具和具体的村名,从而使中国官员下乡亲自视察当地情况、忍受

---

① 祁彪佳,《小捄录》,1641 年 5 月 7 日。
② 樗里在九眼的东边,根据祁彪佳,《祁彪佳集》,卷 8,第 215 页。
③ 祁彪佳,《小捄录》,1641 年 5 月 6 日。
④ 同上。
⑤ 同上书,1641 年 5 月 7 日。那天早些时候,在对面萧山桃源乡的一个落脚点,桃源诸"友"来访,郝知县把赈簿送来复查。
⑥ 同上书,1641 年 5 月 8 日。
⑦ 同上书,1641 年 5 月 9 日。

蔬食和连日艰苦这套陈词滥调的价值得以恢复。至少在绍兴府，为数众多的任事之"友"——生员与孝廉——已经准备好管理乡村的粥厂了。即便那些并非受同情心或者位高任重的责任感所驱使的人，也能够通过慈善活动和达官贵人建立起有利的社会联系。至少那些出钱出力的人可以期待在一个慈善计划圆满完成以后，跟着会有一场宴席或酒会。在祁彪佳的村子，在粥厂结束运营之后，祁彪佳的兄长凤佳邀请了所有出米者一同饮酒，行"告成之礼"。①

祁彪佳的记录进一步显示，绍兴的官员完全不像王朝衰落期的范式中所示的那样无能或懒惰，而是有效地运用他们的权威来确保粥厂计划能够顺利运作。甚至在穷乡僻壤之地，官员莅临的时间尽管短暂，但仍然有着强大的影响力，这使得当地的士子们热情地冲上去问候随行人员，汇报他们的表现，将他们中间的分歧说出来，竞相寻求官员的支持。

直面苦难反过来影响着巡视组一行人。祁彪佳观察道："抵肇家桥，乃诸暨通衢，向来市肆甚盛。今有阖户无人者，所见道旁多鸠形鹄面。"② 他接着写道："予目击困苦，发愿少助，而所携不多。乃贷之华孟宰'兄'，托葛友亮奇、厉友之玉查报饥民。华、葛诸友为予作赈资四百封，彻底乃竣，而饥民册亦即夜造完。予倦极就寝，因诸友为予劳苦，中夜起谢之。"③ 在另一个落脚点，府同知毕九臣同样应饥民之求给他们每人发了十文钱。④

---

① 祁彪佳，《小捄录》，1641 年 7 月 29 日。亦见同书，1641 年 8 月 3 日所记的一场为大夫们而设的宴席。
② 同上书，1641 年 5 月 6 日。
③ 同上。
④ 同上书，1641 年 5 月 7 日。

随着巡视组进入偏远之地，除了食物，居民们的其他诉求也得到了实现。有人阻止水利灌溉，官员们下令喊停。① 有一位妇人诉其为叔伯所欺，府同知毕九臣命令族中二位尊长调停此事。② 一旦巡视组离开当地，犯事之人很可能会故伎重演。不过，官方的裁决会传遍整个社区，这必定会赋予受害者几分权威。在一个短暂的时刻，巡视组的官员们给了乡民们一个喊冤叫屈的机会。在发米的同时，秩序也得到了恢复。此次行程结束时，祁彪佳重获了心理上的平衡。他写道，"巡厂方完，甘澍随至，真快心事也"③，仿佛好天气是对他们的努力的回报。

祁彪佳对西区的报道最为全面，他对当地怀有特殊的忠诚。他的兄弟、族人和佃农居住于斯地；他的父亲用俸禄建造了一座园林；祁彪佳和他的堂兄（"兄"熊佳）后来也建造了花园。④ 尽管如此，他偶尔也谈到了别的区的救济活动。当五区任事之"友"将要动身赴任时，祁彪佳发给他们一两银子作为每区"公费"。⑤ 当五"友"结束了陪同汪知县巡视山阴北区粥厂之行时，他接待了他们的来访。⑥ 他频频与各区之"友"接触。⑦

在结束巡行西区的工作之后，祁彪佳催促府同知毕九臣巡行南区。不久，祁彪佳给了毕九臣一个具体方案。⑧ 祁彪佳尤其关

---

① 祁彪佳，《小捄录》，1641年5月9日。
② 同上书，1641年5月7日。
③ 同上书，1641年5月9日。
④ 祁彪佳，《祁彪佳集》，卷8，第211-212页。
⑤ 祁彪佳，《小捄录》，1641年4月1日。
⑥ 同上书，1641年4月28日。祁彪佳进一步写到了另一次对北区粥厂的巡行，见同书，1641年6月13日。他提到各区任事诸友来访，他的兄长骏佳陪同一位中区任事前来，见同书，1641年6月24日。
⑦ 参阅上书，1641年4月19日，6月24日。
⑧ 同上书，1641年5月17日，5月23日。

心会稽平水之苦。它邻近天乐,是最贫困的乡村地区之一。① 祁彪佳与毕九臣经陆路前往平水,在郭尔璋的陪同下,到一座寺庙里祭祀,然后前往一个小村庄,沿河向第十三都散赈米。祁彪佳与毕九臣对诸里总"拳拳"以乡约保甲为言。接着,他们前往第二十九都。在一个祠堂休息片刻以后,他们向庠生和里总表示了慰问。当晚,祁彪佳和毕九臣闲聊地方事务,而郭尔璋填写二十八都的赈票——共计一百人——并统计了数量,在拂晓前完工。②次日,毕九臣责罚了一名来自二十八都的殷户顽民。由于该都的偏远村庄匿藏盗贼,又或许是要在当地补充任事文学之不足,祁彪佳和毕九臣在一处落脚点申言保甲之法,在另一处落脚点,祁彪佳与道,讲六谕可能会鼓舞听众中的一些人"洗心易虑"。③

采购粮食

就 1640 年的私赈计划而言,善人张陛提供了足够的粮食来维持"万人有五日之粮"。不过,正如他所言,"一郡计之,涓滴耳"。④ 1641 年,尽管当地一些居民承诺自捐,但他们不得不向官员求助,以采购更多的粮食来支持历时数月的大规模救济。与聚财相比,官员们更能通过善举来获利(一个美名,一次晋升)。祁彪佳提议,通过捐赠俸禄的方式,他们能够风动普通民众。⑤ 于

---

① 祁彪佳,《祁彪佳集》,卷 6,第 137 页。可以理解的是,祁彪佳的兄弟骏佳与平水有着特殊的联系,因为祁彪佳曾经提到他正在监管那里的三个粥厂,见祁彪佳,《小捄录》,1641 年 5 月 29 日。尽管如此,这也仅仅是强调了社会和家庭的纽带延伸了祁彪佳对于本区以外的地区的兴趣。
② 祁彪佳,《小捄录》,1641 年 5 月 27 日。
③ 同上书,1641 年 5 月 28 日。
④ 张陛,《救荒事宜》,第 2b 页。
⑤ 祁彪佳,《祁彪佳集》,卷 5,第 96—97 页。

是,汪知县捐了九十两银子,分到各里。① 官员们也将他们的权威用于慈善目的,正如祁彪佳曾经要求周知县将罚金用于救济那样。② 尤其是他们可以提高水路通行费,和其他地区的官员协商许可跨地区调粮,以及提供资金(比如向国库借钱)来启动和保证财政上的安排。为了让粮食能够被顺利籴往绍兴,官员是必不可少的。

对于粮食引进而言,绍兴有着理想的地理位置,四周水网密布,有利于快运,可将粮食从南岸分头运至宁波、台州和温州,或从北岸运至苏杭之地。就在1641年初的粮食骚乱之前,祁彪佳和他的同伴们就预见了困难时期,他们仔细研究了通商平籴。③ 就在骚乱结束之后,祁彪佳在日记里写道:"灯下作公书,致两台公祖[杭州知府成环洲和王孙兰],言武林为江广通贩之咽喉,米舟不宜阻遏。"祁彪佳进一步提到了官员成环洲业已批准让一万石粮食通行的消息。④

在次日举行的一次应对骚乱的大会上,就在"诸文学散去"以后,府县官员"呼米牙十数人共酌之,主官与商并行,以官措之本为主,而商之资并入于官,共为一批"。正如祁彪佳所总结:"官藉商以便运贩,商藉官以免阻抢。"结果是,官员们提供了四五千两资金。⑤ 陈子龙的话证实了祁彪佳的记录。他提到"遣贾人给符验",补充说"价所低昂,则以其半惠民,以其半利商。不过旬日,金归库藏"。⑥

祁彪佳随后向王知府建议,尽管台州方面已经准许平籴,但

---

① 祁彪佳,《小捄录》,1641年3月1日。
② 同上书,1641年5月4日。
③ 同上书,1641年1月9日。
④ 同上书,1641年1月18日。
⑤ 同上书,1641年1月19日。
⑥ 陈子龙,《陈忠裕公全集年谱》,卷上,第30b页。

仍然应当和宁波方面协商,通过和较台州更近的宁波方面打交道,他们将"事半而功倍"。① 随后,祁彪佳拜访了他的岳父和刘宗周,提出一个赈米计划对于恢复秩序而言是至关重要的,而要支持这样的一个计划,"万非通籴不可"。他注意到来自台州和宁波的粮食数量会很有限,总结说:"毕竟藉于吴楚,乃使源源相继。今杭之米贵于绍米,不得越杭至绍,是坐困耳。"祁彪佳在日记中称,刘宗周"极是予言"。② 两个月以后,祁彪佳计算出台州籴米的价格是每石 1.5 两至 1.6 两,即使低于市场价格出售,也将获得每石 0.2 两至 0.3 两(或者每千石二三百两)的利润。③

祁彪佳重申了通商是抑价的最合适的办法。汪知县希望通过政令来抑价。祁彪佳争论说,这样做会导致罢市,引起哄抢。一听到两位官员谈到刘宗周也曾有过抑价之议,祁彪佳便写信给刘宗周,"力争以为不可"。④ 正如祁彪佳在日记里解释的那样:"以市上米少,须大通于三吴为言。道台再以抑价询。愚意市价之贵贱,有非上人所能操者。只是籴通则米多,米多则价自减矣。"⑤

祁彪佳花了大量时间周旋于官商之间。到 1641 年中期,六七名在台州告籴遇到阻难的米商向祁彪佳抱怨知府想从交易(想

---

① 祁彪佳,《小捄录》,1641 年 1 月 20 日。
② 同上书,1641 年 1 月 20 日。
③ 出自一封给宁绍道台郑瑄的信,见祁彪佳,《祁彪佳集》,卷 3,第 40 页。根据祁彪佳的日记,这似乎是祁彪佳对王文成先生祠中之"昨议"作总结的信(见祁彪佳,《小捄录》,1641 年 3 月 27 日至 28 日)。关于郑瑄的身份,见陈子龙,《陈忠裕公全集年谱》,卷上,第 31a 页。
④ 祁彪佳,《小捄录》,1641 年 4 月 21 日。从绍兴以外的地方购买大米在 1640 年就相沿成习,当时祁彪佳提到族人和村民前来平籴的有一百多人,他"量助"了那些无法平籴之人。买卖完成以后,祁彪佳继而将收益交付给一位姓王的人,委托他前去苏州再籴,以作将来再赈之用,见祁彪佳,《感慕录》,1640 年 4 月 23 日。
⑤ 祁彪佳,《小捄录》,1641 年 4 月 24 日。

必是用来补充国库,祁彪佳并没有提到私利)中多抽余利(每石二斗)。祁彪佳在日记里叙述道:"予意救荒惟有通商。故于商人也,宜招徕拊恤之意居多。"为了安抚商人,祁彪佳给他们看了一封他刚刚寄给知府建议抽利要低的书信的副本。①

商人与牙客在三天后又开始抱怨了。② 祁彪佳拜访了余煌,同他商议招商之策。祁彪佳在日记里提到余煌大致同意他的看法。他们继而去卫厅与道台会晤。大约四十名地方士人集聚一堂。祁彪佳以粗略的等级秩序罗列了他们的姓名。除了余煌和祁彪佳外,有九人是绅,其中有祁彪佳的岳父、倪元璐和张焜芳,三十余名青衿和数位孝廉。他们要求道台出面让两台委派官员陈子龙去苏州通籴。③

陈子龙在一封信里告诉祁彪佳温州米价仅为1.2两,当地官员并没有对此发布严厉的禁令,认为祁彪佳应当同道府商讨去那里通籴之事。④ 陈龙正所说的价格比祁彪佳提到的其他地区的价格相对优惠:江右的米价是1.5两,而本地米价已经涨到每石2.6两。⑤ 一个月后,祁彪佳提到四区的米价可能会涨到每30余石米100两,比每石3.33两略低。⑥ 五周以后,杭州的米价是4.3两。⑦

---

① 祁彪佳,《小抹录》,1641年5月15日。
② 同上书,1641年5月18日。
③ 同上书,1641年5月18日。我无法确定卫厅的意思,权将它译成"garrison hall"。
④ 同上书,1641年5月22日。
⑤ 同上书,1641年3月1日,4月13日。
⑥ 同上书,1641年5月8日。清代,云南和贵州的骑兵每月有0.25石糙米的配额。见 Pierre-Étienne Will and R. Bin Wong, with James Lee, *Nourish the People: The State Civilian Granary System in China, 1650-1850*, p.439n9.
⑦ 祁彪佳,《小抹录》,1641年6月12日。

借官方权威来拓宽视野

在救济策略这一点上,绍兴的善人大致可以分成两组。一组是以张陛、王思任、倪元璐和刘宗周这些人为代表,主张有限的本地救济,由地方人士自捐,理想化地靠地方仓储来维持。他们通常抵制官方的干预。倪元璐的"以坊赈坊"之说具有代表性。①另一组是以祁彪佳为代表,主张跨宗族和跨地区及城乡一体。能够支持这一广阔视野的是粮食引进的可能性,而官方权威对此而言必不可少。正如张陛在1640年所言,金兰、余煌和祁彪佳主张以平粜的手段来抑制米价,金兰毅然倡捐七百石用来平粜。②

尽管张陛活到了下一个朝代,但他鲜有在祁彪佳的日记中出现过,在1641年的全区救济行动中也是默默无闻的。和张陛一样,倪元璐倾向于"私"赈,和祁彪佳分道扬镳。他承认官方在恢复秩序方面的援助是有需要的。③ 刘宗周尽管默许官方在1641年期间的加盟,但他支持张陛1640年的计划,并对社仓(由地方控制的一个机构)的倡行坚定不移。

倪元璐和祁彪佳交情甚笃。他们的关系在1622年因一同参加科举考试并获得进士功名而得到了巩固。祁彪佳的现存日记证实了他们在自1631年以来的过去几年里往来频繁。④ 不过,他们在救荒上的意见却是相左的。倪元璐通常主张分散的自我

---

① 祁彪佳,《小捄录》,1641年1月19日。
② 张陛,《救荒事宜》,第1b−2a页。对于价格控制机制和仓储的一个言简意赅的总结(尽管大部分属于18世纪),见 Pierre-Étienne Will, *Bureaucracy and Famine in Eighteenth-Century China*, pp. 177−191.
③ 倪会鼎,《倪文正公年谱》,卷3,第5a页。
④ 例如,见祁彪佳,《涉北程言》,8月2日,8月8日,8月29日,10月3日。

管理、地方性组织，反对官方的介入。他主张各族中的富人应当根据田亩多寡作分等捐输，然后用所得收益资助族中穷人。尽管他允许宗族用余资兼赈他姓，但他的目标仍然是让宗族自治。他推断，这个计划会令族中穷人不必受赈于他人，族中富人亦无须对官府负责。①

祁彪佳对倪元璐的小规模的、零碎的济贫办法持怀疑态度。他屡次主张救济工作必须跨地区协调。他认识到那些被忽视的坊的居民们单单涌向那些受惠于得力的赈米计划的坊中，并非每一个村庄（在这里使用了"图"这个术语，指四十八都之中的每一个区）都有资源来开展自己的救济计划。② 当巡行天乐乡时，他再一次对倪元璐的"以坊赈坊"之议进行了反驳，说道："以天乐乡之闻见，作书致汪父母，且言彼乡多贫少富，不宜尽'以图赈图、以村赈村'之说。"祁彪佳接着强调说，即便各都无法均给，最好也是在一都之中自相通融。③

社会现实逐渐削弱了倪元璐的自治构想。1642年，十位来自倪元璐的家乡上虞的居民抱怨本都的富户失赈。倪元璐向他的母亲求助，发起了一个募集资金的活动来帮助家乡。她捐了十两银子，其他家庭欣然效仿。④ 这个计划服务于一个有着明确界限的社区，这与倪元璐的信念相符。不过，他自己的广泛的社会网络却令他涉身至少两个社区中。

倪元璐赞同朱熹在12世纪发起的那种非政府性质的义仓。

---

① 倪会鼎，《倪文正公年谱》，卷3，第10a页；Ray Huang, "Ni Yüan-lu: 'Realism' in a Neo-Confucian Scholar-Statesman", p. 442.
② 祁彪佳，《小捄录》，1641年1月19日，3月18日。
③ 同上书，1641年3月18日。
④ 倪会鼎，《倪文正公年谱》，卷3，第10a页。亦见倪元璐给知县周全的信，载《上虞县志》(1811)，卷13，艺文，第18a页。

他在一份奏疏中主张以私立的社仓取代官办的社仓。1642年重新上任不久之前,他制定出了被现代学者称为"粮食收购贷款"或"股份公司"的计划,其中五家人承担每年百分之二十的贷款利息。① 倪元璐对官僚所持的不信任态度,即"官虽贤,三年而权尽。今以土人世其事,子孙习见,百年常在望,家无繁令而安,里有多言而惮。虽非能人,亦可不害者一也",影响着这些计划。②

倪元璐断言,义仓应和国家发起的高利贷性质的"青苗"法区分开来。自从11世纪王安石提倡时起,它变得声名狼藉。正如倪元璐所言,青苗法实质上"以济取利"③。祁彪佳尽管曾经至少援引过一次朱熹的办法④,但他通常宁可从市场上而不是从地方仓储中获得粮食。他并不后悔将资助下一个收获期的"牛种"借贷方案形容为"以青苗之法始,而以社仓之法终"。在向官员毕九臣和陈子龙担保"为天乐永永计不朽言之"以后,他在日记里写道:"两公祖皆欢喜,以为必可行。"⑤

策略上的冲突一触即发,且周期性地白炽化。士绅阶层中的名门显贵——人数不少于那些要求巡视的官员仲裁他们关于粥厂管理方面的争论的寒门子弟——将他们的争论上升到了政治等级制度层面。即便是希望将官员排除在本地社仓管理之外的倪元璐,也试图去赢得官员的支持。这是祁彪佳从其侄奕远那里听来的来自王知府的小道消息。考虑到官米有限,无法满足所有城中家庭的购买需求,倪元璐主张用其他策略来代替平粜:用官

---

① Ray Huang, "Ni Yüan-lu: 'Realism' in a Neo-Confucian Scholar-Statesman", p. 429;p. 430,引用倪会鼎,《倪文正公年谱》,卷3,第12b-13b页。
② 倪会鼎,《倪文正公年谱》,卷3,第12a页。
③ 倪元璐,《鸿宝应本》,卷17,第22a页,《义仓誓文》。
④ 祁彪佳,《祁彪佳集》,卷6,第135页。
⑤ 祁彪佳,《小捄录》,1641年5月8日。

商之本所得的余利帮助各坊设立粥厂；向计划中的"次贫"每人每碗粥收取一文钱。倪元璐将无限期的给米之法形容为"生生不断"——这个词业已深入人心，尤其在指涉放生时。他的计划在细节上虽然模糊，但主旨是明确的：管理粥厂的资金交易大权应当从引进粮食的官员手中转移到那些运营粥厂的人手中，后者将资金收集起来用于再投资支出。①

在被任命为绍兴推官很久以前，陈子龙和倪元璐就是朋友。他频频在倪元璐家中逗留。当他们的老师黄道周在1640年被廷杖，两人"悲涕竟日"②。然而，祁彪佳在救济策略上不甘落后于倪元璐。他向当时陪同巡视西区的官员陈子龙和毕九臣施压。比起售粥给"次贫"，他更赞同平粜，由此能够在接下来的四个月给他们以生存的希望。祁彪佳记录说："两公祖极是予言。"随后，祁彪佳回信给王知府，对刺史（姚泰履）的建议提出了疑问。后者认为城中牙行应当依靠乡间囤户减价平粜。祁彪佳写道："予力言不可。"他补充说："今日以召外商通外籴作根本之计。"③

作为回应，王知府给祁彪佳送来了一份由倪元璐所作的《设粥八便》之议。和祁彪佳为捍卫其立场而旁征博引不相伯仲，倪元璐坚持应当叫停平粜。祁彪佳回信给王知府说："但求有济饥民，原不执我成见。"他也给倪元璐捎了一个便条，约他次日会面。④ 在巡视西区乡村粥厂的工作结束后不久，以及在柯桥辞别了两位官员以后，祁彪佳在舟中"聚诸友"，商议城赈。随后，在回

---

① 祁彪佳，《小捄录》，1641年5月8日。
② 陈子龙，《陈忠裕公全集年谱》，卷上，第28a页；亦见倪会鼎，《倪文正全集年谱》，卷3，第3b页。
③ 祁彪佳，《小捄录》，1641年5月8日。
④ 同上书，1641年5月9日。

家途中，他顺道拜访了二位兄长骏佳和凤佳，无疑也是为了商议此事。①

次日，城隍庙大开，迎接赴会之人。道府县三级官员已出行香。祁彪佳聚议云："倘平粜果不可行，亦当以余利稍慰'次贫'者，而余则为各坊找赈之用。"祁彪佳也与倪元璐相约在王知府的"公处"会面，以敲定这个计划。在那里，祁彪佳进一步敦促召商通籴，他还向陈子龙施加压力，要求其亲自前往苏州（吴）。"陈公祖毅然任之，且欲接江广新米以救吾越七月之时。"②

为了给自己的立场争取支持，祁彪佳和周知县进行了磋商，随后拜访了余煌。祁彪佳提到余煌"初议合，谓当先行平粜"。接着，祁彪佳拜访了倪元璐，当时倪元璐已经召集了三位盟友（两位舅父和一位亲戚）。他们理所当然地大力支持粥厂，因为他们所在的坊并没有调查"次贫"（猜想是为了平粜），每个人均在受赈之列。他们提到其他坊业已允许"次贫"从粥厂买粥，问道："买粥与平粜奚辨哉？"祁彪佳回答说平粜，强调在平粜结束后应当统计两县（山阴和会稽）的"次极贫户"，并将余粮平均分配——也就是说，按比例分配——到各坊之中。祁彪佳和倪元璐于是同意写一封信呈给当局，"见吾辈意议之合"。③

这一模式——两位器宇不凡的居民均设法寻求同伴的支持和官方的认可来提升自己的观点——对于祁彪佳和他的师友刘宗周之间的分歧而言也同样适用。刘宗周拥有大批追随者，他的作品集的编者列了七十余名"弟子"，其中包括祁彪佳和六十余名

---

① 祁彪佳，《小捄录》，1641 年 5 月 9 日。
② 同上书，1641 年 5 月 10 日。
③ 同上。

士子。① 尽管祁彪佳并没有称刘宗周为老师②,但他尊敬刘宗周,并在日记里频频仔细思考刘宗周的可能想法。除此以外,在观点上,他不得不跟刘宗周针锋相对。同样,对于刘宗周而言,游说官员、动员盟友也是行之有效的办法。

1640年10月,知府王孙兰下令各坊约米两百石,为第二年稳定米价作准备。刘宗周写信给知府,批评这个计划缺乏远见。他建议这些粮食应当被用作社仓的本金,其能够收取30%的利息,直至积累到四百石为止。一旦发生大规模的饥荒,贮存的粮食会依照每户的等级,通过粥厂或者以减价的方式被分发到饥户们手上。如果饥荒程度轻的话,那么会有90%的贮粮用于平粜,剩下10%作为赈粮下发。③

因此,就在收到周知县的一封储米之议的信之后,祁彪佳又收到了一封来自王知府的信,信中附了一封来自刘宗周的促其设立社仓的信函。祁彪佳顶住了压力,再一次用到了他的知识宝库:"予以时方荒歉,又在募助之后,颇有六难,备述书中。"④ 第二天,祁彪佳从几位"特商义仓之事"的访客那里得到了鼓励。祁彪佳在他的日记里称:"亦以为急不易成,颇是予说。"因此,在友人们的鼓舞下,祁彪佳回信给周知县,"申前说"。⑤

---

① 见《蕺山弟子籍》,第1a—2b页,载刘宗周,《刘子全书》。
② 准确地说,祁彪佳将邹汝功、邹汝恢和周靄轩当成他的老师,分别见祁彪佳,《小捄录》,1641年2月2日和2月20日。
③ 关于第一封给王孙兰的信,见刘宗周,《刘子全书》,卷20,第26b—27a页;亦见姚名达,《刘宗周年谱》,第278页。参阅关于安排条款的资料,见《昌安社仓记》,载刘宗周,《刘子全书》,卷24,第29a—30a页,特别是第29a页;《社仓事宜》,载刘宗周,《刘子全书》,卷24,第33a—35b页,特别是第33a—b页。关于这个形式的一个样本,见刘宗周,《刘子全书》,卷24,第35a—b页。
④ 祁彪佳,《感慕录》,1640年10月29日。
⑤ 同上书,1640年10月30日。

在第二封同样在十月份写给王知府的信中,刘宗周详细阐述了他与祁彪佳、余煌的分歧:"两公言暂,而生兼言常;两公言平粜,而生专言积储耳。"刘宗周接着解释说:"虑平粜之说,可一而不可再。"① 两个月以后,在王知府、府同知毕九臣、推官陈子龙和汪知县的支持下,刘宗周在他所在的昌安坊创建了一个社仓。②

祁彪佳并不看好"为将来地方图其永利,惟有社仓一法"的意见,而是建议进口粮食。他向道台郑瑄寻求支持。由于对郑瑄的智慧深表佩服("老祖台见远虑周,超出寻常万万"),祁彪佳请他设法进口粮食来稳定价格,以减轻其乡下之苦。③ 在他的一篇并不那么简短的《救荒全书小序》中——八大标题下有多个子标题,例如"厚储"和"宏济"——祁彪佳认可社仓具有未雨绸缪的价值。不过,他也看到了一个困境:多积则会致使粮食腐烂,造成浪费。④ 或者,正如祁彪佳在别的地方所谈到的那样:倘若听由民众自储自粜,那么他们会乐于遵从。倘若民众试图在公所贮藏粮食,但未得其地,那么就会有腐烂之虞。此外,倘若任人不当,就会有侵损之弊。祁彪佳断言道:"故不如自储自粜之为便也。"⑤

对进口粮食的政策之依赖确实合理,因为江南地区的温暖气

① 刘宗周,《刘子全书》,卷20,第27a页。
②《昌安社仓记》,载刘宗周,《刘子全书》,卷24,第30a页(照例二百石)。关于刘宗周在三十九坊的社仓的详细计划,见刘宗周,《刘子全书》,卷24,第31a-32b页;关于社仓提供的六大好处——例如,避免运输成本和规避蠹吏,见刘宗周,《刘子全书》,卷24,第32a-32b页。关于刘宗周对社仓的分项建议,作于1640年11月,由刘宗周和昌安坊的其他人会立,见刘宗周,《刘子全书》,卷24,第33a-34b页。关于一个记录社仓捐助者的姓名和数额,通过次年平粜来支付,以及对"良士孝子节妇"的"特账"的样表,见刘宗周,《刘子全书》,卷24,第35a-b页。
③ 祁彪佳,《祁彪佳集》,卷3,第41页。
④ 同上书,卷5,第85页、第104页。
⑤ 同上书,卷6,第117页。

候会给粮食贮藏带来阻碍。① 尽管如此,刘宗周坚持行社仓法。在他看来,这是他所尊敬的"先儒"朱熹所发起的并成为其标志性的事业。② 朱熹的"道学"在数个世纪里是科举考试的核心科目,广泛影响着道德理性和辞令;通过和大师朱熹联系在一起,社仓之法获得了一个有力的神圣地位。事实上,有明一代,朱熹对社仓的确切构想已然消失,但刘宗周的同时代人并不知晓这个事实,这与他的信念无关。③

刘宗周尊敬朱熹这位久逝之人。祁彪佳则告诫不要泥古。④ 他指出,忽视现状尤其会使救荒误入歧途,这是因为土壤的沃瘠因地而异,农作物的产量因时而异。⑤ 祁彪佳对实施朱熹社仓法的可行性提出了疑问。⑥ 相反,他选择进口粮食,根据家庭情况按需供给来解决生存危机。因此,刘宗周援引了朱熹来捍卫社仓制度,祁彪佳则援引了这位昔日大儒在浙江(浙东)救荒的另一则实例,也就是说,朱熹曾经利用海上运输的方式从福建和广东两地籴粮。⑦

通商告籴能够保护包括祁彪佳自己在内的当地家庭的粮食积储。因此,刘宗周在写给王知府的第二封信中暗示说:"祁世老似谓不佞竟欲强士绅出米,立社为公家之物而已,不得与焉。"⑧ 不过,撇开私人积储能否满足巨大需求这个问题不谈,我们并不清

---

① 关于储粮,见 Pierre-Étienne Will and R. Bin Wong, with James Lee, *Nourish the People: The State Civilian Granary System in China, 1650-1850*, pp. 103-140。
② 刘宗周,《刘子全书》,卷24,第29a-b页;卷20,第7a-b页;卷25,第12b页。
③ 关于朱熹的粮仓是否真正被付诸实践,见 Richard von Glahn, "Community and Welfare: Chu Hsi's Community Granaries in Theory and Practice"。
④ 祁彪佳,《祁彪佳集》,卷5,第77页。
⑤ 同上。
⑥ 同上书,卷5,第83页。
⑦ 同上书,卷5,第100页。
⑧ 刘宗周,《刘子全书》,卷20,第27b页,时间是1641年。

楚刘宗周高度地方化的焦点及其对改变 30% 的利息所构成的威胁的策略是否更为有效或者更为实际。1643 年,刘宗周回顾性地表扬了本区包括储米、通商和平籴在内的每一种类型的努力。①

除了每一项政策保护了哪些利益的问题之外,更重要的是存在着一种可行的替代方案。依靠官商籴粮这个替代方案令祁彪佳能够反对刘宗周的社仓之议。在努力实现这一选项的同时,祁彪佳也放弃了由道德楷模刘宗周所支持的一个方案,他深知自己必须维持居民们对他的信任。他自觉地记下了赞同其想法的人。② 他努力工作,为的是能够让自己的立场得到众人的支持,使自己的选择获得成功。

跨区域的网络

倪元璐坚持一个原则,即各坊各族的富人应当赈济本坊本族的穷人。祁彪佳则积极参与到城乡两地的救济活动中,主张救济工作应当跨越行政界线来进行协调。每个人在山阴社会里都有其不同的境遇。倪元璐的籍贯是邻县上虞。他在致仕以后,才于 1637 年定居山阴,为的是享受这片美景。此外,他选择在城墙内的"阛阓"中建造了一座私家花园。③ 作为一名初来乍到者和城里人,他与附近乡下鲜有联系。祁彪佳则扎根于城乡两地。除了一处乡下的房产以外,他的父亲还在城里建造了一座花园为"寓"。④ 他的兄长凤佳尽管居住于城西的乡下,也建造了一处证

---

① 刘宗周,《刘子全书》,卷 21,第 57b 页。
② 祁彪佳,《小捄录》,1641 年 3 月 5 日。
③ 祁彪佳,《祁彪佳集》,卷 8,第 195 页。
④ 同上书,卷 8,第 187-188 页。

人社"友"的居停之所。① 祁彪佳自己在城里下和坊的九曲有一处寓所。同样住在城里的还有候选官员、半亩园主人金兰、张岱以及祁彪佳的岳父。②

祁彪佳在"本坊"和"吾村"之间来回奔波,心忧两地。1641年骚乱前夕,他匆忙从寓山赶往城中参加城隍庙的会议。当正式会议结束时,他留下来和两位同伴商议"乡村只有直行给米一法"。在同知府及两位知县进一步协商以及做出移家入城的决定后,祁彪佳坐船回到寓山。回到家中,他和他的兄弟们商讨"给米之法",计算如果按照"炤田而派,每亩一升"的方式来分配粮食,他们的村子可得六十余石。③ 第二天,他把家人带回城里相对安全的住所。他随后又想到了他的村子:"予自十五日入城,至今二十九日。凡在寓半月,虽毫无裨益于吾乡。"④

祁彪佳将他频频提到的"吾村""吾族"摆在了优先考虑的位置。一次,周知县向祁彪佳提出了以强制征米代替粮银的建议。祁彪佳承认"此法固善",但他也有所保留:"但行于秋成之后则可。今米且匮乏矣。况聚乡都之米,籴之城中,似亦非人情所愿者。"⑤

祁彪佳深知在乡民身上征税可能会引发骚乱。两个月前,他曾写到了杭州的情况:"有乡民求当事宽征,不允,聚抢市肆之

---

① 祁彪佳,《祁彪佳集》,卷8,第191页。
② 同上书,卷6,第187页(金兰);卷8,第189页(张岱),第184页(岳父)。
③ 祁彪佳,《小捄录》,1641年1月15日。关于这封给王知府的信,见祁彪佳,《祁彪佳集》,卷3,第42页。
④ 祁彪佳,《小捄录》,1641年1月29日。祁彪佳代表城乡居民全心全意地工作。比如,一天,他首先入城监督一个粥厂,接着安排巡行南区粥厂一事,见同书,1641年5月23日。
⑤ 同上书,1641年4月19日。

事。"① 然而，祁彪佳和他的同伴们的行动并不仅仅是为了防止动乱。他们也要留心于其所处的社会经济环境，即每一个村子的利益，以及和其他地区的福祉紧密相连的整个绍兴府的利益。随着他们的社会网络跨越了行政界线，他们由衷地关心邻近区域。这一时期的网络能够反映在复社这个旨在提高科举考试的成功率并为议政提供一个平台的跨地区性质的儒士联盟中。尽管复社领导人居住在陆世仪的家乡太仓，但复社波及全国各地，吸引了包括陈子龙在内的两千余名成员。② 同样具有跨地区性质的还有证人社这个由当地陶氏兄弟和刘宗周相继领导的学习小组。祁彪佳的兄长为之建造过一处居停之所。③

因此，刘宗周虽然主张地方仓储，但他小心忧邻区之困，这在1637年在白马山房的一次"会讲"期间变得明显。在那里，一百多名成员与会的情况并不罕见。④ 在嵊县，上一年秋天的歉收使米价飙升（至每石一千文钱），迫使"小民"挖土或以草根木皮充饥。由知县组织的救援工作显然收效甚微。根据一则记载，刘宗周在唏然长叹后，和学生们提出了这样一个话题，或如刘宗周所言，"诸君子相顾叹息，若身罹其痛"。他们派祁彪佳去请官员提供资金召商转籴，但官库已经枯竭。所幸一"友"带头捐钱。然后，当他们将要发起平籴活动时，王朝式想到了那些太穷而买不

---

① 祁彪佳，《小捄录》，1641年2月3日。
② William S. Atwell, "From Education to Politics: The Fu She", esp. pp. 340, 343.
③ 关于陶奭龄和陶望龄，见第一章。
④ 以下是一个综合的叙述，取自：刘宗周，《刘子全书》，卷21，第66b-67b页；姚名达，《刘宗周年谱》，第242-243页；董玚，《刘子年谱》，卷40上，第62b-63b页，措辞和细节略有不同。后一个版本明确将这次讨论追溯到三月。它因而与祁彪佳日记中的"王金如有'赈嵊县饥民之议'"相吻合，见祁彪佳，《山居拙录》，1637年3月9日。白马山房坐落于城内，在绍兴八山之一戢山的正东北，见祁彪佳，《祁彪佳集》，卷8，第186页。

起粮食的人，提议募集资金设立粥厂，就像从前为天乐乡所做的那样。作为赤贫者的代言人，王朝式曾经谴责祁彪佳建造花园的举动。① 祁彪佳在两年后称赞他"以社稷民生为己任"②。刘宗周赞同王朝式的提议，作了劝输募缘册。他们得银六百多两，得米一百七十石。刘宗周随后命王朝式等人赴嵊县综理赈事。在当地一位居民的帮助下，他们额外筹集到了八百九十多石嵊米。他们翻山越岭，度量道路远近，设粥厂一百三十七所。在一个多月的时间里，他们给米日饲四五万人。

两个月以后，小麦供应已竭，百姓嗷嗷。王朝式再一次为赈济而募捐。但由于应者寥寥，他请求祁彪佳出面向巡按求助。巡按从赎锾中拨银一百两。刘宗周派王朝式和其他一些人到嵊县募集资金。他们获得了三千多两银子和用来赈济的籴谷，救济了四万二千余名饥民，令整座城能够维持到秋收。③

1640年4月，刘宗周再次倡导邻近地区应当互帮互助，这一次是为了余姚的百姓。当三位不速之客告诉他余姚的情况较山阴的情况更惨时，刘宗周刚刚完成了一篇表扬越地百姓救荒之举的文章。因此，刘宗周在这篇文章后面附上了一篇呼吁其同乡们视两地为一家的文章。他问道："无余姚，又安得有山会？"④

---

① 王朝式以慷慨赈灾和创办姚江书院而闻名；《山阴县志》(1803)，卷14，第91b页。他和祁彪佳同是刘宗周的弟子，见刘宗周，《刘子全书》，《蕺山弟子籍》，第1页。
② 祁彪佳，《弃录》，1639年3月2日。
③ 姚名达，《刘宗周年谱》，第245页。亦见董玚，《刘子年谱》，卷40上，第63a页，提供了有细微出入的数字：3300两银子和42130个人。
④ 姚名达，《刘宗周年谱》，第275页；刘宗周，《刘子全书》，卷21，第67b—69a页。刘宗周将余姚和姚江交替使用。祁彪佳把他对余姚（姚江）的危机意识写进了《感慕录》(1640年5月2日，5月4日)。1588年危机期间，杨东明也同样支持地区间的互助。当邻县曹县的富民们共同创办了一个社仓（因为他的家乡毗邻一条河，生产粮食的能力有限）后，杨东明评论说，"皆尚德好施，且与余知交有素"。见杨东明，《山居功课》，卷1，第1b页。

在一篇写于1641年的组织救荒活动的文章里,刘宗周重申了地区间唇齿相依的主旨。① 刘宗周回忆了1637年的会议。当与会者为嵊县之苦而感慨掩泣时,他同他们讨论说:"嵊饥即吾饥也","矧异时吾越人者岁取其早稔以接青皇,犹外府然。倘无嵊,安得有吾越?"② 果然,刘宗周接着说,当绍兴府在三年后遭遇了一场严重的饥馑时,曾经恳求从受灾没有那么严重的嵊县平籴。嵊县知县带头捐出了他的所有俸禄,当地百姓闻风而起。③

因此,社会网络为慈善之举铺就了道路。例如在白马山房的集会上,与会者目睹饥民之苦,这激发了他们的同志的情感。同倪元璐关于坊各养坊的看法一争高下的是跨地区行动的有效性,即使是维护本地利益的士人也在思考这个问题。由于山阴比会稽多了两倍饥民,所以祁彪佳反对给每区六十石米,而主张按照人口来分配相应比例的粮食。他因而维护了家乡山阴,但又不无得意地总结他的观点道:"而当事者尚不免有'畛域之见'。"④ 随着社会网络的拓宽,跳出"畛域之见"进行思考愈发能够挑战狭隘的利益;广阔的视野确保了能够为协调地区间的利益和进口粮食而借助于官方的权威。

山阴的土地和人口

祁彪佳强调应当进口粮食,因为他的地区所产的粮食远远不

---

① 刘宗周,《刘子全书》,卷21,第56a页,1641年5月13日。
② 这次会议在1637年举行,但这里刘宗周或这个文本错将时间当成了1636年。
③ 刘宗周,《刘子全书》,卷21,第56a-b页;卷20,第28a页。"外富"是用来指统治阶级的家庭的礼物、衣服和仪式费用,见 Charles O. Hucker, *A Dictionary of Official Titles in Imperial China*, no. 7587。
④ 祁彪佳,《小捄录》,1641年1月19日。

够消费。在 1641 年后不久,他提出了山阴人口如何可能远超其土地能够支持的产量的问题,并从地理位置的角度解释了这种不平衡的原因:"越中依山阻海,地窄民稠。即以山阴一县计之,田止六十二万余亩,民庶之稠,何止一百二十四万。"祁彪佳推断说:"以二人食一亩之粟,虽甚丰登,亦止供半年之食。是以每藉外贩,方可卒岁。自辛巳冬获后,四方告歉,外贩不至。"①

还有其他事实让祁彪佳对人地比例的简单计算变得复杂化。并非所有的绍米都被留作本地用途。正如祁彪佳接下来谈到的那样:"且邻境尚藉我为灌输";"又闻越中之米尚有越贩于武林者,亦言之毕公祖"。② 或像刘宗周所言:"前者,吾乡早禾大熟,听杭以往三吴之商日日捆载而出,乡人之射利者又从而迎送之……自镇江以南,无日不食绍兴之米者。"③ 此外,并非所有绍兴的良田都会被用来种植粮食作物。有一部分土地被用来种植糯米,这是后来著名的绍兴酒的原料。祁彪佳观察到当地一位官员严禁种秫,恰恰是"为越中积米计也"。④ 或是像祁彪佳在其《小序》中提到的那样:"若种秫酿酒,夺人之食,不啻三有一矣。荒岁粒米如珠……固不可不重加之意耳。"⑤

祁彪佳的一些同伴生产除了糯米以外的商品。在城西的永园,祁彪佳的一位兄长栽植了桑树,开凿了一个池塘养鱼。⑥ 一

---

① 祁彪佳,《祁彪佳集》,卷 6,第 116 页。关于整个晚明中国商业作物的专门化发展和对进口的日益依赖,见 Pierre-Étienne Will, *Bureaucracy and Famine in Eighteenth-Century China*, pp. 177-181。
② 祁彪佳,《祁彪佳集》,卷 6,第 116 页;祁彪佳,《小捄录》,1641 年 2 月 25 日。
③ 见一封刘宗周给祁彪佳的信,时间是 1641 年 9 月 23 日,载刘宗周,《刘子全书》,卷 20,第 35b-36a 页。
④ 祁彪佳,《小捄录》,1641 年 3 月 24 日;亦见同书,1641 年 3 月 3 日。
⑤ 祁彪佳,《祁彪佳集》,卷 5,第 82 页。
⑥ 同上书,卷 8,第 214 页。

位柯市本地人在一处多年前筑城时的采石场留下来的沼地里养鱼。① 鉴于本地人稠地窄的比率失调现象,祁彪佳认为所有居民应当在自有或租来的土地里种植庄稼并不现实。他主张,人有一技之长亦是"救荒"的一种可行之法。② 他声称,正如一些绍兴居民从事纺织能够带来收入那样,它最终将有助于救荒行动。③

对于养鱼者所养之鱼是否用于出售,我们并不清楚。17世纪的绍兴经济有多少是依赖于棉纺织业的,我们无法计算。尽管如此,绍兴看上去似乎从出口商品的收益中很好地弥补了人口过剩的问题。当一位友人提议炤田派平粜时,祁彪佳反驳说当地许多有田者都不收米,而种田有米之家又都出租了他们的土地。④ 间接证据因而表明了两点:绍兴严重依赖和周边区域的贸易;每当经济衰退遏制了食物以外的任何消费时,许多本地劳动力便会变得易受伤害。

随着绍兴百姓为了商业利润而抛弃了粮食作物,小型市镇出现了。其中之一是距离萧山县大约三分之一路程,位于杭州湾对岸的天乐乡。刘宗周写到,天乐的一部分地区是荒乡,其土地仅能支持当地五分之一的人口。和祁彪佳一样,他也一语双关地说:"天付吾乡乐,虚名实可羞。"⑤ 不过,在风调雨顺的时候,"天乐"的百姓显然以繁荣的商业为生。⑥

即便是在生存危机期间,一些天乐人依然富足。其中,三位

---

① 祁彪佳,《祁彪佳集》,卷8,第213页。
② 同上书,卷5,第78页。
③ 同上书,卷5,第81页。
④ 祁彪佳,《小捄录》,1641年1月27日。
⑤ 刘宗周,《刘子全书》,卷24,第23b页。天乐被分成四个都,其中两个都很贫瘠。
⑥ 祁彪佳,《小捄录》,1641年5月6日。在次日抵达茅山闸后,祁彪佳进一步评论说,他和巡行队伍考虑过那里的水是否能够用来灌溉天乐(见同书,1641年5月7日)。

不同姓氏的"兄"告诉祁彪佳,他们想要设立一个"赈局"和一个粥厂。① 一位姓孙的人可能是在方志中因善行而被表彰的孙文焕:他在妻子早亡以后誓不再娶;在双亲过世后仍然守孝多年;乐善好施,至老不倦,尤其是在1641年"大饥"期间更是如此,他"鬻产以赈"。1724年的方志总结说:"乡民至今称颂之。"②

从绍兴经萧山到杭州的途中还有柯市(距离府城西部四十里)、柯桥和柯山。它们全部都位于祁彪佳的寓山产业附近。尽管世道维艰,柯市人还是会义无反顾地去救助一位因得知丈夫打算卖掉自己而欲投河自尽的妇女:"怜之,共鸠资还售主。"③ 柯市的牌坊记录了生员张耀芳的事迹。他不但有文名,还以赈狱和修桥铺路等善举闻名。(根据一部《山阴县志》的记载,他是张陛的父亲。)当发现一名家奴在柯市管理木料场时欺诈民众而激起民愤时,耀芳进行了调停。他免除了富有的欠户一半的钱,烧掉了穷人的借据,花费了"一千五百两有奇"。④

柯桥牙客云集,店铺林立,融光寺香火鼎盛。八十年以后,融光寺雄踞山头,那是祁彪佳参加大型集会,商讨游民问题的地方。祁彪佳记录道:"大抵柯市土著之饥民颇少,盖有店肆可以糊口也。"⑤ 由于柯桥较附近乡下要繁荣得多,却没有城墙防护,因此它不可避免地吸引着流民。祁彪佳在1641年4月报道说,流民

---

① 祁彪佳,《小捄录》,1641年4月24日。
② 《山阴县志》(1724),卷33,第8a页;《山阴县志》(1803),卷14,第89a页,这里没有特指天乐。
③ 祁彪佳,《小捄录》,1641年4月9日。
④ 《山阴县志》(1724),卷33,第6a-7a页;亦见同书,卷33,第22b页。1803年的地方志中的"义行"部分没有张陛的传记,只是附带提到他,可能误将他当作张景华之子,见《山阴县志》(1803),卷14,第88b-89a页。耀芳的作品现已散佚。
⑤ 祁彪佳,《小捄录》,1641年10月13日;亦见同书,1641年3月8日。关于融光寺的一幅图,见《山阴县志》(1724),卷1。

"不满千人","妇女较尝反多"。①

小 结

陈子龙对绍兴的救援工作进行了回顾,并宣告圆满成功。除了食物救济以外,当地的善人们还设立了一个病坊救治病人,创办了一个保婴局,雇佣老妪和乳媪照料弃儿。陈子龙写道:"或迹其父母,或为人乞养以去。大约费官帑及富室所捐助米七万五千有奇[未指定单位],前后活人十余万,病坊用药万余剂,所活人千人,活弃儿三百余人。"②

尽管绍兴的居民们在慈善活动中的确孜孜不倦地工作,但祁彪佳的作品却表明,结果并没有那么乐观:许多居民流浪就食,沦为流民。在一篇颂扬节俭美德的文章里,祁彪佳记录了一个明显矛盾的地方,大致如下所述:从 1641 年冬获开始,饥馑遍野。不过,尽管外贩不至,市场却从未枯竭,且周遭地区继续从绍兴进口货物。他写道:"说者曰疾疫流徙,减其食十之三。"③ 刘宗周亦然。他在 1643 年对民众积极应对饥荒的行动表示赞赏,但也承认结果令人喜忧参半:"以是死伤虽日众,而所全活亦不下万万计。"④

现存史料虽然丰富,但却无法对晚明绍兴的救援行动作量化评估。然而,它们揭示了两种行动的模式:单独行动或以小型的、

---

① 祁彪佳,《小捄录》,1641 年 4 月 18 日。
② 陈子龙,《陈忠裕公全集年谱》,卷上,第 17a‑18b 页。关于祁彪佳对药局和病坊的提及,可参见祁彪佳,《小捄录》,1641 年 5 月 26 日,6 月 3 日,6 月 6 日,6 月 12 日,以及本书的第八章;关于保婴局,见同书,1641 年 6 月 17 日。
③ 祁彪佳,《祁彪佳集》,卷 6,第 116 页。
④ 刘宗周,《刘子全书》,卷 21,第 57b‑58a 页。

自给自足的社团面貌出现的个人捐助者；与官员结盟的大型的、高度协作的组织。前者的计划短暂而局部，参与人数少，在现存文献中鲜为人知。张陛的名字之所以能够流传下来，仅仅是因为他写了一本关于自己的赈册，正如后人所提到的那样，"行于世"①。三位发起"赈局"的天乐人之所以为我们所知晓，是因为祁彪佳碰巧在他的日记里记下了他们。② 同样以小概率而留名的还有刘匡之。他结大善会，每个月捐钱来建设义仓、救助弃儿、赎回被卖的妇女。然而，刘匡之出名仅仅是通过一部1724年的地方志中的一篇小传，而1803年的版本却删去了相关信息。③这些碎片式的、看上去无关紧要的记载中出现了一些可能有大量单独行动者的信息。

单枪匹马行动的推动力被官方权威所施加的无情的向心力所削弱。张陛承认其救助只是"大海细流"，但他也向官员请求批准，挑选能够胜任查饥工作的任事。他承认官方的支持能够遏止其计划实行中的腐败问题。④ 刘宗周深知发起社仓，让官方"率先鼓舞"很重要。⑤

祁彪佳有时也会单独行动，在此地散钱，在彼处施赈。他在更多时候借助（或利用）官方的权威来解决冲突，超越了狭隘的利益和责任。官方权威——尤其行赏罚之权——使绍兴的非正式领导人能够处理游民跨地区的问题、在联界区域能够公平分配资源，以及能够确保救济计划在全府境内一体实施。官方的支持使

---

① 张履祥，《言行见闻录》，卷31，第6b页。
② 祁彪佳，《小捄录》，1641年4月24日。
③ 《山阴县志》(1724)，卷33，第32a-b页；《山阴县志》(1803)，卷14，第88a页。
④ 张陛，《救荒事宜》，第10b页。
⑤ 刘宗周，《刘子全书》，卷20，第27a页，见其中一封写给王孙兰的信。

绍兴的居民们能够从外地获得粮食,禁止将粮食出口到其他地区,以及实施跨区域的合作。简而言之,官方的权威支持着祁彪佳的广阔的跨地区视野。当他借助官方权威的时候,他又幸运地碰巧遇上了在位的郑煊、王孙兰、毕九臣和陈子龙这些与其有共识的循吏。

余论:一则反例

绍兴本地对于 17 世纪 40 年代的饥馑的积极回应仅仅是晚明数出剧本中的一出。当地民众在回顾 1588 年的一场饥馑时,都自以为愧,正如刘宗周所言,"富家皆扃门自守,无一相顾者,至死殣载道"①。这两种回应有何不同?是人们对他人的责任感发生了转变?或是在他们看来值得书写之事发生了改变?② 尽管从他们现存的丰富作品来看,除了提到朝廷以外,他们在 1588 年的危机这个主题上相对缄默,但 16 世纪 80 年代的绍兴儒士们倾向于后一种可能性。这两个时期的区别并不在于领导上的侥幸成功,或者碰巧有几位熟谙救荒策略的优秀管理者身居其位,而在于在这六十年间,地区社会经济关系的转型为大规模的救灾运作提供了地方上的人力资源,并将居民们嵌入到一个他们可以利用的区际贸易关系之中。

其他地区在 17 世纪 40 年代的情况并不如绍兴。这也解释

---

① 刘宗周,《救荒事宜·序》,载张陛,《救荒事宜》,第 2a 页。
② 在 1588 年的饥馑中的一个乐善好施的榜样是江苏华亭人顾正心。他捐助了两万石粮食赈济。见《华亭县志》(1878),卷 15,第 8b 页。关于一则顾正心也活跃在 1609 年的救荒活动中的评论,见陈继儒,《煮粥条议》。顾正心的父亲是一位广西参议,官至二品。

了为何距离绍兴府北面大约180英里(约289.7千米)的苏州关于饥馑的记录极为悲观且耸人听闻。在那里,1637年腾涌的米价带来了麻烦:一艘兑粮船遭劫,押运官随即中伏;一些佃户烧毁了地主的乡下住所;镇民们发起了针对地方官的暴动;运粮士兵发动了叛乱,四处抢劫和杀人;囚犯越狱逃跑。1640年,邻郡因遇水旱,无法出口稻米到苏州。米价首先上涨到1.6两,接着涨到1.8两。数以千计惶惶不安的穷民们在城中倡乱。在城东,当获悉一位邻居以善价将粮食卖给了一位徽商(尽管有明令禁止卖给商人)时,民众强抢了其所囤的一千斗米。在城西,有一位富裕的储粮大户也遭抢——被抢走的不仅有粮食,还有古董和成千上万两银子。①

骚乱在逐步升级。一位官员将首事者杖毙,以儆效尤,但民情依然汹汹。其余的官员们给贫户派发籴票,但这个举措有不足之处。在1641年——恰逢绍兴设法从苏州籴米——米价进一步上涨,官员们担心贫民生变,于是在六个地点设立粥厂。一些人因而"沾惠",但还是有很多人继续挨饿。老一辈人回想起1589年的大饥荒,都觉得是一件不同寻常的事件。叶绍袁问道:"今则斗米二钱五分……不尤异耶?"他接着悲叹道:"又曷堪此?"②

像"不亦异哉?"这样的表述遍布于叶绍袁的记录。叶绍袁的记录强调了苏州危机耸人听闻的一面。明亡后,这一描述符合王朝衰落的模式,即骚乱规律性地从城中蔓延到东西部地区。在谈

---

① 叶绍袁等编,《启祯见闻录》,卷2,第3a-11a页。参阅Pierre-Étienne Will, *Bureaucracy and Famine in Eighteenth-Century China*, pp. 73-74。这部作品的序(1638)由叶绍袁所作;其他人明确将叶绍袁的死亡时间(1648)推迟。关于叶绍袁,见L. Carrington Goodrich and Chaoying Fang, eds., *Dictionary of Ming Biography, 1368-1644*, pp. 156-179。
② 叶绍袁,《启祯记闻录》,卷2,第7a-8a页。

第七章　与官员结盟

　　到明王朝的最后两个统治时期时,引起人们注意的是政府的不足和国家的失败。在地方官员最迫切地要求宽征时,这个国家却无情地坚持提高该地区的税收。① 从结果来看,叶绍袁认为没有必要浪费笔墨来赞美善举,或是腾出空间来纪念善人。②

　　绍兴府在许多方面具有独特性。这里有大量财富,且有诸多官员,拥有行政管理知识和与政治权威人物有交往的居民云集斯地。尤其是包括留下现存第一手记录的祁彪佳在内的许多士人也聚集在此地。然而,绍兴的独特性并不会削弱将中国作为一个整体来理解慈善活动的重要性。更确切地说,绍兴的例子证明了在中国的帝国政治架构和文化传统中,当拥有资源和一个具有奉献精神的领导班子时,组织起强有力的慈善活动是可能的。

---

① 叶绍袁,《启祯记闻录》,卷2,第9b-10a页。
② 叶绍袁的描述并未提到"美举",即在三处庙宇延纳僧侣为死后无人收殓者超度亡魂——此前有报道称,当地由于缺乏人手掩埋道路上的流民尸体,饥民在夜色的掩护下割其肉充饥,见叶绍袁,《启祯记闻录》,卷2,第11b页。

第八章 医疗救助及其他善举

> 王先生走告之同志者,人踊跃愿从事焉。
>
> ——祁彪佳

七年里,有三次,即 1636 年、1641 年和 1642 年的夏天,祁彪佳和绍兴本地的同道中人一同为穷人设立并运营药局。① 给穷困之人提供医疗救助的观念有一段悠久的、断断续续的、可见的

---

① 关于 16 世纪 80 年代、17 世纪 30 年代和 40 年代中国的流行病、流行病与饥馑同步发生,以及对这些疾病在鉴别上的困难,见 Helen Dunstan, "The Late Ming Epidemics: A Preliminary Survey"。关于祁彪佳本地的药局,见 Angela Ki Che Leung, "Organized Medicine in Ming-Qing China: State and Private Medical Institutions in the Lower Yangzi Region"。亦见 Angela Ki Che Leung, "Medical Instruction and Popularization in Ming-Qing China"。我将"药局"这个词(字面意思是"medical bureau"或"medical office")翻译成"dispensary"(祁彪佳,《祁彪佳集》,卷 2,第 30 页)。通常祁彪佳指的仅仅是局,但上下文清楚地表明他所想的是药局,例如,见同书,卷 2,第 29 页。药局的外观到底如何,它们是否仅仅是在寺院里的一个施药的场所,我们并不清楚。至少有一次祁彪佳提到了一个药所(祁彪佳,《小抹录》,1641 年 6 月 12 日),我将它翻译成"pharmacy"。这是否只是药局的另一个称谓,我们并不清楚。

历史。在唐代的大部分时期，佛教寺院创立病坊的事迹很常见。① 接着，公元845年，在下令拆毁了许多这样的寺院以后，王朝国家便承担起了救助病人的责任，至少在理论上如此。个人捐助者偶尔也会参与其事。1089年，还是官员的苏轼自掏腰包创办了安乐坊。② 就现存资料而言，他的例子几乎是独一无二的。不过，这个现象反映了在晚明的作品中，这类民间的个人倡议有获得广泛认可的可能性。杨东明命善会资助一位大夫下乡治病救人。他的友人吕坤提到了在那个时代医疗救助的恶劣环境。怀着对明初的渴望，吕坤回顾了当时朝廷发起培训医官的计划，且设立"惠民药局"给穷人施药。③ 陈龙正的父亲陈于王在句容县做官时建立了一个药局。快到夏秋之交时，他组织了二十二位大夫赴周边乡村地区巡察。④

祁彪佳无疑是知晓这些先例的。他可以利用父亲的那个蔚然大观的藏书楼，其中有一小部分是将近两百种医书。藏书目录

---

① 见 Jacques Gernet, *Buddhism in Chinese Society: An Economic History from the Fifth to the Tenth Centuries*, pp. 221-222。
② 关于苏轼，见 Angela Ki Che Leung, "Organized Medicine in Ming-Qing China: State and Private Medical Institutions in the Lower Yangzi Region", p.136。在苏轼之前，赵抃(1008-1084)也创办了一个药坊，根据颜茂猷编注，《迪吉录》，"度集"，第47b-49a页；引自 Angela Ki Che Leung, "Organized Medicine in Ming-Qing China: State and Private Medical Institutions in the Lower Yangzi Region", p.136n10。关于苏轼，亦见 Ronald C. Egan, *Word, Image, and Deed in the Life of Su Shi*, pp.126-127。其中提到一个药坊得到了"私人和政府的资助"，引自王德毅，《宋代灾荒的救济政策》，第124-129页。关于施药，见 Ronald C. Egan, *Word, Image, and Deed in the Life of Su Shi*, p.136。关于安排一名僧人负责病坊，见上书，p.145。
③ 吕坤，《吕公实政录》，卷2，第68a-72b页。见 Angela Ki Che Leung, "Organized Medicine in Ming-Qing China: State and Private Medical Institutions in the Lower Yangzi Region", p.140。
④ 见 Angela Ki Che Leung, "Organized Medicine in Ming-Qing China: State and Private Medical Institutions in the Lower Yangzi Region", p.140，引用陈龙正，《几亭外书》(崇祯年间刻本)，卷3，第21a页。

说明祁父将他的医书分成脉法、治法、方书、本草、妇人、小人、外科诸类①，其中就有李时珍的《本草纲目》。这是一部对药物学有着创新性调查的巨著，首次出版于1593年，共五十二卷。李时珍的作品如此成功，以致到绍兴药局第一次开业时，它已经很快连续再版了四次（1603年、1606年、1620年和1630年），后于1640年和1655年重印。② 对于祁彪佳及其同伴们而言，医疗知识能够信手得来。然而，创办1636年、1641年和1642年绍兴药局的动力并非出自祁彪佳手上的医书，亦非源于这些文本中保存下来的历史上的医疗福利的先例，而是来自绍兴本地的社会力量。那些满腹经纶、功名加身的精英分子与大夫、较低功名之士及僧侣这些小人物联手合作。

有关绍兴药局的成立情况在祁彪佳所创作的一些作品中可见一斑。这些作品包括两篇纪事、两则议和一个条款③，他的日记、方志和其他材料里的零星评论对此也有提及。尽管这些资料很少，但足以显示药局的发起独立于国家，是一个比较新的现象，

---

① 祁承㸁，《澹生堂藏书目》，卷10，第8b-13a页。
② L. Carrington Goodrich and Chaoying Fang, eds., *Dictionary of Ming Biography, 1368–1644*, pp.859–865.
③ 除了祁彪佳的许多日记中有关药局之事以外，下面的讨论大量引用了《祁彪佳集》中的文章：《施药纪事》，卷2，第29-31页；《施药缘起》，卷2，第31-33页；《施药条款》，卷2，第33-34页；《药局议》，卷6，第144-146页；以及《又议》，卷6，第146-147页。内在证据（提到1636年、十位应征的大夫，以及于1640年去世的王朝式）表明，前三篇文章写于1636年。这两则议的写作日期并不清楚。《又议》可能写于1641年，因为在这里大夫们三天一轮班，而1636年的药局规定大夫们六天一轮班。此外，它特别提到了妇女在十王殿里看病，这在关于1636年的药局中并没有提及。根据祁彪佳的日记，他为药局所写的其他文章显然已佚，见祁彪佳，《小捄录》，1641年6月13日、8月10日。祁彪佳的《施药纪事》提到了"十条"（祁彪佳，《祁彪佳集》，卷2，第29页），但只有九条被保存在《祁彪佳集》（卷2，第33-34页），亦见祁彪佳《居林适笔》1636年6月9日中提到的《募药条款九条》。关于祁彪佳提到《施药纪事》已经完成，见祁彪佳，《居林适笔》，1636年8月20日。

并且解释了其出现在晚明诸如绍兴这类城市中心的必然原因。

　　药局在1636年、1641年和1642年的夏季开业并非偶然,当时粮食储备的减少正令民众疲惫不堪和焦虑不安。① 祁彪佳解释说,1636年的药局是在不合时令而来的雷电使"识者已知"秋季会再次歉收之后才成立的。② 绝望的情绪在更穷困的居民们中间蔓延开来,骚乱一触即发。祁彪佳写道:"昔止忧荒,今乃忧乱。"③ 因此,乐善好施成为富人们用来赢得美名的最重要的手段。以往他们借助抑制米价、减少税收、举讲令人振奋的乡约等方式——这些都是祁彪佳和他的同时代人所追求的选择。那么,为何绍兴的领导人们要提供额外的医疗救助呢?

　　尸体堆积如山,散发出腐臭的味道,污染环境,1636年的这些严峻形势足以促使他们采取行动。祁彪佳记录道:"越中'痢疫'[一种疾病或是未被明确定义的疾病之通称]盛行,死亡相枕藉,有阖户僵卧无一人治汤药者。"不过,施药并非应对疫病的唯一选择。地方精英分子也通过施棺、资助"义塚"来应对致命的时疫,有时通过掩骼会来筹措资金。陈龙正为穷人助葬,陆世仪的家乡太仓的善会也这么做(至少持续了短短一段时间)。祁彪佳和同乡友人同样也肩负起了掩骼之责。在1637年的白马山房祁彪佳与三位友人商议掩骼之事。数月以后,他写了一则掩骼募疏及告示。④ 1639年,他和兄长骏佳一同看山选义塚之地;随后,他们和弟弟象佳商议施药、赈狱和掩骼之事。⑤ 最后,祁彪佳对

---

① 1636年(6月),1641年(5月、6月和7月),以及1642年(6月)。
② 祁彪佳,《祁彪佳集》,卷2,第29页。
③ 同上书,卷2,第32页。
④ 祁彪佳,《山居拙录》,1637年3月22日,10月10日,亦见10月17日。
⑤ 祁彪佳,《弃录》,1639年3月22日,3月24日。在他的日记中,祁彪佳将象佳称为他的幼弟文载。

曾于1640年和1642年实践过的两种掩骼之法进行了总结:"给钱粮于各寺主僧,令之轮日监看","如越中通水处,多置造一舟,以僧人寝食其中。自城及乡,周环收葬"。① 在1641年祁彪佳主持一个病坊和一个药局前不久,祁家为柯桥的每一名死者提供一钱银子作为掩埋之资。② 为死去的穷人掩骼已然成了例行公事。那么,是什么激励着祁彪佳及友人们在1636年的慈善剧目中加上了施药这种新的干预措施呢?

由一子生病所激发

祁彪佳所目睹的身边的死亡事件和一段密切而痛苦的经历发生在同一个时期。1636年,他的长子同孙死于天花,年仅十六岁。在得知同孙的病情以后,祁彪佳待在家中,忧心忡忡地给其子服药。他请教了一位又一位大夫,并请其中几位陪夜。在令人焦虑不安的八天时间里,在祁家进进出出的大夫有周敬兰、陶藤生、凌少广和朱清宇,以及没有明确被冠以"医者"之称的其余七人。这七人中有声称具备医学知识之人,有一人以"精于痘疹"闻名。大夫们辩论"热"疗与"凉"疗之优劣,祁彪佳从中寻求有关合适疗程的一些共识。尽管他们的医学知识丰富,但均徒劳无益。几天之内,祁子的病情急转直下。祁彪佳叙述道:"医者皆谢去";只有先前曾为祁彪佳把过一次脉,显然知晓一些医学知识的友人王朝式留了下来。祁彪佳哭着哀求其子醒过来,王朝式则试图唤醒同孙。同孙似乎能够听懂他们的话,但在一天以后便离世了。

---

① 祁彪佳,《祁彪佳集》,卷6,第144页。一名僧人提议,鉴于要埋葬的死者人数众多,他们应当采用火葬(祁彪佳,《壬午日历》,1642年1月19日)。
② 祁彪佳,《小捄录》,1641年3月8日。

祁彪佳悲痛地在他的日记里对其子的宅心仁厚进行了评论："同儿疾转剧,然犹询予,'曾饭否?'"① 九天以后,祁彪佳创办了药局。

祁彪佳所遭受的这类个人损失并非罕有之事。令祁彪佳的经历与众不同,以及促使他通过药局的形式来表达悲痛的是其所处的社会背景,即大夫的可调度性与晚明精英对于自愿性结社的热衷。祁彪佳自己参加了至少两个诗社,即联吟之会和枫社,以及放生社。② 他简要地提到了三个学会:阮社、复社和雁社。③ 祁彪佳的许多同伴们也同样参加了多个社团。松江华亭人夏允彝既是放生社的成员,也是陈龙正在任绍兴推官以前所成立的几社成员。袁六卿不仅活跃在药局里,也是放生社的积极分子。④ 1636年,药局中许多其他处于社会阶层边缘地带的参与者们在这些社团之间自由出入。在停局那天,他们离开药局,乘舟和陶奭龄于湖上一同放生。祁彪佳说,"及会者皆局预事之友,亦即证人社中友也",他接着补充说,"饭酌笑语,情怀甚适"。⑤ 这些社团不仅缩小了官员与大夫之间的社会差距,其重叠关系意味着人们参加任何一个社团都能够有机会进入极其广泛的网络之中。

历史学家们通常用经济的繁荣和识字率的提高来解释晚明的结社风气。这些现象造就了一批数量上远超官僚机构能够容纳的士人。他们或是寻机进入官僚队伍,或是像祁彪佳那样卸任

---

① 祁彪佳,《居林适笔》,1636年5月20日至29日。关于王朝式给祁彪佳把脉,见祁彪佳,《归南快录》,1635年10月12日。
② 祁彪佳,《栖北冗言》,1632年4月3日;祁彪佳,《山居拙录》,1637年4月13日,4月24日,4月26日,5月24日,8月15日。
③ 分别见祁彪佳,《山居拙录》,1637年2月10日,7月12日,7月25日。
④ 祁彪佳,《祁彪佳集》,卷2,第30页;祁彪佳,《山居拙录》,1637年2月8日。
⑤ 祁彪佳,《居林适笔》,1636年8月14日;祁彪佳,《祁彪佳集》,卷2,第31页。

官职，许多有文化的居家富人手头既有时间，也有可以调配的资源。① 再者，祁彪佳的地区有足够多的愿意为管理药局出力的禅僧和小读书人。虽然如此，这也并不一定会令无所事事之人专门发起一个药局。

在其子病逝的九天后，祁彪佳参加了一次放生社集会。② 在集会上，社员们谈到了痫疫这个话题。用祁彪佳的话来说，他们"共相恻悯，若痫瘵乃身"③。给穷人施药的决定就是这样在一个既有的社团，即祁彪佳所在的放生社里作出的。像他们的前辈杨东明将同乐会转变为善会那样，祁彪佳的同伴们重新定义了一个既有的社团，通过一些措施使之获得一个全新的、更崇高的目标。祁彪佳将这两个社团视为具有大致相同的功能。当参与者们想要关闭第一个药局时，他们举"放生社"。祁彪佳解释说，此举"亦仁民而爱物意也"。④

成立药局

尽管穷人中的患者数量无疑是庞大的，但其本身并不足以将人们召集起来去制订一个医疗救助的计划。大约在1629年和1630年的某个时期，名医童五莱和一位禅师提议成立一个药局，但遇到了阻力。祁彪佳回忆说，友人们意识到计划困难重重，并没有付诸行动。他补充道："机缘若有待也。"⑤ 不过，1636年6

---

① 关于退闲在家的士绅角色，见 Masao Mori, "The Gentry in the Ming: An Outline of the Relations Between the *Shih-ta-fu* and Local Society"。
② 祁彪佳，《居林适笔》，1636年6月8日。
③ 祁彪佳，《祁彪佳集》，卷2，第29页。
④ 同上书，卷2，第31页。
⑤ 祁彪佳，《祁彪佳集》，卷2，第29页。关于禅师麦浪，见同书，卷4，第64页。

月，同样是这批志同道合的友人却能迅速采取行动。祁彪佳的友人王朝式对他们怎样才能满足医疗救助的需求进行了估计。当晚，祁彪佳于灯下草列了十条事项。① 祁彪佳回忆说："毅然以必行为念。王先生走告之同志者，人踊跃愿从事焉。"②

对开办药局的第二次尝试与第一次的不同之处是发起者的社会地位。1629 年，动议来自一位禅师和一名大夫。1636 年，动议来自王朝式。他曾在同孙临终时守候在其床前。时机也很重要。1636 年，一种迫在眉睫之感促使祁彪佳和儒士王朝式将一个首次由社会下层人士提供的想法付诸实践。这一年的叛乱席卷了陕西、河南和南直隶；更糟糕的是，在该年夏季，满族人入侵中原，甚至逼近京师。③ 祁彪佳将个人和政治的双重危机感与随后对于救助生命的广泛热情连结在了一起。

在王朝式的激励下，祁彪佳和他的兄长骏佳"首捐微赀"。其他人闻风而起。社会阶层行动起来鼓励合作。在发起这个活动时，祁家兄弟不仅树立了好的榜样，也创造了机会让本地居民们能够通过支持这一事业来赢得社会地位较高的人的青睐与友谊。在行善这个舞台上，官员和平民走到了一起。正如官员陈子龙对 1641 年的慈善活动所观察到的那样：来自官帑与富室的助米共计七万五千石，用来资助救荒、医疗救助和一个保婴局，其功归于"上官及贤豪长者"。④

---

① 一组九个条款保存在祁彪佳，《祁彪佳集》，卷 2，第 34－36 页。关于制定一套筹集资金的条款，见祁彪佳，《居林适笔》，1636 年 6 月 9 日。
② 祁彪佳，《祁彪佳集》，卷 2，第 29－30 页。
③ 见 *The Cambridge History of China*, Vol. 7, *The Ming Dynasty*, *1368－1644*, *Part 1*, edited by Frederick W. Mote and Denis Twitchett, pp. 622－625；关于皇太极，他于 1636 年称清帝，见 Arthur Hummel, ed., *Eminent Chinese of the Ch'ing Period*, pp. 1－3。
④ 陈子龙，《陈忠裕公全集年谱》，卷上，第 32a 页。

药局的倡议人组织募集资金以确保社区的劝募行动全面展开。他们设了十本募簿,分发给随后负责收集善款的诸"友"。一位友人提议每日的药费应当维持在四五两。于是友人们分了组,每组筹集一日之赀。他们知道万一发生赤字,祁彪佳就会再捐。① 尽管如此,来自小组的压力激励着个人的自愿主义。条款本身规定捐助者应当依照他们的意愿捐赠,而数额是无关紧要的。然而,重要的是他们要将募集到的资金移交出来,收贮于祁彪佳的兄长骏佳处,并且将账簿发还到骏佳处,以便刊刻成书,正如条款所言,"布诸善信名号"。②

使药局应运而生的放生社是一个松散的社团,放生社的出勤人数并不固定,但其宗旨未受到影响。相反,药局的宗旨要求在同志者和大夫们之间有明确的分工,药局中人一旦订约,在药局的运作中就变得必不可少。应邀而来的大夫们二人一组,起早贪黑地工作,六天一轮;加上能够确保施药不受干扰的太医姚同伯及两位助手,参与的人数达到了十三位。各个同志分任司赍、司药、司计、司客和司计。③

人们对于医案的保存一丝不苟。根据祁彪佳的条款,司计用刊印之票填写日期、每天的诊断处方和当值大夫的姓名住址。僧众轮流控制病人队伍。他们将写着位序的红绿二筹分给每一位病人,令他们照着筹号分头入内。④ 因重病而无法诊视或扶携不

---

① 祁彪佳,《祁彪佳集》,卷2,第29-30页。
② 同上书,卷2,第33页。
③ 关于太医,见 Charles O. Hucker, *A Dictionary of Official Titles in Imperial China*, no. 6171. 祁彪佳区分了"太医"和"名医",但我们并不清楚"太医"对祁彪佳而言是否只是对资深大夫的一个含糊的通用术语。关于这个术语的滥用,见 Angela Ki Che Leung, "Organized Medicine in Ming-Qing China: State and Private Medical Institutions in the Lower Yangzi Region", p. 150。
④ 祁彪佳,《祁彪佳集》,卷6,第145页。

第八章　医疗救助及其他善举

便的病人,则被允许派家属过来,"详语病由",以便给药。①

与此同时,祁彪佳也尽其所能来提升医疗救助的水平。他给医书写了摘要,可能还从其亡父的藏书楼里查询过相关资料,为的是给大夫们提供医疗知识。② 为了募集药费,他写信求助。③ 他频繁地造访药局,有时一天两回。当王朝式拜访他时,他讨论了药局事务。④ 祁彪佳还制定了能够将松散的社团成员纳入为药局的宗旨服务的行动中来的条款,在这个计划结束以后又制定了一份《施药缘起》,这让他们及其后代感到自豪。⑤

我们很难对医疗救助的功效加以评估。没有病人数量的资料,我们无法去衡量祁彪佳所吹嘘的"每日所给药已有至五百七十余服者"的意义。⑥ 那些有力气走到药局,排队问诊的病人们是否真的病得如此严重,以致到了需要依靠所给药物来活命的地步?从那些虔诚地记录其诊断与处方的大夫们那里得到救助的单纯体验,是否具有安慰剂的效应,让他们在精神上得到治愈?抑或是,在药局里云集的病人们是否会引起疫情扩散的非预期效应呢?在信息不足的情况下,这样的流行病学的问题变得毫无意义。

但是,晚明的医疗救助是值得人们尊敬的。大约在这一时期,欧洲人对中医学产生了很大的兴趣,并向之取经,尤其是借鉴了李时珍的《本草纲目》。越医为天下第一。他们训练有素,依照

---

① 祁彪佳,《祁彪佳集》,卷2,第33页。
② 祁彪佳,《居林适笔》,1636年6月18日。
③ 同上书,1636年6月20日,6月28日。
④ 同上书,1636年6月19日,6月28日,7月16日,8月13日;亦见同书,1636年7月28日。
⑤ 祁彪佳,《祁彪佳集》,卷2,第33-34页,第29-31页;祁彪佳,《居林适笔》,1636年8月20日。
⑥ 祁彪佳,《祁彪佳集》,卷2,第30页。

经过反复试验后得出的办法确保医疗救助行之有效。正如祁彪佳在条款中所规定的那样,他们以每日汇成一本的速度保存了详尽的医案,以便之后斟酌药量的增减。① 他们还对处方进行试验。1641年3月间,当人们对饥馑的恐惧越来越加剧时,祁彪佳得知一位僧人有一个方子,"每日吞三丸,便可不饥"。他令其子的老师,放生社友邹汝功制药,并在几位僧人身上试验,以便"将以方药遍施贫者"。② 尽管他在日记里并没有汇报试验结果,但这个试验本身表明他善于接纳新药,也有兴趣试药。

药局的组织者们期望病人们能够像自己的家人那样得到有效救治。祁彪佳为药局请来的大夫们也正好给他本人看过病。但有一个明显的例外,即那些曾经照料过其子同孙的大夫明显不在局中大夫之列。这是否是因为他们在药局中没有发挥好自己的专长(比如说,在儿科疾病上)? 或是由于祁子的夭折而令他们名誉扫地? 我们并不清楚。

药局的运作得以维持,有赖于参与者对行善的投入以及对病人的同情。当祁彪佳表扬其同伴们"躬亲之,必慎必敬"③时,他尤其称道的是他们的同理心。当被问及是否"药者有过"时,他叹息道:"嗟乎,使今天下之为民牧者,尽如药局诸友之若自谋其身,自理其家也,天下何患不治哉。"祁彪佳接着评论说:"诸名医以菩萨心,现医王手。"④ 大约在1641年,他又写了一则议,呼吁大夫们奉献自己的善心,以鼓励他们不迟到,不早退。他让他们牢记"病人致有怏望"是人们不希望见到的事情,守时能够显示大夫们

---

① 祁彪佳,《祁彪佳集》,卷2,第34页。
② 祁彪佳,《山居拙录》,1637年2月8日;祁彪佳,《小捄录》,1641年3月2日。
③ 祁彪佳,《祁彪佳集》,卷2,第29页。
④ 同上书,卷2,第30页。

第八章　医疗救助及其他善举

的"普济之仁"。①

正如祁彪佳所述,慈善精神激发了药局同志的积极性。他赞许所有的大夫们均能够在约定的时间准时抵达药局,接着他挑选出其中三位来特别点评:大夫童五莱、傅会与和袁六卿间或去药局,"非其期,时亦惠然一至;虽炎暑焦灼、秽气熏蒸,不避也"②。似乎是为了衡量和证明其同志们的慈心之深,祁彪佳提到他们心甘情愿地在一个令人不快的环境下辛苦劳作,废寝忘食。每个人都劳心劳力。据祁彪佳的记载,"王先生[朝式,主局者]以劳致病。病已复劳,劳已复病,终无倦色。在事诸友,卧不贴,食不甘,体为之憔悴"③。

大夫们肩负着诊断不断涌进药局的病人的艰巨任务。药局之"友"随后照着大夫们开的处方给药。他们还保存记录,尤其是医案。他们在所给的空格里登记了每一位病人的姓名和住址,并写下了药物和剂量;当病人再次取药时,大夫们能够查阅旧方以便斟酌增减。④ 尽管不同于那些门房、仆役所做的最卑微的工作,但大夫们与友人们的工作着实既费时费力,又令人生厌。

来自下层的主动性

对药局的倡议和热忱在很大程度上来自文学和大夫。起初,同志们同意将1636年的药局延开至7月18日。当闭局之日到

---

① 祁彪佳,《祁彪佳集》,卷6,第146页。关于这篇《又议》可以追溯到1641年,见第326页注释③。
② 祁彪佳,《祁彪佳集》,卷2,第30页。傅会宇(日记中的"宇"在《祁彪佳集》中写成"与",两个记录不同)是绍兴(越)十大"名医"之一,祁彪佳通过邀请他参加一次小酌来订约,见祁彪佳,《居林适笔》,1636年6月14日。
③ 祁彪佳,《祁彪佳集》,卷2,第31页。
④ 同上书,卷2,第34页。

来时,药局已经救助了三千人。人们普遍认为应当解散药局。①王朝式反对说:"未也。"他坚持补充道:"病不全瘳,人方待命,而中辍之,心其忍乎?"祁彪佳解释说,当时局中已经告匮,没有多余的资金,事实上还缺了十两药赀,众人都反对药局继续开下去。尽管如此,王金如力劝他们不要半途而废,坚称:"吾辈苟有是心,天下事尽其力可也。"一名同志于是带头捐了一两银子。大多数友人也加入到捐钱的队伍中。顷刻间,他们便筹到了十两银子。② 大约一个月以后,友人们再次遇到了停局的问题。他们聚集起来举办了一场素宴,向王朝式祝酒以推其劳。王朝式歉然若不足地问道:"穷乡僻壤接踵来者,奈何令之泣路隅?"太医姚同伯再一次留了下来。祁彪佳记录说:"人亦罔不称便也,穷无穷,极无极。儒者之心洵若是哉。"③

正如祁彪佳所言,大夫们和精英分子们均怀有救助生命的真心实意。当听到1636年的药局将会继续运作下去时,大夫们"复鼓舞不倦,诊脉授方之外,向固有携所制丸剂并施者,兹更兼领募事。而[医者]童君五莱所募较诸友为多。因再得二旬有六日为'后局'"④。除了从其使命感中积累功德、获得满足以外,在药局工作的大夫们可以获得物质上的奖励——尽管鲜有以直接的报酬形式。仅有的一个记录在案的例子是给一位大夫支薪来补贴其日常所需。这位大夫在药局停业、大夫们都受赏以后"仍为授

---

① 王思任,《祁忠敏公年谱》,第10a页,云:"六月疫,倡其昆仲,捐设医药局于郡城光相寺,疗治近万余人。"
② 祁彪佳,《祁彪佳集》,卷2,第30—31页。相应的日记仅仅说祁彪佳去药局答谢大夫们,见祁彪佳,《居林适笔》,1636年7月16日。关于祁彪佳完成《施药纪事》这篇文章,见祁彪佳,《居林适笔》,1636年8月20日。
③ 祁彪佳,《祁彪佳集》,卷2,第30-31页。
④ 同上。

方,以所余药给之"①。当然,在饥馑期间,大夫们在药局里得到的饭菜是一笔重要的奖金。比如,根据祁彪佳的第一则议可知,每三天给执事饭钱。② 不过,最大的好处是,大夫们和执事们通过行善来博取地方精英的好感,期待自己被请到名流之家看病并与之交往。

祁彪佳承认在药局里服务的大夫们有繁忙的私人事务。在《施药条款》中,他规定了大夫们应当于清晨去药局,但到下午他们可以自由地给自己的病人看病。祁彪佳记录说,这一安排也适合药局里的病人,因为他们能够避开午后的骄阳。③ 通过在药局里待上半天以展现其仁心和医术,以及接受精英成员的监督,大夫们可以积累个人经验。他们知道祁彪佳会频频延请大夫给家人看病。在药局成立以前,祁彪佳就已经和后来在药局里帮忙的其中几位大夫打过交道。其中就有曾经给祁彪佳及其母亲看病的大夫王培元④,以及曾在1635年给祁彪佳把过几次脉的大夫张介宾⑤。在

---

① 祁彪佳,《祁彪佳集》,卷2,第31页。
② 同上书,卷6,第145页。
③ 同上书,卷2,第33页。
④ 关于王培元,见祁彪佳,《归南快录》,1635年9月24日,9月26日;《居林适笔》,1636年2月13日。
⑤ 关于张介宾,见祁彪佳,《归南快录》,1635年11月2日,11月8日;黄宗羲,《南雷文约》,卷3,第10a页;《山阴县志》(1803),卷18,第6b—7a页(引用黄宗羲的传记)。张介宾陪同他的父亲去北京,在那里他跟随金梦石学医。他写过《类经》(32卷)和《景岳全书》。有文献(Arthur Hummel, ed., *Eminent Chinese of the Ch'ing Period*, p.26)提供的张介宾的卒年是1640年,这并不正确,因为张介宾在祁彪佳1642年的日记中经常出现。例如,见祁彪佳,《壬午日历》,1642年6月7日。有文献(Arthur Hummel, ed., *Eminent Chinese of the Ch'ing Period*)中的传记称,张介宾治愈了许多当时的绝症,因为他"对病因比对病症更加重视",但没有提供资料。在一次私下交流中,席文(Nathan Sivin)怀疑将这样的原创性归功于张介宾是否有根据。

药局停业以后，祁彪佳继续请他们两位治病。①

大夫与功名之士的联袂行动

在药局里工作为有利的社交互动和消遣娱乐创造了机会。1636年，应邀到药局帮忙的十位名医有幸参加了一场由祁彪佳的兄长骏佳所设的小酌，为的是"订约"以让他们轮值。② 到了闭局之期，参加者们再次聚集起来，享用素宴，并向主局者王朝式祝酒以推其劳。一次，祁彪佳在药局里吃完饭后，出门感谢诸位大夫，随后回到药局和王朝式与诸位友人闲谈，到月上才回家。③ 另一次，他邀请太医凌云鹄和八位士绅到他家中，陪同者有张萼、王朝式和祁彪佳的兄长骏佳。④ 当晚，祁彪佳随后乘月复至药局。祁彪佳写到，在那里"与王金如畅谈，金如所以勖予者最切"。药局成为一个社交中心，在这里玩笑与要事兼有。

大夫们借由药局树立了名声，增加了他们的实践机会，且得以到像祁家那样的大户人家做客。在首个药局开业后，有一次，几位祁彪佳先前没有提到过的大夫在药局里为祁彪佳及其家人诊脉定方。⑤ 大夫童五莱在1629年或1630年提议成立药局，但无人响应。他随后在1636年的药局里加班加点，所募资金比诸

---

① 关于王培元，例如，见祁彪佳，《山居拙录》，1637年1月22日；祁彪佳，《感慕录》，1640年闰1月16日；关于张介宾，见祁彪佳，《自鉴录》，1638年9月3日（关于为祁彪佳的母亲看病），以及祁彪佳，《壬午日历》，1642年1月13日，1月18日，2月3日（关于为祁彪佳的妻子看病）。
② 祁彪佳，《居林适笔》，1636年6月14日。
③ 同上书，1636年7月16日。
④ 同上书，1636年8月13日。
⑤ 关于在药局中诊脉定方，见祁彪佳，《小捄录》，1641年7月8日。

友多。应祁彪佳之请,他为祁妻把脉。① 在1636年的药局里,被祁彪佳赞扬工作热忱的大夫袁六卿是一个榜样。他在数月后应祁彪佳之请为祁母诊脉。② 每一位大夫通过在药局中努力工作和积极奉献,为建立和维护自己的名声而努力。相反,除了少数例外,祁彪佳对每一位治疗过其家人或参加过药局的大夫的姓名都进行了细致甄别。他尊重每一个名字,它们代表着特殊的技能和独特的声誉。

祁彪佳在1636年前后的日记里常常提到药局里的名医张介宾。在所有大夫之中,祁彪佳尤其敬重张介宾。每当他或家人需要医治时,祁彪佳总是将大夫们请到他的寓所,或是当他出行时,便将大夫们请到他的船上。然而,他并没有经常将张介宾请到家中。有时他不厌其烦地亲自去张介宾家里看病。③ 一次,祁彪佳甚至让别人给其妻诊脉后代为向张介宾乞药,而没有派人去请张介宾。④ 张介宾在上流社会里左右逢源。四十岁的他曾陪同身为定西侯客的父亲赴京师,与一帮常集侯门的"奇才异士"交往。⑤ 以故余姚人黄宗羲讲述自己曾在一场晚宴上见过张介宾。⑥ 黄宗羲提到的这场晚宴设在张峄府上。后者经常出现在

---

① 祁彪佳,《居林适笔》,1636年8月13日。
② 关于祁彪佳对袁六卿的赞扬,见祁彪佳,《祁彪佳集》,卷2,第30页。关于袁六卿给祁彪佳的母亲看病,见祁彪佳,《山居拙录》,1637年1月24日至25日;关于他给祁彪佳看病,见祁彪佳,《自鉴录》,1638年6月11日。
③ 祁彪佳,《居林适笔》,1636年8月20日,9月18日;祁彪佳,《弃录》,1639年3月16日。一次,他带其子眉儿去张介宾家中请脉,见祁彪佳,《山居拙录》,1637年闰4月3日。亦见祁彪佳,《壬午日历》,1642年1月9日,9月3日。
④ 祁彪佳,《壬午日历》,1642年1月28日。
⑤ 黄宗羲,《南雷文约》,卷3,第9b—10b页。
⑥ 同上书,卷3,第10a页。黄宗羲的父亲公开谴责宦官魏忠贤,最后于1626年死在狱中。这一年高攀龙也自杀身亡,见Arthur Hummel, ed., *Eminent Chinese of the Ch'ing Period*, pp. 351—354。

祁彪佳的日记里，且常常和张岱结伴。① 他很有可能是张岱的亲戚。

以医术为荣的张介宾阐述了医者的角色、药物对于重疾的局限性以及良医和庸医之间的差别。他强调药物绝不可能在"性命是关"上不如道学，不应当被贬为"小道"。② 由是，他暗示一位医术精湛的大夫正如声称掌握了道的士大夫那样值得尊敬。在过去的几十年间，张介宾不遗余力地撰写关于疾病、解剖和药物方面的文章，将自己渊博的医学知识倾注在两本巨著里。它们在他身后流传至今。在1629年或1630年成立药局的动议流产前不久，张介宾的其中一部出版于1624年的作品吸收了早期医书中的大量素材，同时也采纳了新的资料。张介宾用新的处方和药物做试验，指出其中的烟草在万历年间被引进到广东和福建的南部地区，在南直隶—浙江地区（吴越）广泛种植。陆世仪将烟草的扩散视为烦恼之源。他在1638年时就担心烟草和棉花会取代粮食作物。③ 张介宾并没有对此进行强烈谴责，他指出尽管烟草让人兴奋，有害健康，但也有药用价值。④ 不论烟草最终是好是坏，绍兴都能够获得最新的医学情报。

由张介宾的作品可知，山阴人张培学会了把脉的技能。由是，我们从张培的堂兄，祁彪佳的熟人张岱那里获悉，张培是个盲人。据张岱说，这个病是因糖分的过量摄入造成的。这个解释反

---

① 例如，见祁彪佳，《小捄录》，1641年3月27日。
② 关于这个最后一点，见张介宾，《景岳全书》，卷3，第45a-b页，译自 Paul U. Unschuld, *Medical Ethics in Imperial China: A Study in Historical Anthropology*, pp. 81-84.
③ 陆世仪，《救荒平粜议》，载《陆桴亭先生文集》，卷5，第4b页。
④ 张介宾，《景岳全书》，卷48，第926页。亦见 Berthold Laufer, *Tobacco and Its Use in Asia*, p. 3.

过来暗示糖尿病是一个可能的原因。抚养张培的祖母花了一千两银子来为他失明的双目寻医问药，这是人们当时对医学有信心的证明。当这些努力付诸东流后，张培请人朗诵医书来背熟原文，掌握了医术。他随后致力于治病救人的事业，其服务"未尝赀一钱"。绍兴的社会环境与价值观赋予了他一种使命感，使他赢得了社区的尊敬。①

药局大夫童五莱也同样受到一种使命感的驱使。他不仅在1629年或1630年左右敦促成立药局（尽管没有实现），也是为1636年的药局筹款的积极分子。② 凌云鹄也同样热心。他是祁彪佳列出的十位药局大夫中的一员。③ 地方志记载了他的乐善好施作为纪念."幼言读书，长而习医，治'伤寒'甚精。贫不能药者舍与之，贫甚者且给钱米。家不甚裕而性乐施，终其身无难色。"尽管地方志强调了凌云鹄的奉献精神，但也提到了他的禁欲主义：当他壮年丧妻时，他拒绝续娶。④ 像童五莱和凌云鹄那样如此乐意奉献其医术的大夫必定已经考虑到在药局工作的一大好处就是有机会与他们的同伴，尤其是与学富五车的大夫张介宾交换医学信息、切磋技艺。⑤

绍兴的大夫们和有功名之人相对容易进行联袂行动。一些

---

① 张岱，《琅嬛文集》，第127-129页。亦见《山阴县志校记》，卷18，第5a页，提到张培的慷慨之举。我们并不清楚张培是否已经在当时的药局里坐诊。这则记录可能是张岱在清初时所写。史景迁（Jonathan D. Spence）在文献（*Return to Dragon Mountain: Memories of a Late Ming Man*, p. 59）中特别提到数位张家人有严重的眼疾。关于张培，亦见同书，pp. 59-61, 215-216。
② 祁彪佳，《祁彪佳集》，卷2，第30页。
③ 祁彪佳，《居林适笔》，1636年6月14日。
④ 《会稽县志》（1683年重排本），卷25，第11a-b页；卷20，第8a页。
⑤ 参阅16世纪晚期的地方医疗团体举行会议，大夫们对医案的讨论，见 Angela Ki Che Leung, "Medical Instruction and Popularization in Ming-Qing China", p. 148。

大夫的儿辈始终为社会地位的提升而努力。王思任在考中进士后做了官,和祁彪佳有往来。他是一位穷困的草医之子。① 和祁彪佳在救荒工作中合作过的金兰,其祖父"精保婴术,不计财利,不避寒暑[想必是在因病求医时],不先富后贫。年八十余,犹步行曰:'吾欲使贫家子稍受半镒惠耳。'"② 在首个药局开办的时候,善士凌云鹄之子元鼎在1624年考中了举人。③ 使药局在这个时候变得可行,使地方精英分子意识到拯人于溺的古语的是众多摩厉以须的大夫们。他们中的一些人真诚地为了使命感而献身,另一些人则对儿辈的仕途寄予了厚望。

行善的后备力量

许多收入微薄、碌碌无为的儒士们也准备在药局里进行合作。王朝式便是其中的一员,他是1636年药局的热心倡议者。从某种意义上来看,他恰好也是一位治疗师。1635年,就在王培元为祁彪佳治疗后不久,王朝式也加入了进来。他为祁彪佳把了脉,开了处方。随后,祁彪佳因感"心病较增",向他咨询"养心之方"。④ 后来,在所有大夫都离开以后,王朝式设法想让祁彪佳的儿子起死回生。⑤ 在七个月以后,王朝式还告诫祁彪佳不要在花园上花费过多,促使祁彪佳在日记里写下(即使有些满不在乎)王

---

① L. Carrington Goodrich and Chaoying Fang, eds., *Dictionary of Ming Biography*, 1368 - 1644, pp. 1420 - 1425.
② 关于父亲金铬,见《山阴县志》(1803),卷18,第4b页。
③《会稽县志》,卷25,第11a页。
④ 祁彪佳,《归南快录》,1635年9月24日,10月12日。
⑤ 祁彪佳,《居林适笔》,1636年5月28日。

朝式的反对意见。① 尽管至今我们对王朝式是治疗师还是咨询师不得而知,但他的看法却深深地影响着祁彪佳。

《山阴县志》对王朝式的生平概述如下:王朝式师从沈国模。[232] 他移居绍兴府的嵊县,是救荒活动中的积极分子,救了许多人。他和苏元璞、郑锡元一起创办了姚江书院。② 简言之,王朝式并没有取得最低级的功名。他的作品很少,包括《建社仓议》、一本年谱(想必是关于他自己的)、一部语录,以及《赈剡纪》(在这里用了嵊县的别名),但这些都没有被保存下来。③ 他仅存的九行字,被藏于一部名不见经传的作品《姚江书院志略》中,只有当地人对此才感兴趣。以文学作品或仕途晋升这些传统方式来衡量,王朝式是一个失败者。尽管如此,他却赢得了祁彪佳的友谊和信任,他成功劝说祁彪佳将1636年的药局延开。王朝式的权威从何而来?

1631年,王朝式住进了刘宗周的家中,和祁彪佳以及许多儒士一起发起了证人学会,于每月初三举会。王朝式的传记称,"越中讲会之盛自此始"④。王朝式也积极行善,付出了一笔巨大的经济支出。这在他现存唯一的题为《捐田引》的九行字中得到了证明。王朝式称其家贫。不过,在1639年,他设法东拼西凑将三

---

① 例如,见祁彪佳,《山居拙录》,1637年2月20日至21日。
② 《山阴县志》(1803),卷14,第91b页。关于苏元璞,见《姚江书院志略》,卷上,第54b—55a页;关于郑锡元,见同书,卷上,第55a—56b页。关于王朝式,见同书,卷下,第25b—31b页。关于书院对士子寻求仕途成功的重要性,以及它们为何被禁,见John Meskill, "Academies and Politics in the Ming Dynasty"; Charles O. Hucker, "The Tung-lin Movement of the Late Ming"。
③ 关于前三条,见《姚江书院志略》,卷下,第31b页;关于最后一条,见祁彪佳,《自鉴录》,1638年10月9日,祁彪佳提到收到了一部刻本。
④ 《王徵士传》,载《姚江书院志略》,卷下,第26b页。王朝式名列《蕺山弟子籍》卷中,第1a页,载《刘子全书》。亦见毛奇龄,《西河集》,卷104,第1a—4b页。

亩地捐赠给了半霖义学。这块地原本是留给父亲的正室(王朝式的生母在1630年已经过世)作为未来祭产之用。但在一晚辗转难眠以后,在"老母"的允许下,王朝式总结出了捐赠土地是正确的做法。在结论中,王朝式从他的经历中得出了一个普遍的教训:尽管手头拮据,许多家庭还是能够为慈善事业节衣缩食。任何好义之人都有可能做这样的事情。①

证人社将处于精英阶层边缘地带之人与前政府官员刘宗周和陶奭龄紧密联系起来。尽管该社团的主要议程是研习经典,这显然对识字能力有要求,但绍兴有大量受过教育之人,根据一份报告,首会吸引了超过两百人参加。② 刘宗周承认与会之人的社会成分复杂。在一份他所作的社约中,他宣称"故衿绅骈集,不矜势分;虽诸色人不禁焉"③。通过参加这样的社团,像王朝式那样身份卑微的儒士积聚了道德力量,并在地方事务上施加了一定的道德权威。

在这些小人物中,就有王朝式的老师沈国模。他曾经渴望考取进士功名,但显然运气不好。由于服膺王阳明的学说,他向王阳明的一位弟子,当地人周汝登求教。当周汝登以年迈之故拒绝了沈国模之请时,他转而向刘宗周与陶奭龄求教。1631年,他和祁彪佳以及其他一些当地居民一同邀请刘宗周和陶奭龄主持讲会。这个讲会后来便正式成为了证人社。正如沈国模的传记所提到的那样,当时——也就是说,就在祁彪佳离家赴任之前——沈国模与祁彪佳在举会上是平起平坐的。九年以后,沈国模在参

---

① 《姚江书院志略》,卷上,第8a页。
② 姚名达,《刘宗周年谱》,第175页。此事发生在1631年3月3日。
③ 刘宗周,《证人社约》,第11a页。姚名达的《刘宗周年谱》中的版本则省略了这些措辞。

加证人社的同时,还发起了另一个公益性质的计划。他注意到全国共有七十二座祠堂和书院供奉山阴人英雄王阳明,而本地的阳明祠却已荒废,这是一件讽刺的事情。于是,沈国模建议将原址复建成一个社学。刘宗周、陶奭龄和祁彪佳,以及众多证人社友和其他一些人都是这个计划的支持者。①

一些走下坡路的官员后裔也贡献出了他们的时间来做有意义的事情。他们或是拒绝出仕,或是因缺少才华和运气未中科举。祁彪佳的日记里时常有管宗圣的身影。他是一位官员的曾孙。尽管得到了祁彪佳的举荐,管宗圣还是拒绝赴任。但作为一位有文化的本地居民,他是证人社中的积极分子,参与了许多当地的慈善计划。② 同样在祁彪佳的日记里频频出现的还有史孝咸和史孝复两兄弟,他们的父亲也是官员。③ 还有其他不计其数的小人物,他们的社会背景默默无闻,在祁彪佳的日记中仅能以姓名来辨认。他们显然与祁彪佳有社会联系,能够走进祁彪佳的生活圈子里。尽管在地方志中鲜有提及,在《明史》中亦无传记,但王朝式、沈国模以及许多其他碌碌无为、处于社会边缘地带的居民能够出现在像祁彪佳的日记和《姚江书院志略》这样地方性的、私密的作品中,是因为他们为地方慈善事业贡献了大量的时间与精力。

---

① 《姚江书院志略》,卷下,第 1a 页。
② 同上书,卷下,第 4a–10a 页。祁彪佳称管宗圣为管霞标,霞标是他的号。
③ 同上书,卷下,第 10a–15a 页。史氏兄弟来自余姚。他们的父亲曾经做过按察金事。

官方对1641年药局的介入

当药局在1641年重开时,绍兴的情况发生了变化。绍兴遭遇了生存危机,人们对于社会动乱的恐惧加深了。地方精英们自己也起了变化。即便对于动乱的忧虑加深了,他们还是可以通过回顾首个药局的成功来汲取力量和灵感。首个药局的光鲜画面以及他们从中获得的满足感深深地印在了他们的脑海里。这一切在祁彪佳写于1636年的证词中被永久保存:"贫病人闻诸医名则喜,及投剂辄效则更喜,歌颂载道。彼黄发鲐背之妪老,有作诗以志德。"① 1641年,以往的先例使应当施药给病人的指示得到了支持,而1636年的经验教导人们行善之人能够获得成功。

1641年的药局在规模上看似比1636年的药局更大。参与其事的大夫有十二位,而不是十位。药局并不在城西北角之遥的光相禅寺,而是坐落在几乎是城中的大善寺。它规定了妇女可以单独到十王殿里看病。② 两个药局最大的不同之处在于1641年的药局有地方官员的参与,而1636年的药局似乎完全掌握在当地居民的手中。1636年,无功名在身的儒士王朝式坚持要求延开药局。1641年,道台提出了类似的请求。③ 1636年,停局的消息仅仅是被告知给了身为本地人的前政府官员陶奭龄。④ 祁彪佳告诉我们,在草拟停局的文件里有大夫们的姓名、所募之赀的

---

① 祁彪佳,《祁彪佳集》,卷2,第30页。
② 祁彪佳,《小捄录》,1641年7月19日;祁彪佳,《祁彪佳集》,卷6,第147页。
③ 祁彪佳,《小捄录》,1641年7月22日,7月24日。
④ 祁彪佳,《祁彪佳集》,卷2,第31页。

收支情况、许多任事友人的姓名,以及"草略以记其始末"①,并没有官员的身影。在祁彪佳对药局的所有造访中,为药赞所作的征募及其与大夫们的会面都被记录在1636年的日记里,但祁彪佳并未提到官员。

  1641年,对官员参与的倡议来自祁彪佳本人,他的日记也表明了这一点。起初,祁彪佳向道台郑瑄[郑鸿逵]提出药局之事,祁彪佳曾经转弯抹角地打探郑瑄能够为地方公益事业捐出多少俸禄。祁彪佳向郑瑄保证说,他的捐款不会出现漏卮现象,并补充说通过为下一季的牛种提供资金,他将赢得百姓们的爱戴。在那时,祁彪佳也提及一个已在运作的病坊和一个药局带来的好处。② 不久以后,祁彪佳写信给郑瑄,向他请示能否允许设立药局。③ 随后,在得到郑瑄的首肯后,他继而挽留了大夫俞中孚,并和两位友人约期商议此事。④

  官方的介入带来了资金的支持。次日,祁彪佳写信答谢郑瑄的捐助。⑤ 汪知县受道台郑瑄之命,给药局送来了五十余两银子。两天后,周知县也做了同样的事情。⑥ 一收到汪知县给的资金,祁彪佳便邀请沈国模和其他七位友人(他在日记里写下了他们的姓名)到他的寓所商议药局事宜。⑦ 他们请沈国模主局,并一致推选祁彪佳的兄长骏佳担任总理。接着,他们提名一些人担

---

① 祁彪佳,《祁彪佳集》,卷2,第31页。这个药局的现存记录既没有提供姓名,也没有提供数据。祁彪佳提到写这篇文章是在祁彪佳,《居林适笔》,1636年8月20日。
② 祁彪佳,《小捄录》,1641年5月26日。
③ 同上书,1641年6月6日。
④ 同上书,1641年6月11日。
⑤ 同上书,1641年6月12日。
⑥ 同上书,1641年6月12日,6月14日。
⑦ 同上书,1641年6月12日。

任司计、司记、司药和经理①,并指定了十二位"名医"(祁彪佳没有提到他们的姓名)。祁彪佳写信给一位友人,命其择选药所,并与寺僧商议饭食之费和散签司器之僧的人选。② 三天后,他起草了《药局分任事宜》,这可能就是他现存作品中的一篇被冠以一个略微不同的标题《药局议》的文章。③

现存之《议》对任务作了以下明确说明。"总理之任,会计费用之多寡,辨认药饵之美恶,稽察执事之勤怠,以诚意鼓动太医,以慈肠悲悯病夫。要使方必合症,药必愈疾。"④ 总理之下有四位任事:

一、"司计之任,筦一切发到银钱";"药铺之药赀,五日一付,执事之饭赀,三日一给";"每五日即将一应出入总结,四柱大数。视赀用之或赢或绌,为停局之或迟或早"。⑤

二、"司药之任,先期约必用之药,告明总理。会同司计给发银钱。药到之时,公同秤收,即发图书印票,一面登入簿中。""日晡时会计某药已缺,发票支取。""药之色味必详,收药之登计必明,藏药之处所必谨,分药之头绪必清。用防欺漏,以起膏肓。"

三、"司计之任,用刊印之票每日先填日期与太医姓名住址。⑥ 太医一面诊脉写方,司记一面填写入簿。每日类钉,以为药案。其有止领方者,用不给药图书。填写不明,致药有失悮。

---

① 祁彪佳,《小捄录》,1641 年 6 月 12 日。我将"经理"这个词翻译成"marshal",因为祁彪佳解释说此人负责引导队伍进入药局,见祁彪佳,《祁彪佳集》,卷 6,第 145 页。
② 祁彪佳,《小捄录》,1641 年 6 月 12 日。
③ 同上书,1641 年 6 月 15 日。日记和文章对其中一位任事使用了不同的称谓。见祁彪佳,《祁彪佳集》,卷 6,第 144-146 页;祁彪佳,《小捄录》,1641 年 6 月 12 日。
④ 祁彪佳,《祁彪佳集》,卷 6,第 144 页。
⑤ 在英文版中,作者对下列一些内容进行了意译和精简。在中译本中,下列内容引自原文。——译者注
⑥ 用来表示"计"的字在排印本的首句中有误,但在文中进一步得到了更正。

惟其责,填写不速,致人有拥嚷(于患者中间),亦惟其责。"

四、"司签之任,每日轮禅僧一人,执红绿二筹分给看病,令之红东绿西,照号序入。前人将竣,后签方发;使病夫不致拥挤,太医亦免秽气。"①

仪　式

官员的介入带来了仪式。复杂的仪式取代了早期药局那种轻松欢快、于月下打趣玩笑的氛围。祁彪佳在一则日记里写道:"早至局,诸友诸太医以次集,共向佛前拈香祷祝。"祁彪佳评论说,其中三位友人"跪祝甚虔诚",接着他留心列出了他们的姓名,其中就有证人社友沈国模和史孝复。祁彪佳接着写道,在仪式结束后,"已拜求诸太医东西二局以序而入,看病共百余"。中午,祁彪佳与诸友以及亲如手足的大夫们"同斋于禅堂"。② 若说祁彪佳懒得提及在1636年药局中的这些仪式所发挥的作用,但有一点是肯定的——此次这些事情引起了祁彪佳的注意。官方的介入、其权威和捐款提升了这个事件的地位,增强了祁彪佳对于仪式的意识,并在日记中充分肯定了它们的重要性。

第二个药局碰到了一个在1636年没有被提及的问题:如何使司局之友的膳食支出与医疗供应的开销保持平衡? 1641年的《又议》规定大夫和执事应当每日有茶饭点心,俱由僧人包办,因为他们支取了薪水,且"荒俭之年,不得不极意简省,但三餐二点"。③ 在天王寺的会议上(在城西北角),友人们商讨如何在运

---

① 祁彪佳,《祁彪佳集》,卷6,第144-145页。
② 祁彪佳,《小捄录》,1641年6月22日。
③ 祁彪佳,《祁彪佳集》,卷6,第147页。

作过程中保持精洁。过去数日的账目表明,有三分之二的资金花在了食物上,不到三分之一的资金花在了药物上。祁彪佳在日记里问道:"岂吾辈'救民'之意哉?"为了拨乱反正,他们取消了总理一职。① 祁彪佳解释说:"执事者亦务从其约;太医前议包饭尚太丰,今更简之。"②

官方的介入使祁彪佳对正式安排的意识增强了。他在1641年及时记录了他在1636年所忽略的事:张贴告示。为了1641年药局的开张,他在大善寺"粘示设局"③。为了准备闭局,他"粘停局之示于通衢"④。直到官方为1641年的药局赋予了权威,祁彪佳才以一个局外人的视角,将药局与公众之间的这种联系作为关注焦点。官方的支持赋予了告示以权威,并给祁彪佳带来了新的想法:当他想要警告药局中不循规蹈矩的病人时,他想到了向地方官员毕九臣乞宪牌,以儆效尤。⑤

1636年,祁彪佳几乎没有提及招募大夫和任事的任务,但在1641年这被证实是一件费时费力的事情。那个时候,几位在1636年药局中尽职的医学专家已经退出了这个舞台。王朝式这位首个药局的尽心尽力的拥护者在1640年的盛夏因病离世。⑥ 另一"友"秦弘祐参加了1641年组建药局的工作,但随后他自己病倒了。在药局顺利运作的几个星期以后,身体复原后的他才再次加入了药局。⑦ 几乎所有出现在1636年药局花名册上的大夫

---

① 除去"总理"一职或许是祁彪佳的日记中的总理名单与《药局议》中的名单有稍许出入的原因,载祁彪佳,《祁彪佳集》,卷6,第144—145页。
② 祁彪佳,《小捄录》,1641年6月17日。
③ 同上书,1641年6月20日。
④ 同上书,1641年8月1日。
⑤ 同上书,1641年6月30日。
⑥ 祁彪佳,《感慕录》,1640年6月12日。
⑦ 祁彪佳,《小捄录》,1641年6月15日,6月17日,7月19日。

们都没有再次出现在祁彪佳写于1640年代的日记里。① 他们是否因为不断接触病人而死于感染？张介宾继续在1641年给祁彪佳的家人看病，但如果我们以祁彪佳的日记作为指南，可知张介宾在1641年的药局里并没有发挥任何作用，而且张介宾在1642年去世了。大夫人数的减少使祁彪佳不得不努力先写信确定额外所需的大夫们的姓名，然后再招募他们。②

同伴余煌［余武贞］向祁彪佳推荐了乐意加入的"名医孙燮和［孙月阳］"③。绍兴拥有大量像孙燮和那样满腔热忱的大夫。一部地方志评论说，孙燮和废寝忘食地检阅方书，学成后医治病人，而无论其贫富。此外，似乎是为了提醒读者孙燮和善有善报，地方志附加了一则关于其子成就的注解：他的一个儿子成为诸生，另一个儿子在1667年考中了进士，做了知县。④ 这又是一个社会阶层可以流动（在儒医与有功名之士之间）的证据。

1641年，祁彪佳对诸大夫以及那些他和同伴们认为能够胜任这项工作的诸位经理表现出特别的关切。一天，他代表药局四处走访，在城中奔波，挨家挨户访求大夫和同道中人。他解释说，由于前一天"未尽"，所以他意欲向诸大夫致敬。他出城求傅玉梁主局，不料傅玉梁"不允"，希望落空了。他再次出城"求"太医沈敬枢，想必是为了合作一事。⑤ 几周以后，祁彪佳仍然在东奔西跑。一天，他求本地人严亿之和金无炼"料理药局"，另一天，他向"友"严亿之和秦弘祐（秦履思）问诊，接着还求另一位本地人出面

---

① 在两个药局中都服务过的两位大夫是王培元和凌敬泉，见祁彪佳，《小捄录》，1641年6月20日。
② 同上书，1641年6月12日。
③ 同上书，1641年6月20日。
④ 见《山阴县志》（1803），卷18，第5a页。该份文献称这是在1640年，当郑瑄、金兰和祁彪佳创办药局之时；祁彪佳在1640年的日记并没有提到药局。
⑤ 祁彪佳，《小捄录》，1641年6月20日。

一同料理药局。与此同时,他还要拜会官员,为药局止谤。①

祁彪佳承担了许多与药局有关的杂事,忙于起草通常是给官员看的书信和文书。他的日程表业已被救荒事务所填满。他不得不写了一个答谢的便条来回应道台通过汪知县送来的捐款。② 在选择了十二位司局的大夫以后,他还得将他们的姓名连同一份修订过的提案呈给道台。③ 他从一位友人那里获悉绍兴府同知毕九臣莅临过药局以示支持,他不得不写了一封信答谢毕九臣。④ 他还写了至少三份文献,包括在某日起草,于次日完成的《药局事宜》⑤、《药局分任事宜》⑥和《药局纪事》⑦。最后一份文献是他给道台郑瑄看的一封回信,信中提到了给药局的额外资金。⑧

给祁彪佳的工作增加压力的是他和友人们要定期核算账目,并将结果进呈给道台的要求。1641年药局条款规定司计每五天给付一笔总账,药局的存续取决于所余的药赀。算药账是一件令人懊丧的事情。一日,祁彪佳和"诸友"试图在大善寺中算药账,但被一位访客打断了。次日,他们在舟中算药账,但又一次被访客们打断了。他们只算出了总数:如果只剩下四五两银子,到告停之期,所缺尾数将有十两之多。于是,祁彪佳将大数和医案呈

---

① 祁彪佳,《小捄录》,1641年7月5日,7月9日。
② 同上书,1641年6月12日。
③ 同上书,1641年6月17日。此后,祁彪佳继续寻访大夫和总理帮助药局做事。见同书,1641年6月20日(祁彪佳求傅玉梁,但傅玉梁并不愿意)。
④ 同上书,1641年7月3日。
⑤ 同上书,1641年6月13日至14日,《药局事宜》;参阅《药局议》,载《祁彪佳集》,卷6,第144-146页。
⑥ 祁彪佳,《小捄录》,1641年6月15日,《药局分任事宜》。
⑦ 同上书,1641年8月10日至11日,《药局纪事》;参阅《施药纪事》,载《祁彪佳集》,卷2,第29-30页。
⑧ 祁彪佳,《小捄录》,1641年8月13日。

给了道台,并请示他是否延开药局。① 祁彪佳注意到前来取药的病人数量与日俱增。②

在连夜估算了药价之后③,祁彪佳回到药局,再一次算药账。他发现超支了四十两。那天晚些时候,他在家继续算账,发现超支了三两,而他的兄弟们则将算好的账登记在册。④ 祁彪佳不得不在停局之前给郑瑄送去药局的账簿和一份纪事。⑤

1641年的停局之议看起来像是出自官员之口。祁彪佳在呈递了账簿和医案后,获悉道台想让药局延开。⑥ 两天以后,祁彪佳收到的一封来自道台的正式信函中正有此意。在和诸"友"(祁彪佳并没有提供任何细节)商讨过此事之后,祁彪佳给道台写了一封简短的信札作为答复,并写信给注知县。他还写信给他的管家陈长耀。⑦ 祁彪佳于次日再次入城商议停局之期,将之拟定于八月初四。⑧ 在这个日期的三天之前,他拜访了诸"兄",再一次商讨停局事宜。道台郑瑄再度提供了资金。官员毕九臣和陈子龙给药局提供了折价之米。许多任事友人和大夫收到了停局用斋之单,停局的告示被粘贴于通衢。⑨

官员们在1641年的药局中行使了权威,但未必能够从中得到好处。毫无疑问,他们从支持这一慈善事业中获得了自豪感。他们一路上或许赢得了当地民众的感激之情,不过,那些对何时

---

① 祁彪佳,《小捄录》,1641年7月20日至7月21日。
② 同上书,1641年7月19日。
③ 同上书,1641年8月3日至8月4日。
④ 同上书,1641年8月5日。
⑤ 同上书,1641年8月13日。
⑥ 同上书,1641年7月22日。
⑦ 同上书,1641年7月24日。
⑧ 同上书,1641年7月25日。
⑨ 同上书,1641年8月1日。

闭局发表意见的官员们最终还是要给药局捐款并承担责任。和药局诸"友"一样，他们在自己繁忙的日程表中加上了日常琐事：审查提案、查核账簿、不定期莅临视察和主持旌赏仪式。准确地说，当诸如给发食物、监管游民、对抗蝗虫、为农民提供下一季的作物种子等别的问题变得十万火急时，官员们不得不费心造访药局，以便大致了解这些给公务带来压力的规模较小、费钱耗时的地方性紧急事件。

如果说道台郑瑄通过药局获得了一些权威的话，那么地方领导人也同样得到了好处。他们与官员的合作创造了讨论和协商医疗救助以外的事情的机会。当祁彪佳写信感谢知县和道台捐钱给药局时，他借机"为台商"言及裁减利米之事。① 当道台莅临药局时，祁彪佳大谈穰蝗和续赈诸事。当汪、周两位知县走访了位于大善寺的药局时，祁彪佳又一次抓住了机会，"所议皆捕蝗及发粜温米诸事"。② 此外，官方的介入令祁彪佳能够借官方权威来促进药局计划的发展，正如他请官员张贴一份告示来整顿药局失序的状况，或是代郑瑄拜求诸位太医那样。③

药局同样充当了一个集会之地。在那里，祁彪佳的同道友人可能会伺机同他议事。当祁彪佳造访大善寺，和两位知县商议捕蝗、平抑米价诸事以及在午后算药账时，他的形象跃然纸上："诸友闻予在局，至晡者甚多，至无呼吸之暇。"④ 在一个为药局共同奉献的环境中，来自下层的社会阶层的需求如同社会上层的指示一样上通下达。官员们宣称在运作中享有一定的权力，祁彪佳有

---

① 祁彪佳，《小捄录》，1641 年 6 月 12 日。
② 同上书，1641 年 7 月 20 日；亦见同书，1641 年 6 月 24 日、7 月 19 日。
③ 同上书，1641 年 6 月 19 日。
④ 同上书，1641 年 7 月 20 日。

时也宣称代表官方权威,而最底层的参与者们也得到了好处。他们在药局里服务,但也怀有一己之私。当一位居民催促设药局和立义塚时,他同时也请求为开田而借贷。① 协商、交换利益和分担责任是多边性的,动机也五花八门。没有一方能够完全控制药局事务,各式各样的参与者——官员和百姓——被拉到了药局活动的舞台中央。

因此,当1641年的计划进行了一半,行将旌赏时,在药局中任劳任怨的参与者们顺利地拿到了每人应得的奖励。道台原本想单独表扬祁彪佳,但据祁彪佳在日记中的叙述,"诸友恐为予一家私事也,有不悦者"。鉴于此,祁彪佳改拟示稿,并向道台解释了原因:"因诸绅同事不便独予擅美者。"② 大约一周以后,祁彪佳和一位友人(吴期生)在一座寺庙里商讨设法让道台留任之事。祁彪佳写道:"少顷,两邑父母暨道台先后至。道台奖赏诸太医花红卮酒及书刻[想来可能是为药局举行纪念活动]。意极殷切,诸医无不感奋。"③

祁彪佳写道,在大约一个月后的停局之宴上,"诸太医皆集,诸'友'至者王太含等五六人,共斋于禅堂。予遍拜之,以谢其劳。又分资以谢司药诸友,下及奔走之役,无不得其欢"。在同一天,当地官员王孙兰和陈子龙顺道拜访了祁彪佳,同他商议"官积民积及越贩奖赏"诸事。④ 数日后,祁彪佳向地方官员郑瑄汇报了停局之事,随后四处拜谢诸位太医。⑤ 他用这个月余下的时间整

---

① 祁彪佳,《小捄录》,1641年6月4日。
② 同上书,1641年6月22日。
③ 同上书,1641年6月28日。
④ 同上书,1641年8月4日。
⑤ 同上书,1641年8月6日。

理药局的事务,包括写纪事①、作推赏议、审查账簿。②

祁彪佳的日记甚少关注 1642 年药局的重开。此次的倡议者是道台郑瑄,他就此事敦促过祁彪佳。祁彪佳令两名家奴护送一位叫鲁敬泉的人在一座寺庙里施药。③ 十天以后,他向两位城里的大夫询问施药经费,为的是向道台汇报。④ 但到了七月初一,瘟疫蔓延到了全区,祁彪佳于是请僧侣诵经以保合家安宁。⑤ 夏末时,他向道台郑瑄缴还了粥铺和药局诸册。⑥ 这是祁彪佳对 1642 年的药局所作的概述。

在该年年中时,祁彪佳不再在其乡下施以小恩小惠,而这是他曾经悉心记录在日记里的事情。他在柯桥周行街巷,散钱给穷人。他给每一位挨饿的村民三分钱。他在柯桥的寺院观看散钱给乞丐的活动。他在家中招待了一位饿着肚子的访客,想必是给他吃了一顿饭。他走访柯桥和柯山附近的村子散赈赏。⑦ 药局的开闭在官方的监管下如今成了一件驾轻就熟的事情。这是否令他失去了将它们写进日记里的兴趣呢?祁彪佳最后自己求助于诵经来消弭家中的瘟疫,这是否表明他对医疗救治失去了热情和信任呢?抑或是他从城里的药局抽身出来去保护他的乡下呢?现存的文献并没有对此加以说明。

祁彪佳的一位门生赵公简后来评论说,祁彪佳带着大夫们和

---

① 祁彪佳,《小捄录》,1641 年 8 月 10 日至 11 日。这篇文章题为《药局纪事》,似乎已佚。它不应当与现存的《施药纪事》混淆起来。
② 同上书,1641 年 8 月 30 日。
③ 祁彪佳,《壬午日历》,1642 年 6 月 19 日。
④ 同上书,1642 年 6 月 29 日。
⑤ 同上书,1642 年 7 月 1 日。
⑥ 同上书,1642 年 9 月 3 日。
⑦ 同上书,1642 年 5 月 24 日,7 月 15 日,5 月 29 日,8 月 17 日(施钱),9 月 4 日(参观),9 月 7 日(散赈赏)。

两名仆人去往乡村地区赈饥施药。① 然而,从祁彪佳的日记和文章来看,药局的活动仅限于城内。祁彪佳和他的同伴们商议过对乡下那些因重病而无法前往的人的照料问题。他们表示希望能够在各坊各村施药,并"分医挟药及门以治之"。但祁彪佳也表达了其"恐分则察核无人,医者等为故事"。考虑到城乡设立多个药局需要多储药赀的问题,祁彪佳总结说,"存其议以俟后来之举事者"。② 在对照顾问题的分配上做出艰难抉择的同时,祁彪佳也对一个后代可能获得的更为公平、更为普惠的模式进行了展望。

小善举:保婴局、病坊和救助流移

除了提供食物、药物和义葬以外,祁彪佳的日记还提到了许多其他更小的善举。其中就有收满了用母乳喂养的婴孩的保婴局。祁彪佳在日记里评论说,此景"令人叹服"③。祁彪佳在其手稿本《救荒全书》里详细描述了钱元登对于弃儿的照顾:

> 钱元登,浙江山阴人。于辛巳荒岁,拾遗弃婴孩,养之室中。自能行以至乳哺者,各置一处,每以老妪数人拊之。须乳者至,为觅乳母(数人),主人督视调养。一夕数起,啼号满屋,粪秽狼藉,主人不以为嫌。有遗弃而置姓名于怀者,为之编号制牌,悬之婴孩手腕,立簿书某号者,系某姓某名,并所弃之地,所收之时。仁风既广,许不能存养之家,夫妇抱持而寄托焉。

---

① 引自张履祥,《言行见闻录》,亦载 Angela Ki Che Leung, "Organized Medicine in Ming-Qing China: State and Private Medical Institutions in the Lower Yangzi Region", p. 146。祁彪佳提到赵公简是西区任事之一,见祁彪佳,《小捄录》,1641年5月2日。
② 祁彪佳,《祁彪佳集》,卷6,第145-146页。赵公简可能一直在考虑乡村病坊。
③ 祁彪佳,《小捄录》,1641年6月17日;祁彪佳,《壬午日历》,1642年3月30日。

祁彪佳进而提到,在某些情况下,"其邻近婴孩,昼食夜宿,且可时时归宁其父母[家],[而]父母亦得时时来视其子女。至丰熟乃令认领"①。

祁彪佳观察说,"父母们无不感泣而去"。他随后解释了那些无家可归的婴孩的命运,即由"主人终收养之,女为择配,男教之成立,所全活无算"②。第二年,道台郑瑄提议在城中设"局",让各坊各村都能将他们捡回来的弃儿抱送入局。③ 祁彪佳在一则日记里也提到了他和郑瑄视察保婴局之事。在谈到郑瑄见钱元登所定之规制井然,"甚喜"后,祁彪佳强调说,"予亦薄有所助"④。

在1641年的祁彪佳日记中出现的还有靠近其乡下的柯市的一个病坊,零星的片断资料反映了这个市镇因相对繁荣而吸引了大批游民前来乞食。⑤ 为了安置那些"凡病不能兴者",祁彪佳提议设立一个病坊,规定一旦游民恢复体力行乞,便将其打发离开柯市。由于没有空房,祁彪佳解释说,"乃立坊于本村堰下调养之"。⑥ 几天以后,祁彪佳兄弟察看了病坊,之后他们和同伴们会面,商议赈救流移之法。

---

① 夫马进,《中国善会善堂史研究》,第260页,注释11。夫马进从中国国家图书馆所藏祁彪佳的《救荒全书》稿本卷17中精心摘录了一段话。下一代的唐甄提到他的仆人为环境所迫,将他一个月大的女儿送入育婴堂,但经常会去探视她,见《潜书附诗文录》,第148-149页,《恤孤》。参阅 Tang Zhen, *Écrits d'un sage encore inconnu*, pp. 170-173。将孩童临时放于孤儿院也发生在法国,见 Cissie C. Fairchilds, *Poverty and Charity in Aix-en-Provence, 1640-1789*, p. 86。
② 夫马进,《中国善会善堂史研究》,第259-260页,注释11(引用祁彪佳,《救荒全书》)。
③ 同上书,第260页,注释12(引用祁彪佳,《救荒全书》)。
④ 祁彪佳,《壬午日历》,1642年3月30日;亦见夫马进,《中国善会善堂史研究》,第217-219页;第260页,注释12(引用祁彪佳,《救荒全书》)。
⑤ 祁彪佳,《小捄录》,1641年3月8日。
⑥ 同上书,1641年3月11日。

第八章 医疗救助及其他善举

　　管理病坊的重任交给了僧人无量。他扎根于山阴当地,与祁彪佳相熟。① 无量是麦浪的弟子。后者曾在大约 1629 年或 1630 年时和大夫童五莱一同提议(虽然没有成功)设立药局。山阴人麦浪受戒于袾宏这位对放生活动的普及有着广泛影响力的人物。后来他追随了袾宏的弟子湛然。后者定居山阴,是祁彪佳的父亲三十年的好友。② 1630 年,祁彪佳和祁家的几位兄弟请麦浪重建了坐落于梅墅的弥陀寺。梅墅是祁父的居住地,也是祁彪佳的出生地。在将工程交付给了无量以后,麦浪突然圆寂了。③ 同样追随袾宏、敬仰湛然的还有另外一位山阴人,即祁父的同辈人陶望龄。即便是在热衷学佛的同时,陶望龄、陶奭龄兄弟和祁彪佳的同伴、儒学卫道士刘宗周也一同讲学。④

　　山阴的佛教僧侣与士大夫有着共同的话语和社交圈子,他们在很多方面与社会地位较低的士人类似:他们容易接触到精英分子,同他们建立有利的互惠关系;他们乐意投身于慈善事业之中,而他们对慈善事业的贡献能够通过书面记录赢得世人的一些关注。僧侣们接二连三地涌进祁彪佳的寓所和他的日记里。祁彪佳频频将他们召来主持丧礼、引导大众,以及指导他阅读佛经。

---

① 关于祁彪佳与僧人的互动,在 1639 年的日记中的最后两个月中可以看到很多例子。无量是祁彪佳延请做佛事的十二位僧人之一,见祁彪佳,《弃录》,1639 年 12 月 20 日。
② 祁彪佳,《祁彪佳集》,卷 4,第 61－64 页(为僧人尔密所刻的塔铭),特别是第 64 页。关于湛然(圆澄),亦见祁彪佳为麦浪所刻的塔铭,载祁彪佳,《祁彪佳集》,卷 4,第 64－67 页。《会稽县志》,卷 26,第 5a 页。湛然还募资修路。陶望龄对他极为敬重。
③ 祁彪佳,《祁彪佳集》,卷 4,第 66 页。
④ 《会稽县志》,卷 26,第 5a 页。关于陶望龄,以及对陶奭龄的简介,见彭绍升,《居士传》,卷 44,第 5b－9b 页。亦见 Chün-fang Yü, *The Renewal of Buddhism in China: Chu-hung and the Late Ming Synthesis*, pp. 85,93。关于祁彪佳的友人张岱涉佛,见 Timothy Brook, *Praying for Power: Buddhism and the Formation of Gentry Society in Late-Ming China*, pp. 38－53; Pei-yi Wu, "An Ambivalent Pilgrim to T'ai Shan in the Seventeenth Century"。

当僧人顺道拜访祁彪佳,或者当祁彪佳邀请他们一起用膳时,他们常常会讨论一些世俗关心的话题,像他和僧人无量细商流贼之势那样。① 双方的往来是基于互惠的前提。当一些僧众认为自己受诬(究竟如何并不清楚)时,无量说服祁彪佳给知县写了一份诉状。② 当一位僧人向祁彪佳募斋僧之费,并向他诉说僧众的艰苦处境和米价腾涌的情况时,祁彪佳向他们施以援手。③ 当他们的资源耗尽时,僧侣们求祁彪佳作斋僧募疏。④ 当来自虎跑寺的僧众在 1641 年饥馑期间向祁彪佳乞求布施时,他也伸出了援手。⑤ 在几个例子中,他还为僧人提供了住处。⑥

作为对这些恩惠的回报,祁彪佳得到了一些物质上的好处。在他的日记里最明显的例子是由僧侣帮忙买木。一次,祁彪佳提到他的兄长委托一位僧人去往福建买木,专为建庵之用。⑦ 但有一次,当他还在 1638 年点缀自己的花园时,他写到自己委托僧众专门"为予"买木之事。⑧ 有几次,他并没有提到买木之行的目的,让人猜想这些木料同样有可能是为自己所用。⑨

地方精英和佛教僧侣之间的长期共生关系促进了两者在慈善活动中的合作。在一个社交场合之中——祁彪佳的兄长骏佳

---

① 祁彪佳,《自鉴录》,1638 年 11 月 6 日。
② 同上书,1638 年 7 月 14 日,7 月 18 日。
③ 祁彪佳,《感慕录》,1640 年 4 月 14 日。
④ 同上书,1640 年 5 月 2 日。
⑤ 祁彪佳,《小捄录》,1641 年 8 月 23 日。
⑥ 参阅上书,1641 年 6 月 3 日。
⑦ 祁彪佳,《感慕录》,1640 年 4 月 4 日。
⑧ 祁彪佳,《自鉴录》,1638 年 8 月 29 日。
⑨ 一天,无量和僧人本原一同前来。本原和祁彪佳商议"买木事",见上书,1638 年 7 月 27 日。另一天,祁彪佳派一名仆人和本原去买木,见同书,1638 年 8 月 8 日;亦见同书,1638 年 8 月 21 日。

办了一场素宴,席间谈到了流移的话题——无量慨然应允管理病坊。① 三个月以后,无量向祁彪佳汇报说,至少有上百人在病坊中得生而去。于是祁彪佳记录说:"甚为欣喜,因助其费,勉之终局。"② 正如祁彪佳在日记里所提到的那样,其他的僧众也承担了大量的善举。他们掩埋死者、监管病坊、协助药局运作、在柯市散钱。③ 他们也在柯市"挑粥",分食游民。④

那些处于拥有功名的精英阶层边缘的人物成为许多善行的推动力量。药局的想法最初是由无功名在身的王朝式和僧人麦浪共同提议的。祁彪佳"意欲"在柯市分食的主意来自僧人月堂。⑤ 保婴局的规章与管理出自山阴当地的一介草民钱寰中之手。尽管祁彪佳"薄有所助",但令保婴局成功的关键是钱寰中全心全意的投入。⑥ 这些来自下层的主动性令人想起了杨东明曾经从普通民众的实践中为他的善会汲取灵感。

借行善之机,受过教育的僧人、有一技之长的大夫,以及同样受过教育但没有功名在身的士人,可以在地方事务中获得权力。一些人利用善行迎合精英,赢得他们的好感,甚至从中获利。另外一些人则受到了一种道德责任感的驱使。对于后者而言,一个明显的例子是住在刘宗周家中的王朝式。尽管贫穷,王朝式还是设法去资助一所学校,且在刘宗周的教诲的激励下,屡次告诫祁彪佳不要走错路。就家庭财富或科考情况而言,与其说王朝式

---

① 祁彪佳,《小捄录》,1641 年 3 月 11 日。
② 同上书,1641 年 6 月 3 日。
③ 同上书,1641 年 4 月 9 日。
④ 同上书,1641 年 3 月 8 日、3 月 10 日。
⑤ 同上书,1641 年 3 月 8 日。
⑥ 关于来自钱寰中的倡议以及后来道台郑瑄的推动,见夫马进,《中国善会善堂史研究》,第 217—219 页。

无法与当地的功名显赫之辈一较高下，倒不如说他的主要资源是其高尚的道德立场。王朝式以道德耿介为怀，并在刘宗周的道德权威的支持下，热忱地加入行善的队伍，甚至领导着精英们行善。

尽管没有一官半职甚至一纸功名，但沈国模和他的学生王朝式一样，也曾直言劝诫过祁彪佳。在1633年祁彪佳担任苏松巡按的时候，沈国模曾经严厉谴责祁彪佳下令杖杀匪徒数人的事件。① 他引用《论语》中的话问道："不闻曾子云，'如得其情则哀矜，而勿喜乎？'"祁彪佳很快认识到，作为孔门弟子，政治家们很容易理解这样一个同样适合晚明这段时期的观察结果："上失其道，民散久矣。"② 史载，作为回应，祁彪佳在沈国模面前作揖道："谨受教。"③ 在硕学鸿儒的道德教化下，沈国模、王朝式以及绍兴本地的其他小人物有足够的说服力和权威性来影响当地事务。行善的压力以及善行本身不仅出自社会上层，还来自社会下层。正如祁彪佳力劝其上级官员重视巡视粥厂的重要性那样，这些社会地位较低的士子们也力劝其上级从事各式各样的慈善计划。无论倡议者的动机是什么，我们通过祁彪佳的记录可以看到慈善计划激增的现象——除了救荒计划以外，还有病坊、药局、保婴局、救济流移计划，以及为贫户提供义塚等。

在许多有价值的选择之中，设置优先事项显得困难重重，不能操之过急。每一个选择都是对资源和资助的争夺，祁彪佳对于

---

① 确切日期不详。祁彪佳大部分写于1633年的日记现已不存。关于1633年的起义以及佃仆冲突，见 A. D. S. Roberts, "Civil Disturbance in I-hsing in 1633", pp. 58–72。这是否是沈国模的传记所指的事件，我们并不清楚。祁彪佳在宜兴事件中被批评太过宽宏大量（同上，第64页），这似乎与沈国模的告诫宗旨相悖。
② James Legge, trans., *Confucian Analects*, p. 345 (*Analects* 19.19).
③ 《姚江书院志略》，卷下，第3a页。

病坊的热心即是一例。在与其兄长检阅完病坊的几天前，祁彪佳就注意到事事均须讲求详妥，即便得到了他人的支持，草率地发起这样一个计划也并不妥当。正如他所言，"吾辈即有一片热心，亦不宜轻而举事，盖恐利之中而害伏焉"。① 确定优先处理之事和资源分配问题再一次令祁彪佳心事重重。他要把那些卧于柯市寺前的病丐送入病坊，这促使他仔细地解释说，在柯市募集到的资金应当留为煮粥之用，而由祁彪佳家和吴期生家共同承担照顾乞丐的责任。②

作为行善的倡议者，他们设法筹措资金，难免也会触及社会等级制度。钱寰中这位名不见经传的保婴局创办人从祁彪佳那里获得了资助。尽管僧人麦浪和大大童五莱首次建立药局的尝试付诸东流，但他们发现通过和祁彪佳联手，他们的第二次尝试取得了成功。

对大型事业的资助增加了对小型的地方性计划进行试验的机会。计划越大，筹措资金的自由度也越大。一次，道台郑瑄允许祁彪佳将余下的赈米换成钱来施药。③ 另一次，祁彪佳在一天里数次讨论"掩骼事"，他自己到药局督收药品——简单地说，在为慈善事业辛勤工作的某一天里——祁彪佳应一位僧人之请，为邻近其乡下居所的病坊"移药局之资十金以应之"。④ 还有一次，在向汪知县要求额外的资金时，祁彪佳同时要应付两个迫切需求：为城中的药局筹措资金和为消灭肆虐其乡下的蝗虫募集经

---

① 祁彪佳，《小捄录》，1641年3月11日。
② 同上书，1641年3月15日。两天前，祁彪佳邀请吴期生商议救流丐之法，见同书，1641年3月13日。祁彪佳希望使用一处寺院作为临时安置流民之所，但它业已荒废（同书，1641年3月15日）。
③ 同上书，1641年6月19日。
④ 同上书，1641年6月21日。

费。汪知县批了十八石余粮，祁彪佳马上回复说穰蝗是当务之急，以免其复生。① 资金最后如何分配，我们不得而知。但关键仍然是：通过扩大官方对于以社区为导向的计划的介入程度，祁彪佳增加了很多机会来商讨大量的救济活动。

这种将大小事业相提并论的模式不但反映了对有限资源的争夺，还指出了官方在场的影响力能够自上而下地辐射整个绍兴社会。就像在关于救荒的争论中，晚明绍兴的居民们试图不以一种简单的投票方式，而是通过公开的协商确定救荒方案。参加者们跨出了他们的团体，寻求官方的许可来解决关于慈善资源应当如何分配这一问题的歧见。诚然，有一些小团体在限定资格的成员中间作出决定的例子，例如张陛的救荒组织、倪元璐的固定家庭数目的粮食借贷组织以及杨东明的首个善会。然而，更显而易见的是，那些大型的、长期的组织之所以不可避免地与官方权威纠缠在一起，不仅是因为它们乐意接纳官员们的大量经济资助，还因为它们从一开始就是以一种特殊的方式组织起来的。行善者的誓守之约概述了角色和职责，但并没有谈到圈中友人能够通过投票的方式解决争端的程序问题。商讨、争论和分歧是家常便饭。参与者们发表意见，并可以以退出相威胁。他们之所以影响运作，是因为领导人们明白为了赢得合作，他们必须留心意见的风向。然而，做决定的过程最终并不是由多数原则决定的，而是由社会政治等级的运作塑造的。一个慈善事业的领导人是像王朝式那样的低级士人还是像祁彪佳那样的退闲官僚并不重要，重要的是，领导人能够通过寻求一位长官的介入来解决争端。

---

① 祁彪佳，《小捄录》，1641 年 7 月 19 日。

小　结

绍兴有着极为广泛的社会网络。1640 年,祁彪佳从一位友人(夏允彝[夏彝仲])那里得到了一本治邑之谱,里面除了讨论其他事情以外,还探讨了同善会的想法。这个想法得到了祁彪佳的赞赏。① 1641 年末,善会讲话者陈龙正听说了刘宗周和祁彪佳劳心劳力主持一个赈济计划,使民众"大和"的消息。② 慈善领导人们因地因时制宜,但不会想着去告诉其他地方的同道中人。1636 年,祁彪佳"闻武林亦有欲为此举者"。祁彪佳评论说:"是吾辈只此不忍 念。倘能扩充,不特在一时,且在他日矣;不特在一方,且在四宇矣。"③ 使"在他日"这个选择成为可能的是基于地区的繁荣和高识字率,从而经由社会等级制度而横向交错的无数关系网络所带来的一种全新的社会推动力量。这些如今我们无法知晓的占少数的支持者和社团能够利用正当的理由与当权者进行协商并施加影响——即使官方权威和权力这只看不见的手仍然无处不在。对于晚明而言,这些社会情况是全新的,它们维系着无数善行,支持着坚信这些活动在严重危机以外的时期仍然行之有效的远见卓识。

就地方行政水平而言,我们可以发现这并非是一个失败的王朝官僚机构所遗弃的真空地带(正如王朝衰落模式所暗示的那样),而是一个强大的官方在场,它吸引着社会下层人士参与到慈

---

① 祁彪佳,《感慕录》,1640 年 5 月 16 日。
② 陈龙正,《几亭全书》,卷 25,第 12a 页,在写给知县吴宾日的一封信中(1641)。陈龙正进一步称他们在救荒中成功的关键是"每乡托一良士"。
③ 祁彪佳,《祁彪佳集》,卷 2,第 31 页。

善计划中来。这些情况使慈善活动变得受人瞩目。随着善行数量的增长,地方精英变得有竞争力,他们从政治权威人物那里赢得了赞赏和肯定。在一个日益壅塞的社会空间里,行善和救助生命提供了在社区里崭露头角、在地方事务的议程中施加影响的机会,同时也扩大了善人的队伍,且提高了他们的社会地位。

第九章　慈善信仰以及信仰辞令

> 今尚得探囊中钱……振救他人；……不难于是享平康之福。
>
> ——祁彪佳

晚明大规模的慈善计划的合作建立在行善的重要性、资源的公平分配和拯救生命的紧迫性等共享辞令的基础之上。对这种辞令的理解和运用是多方面的，例如被高攀龙用来表达热忱的信仰，也被那些愤世嫉俗之人用来控制民众。在这两种情况下，这一辞令已经成为社会各阶层在社会和政治交流中广为接受的一种说法，且促进了跨越阶级、血缘和地区之界限的合作。这一共识让慈善行为具有了社会意义。

当然，我们必须放弃任何企图为社会最底层代言的想法。受助者们——那些在这一时期的文献里很少被提到姓名的无名且目不识丁的穷人——没有办法和没有发言权将他们的想法写进书面记录之中。对于他们如何回应慈善事业，我们只能通过有文化、有社会地位的捐赠者的所见所想才能知晓：受助者心存感激，有教养的穷人害怕在公众面前丢了颜面，以及一些仇富的穷人在接受施舍后偶尔变得傲慢并索要更多施舍。捐助者试图通过每一笔慈善捐款、每一次募捐前的讲话将他们的价值观灌输给穷人。为穷人提供食物和令他们社会化是相辅相成的。捐助者有着敏锐的观察力；然而，当他们试图用语言来描述他们所见的事物时，难免会根据自己的价值观和期望来塑造自己观察到的东西。无论他们是在赋予深刻的信仰，还是为了达到利己的目的而以一套行善的辞令作为权宜之计，他们都宣称，施舍穷人是一种能够体认万物一体的方式，从而确保了社会秩序；或者是一种为达到某种社会公平或社会正义而进行的尝试；或者是一种拯救生命和减少苦难的方式；并且，由于慈善能够使这些都圆满达成，它亦传达了施者之善。

对于那些被社会化为有善心、有同情心和公正的人（其社会化是通过家长的关怀模式、道德教化、先贤的榜样或来自同侪的压力而实现的），慈善行为能够获得意义；对于那些未受过教育的玩世不恭之人而言，捐出钱财或许看上去是不计后果的行为。让我们看看一个名叫范元之的人的故事。他曾经在岸边发现了钱币。原来，这些钱的主人是一位刚刚做了巨大的牺牲卖掉土地，以救其丈夫出狱的妇女。范元之将这笔意外之财还给了她，由此村民们嘲笑他缺乏良好的商业头脑。这则故事旨在教导读者，随后不出所料地揭示出这些无知村民们的目光短浅：一年后，仅仅以"笑而不答"来面对所有对他的嘲笑的范元之和他的儿子双双通过了科举考试。善良成功得到了回报，并为范元之正名。①

有时，即使是最热忱的晚明善人，也未曾就什么是善行达成

---

① 颜茂猷编注，《迪吉录》，"太集"，第47a页。

共识。一些人赞扬放生、散钱给陌生人和赈狱;另一些人则谴责这些行为既误人子弟,又造成浪费。尽管如此,善人们普遍认为善行应当得到认可。本章探讨这种共识的来源。本章认为,晚明的慈善事业虽然在一定程度上受到过去传统的影响,但它无法追溯到任何一个特定的传统或者信仰,而是两种力量相互作用的产物。这两种力量分别为:一是道德使命,即高攀龙和陈龙正在讲话中提到的人定要为善的坚持;二是社会现实,它塑造了一个人如何意识到道德使命的必要性。尽管本项研究中涉及的许多善人都重视儒家经典,认为它们有助于科举考试的训练,是仕途之倚靠,但他们并不需要通过参考这些经典来理解和解释行善的必要性。

思想传统

晚明慈善事业的领袖们继承了古代有关扶弱济贫的思想遗产,这些见解与历史学家们数个世纪以来一直标榜的儒释道三家的各种思想体系有相通之处。几个世纪以来,这三大传统不仅得到了发展,且周期性地重合起来,结果许多明代的作者们(像他们的前辈一样)谈到了"三教合一"。然而,将晚明的慈善具体追溯到其中任何一家都绝非易事。在这种融合的精神下,祁彪佳的一位友人声称《中庸》——即作为儒学经典的《四书》之一和科举考试的必修科目——在本质上传达了"三教合一"的思想。①

混淆晚明慈善观念来源问题的是黄宗羲的作品。黄宗羲是绍兴人,曾与大夫张介宾共进晚餐。黄宗羲的学术权威作品《明儒学案》极大地影响着现代学者对于明代思想的研究,但对晚明

---

① 祁彪佳,《涉北程言》,1631年闰11月27日。

潮流则呈现出一种扭曲的认识。黄宗羲希望在明朝灾难性的覆亡后重建基本价值观，为此他申言孔子及其弟子的"正统"学习方式和特别是来自佛教的"异端"思想之间的区别。因此，他清除了他的写作对象身上的佛教杂质，并且不再考虑任何不符合正统界定的人——有影响力的僧人袾宏和祁彪佳的熟人颜茂猷就是二例。他还在其作品中大力褒扬其师刘宗周，将他视为正统价值观的保护者、维护者和发扬者，以及晚明腐朽、离经叛道之思想的抵抗者。作为一名活动家而非思想家，祁彪佳在黄宗羲的概述中未占一席之地。尽管黄宗羲生活在绍兴府，但他似乎和祁彪佳鲜有往来。黄宗羲的父亲是被处死的。有一次，黄宗羲参观了祁彪佳位于梅市的藏书楼，他观察道："此等书皆阊门市肆所有，腰缠数百金，便可一时暴富，唯夷度先生（公之父）所积，真希世之宝也。"①

倘若我们直接阅读晚明文本，而没有黄宗羲的仲裁，那么就会发现，黄宗羲所绘制的整齐的智识界联盟的蓝图将会土崩瓦解，而呈现出一幅复杂的图景。在 1630 年（即在证人社正式成立以前和在祁彪佳现存的日记写作开始之前），刘宗周、陶奭龄和祁彪佳对"体用之学"进行了正式的哲学探讨。② 尽管刘宗周和陶奭龄之间确实存在分歧，但他们一同演讲，拥有许多共同的信徒。他们之间的差异在 17 世纪 30 年代早期已初现端倪。1637 年对祁彪佳来说无关紧要。在一次白马山房的小会上，他注意到陶奭龄和刘宗周就心学问题进行了一场漫长的讨论，刘宗周主张渐，

---

① 黄宗羲，《思旧录》，第 3b 页。关于黄宗羲与祁彪佳、倪元璐和一位名叫王羲云的人在 1640 年商议赈事的论述，见黄炳垕，《黄梨洲先生年谱》，第 25b 页。
② 王思任，《祁忠敏公年谱》，第 6b 页，但没有详细说明为何这个概念如此吸引这个小组。

而陶奭龄主张顿。祁彪佳调和性地总结道:"各有得力处。"① 后来,二人分道扬镳。刘宗周反对王阳明思想鼓舞人人心中有圣人这一平民主义的理念。而陶奭龄的学说较刘宗周的学说似乎更有煽动性,其借鉴了许多佛教思想。② 尽管如此,回顾王朝的分裂,黄宗羲强调了这种差异。他抱怨自己"尝听讲","甚不然其言",是因为"石梁[陶奭龄]之门人,皆学佛,后且流於因果"。③

祁彪佳和他的兄长凤佳双双被记载曾在证人社的第二次会议上发言④,但祁彪佳在日记里鲜有提及此会。一次,他没有特别提到此会,只是提到他和陶奭龄、沈国模以及管宗圣在九曲(在祁彪佳的城中寓所附近)参加了一次对"因果"这个话题的正式讨论,会后他们一同进餐。⑤ 一次,他评论说他拒绝出席证人社的一次会议。⑥ 一次,他和沈国模、管宗圣去听白马山房的讲座,这是刘宗周和陶奭龄经常讲课的地方。⑦ 祁彪佳鲜有提及证人社(即使当有人承认在社团成立的头两年的大部分时间里他都是缺席时),这表明他对社团的活动缺乏兴趣。尽管祁彪佳和同伴们保持着一段友善与融洽的关系,但他渐渐从这个被他称为"圣学空言"的社团抽身出来,而欣然接受了那些他能够将之间接应用

---

① 祁彪佳,《山居拙录》,1637年3月4日。
② 陶奭龄的诗作显然已佚。关于他的一个简介附于其兄陶望龄的条目后面,载彭绍升,《居士传》,卷44,第9b页。
③ 见 Huang Tsung-hsi, *The Records of Ming Scholars*. Edited by Julia Ching, with the collaboration of Chaoying Fang, p. 261。黄宗羲,《明儒学案》,卷62,第4b页。
④ 这次集会发生在1631年4月3日,见姚明达,《刘宗周年谱》,第177—178页。
⑤ 祁彪佳,《归南快录》,1635年12月4日。关于沈国模和管宗圣,见第八章。
⑥ 祁彪佳,《居林适笔》,1636年9月4日。最初的规约定于每月初三举会。祁彪佳的日记提到有几次是在初四举会。1636年的另一则日记首次提到祁彪佳去他的九曲寓所,陶奭龄和数位友人次第集座,讨论他们择选好的主题。见同书,1636年4月4日。
⑦ 祁彪佳,《山居拙录》,1637年7月4日;祁彪佳,《祁彪佳集》,卷8,第186页。

在生死攸关的问题上的学问。①

绍兴人有着共同的思想,他们的社会交往跨越了黄宗羲之后所追寻的智识界联盟的界限。即便是刘宗周——在黄宗羲看来是正统的典范——也并不总是像黄宗羲后来所声称的那样决然排佛。此外,更不用说陆世仪的例子了。他活到了清代,因而无论如何都不会出现在黄宗羲的《明儒学案》中。出现在晚明慈善这项研究中的六位人物中的其中三位形象高大的人物(杨东明、高攀龙和陈龙正),在黄宗羲的《明儒学案》中有传记,而另外三人(倪元璐、张陛和祁彪佳)却没有传记。然而,在行善这个主题上,这六位人物的理念是一致的。

这个论述突出的是佛教元素。倪元璐曾经梦见一位僧人说诵经不如写经好;后来,他的祖母命他抄写一部佛经,他虔诚地用一整天抄写了《金刚经》中的一章,且毫无差池。② 在生存危机期间,他开始持斋,并以己之力组织一命浮图会来募资济贫。③ 人会时,人们要向佛陀起愿,到结会时,他们启建"回向"道场:僧侣们诵《莲华经》,列出所有捐助者和受助者的姓名,每一个在场之人都要拈香。倪元璐在对会疏的总结中问道:"或有不尽其心者,佛亦必知之乎?"④

作为一名独立赈灾活动的组织者,张陛亦有佛教信仰,这尤其表现在他曾经劝说其母亲的家族成员捐款方面。张陛写道:

---

① 王思任,《祁忠敏公年谱》,第11a页。
② 倪会鼎,《倪文正公年谱》,卷1,第20a页。
③ 同上书,卷3,第9a-b页。
④ 倪元璐,《鸿宝应本》,卷27,第25b页,《一命浮图会疏》。倪元璐的文章写于七月十五日,倪会鼎的《倪文正公年谱》将写作时间定为1642年,见卷3,第8b-9b页。关于回向,见 Holmes Welch, *The Practice of Chinese Buddhism, 1900 - 1950*, p. 97。

"母氏奉佛长斋,生平布施如恒河沙等,而常恐儿辈觉。"受到母亲佛教信仰的吸引,张陛主张通过低价出售一块薄田来筹措资金,他"以为母作福"——也就是说,他希望母亲通过积累功德而再生为佛陀弟子。① 尽管张陛后来被黄宗羲扣上了一顶激烈的排佛者的帽子,但刘宗周也表扬他被"法雨慈云"②。

祁彪佳频繁地结交和资助禅僧。他的友人颜茂猷曾向一位法师请教过因果法则。③ 和倪元璐一样,祁彪佳曾经梦到他和一位老和尚谈禅。④ 在闹饥荒的年代,特别是为了纪念亡母,祁彪佳钻研诵读《楞严经》。一天,他突然下定决心,每天晚上向佛陀跪拜并诵其名一百五十次。⑤

然而,佛教观念在激励这些人行善方面的确切作用是无法确定的。即使有,也几乎没有证据表明,佛教信仰特别能够激发或塑造祁彪佳的慈善活动。与慈善行为相关的观念——同情与仁慈、善举与义行、报或"因果"法则中的赏罚——也出现在儒道二家的著述中。大多数善人都吸收了三教的词汇。许多捐助者谈到了"善举"和"义行"。前者可以追溯到佛教,后者与儒家有关。⑥ 许多行善的学问和由孔子及其弟子所创建的能够稳定社会大厦的两大支柱相吻合:仁爱的价值观和为民谋福利的观念。然而,这些观念近乎普世价值观,并没有将晚明慈善事业与"儒

---

① 张陛,《救荒事宜》,第 2a-b 页。
② 刘宗周,《救荒事宜·序》,第 2a 页。
③ 祁彪佳,《涉北程言》,1631 年 12 月 12 日。关于他对两位禅僧的尊重,见祁彪佳,《祁彪佳集》,卷 4,第 61-62 页。亦见本书第八章。
④ 祁彪佳,《归南快录》,1635 年 9 月 1 日。
⑤ 祁彪佳,《自鉴录》,1638 年,各处;祁彪佳,《感慕录》,1640 年 10 月 8 日。关于阅读《楞严经》到一半而止,见《自鉴录·序》,第 1a 页。
⑥ 关于这一点,见 Pierre-Étienne Will, *Bureaucracy and Famine in Eighteenth-Century China*, p.138。

家"区分开来。

晚明的慈善话语还体现了那些所谓法家学派的作者的观念。他们冷酷无情地努力操控奖惩机制,以图国家之富强。祁彪佳曾经阅读并征引过徐光启的作品。后者频频引用了荀子(虽然他是一位孔门弟子,但他预示着法家思想的起源)的作品,以及《管子》这部包含法家思想的集大成之作。徐光启声称,本着法家的精神,"富国必以本业,强国必以正兵"①。有时,祁彪佳和法家一样,也持实用主义的观点,为徐光启提出的这类水利工程辩护,认为这是"富国强边"的方式。② 但与慈善研究(本章稍后将对此进行探讨)最密切相关的是,祁彪佳与法家一样,将奖惩机制理解成激励人们在救济活动中进行合作的工具。

为晚明慈善事业寻找出一条特定的信仰线索的工作如此之复杂,因为它涉及另一个事实,这里需要对此加以说明,哪怕只是为了不让读者走进死胡同:与士大夫成立自愿性慈善组织的热潮同时发生的还有1583年耶稣会士的到来。高攀龙的弟子陈龙正认识到利玛窦以其崇礼的形象和实践主义的理念从西方来华传教。他对利玛窦"通华言,读华书,颇有著述"感到惊讶;他指出利玛窦有一些"巧笑奇器"——指的是由耶稣会士引进的时钟和天文望远镜。不过,陈龙正指责利玛窦未能理解存心养性极度重要。此外,陈龙正还注意到随着利玛窦的去世,他的许多成果也随之烟消云散了;尽管利玛窦的弟子们仍然能够操纵这些灵巧的器械,但却无法与他的睿智相提并论。陈龙正总结说,基督教远远不如佛教。③ 高攀龙、颜茂猷、刘宗周以及(尽管可能写于明亡

---

① 见王重民所作的序,载徐光启,《徐光启集》,第10页,引用徐光启。
② 祁彪佳,《祁彪佳集》,卷5,第79页。
③ 陈龙正,《几亭全书》,卷20,第22b—23a页。

以后)陆世仪都对基督教持批判态度。①

其他的士大夫对西学表示欢迎。徐光启在1600年结识了利玛窦,在1603年皈依基督教,教名叫保罗,并与利玛窦合作翻译了数学、天文学、水力学和地理等方面的著作。② 不过,由陈子龙编纂、祁彪佳阅读并引述的徐光启的巨著《农政全书》中并没有任何与基督教有关的信息,反而频繁地引用了中国的先例。祁彪佳的父亲曾经读过基督徒杨廷筠的著作,或许知晓杨廷筠在杭州的仁会——这仁会是杨廷筠的妻子捐出一部分妆奁的原因之一。③然而,杨廷筠并没有在他的慈善计划中吸收多少基督教的元素。④ 祁彪佳顺带提到了王徵,但没有指出他是一名受洗的基督徒。相反,他提到王徵对于"任事"的想法,暗示这也许是王徵想强调要尽己之力。⑤ 1634年,王徵为西安的一个仁会起草会约。这个会约涉及"天主"、耶稣和基督教的七种慈善类型。此外,它们呼应了基督教的观点,并与当时道德说教的善会形成鲜明对比,坚称善会不该将值得受济和不值得受济的穷人区分开来。⑥尽管如此,王徵的仁会并不要求其成员信仰基督教,基督教的词

---

① 关于颜茂猷和由颜茂猷于1637年所写的一篇反对基督教的文章,分别见 Jacques Gernet, *China and the Christian Impact: A Conflict of Cultures*, pp. 11, 142。见上书, p. 116 (陆世仪), p. 142 (高攀龙)。关于刘宗周反对皇帝任用汤若望(Adam Schall),见 Arthur Hummel, ed., *Eminent Chinese of the Ch'ing Period*, p. 532。
② Arthur Hummel, ed., *Eminent Chinese of the Ch'ing Period*, pp. 316–319。
③ Nicolas Standaert, *Yang Tingyun, Confucian and Christian in Late Ming China: His Life and Thought*, p. 32。
④ 同上书, p. 66。
⑤ 祁彪佳,《祁彪佳集》,卷5,第90页,在《救荒全书小序》的"当机章"下。关于共捐全力,见王徵的《仁会约引》,引用和翻译自 Erik Zürcher, "Christian Social Action in Late Ming Times: Wang Zheng and His 'Humanitarian Society'", pp. 277–278。为了便于使用,王徵用了"力"这个词,而非"任事",见《仁会约引》,第2b页。
⑥ 梁其姿,《施善与教化:明清的慈善组织》,第60页。

汇似乎只是掩盖了一个传统的中国议题。①

尽管主要的中国善人和耶稣会士之间存在这样的接触,但没有证据表明耶稣会士的出现塑造了中国的慈善活动。中国有着丰富而悠久的自愿性组织和互助性组织的传统。② 到1583年利玛窦来华之际,放生活动业已兴起。到了1595年,利玛窦出版了他的首部中文著作(以友谊为主题)时,距离杨东明创办善会已经过去了五年。③

具有创新思维的思想家王阳明的观点在晚明也有影响力,他的思想既有儒家传统,又带有佛教色彩。简单地说,王阳明教导说,开悟的关键不在于外在的权威,而在于每个人的内心,因此可以凭直觉获得;一个人应该做到知行合一。王阳明的观点迅速流行起来,反映出当时既有的两大趋势:识字率的提高和地方的能动主义。王阳明的观点对于那些有基本的文化素养,但对于严格而漫长的经典训练缺乏耐心的人而言具有吸引力;他的观点还鼓励了那些受教育程度较低的人——诸如出现在祁彪佳日记中为数众多的生员和举人——在地方事务中采取行动。

作为绍兴本地人,王阳明占籍余姚,但他的大半生却生活在祁彪佳的家乡山阴。许多绍兴本地人的祖先与王阳明或他的弟

---

① 关于王徵,见 Arthur Hummel, ed., *Eminent Chinese of the Ch'ing Period*, pp. 807-809; Nicolas Standaert, *Yang Tingyun, Confucian and Christian in Late Ming China: His Life and Thought*, pp. 65-66. 许理和(Erik Zürcher)翻译了王徵的仁会规约,并分析了基督教在王徵的功课中的有限影响,见 Erik Zürcher, "Christian Social Action in Late Ming Times: Wang Zheng and His 'Humanitarian Society'", pp. 269-286.
② 许理和在文献中强调了这一点,见 Erik Zürcher, "Christian Social Action in Late Ming Times: Wang Zheng and His 'Humanitarian Society'", p. 270.
③ Jacques Gernet, *China and the Christian Impact: A Conflict of Cultures*, p. 141.

第九章　慈善信仰以及信仰辞令

子们有私交。祁彪佳的父亲师从王阳明的第二代弟子周汝登,祁彪佳本人则受教于周汝登的儿辈。有时,祁彪佳会引用王阳明的语录。在1640年饥馑期间,他提到自己研读王阳明的著作。①尽管与王阳明有这些联系,但祁彪佳的作品揭示了塑造其慈善活动的力量远比王阳明的思想本身强大。无论是晚明对于放生的狂热,还是对于生命的高度关注,均无法直接也并非只能追溯到王阳明身上。王阳明在1527年去世,那时晚明慈善事业还远未开始,到了16世纪80年代,他的弟子们已经分裂成许多相互竞争的"学派"了。

在王阳明之后的是两位虽被黄宗羲的《明儒学案》忽略,却深深影响着晚明善人的人物,一位是在第一章里出现的僧人袾宏,另一位是在第二章提到的对陈龙正产生影响的袾宏的同时代人袁黄。两人都继承了王阳明的学说,但他们各自都另辟蹊径,采用了一种个人记账法——追踪功与过——这与通俗善书类似。传播善书愈发增强了人们的信念,即一个人通过刊刻和分发善书可以获得功德。袾宏再版了一部劝善作品,并免费分发给大众。② 祁彪佳和陈龙正对于慈善活动的思考(两人中的一位没有在黄宗羲的《明儒学案》中出现过,一位则名列其中)同样反映了

---

① 祁彪佳,《感慕录》,1640年5月8日。关于祁彪佳阅读王阳明的《传习录》,见祁彪佳,《感慕录》,1640年4月13日,4月15日,4月16日。亦见祁彪佳,《栖北冗言·序》,1632年,第1a页;祁彪佳,《山居拙录》,1637年5月21日;祁彪佳,《祁彪佳集》,卷2,第23页。亦见祁彪佳,《自鉴录》,1638年1月28日。
② Chün-fang Yü, *The Renewal of Buddhism in China: Chu-hung and the Late Ming Synthesis*, p.11. 1740年和1741年,一位名叫薛靖的人不仅在寺庙里开设了一个粥厂,拯救了成千上万人的性命,还和他的兄长一同刊印善书广于天下。见《嘉善县志》(1800),卷14,第37a页。亦见 Paul Carus, ed., and Teitaro Suzuki, trans., *T'ai-Shang Kan-Ying P'ien: Treatise of the Exalted One on Response and Retribution*, p.86。

377

通俗善书的辞令和思想。

通俗善书

通俗善书能够追溯到宋代的《功过格》和《太上感应篇》这两部 12 世纪的作品。① 这些书宣扬了这样一个观点,即通过"因果"或"感应"的法则,一个神圣的机制能够对善行和恶行分别进行奖励和惩罚。宇宙报应的观念在大约公元 4 世纪与佛教中的业力观念紧密结合在一起。然而,这并非佛教所专有,因为它可以追溯到古代的概念,尤其是"报"这个概念。它的出现要早于佛教传入中国的时间。② 在晚明,它进一步与袁黄的立命说糅合在一起。袁黄认为,个人完全能够主宰自己的命运(或后代的命运)。它的新版本对前人的学说进行了扩大和更新,以混合释儒道甚至法家思想的独特面貌而出现。晚明的善书强调个人行善的责任,为社会地位和财富的突然逆转提供了一个亟需的道德解释,并给予那些处于官僚精英阶层边缘的男性以一种掌控其命运

---

① 关于这两部作品,见 Cynthia J. Brokaw, *The Ledgers of Merit and Demerit: Social Change and Moral Order in Late Imperial China*, p. 35。关于《功过格》,见 Tadao Sakai, "Confucianism and Popular Educational Works", pp. 342 - 349。关于《太上感应篇》,见 Chün-fang Yü, *The Renewal of Buddhism in China: Chu-hung and the Late Ming Synthesis*, pp. 102 - 118。

② Cynthia J. Brokaw, *The Ledgers of Merit and Demerit: Social Change and Moral Order in Late Imperial China*, pp. 28 - 31。上书对这些概念作了出色的总结。亦见 Lien-sheng Yang, "The Concept of *Pao* as a Basis for Social Relations in China", pp. 291 - 309。关于宇宙感应的信仰在所有中国的主要思想流派中都普遍存在,见 Cynthia J. Brokaw, *The Ledgers of Merit and Demerit: Social Change and Moral Order in Late Imperial China*, p. 31。

的感觉。①

高攀龙为《太上感应篇》的两个新版本写了序。② 他劝其家人要积累功德:"善须是积。今日积,明日积。积小便大。一念之差,一言之差,一事之差,有因而丧身亡家者……见过所以求福,反己所以免祸。"③ 陈龙正也读过《因果书》。④ 他经常谈到"报应",并向其善会的听众推荐了《太上感应篇》和其他两本关于"感应"方面的书籍。⑤ 陆世仪最初是从《功过格》中获得日常自省的思想资源的。

陈龙正和祁彪佳都提到过《迪吉录》这部善书。它的作者是与他们生活在同一时代的人颜茂猷。颜茂猷从早期作品中的教化故事中提炼并创作了新的文本,但鲜有提及出处。只有在偶然的情况下,才有人注意到这部作品与宋代的作品《乐善录》有重合

---

① 包筠雅(Cynthia J. Brokaw)令人信服地表示,尽管这些概念可以追溯到古代经典,但功德积累作为一种可以被人类操纵的系统,对于晚明而言是全新的,见 The Ledgers of Merit and Demerit: Social Change and Moral Order in Late Imperial China, chap. 2, esp. 31。亦见 Tadao Sakai, "Confucianism and Popular Educational Works", pp. 331 – 366。
② 高攀龙,《高子遗书》,卷 9 上,第 43a – 45a 页。
③ 同上书,卷 10 下,第 20a – 21a 页,《家训》。
④ 陈龙正,《几亭全书》,卷 26,第 24b 页。
⑤ 同上书,卷 24,第 2b 页,第 11b 页,第 12b 页;亦见同书,卷 24,第 12a 页。关于高攀龙接近于袁黄的"感应"观点,但稍与之有别,见 Cynthia J. Brokaw, The Ledgers of Merit and Demerit: Social Change and Moral Order in Late Imperial China, pp. 141 – 144;关于陈龙正,见同书,pp. 144 – 148。高攀龙和陈龙正对这些观点均持模棱两可的态度,只是略有差异。包筠雅(Cynthia J. Brokaw)有效地抓住了他们的矛盾心理,但有时也暗示他们偶尔会冷嘲热讽地使用这些想法,正如她所言,"高攀龙和陈龙正都赞成将在《感应篇》中发现的各种各样'迷信的'报应,视为一种教人行善的手段"。见 Cynthia J. Brokaw, The Ledgers of Merit and Demerit: Social Change and Moral Order in Late Imperial China, pp. 150 – 151。我找到了更多的证据来证明他们真正相信而不是怀疑这些观点。例如,高攀龙在他的《重刻感应篇序》中写道:"或以为是近于佛氏'因果'之说而讳言之,不知佛氏'因果'之说即吾儒'应感'之理。"见高攀龙,《高子遗书》,卷 9 上,第 43b 页。

之处。在这两部作品中都出现过这样一个故事,讲述了一位儒士在鞋匠那里认出了自己亡父的鞋子,等待鞋子主人的到来。鞋子的主人原来是其亡父的鬼魂。他劝其子行善。其子听从了父亲的劝告,最终做了大官。① 毫无疑问,颜茂猷在旧瓶里装了新酒。他为书的许多部分写了大量的序,也为一些故事写了跋;一位叫顾锡畴的官员随后在书中加上了旁批,并为之配上了一篇序。② 顾锡畴对儿子遇到父亲鬼魂一事加以评说:"其子因伫立以待……父回首嘱曰……某平生力行善事。"③ 顾锡畴因而阐明了几位善人身上明显存在的一种现象,即对已故父母的悲痛与父母的慈善价值观的内化之间存在着密切联系。

《乐善录》简单地按照主题类别将材料分为三卷。颜茂猷将这些轶事一分为二,编排成对,分别说明善行与恶行——从而每个主题都有两条路可供选择,一条通向好运,一是通向灾难。此外,在《迪吉录》中,他还将八册中的一册全部以慈善为主题,同时将所有的社会群体都囊括在其中,他将他的书分成若干部分,每一部分都是为特定的读者量身定做的,包括官员、士绅、平民、妇女和将士。正如颜茂猷在"公鉴篇"中所解释的那样:功过格是为"男女贫富"而设计的。④ 在这个方面,《迪吉录》和陈龙正的善会

---

① 关于大观年间(1107-1110)一位名叫葛繁的人,见颜茂猷编注,《迪吉录》,"太集",第1b-2b页;以及李昌龄编,《乐善录》,卷1,第1a页。根据一部19世纪的善书,李昌龄在做光州太守时,刊注《感应篇》以教化百姓,称"做人为官,皆不可一日离此书",见黄正元编,《太上感应篇图说》,册3,第14b页。
② 关于顾锡畴,见张廷玉等修、国防研究院明史编纂委员会编,《明史》,卷216,第2512-2513页。顾锡畴还为《福寿全书》这部善书写了一篇序。在18世纪,陈宏谋将《迪吉录》的"官鉴"章收入到他的《从政遗规》,卷2,第14b-29b页。见William T. Rowe, *Saving the World: Chen Hongmou and Elite Consciousness in Eighteenth-Century China*, pp. 176, 184。
③ 《四库全书存目丛书》本《迪吉录》明确指出评论者是顾锡畴。
④ 颜茂猷编注,《迪吉录》,"平集",第64a页。

讲话类似，后者分别向善会中的上、中、下三个阶层的人发表讲话，同时把这三个阶层都包含在一种形式中。

博学鸿儒和启蒙读者同是《迪吉录》的讲话对象。1634年，陈龙正将此书推荐给他的两个儿子（陈揆和陈修），称之为"真救世之宝书，可买一二部，乘暇观玩"。陈龙正为其子圈出了在他看来是"切于初学者"的几十篇文章。陈龙正总结说，颜茂猷的作品"大妙大妙"。①

陈龙正把《迪吉录》降格为给像其子这样的初学者的休闲读物，可见他作为成年人多少有些疏远它。然而，颜茂猷的作品并非儿戏。在这部作品出版后不久，颜茂猷便考中了进士，做了官，将大量针对官员的材料增补了进去。《迪吉录》廿篇题为"官鉴"，劝说官员向皇帝进呈拯救苍生的奏章能够得到回报。②另一篇题为"当官功过格"，将善与恶的类型分别计入功与过中。一位官员在饥荒时期为百姓减免赋税和救助生命将获得一千功。③反之，官员未能伸出援手将会得到报应；而那些有能力帮助他人却不愿意这样做的官员将算五过。④《迪吉录》进一步鼓励官员在疫病暴发期间设立药局，规定每治好一人可获一功，每救回一个垂死之人可获十功。同样，它也为其他善举分配功德，例如义葬、收养孤老以及劝人扶持穷亲。⑤

由于感应到晚明的财富和地位的不稳定，《迪吉录》的一篇文

---

① 陈龙正，《几亭全书》，卷41，第26b页。
② 颜茂猷编注，《迪吉录》，"一集"，"奏疏全活之报"。
③ 同上书，"度集"，第85a页。
④ 同上书，"度集"，第51a—53a页，第90b页。
⑤ 同上书，"度集"，第88a—b页。颜茂猷对功德的分配标志着其在慈善捐赠中的优先次序。他给救助一名外来者算二功，但只给救助一名本地人算一功。见同书，"度集"，第87a页。

章警示了物质财富尤其是金钱的变幻无常,其中评论道:"又欲享丰席盛,为子孙计长久,而眼前救人,一钱不舍;不知水火、盗贼、疾病、横灾,皆能令我家业顿尽;何如'积德'邀庇于天之为厚也?"颜茂猷称"此理至明",这篇文章继而以"铜臭染身,直不思量到此耳"作结。① 对于未来的投资,积累功德远比积累财富更安全、更明智。

在一篇文章中,颜茂猷从一个古老的故事转到了一个与当代问题有共鸣的新鲜而时髦的话题。他首先讲述了一位叫鹥子山的人的故事。他在汉朝末期时避难,后来和一位友人一同种瓜。他们寄食于当地的一位豪族中人。由于担心为地主所害,他们进献了一只美瓜。这位地主把他们叫去,请他们在屋外吃点菜饭,而地主自己则在中堂享用了一顿丰盛的宴席。鹥子山的同伴感到受辱,不吃东西;相反,鹥子山却饱餐了一顿。他解释说,穷人不应该为受此待遇而感到羞耻。后来,他做了大官。就在这时,颜茂猷穿插了一段对"乞丐"之苦难的评论——他们被咒骂和虐待,但却无力反击。于是,颜茂猷同时回应了圣谕中的各安生理以及袁黄有关安身立命的观点,建议那些儒士之类的君子不应受制于他们的环境。②

祁彪佳在1624年担任福建兴化府推官时第一次见到颜茂猷③,1631年又在京师遇到了他。此时,距离祁彪佳的父亲去世已经三年了。祁彪佳感到心绪不宁,焦虑不安,欣然接受了颜茂

---

① 颜茂猷编注,《迪吉录》,"太集",第13b-14a页。所有硬币都是青铜的,不是铜的,见 Richard von Glahn, *Fountain of Fortune: Money and Monetary Policy in China*, 1000-1700。
② 颜茂猷编注,《迪吉录》,"太集",第8b-9a页。
③ 王思任,《祁忠敏公年谱》,第5a页。这是在颜茂猷完成《迪吉录》的两年前,见酒井忠夫,《中国善書の研究》,第369页。

第九章 慈善信仰以及信仰辞令

猷的存静忠告。① 不定期的会晤周期性地令祁彪佳以开放的态度对待来自下层民众的影响和道德权威。在数次心理危机期间（这些心理危机被祁彪佳贴上了"心火"的标签），他欣然接受了他身边的精神治疗师颜茂猷、王朝式和众多佛教僧侣的治疗，所谓的儒家经典传统的狭隘和僵化的解释在此期间未能很好地为他服务。在和颜茂猷的一次夜谈的几个月以后，祁彪佳和同时代的陆世仪、陈瑚一样，开始写日记，以此作自我提升。② 他的《功过格八条》现已不存，但在开始写作的几天里，他和颜茂猷曾经讨论过此事（就像陆世仪和陈瑚讨论他们的日记一样）；也许是考虑到积累功德的重要性，他还在日记中特意记录了自己舍钱给乞丐的事情。③ 不久以后，他为颜茂猷的《迪吉录》作序，以"友人"的身份加以支持。④ 1634 年，颜茂猷以通五经而中进士，随后短暂任职。⑤ 他的思想得到了官僚阶层的认可和采纳。

《迪吉录》规劝读者做的是祁彪佳日常所做的几种善事：义葬、从屠夫的刀下解救动物，诸如此类。当评论颜茂猷的作品时，祁彪佳必定是读过那些颜茂猷整理的在"救荒赈饥之报"和"不赈饥荒之报"这对标题下的关于救荒策略的材料。⑥ 一则材料讲述了一位冷酷无情的知县（生活在一个衰败的王朝末期）如何激怒

---

① 祁彪佳，《涉北程言》，1631 年 9 月 3 日。
② 同上书，1631 年 12 月 5 日（治心之法）；亦见祁彪佳，《山居拙录》，1637 年 5 月 9 日（心火）。
③ 祁彪佳，《涉北程言》，1631 年 12 月 10 日。
④ 同上书，1631 年 12 月 20 日，12 月 23 日。这篇序重印在祁彪佳，《祁彪佳集》，卷 2，第 23－24 页。亦见王思任，《祁忠敏公年谱》，第 5a 页；酒井忠夫，《颜茂猷の思想について》，第 259－273 页，特别是第 266－269 页中关于颜茂猷在 1624 年组织的一个道德革新的社团，其入会条件是积累善行。亦见寺田隆信，《祁彪佳と颜茂猷——〈迪吉録序〉の書かれた頃——》，第 471－488 页。
⑤ 酒井忠夫，《颜茂猷の思想について》，第 261 页。
⑥ 颜茂猷编注，《迪吉录》，"度集"，第 37a－50b 页。

百姓，以致他们杀了这个知县，并开仓散粮给穷人，将整座城池让给了叛军。另一则材料讲述了一位富人拒绝平粜的故事：正当他在讨论价格波动时，一道雷电劈死了他，点燃了他的谷仓。①

祁彪佳无疑也读过我已经详细引用过的《迪吉录》中和陈龙正有关的一篇文章，即颜茂猷劝其读者结会来为穷人提供庇护之所，从他们巨大的谷仓中捐出一部分粮食。颜茂猷详细阐述了这一点，他谈道："不知水火、盗贼、疾病、横灾，皆能令我家业顿尽……何如积德邀庇于天之为厚也？"② 祁彪佳深知天人感应的作用，他叙述道："以一字与王金如，言吾辈有一念好生，灵雨随应，谁谓天道与人事远哉？"③ 为了引起上天的回应，祁彪佳和他的族人一起发符建醮禳蝗。当疾风伴着细雨大大减弱了蝗虫的威力时，他评论说，"皆神功也"。随后，他在自己的四负堂中焚香祷告，而不是公开展示其行。④

陈龙正和祁彪佳都各自记录了自己的经历。这些经历和《迪吉录》中的描述类似。在他的作品出版的一年前，也就是他成立善会的两年前，陈龙正被一件事情深深地震撼了。他大致叙述如下："大雷电。鬼哭彻旦，听之如在空中，亦如在门庭。户户悉闻，以为大异矣。"陈龙正很快就将上天的震怒与他先前知道的事情联系起来："又闻穷民有抱其半岁子，沿门呼号，欲授人而人莫应，遂携至罗星桥，投急流中。"⑤ 他把注意力放在这些婴灵上（最无

---

① 颜茂猷编注，《迪吉录》，"度集"，第51a-b页，第52b-53a页。
② 同上书，"太集"，第13a-14a页。
③ 祁彪佳，《居林适笔》，1636年6月18日。
④ 祁彪佳，《小捄录》，1641年7月1日。然而，关于蝗虫，祁彪佳指出，"今即西北之民亦无复惑于祭祷者矣"；他倡导的办法，正如徐光启所解释的那样，能够战胜这次自然灾害。见祁彪佳，《祁彪佳集》，卷5，第93页，《救荒全书小序》的"当机章"。
⑤ 陈龙正，《几亭全书》，卷25，第1a页。参阅"闻有抛子女于河者"，见同书，卷21，第21a页。

助和最依赖于他人的生物),婴孩被推向了死亡,并悲哀地呼喊("呜呼!悲哉!")。陈龙正从婴孩的例子中推断出所有穷人的困境,沉思道:"此外不见不闻,馁病而死,弃捐而死者何限?"(和孟子不同的是,孟子为了唤起顽固不化的听众的恻隐之心,想象出一个婴孩将要落入井中的危险情境,而陈龙正自己则置身于那些从上天那里得到了一种紧迫感的人群中间。)陈龙正重申了天象和尘事的联系,评论道:"民极于下,故鬼啼于上。"① 在这些情况下,当天怒与世上绝望的穷人产生共鸣时,陈龙正肩负起了他的家乡胥五区的救荒重任。

陈龙正认为天象是对人类活动的一种可信的评价。1633年,一位农夫在䒷地里(在永八北区)被闪电劈死。数百人目击了这场灾难。他们一致证实遇难者并没有犯过什么大错。"天岂有偶然杀人之事耶?"这个难题也让陈龙正感到困扰。正如他所言,他"遣人细访之"。他获悉在灾难发生时,这名农夫的妻子在家中看到黑烟满室,而邻居家则天清气朗。他指出,每个人都目睹了这一切。从这些事实中,陈龙正推断出上天特意选中了农夫,他必定是有一些隐恶之事长久以来未被发觉。陈龙正因而放下了心中的顾虑。② 今天的读者觉得他的推论是否有说服力并不重要。上天给陈龙正传达了一个信息,所以他开展了一次调查。

同样在1633年,当一场台风袭击他的家乡嘉善时,陈龙正的推断如下:1631年,"温州大风,屋稍轻小者,皆掀入空中,人死无数"。据温州父老相传,这样的事情从来没有发生过。陈龙正写到,但在一年以后,"同在一月"——在这里他强调1631年的台风

---

① 陈龙正,《几亭全书》,卷25,第1a页。参阅"千里同日鬼哭",见同书,卷21,第21a页。
② 同上书,卷30,第16a-b页。

是个意味深长的预兆——海寇袭击了温州。1633年的台风是上天传达给人类的危险预兆。①

陈龙正对于雷电的论述类似于《迪吉录》记载的闪电劈死一个贪婪之人的故事：1147年，当人们上街寻找食物时，一个积谷数仓之人却拒绝平粜。随后，正当他飘飘然时，天色暗了下来，屋里满是火球。他和他的谷仓一同被火球吞噬了。② 相反，在陈龙正看来，那些乐善好施的人家则幸免于难。他写道："尝闻天火沿烧数里，一室岿然独存；瘟疫流行，有全家不染一人者；甚至寇盗披猖，亦相戒：'此方有某公在，不可惊动'，以一人故，保一乡一城。呜呼！此岂智谋勇断权镇耶？积善之家，感通人心，即挽回天意。今日民极可痛，鬼哭可忧。"带着"原非难事"的保证，陈龙正建议"或倾储而散；或以余及物，随力随心"，接着警告说："若目击灾伤，犹守杨朱不拔一毛之意，则不敢指斥言之也。祸患即来，欲散何及？"③

这份写于1630年的声明比陈龙正给其子看《迪吉录》的时间还要早四年。它更早地使用了一则关于一位叫彭矩的人乐善好施的故事。彭矩在饥馑期间施食给饥民，在天寒地冻期间施棉衣给寒者。他修桥铺路，尽其所能，甚至施药给穷人。在他旅居四川期间，当地发生了骚乱，百分之九十的人家罹难，而彭矩全家却安然无恙。彭家还在一次船难中死里逃生。另一场骚乱发生时，他逃避山薮，但上百名骑兵突袭了该地，俘虏累累，纵火焚山。没

---

① 陈龙正，《几亭全书》，卷30，第2a页。
② 颜茂猷编注，《迪吉录》，"度集"，第52b－53a页。
③ 陈龙正，《几亭全书》，卷25，第1b页。关于杨朱，见James Legge, trans., *The Works of Mencius*, p. 464 (*Mencius* 7A. p. 26)，其中载："杨子取为我，拔一毛而利天下，不为也。"参阅《列子》7之"杨朱说伯成"，见A. C. Graham, trans., *The Book of Lieh-tzu*, p. 148，其中载："伯成子高不以一毫利物。"

有人能够逃出生天——除了彭矩以外。因为就在他的藏身之处，风向忽然逆转，扑灭了大火。①

颜茂猷所教导的内容正是陈龙正所熟知的，即积累功德胜过积累财富。在一个农业社会里，一代又一代中的绝大多数人和他们的家乡联系在一起，好的名声具有真金白银的价值。善人们赢得了信任和尊重，使他们在金融交易中获得信贷。② 此外，还可能在善人家门口张贴官方横幅，以示该户人家与能够恫吓暴徒的官方权威之间存在联系。

陈龙正和颜茂猷一样，都同情小生意人。陈龙正在1632年的一次善会讲话中主张一两百文钱的小救济金能够帮助那些小生意人在几个月的时间里改善生意状况。③ 颜茂猷宣扬小额捐款甚至能够使那些饥肠辘辘、身体虚弱之人重新站起来，重新开始创业。正是为了这个目的，他劝其读者结会，为穷人提供食宿。④

《迪吉录》和其他流行的教化作品都支持这样一个观点，即只有真心诚意地行事而不求回报才能获得功德。这一点和高攀龙坚持行善是一个人必然为之的看法一致。不过，这些善书反复且大量阐述了因果报应的原则，讲述善人们是如何通过这样做从而实现了延年益寿、繁荣兴旺、子孙满堂和高中功名的。⑤ 一则记录以"不贪自己之福，实悯众生之苦"起头，但随后以"则……福自

---

① 颜茂猷编注，《迪吉录》，"太集"，第6a-7b页。
② 关于小型社团的成员们通过善举建立信任，见王宗培，《中国之合会》，第2页。
③ 陈龙正，《几亭全书》，卷24，第6b页。
④ 颜茂猷编注，《迪吉录》，"太集"，第13a页。
⑤ 《山阴县志》(1724)，卷33，第7a页，例如，注释指出张陛的父亲张耀芳因其善行而高寿。

倍也"作结。① 另一则记录表扬了一位捐助者的善良，其谢绝了一颗珍珠的回报，接着说他的正直行为最终使他获得了两颗珍珠。②

对善书之教的最粗略的解释——即一个人既可以通过善行积累功德，也能够以此来抵消其过失——激怒了许多儒士。刘宗周尤其憎恶这样的计算；他相信，道德完善本身就应当是目标。③陈龙正在理论上坚持一种理想主义的观点，认为一个人应该存有"无求之心"④；在实践中他却吸收了通俗善书中的因果报应之说。他的这种矛盾心理体现在他对儿子陈揆在1630年戏剧性地康复的描述中。陈揆两年多来一直重病缠身。一名大夫建议陈揆服用胎骨丸，陈揆却拒绝服用。他问道："又忍食同类以求生乎？"随后，他命人将自己积攒下来的一些大米分发给胥五区的穷人。⑤ 共有635石白米被发放到了1923个贫户或2979个人手中。接下来有一天，陈揆突然能够下床开始走动，这引起了陈龙正的深思："设当时服胎骨而靳施济，愚者必以为胎骨之效。"⑥陈龙正因而将这种结果与其子的选择区分开来；与此同时，他提供的信息暗示了康复是对其子宅心仁厚的回报。

---

① 余治，《得一录》，卷7，第3b页，《小云栖放生园规条》。
② 袾宏，《放生文》，第13b页。关于袾宏的有影响力的文章，见 Chün-fang Yü, *The Renewal of Buddhism in China: Chu-hung and the Late Ming Synthesis*, pp. 76-87。
③ 见 Cynthia J. Brokaw, *The Ledgers of Merit and Demerit: Social Change and Moral Order in Late Imperial China*, pp. 128-138; Joanna F. Handlin, *Action in Late Ming Thought: The Reorientation of Lü K'un and Other Scholar-Officials*, p. 200。
④ 陈龙正，《几亭全书》，卷23，第14a页。
⑤ 同上书，卷21，第21a页。陈家几代人都居住在位于城东南的嘉善县二十区之一胥五区。在这里，陈龙正听起来像是在为自己只帮助该区辩护，但和倪元璐一样，他相信一坊之富户应当帮助本坊穷人。
⑥ 同上书，卷21，第21b页。

陈龙正在其他方面也明确承诺过善行会带来奖励。他建议富户们参加善会集会,"包你有出格重赏"①;以及,当问到其妻(在 1641 年)捐赠了一百亩奁田来资助同善庄时,他认为她的子孙将会记住她,"不在土产",而"在德产",她的慈善事业将会令她流芳百世。②

祁彪佳也表现出了以积累功德为目的来行善的矛盾心理。他偶尔提到了"因果"这个话题。③ 有时他与行善将带来回报的想法划清界限。1640 年,他为斋僧募疏时,在日记中直接写道:"予不以'因果'之说劝善信,惟云:僧亦吾人也。万物一体。岂宜置胞与之外不思所以赈助之?"④ 尽管如此,祁彪佳在这里也坚持将自己的善行记录在案,以将来可能获得子孙后代的赞赏作为回报。他对施药活动进行了计算:"今尚得探囊中钱……振救他人……不难于是享平康之福。"⑤

在强调奖励善行这一点上,祁彪佳和陈龙正有同道中人。在推广获得功德的理念上,没有人比郑瑄更为积极。身为道台的他曾经对绍兴的救荒行动出过力。和颜茂猷一样,他也编纂了一部教化作品(一些序文可以追溯到 1635 年)。现在这部作品最著名的名称采用的并非它原来的书名,而是《福寿全书》这个由陈继儒另取的书名。陈继儒将此书出版并谎称由他所作。⑥ 尽管刘宗周对计算善行回报的行为深恶痛绝,他的弟子黄宗羲亦摒弃此

---

① 陈龙正,《几亭全书》,卷 24,第 14b 页。
② 同上书,卷 21,第 20b 页,《丁孺人行略》。
③ 祁彪佳,《归南快录》,1635 年 12 月 4 日;祁彪佳,《居林适笔》,1636 年 10 月 8 日。
④ 祁彪佳,《感慕录》,1640 年 5 月 2 日。
⑤ 祁彪佳,《祁彪佳集》,卷 2,第 32 页。
⑥ 见屈万里编,《普林斯顿大学葛思德东方图书馆中文善本书志》,第 302 页。《福寿全书》的一篇序由顾锡畴所作,他也给《迪吉录》写过一篇序。

说，但它已经成了主流思想。

祁彪佳的实用主义

晚明的善书让处于官僚精英边缘地带的人对自己的命运有了一种掌控感，帮助他们应对难以预测的社会流动、经济变化、社会动荡和精神焦虑的挑战。① 但更重要的是，善书特别关注功与过、奖励与惩罚，使人们行善更有动力。尽管刘宗周对此颇有微词，但这一观点仍然盛行，因为它很好地满足了组织慈善活动的需要，祁彪佳的例子就阐明了这一点。

在儒家经典中，祁彪佳已经完全社会化了。儒家经典重视仁慈、善治、对百姓的保护和教养之责。祁彪佳承认，自我修养——尤其是"悔过省愆"——对保护社会免受自然灾害至关重要。② 尽管如此，相较于自我修养，他似乎对采取行动更感兴趣。祁彪佳的友人钱钦之看到了这一点。在救荒行动开始了几个月以后，钱钦之给他写了一封千字的信，责备他放松了道德的自我修养。祁彪佳叙述说，钱钦之"大略谓予近日所行皆可见之功、可喜之事，而'格致诚正'之功尚少"③。祁彪佳对钱钦之的告诫"深服之"，马上和另一位友人讨论"去私为学问之要"。④ 然而，在祁彪佳的日记及其现存的其他作品中，很少能够看到高攀龙和陈龙正

---

① 例如，见 Cynthia J. Brokaw, *The Ledgers of Merit and Demerit: Social Change and Moral Order in Late Imperial China*, pp. 175 - 176。
② 祁彪佳，《祁彪佳集》，卷5，第77页。
③ 祁彪佳使用了缩写词"格致"和"诚正"来指《大学》中的一段文字："格物而后知至，知至而后意诚，意诚而后心正。"见 James Legge, trans., *The Great Learning*, pp. 358 - 359。
④ 祁彪佳，《小捄录》，1641年9月25日。

的讲话中所体现的那种崇高的说教,或者是陆世仪的日记中那种羞怯的自我反省。

祁彪佳有很多机会阐述道德问题或者参加诸如白马山房的学会。一次,他提到要去天王寺,沈国模在那里办了一个七日静参之会。祁彪佳也提到,在刘宗周到了以后,沈国模举"良知"之旨——这是一个关于人性是否本善的议题。① 然而,祁彪佳的日记鲜有对这些哲学讨论的评论。

祁彪佳并没有像高攀龙那样详细阐述行善的使命,而是简单地吸取经验教训,灵活应对每天的紧急情况。在这一点上,他听从了他父亲的建议。当时二十三岁的他第一次动身赴任。祁承㸁避开了虔诚的说教,而是从本质上来说明问题:"一旦挟诸清冷之渊,翻壶却甕,攫其身入水,须臾力竭而泅成矣。……吾第置之宦海中,不数年而成能吏矣。"② 祁彪佳学到的一个教训是,"吾辈言救荒事而稍涉于私,此后人不我信矣"③。一种对于什么会起作用的现实主义意识支撑起了慈善的理想。

祁彪佳并没有装腔作势地嘴上说说道德上的虔诚,而是认为行善是令人振奋之事。他注意到那些纠认米之人"俱欢然,无吝色"④,他对自己的救援工作和慷慨之举将会激励其他人效仿表示乐观。在 1641 年初的骚乱前的十三个月,他就赡村一事在日记里解释说:"予先施百金赡村之贫者,以劝后来好义。"⑤ 美德将会通过榜样传播,精心设计的方案将会助长这一进程。作为一

---

① 祁彪佳,《小捄录》,1641 年 10 月 4 日。
② 王思任,《祁忠敏公年谱》,第 4b 页。
③ 祁彪佳,《小捄录》,1641 年 3 月 5 日。
④ 祁彪佳,《感慕录》,1640 年 5 月 25 日。
⑤ 祁彪佳,《弃录》,1639 年 12 月 21 日。

位天生的领袖,在宣布将自己的救援计划作为一个模板的几天以后,他劝几位在寓山的同伴散赈。后来两位访客告诉他附近的后梅村也实施了一个救助计划,他由此推断,"具见观感好善之速"。①

祁彪佳偶尔也会提到乡约——这是一个将乡民社会化的制度,也是高攀龙和陈龙正的善会讲话的灵感来源。然而,祁彪佳并没有去细想讲话内容,而仅仅在他的日记中描述了一次乡约集会的细节:他列出了九个人,其中一些人是他的亲戚,充当乡约中的各职。他自己、一位亲戚和两名保甲长聚在一起,举讲圣谕六言中的二章:"孝顺父母"和"恭敬长上"。约讲还伴有歌唱活动——他自己的儿辈在前一天排练过。在正式的讲话结束以后,沈国模总结了主要观点。于是祁彪佳写了一则约,旨在约束那些做错事的人。② 和陆世仪听到一次乡约讲话后感到振奋不同,也和杨东明、高攀龙和陈龙正以虔诚的信仰为傲,向其善会发表讲话以留名不同,祁彪佳越过了道德教化这一层。相反,他通过奖励,尤其是食物,强化了乡约。他指出,就在一次集会讲话之前,稻米在祭坛被分发下去。这些食物的赠予传达了对于饥民们听从教导的期望。③

祁彪佳自我形象的转变

祁彪佳的慈善事业是由一种普遍的正义感、一种对人类同胞

---

① 祁彪佳,《感慕录》,1640 年 6 月 1 日。
② 祁彪佳,《小捄录》,1641 年 3 月 15 日。
③ 同上书,1641 年 4 月 1 日,4 月 22 日。另一次乡约集会由"兄"秦履思在五月组织,使"村民为之鼓动",见同书,1641 年 5 月 13 日。关于乡约的其他讨论,见同书,1641 年 5 月 27 日,6 月 14 日。

第九章 慈善信仰以及信仰辞令

的责任感,以及对饥馑的切身体验所塑造的。在1641年初的骚乱之后,对混乱的恐惧促使他和他的同侪采取行动。一旦救济活动运转起来,其他因素就会加深他的承诺,使他成为一位善人。

祁彪佳的日记跨越了十五年,勾勒出了——其他任何关于晚明人物的现存资料都没有这样的广度——他从一位挥金如土之人到一位乐于奉献、节衣缩食的善人的转变;进一步追溯了他在其认为值得书写的那些事情上的转变。祁彪佳的日记对于晚明士人的自我放纵、各种癖好和信仰的简单概括而言是一种挑战,它们反映了祁彪佳是一个在各方面不断进步的人。在17世纪40年代初以前,慈善是祁彪佳生活的一部分,但在他的作品中表现得并不突出。祁彪佳记录说,他散钱,赎回要被卖作妓女的他人之妻,资助穷人安葬①,还发起了一个药局。但这些善举是被他偶然而零星地记录下来的。他始终对寓山园林的建造投入了大量精力,追求他热爱的戏曲。

1619年,刘宗周曾经宣称,梨园演剧是一种浪费。他解释说,这个问题在人口稠密的绍兴城尤其严重,无论是在娱乐场所还是在宴席上,居民们夜聚晓散,日耗千金。② 在17世纪30年代的大部分时间里,祁彪佳并没有理会这种对娱乐活动的高高在上的谴责。他一如既往、毫不犹豫地记录了他看过和赞助过的曲名,以及他和绍兴同乡、戏剧家孟称舜的交流。③ 后来,1639年晚

---

① 祁彪佳,《涉北程言》,1631年12月10日,12月28日(捐款);祁彪佳,《感慕录》,1640年9月9日(娼者);祁彪佳,《山居拙录》,1637年4月22日,10月3日,10月5日,10月10日;祁彪佳,《自鉴录》,1638年1月24日,6月6日;祁彪佳,《弃录》,1639年9月22日(葬礼)。
② 刘宗周,《刘子全书》,卷20,第7b-8a页;《与张太符太守》,1619年。
③ 关于孟称舜(有关他的情况知之甚少),见 L. Carrington Goodrich and Chaoying Fang, eds., *Dictionary of Ming Biography, 1368-1644*, pp.1064-1065。

些时候,在提到为倪元璐而设的五篡会中的最后一次演剧而挥霍之后①,梨园演剧在祁彪佳的日记里突然销声匿迹了——且这种情况一直持续了两年半的时间。在于饥馑时期及之后编纂的一部作品中,祁彪佳谈到了梨园之害:"优伶之辈……聚百千之游手,是冗食也。而搬演之时,又有冗费,甚则民情易动,或且因而扰嚷。"他进一步指出,尽管道台郑瑄在饥馑发生前几年就已经禁戏,但在饥馑期间这一禁令才开始生效。② 随着环境的变化,祁彪佳和他的那些富裕的友人们也发生了转变。

诚然,祁彪佳在饥馑之前就有一种强烈的正义感。1635 年,他刚开始建造园林时就特别划出一百亩地,其收益将用来"赡族赡邻"③。尽管他并没有对此作出明确的说明,但他实际上在自我放纵和给附近社区的捐赠之间找到了平衡。1635 年,祁彪佳还表现出了他的同情心。根据他的年谱,其中说到了以下小插曲。当祁彪佳按照惯例亲自在年末为族中穷人散给时,遇到了一场暴雨,雨水把他的衣服都打湿了。有人劝他将活动推迟,但祁彪佳回答说:"彼饥寒者其苦当百倍。今使饥得食,寒得衣,吾念此至快。又安知风雪苦哉?"④ 年谱以回溯式的写法参照了祁彪佳的后期形象来刻画其早期形象。祁彪佳自己就此事件并没有详细说明,而是简单地记录说,他散银给族中穷人,"贫者待之举火,颇有感佩之意"⑤。

在 1635 年的一次旅途中,祁彪佳看到了穴居的穷人。祁彪

---

① 祁彪佳,《弃录》,1639 年 10 月 20 日。
② 祁彪佳,《祁彪佳集》,卷 5,第 82 页。祁彪佳,《感慕录》,1640 年闰 1 月 19 日。
③ 王思任,《祁忠敏公年谱》,第 10a 页。
④ 同上。
⑤ 祁彪佳,《归南快录》,1635 年 12 月 23 日。

佳评论说,"使人恻怜",表达了"无由以拯之"的遗憾。① 一周后,经过了"民安所得食乎?"的深思熟虑以后,他评论说:"举箸便为酸楚。"② 在1639年的元旦,也就是在他花了五千余两银子建造的宅第竣工前的几个月,祁彪佳又在他的日记中沉思道:"见吾族贫窭之状,因叹予辈居室园亭,种种溢分,亟更思赈赡之举。"③ 到此刻为止,祁彪佳不厌其烦地记录同情之叹,但他并没有特别评论某一个人物。尽管他可能是为一个想象出来的或是为未来的读者而写,但正如他所说的那样,他的唏嘘并没有直接的见证人。积累功德仍然是一件几乎不为人所知的事情。

从1639年到17世纪40年代初的饥馑期间,他的日记显示出他在日渐增强的社会互动的背景下对饥民表达的哀悼之情。一天晚上,大约在骚乱爆发前的两周,在招待了几位客人以后,祁彪佳扼腕叹息。当他们享用丰盛的饭菜时,祁彪佳谈到了当地"饥荒之苦"的话题。祁彪佳叙述道:"共叹越为奢靡,实有以致之。"④ 当一位友人带他去看了饿殍时,祁彪佳写道:"叹阅之恻然。"⑤ 当他陪同几位友人去参观一个保婴局,看到满室的婴孩皆由乳母喂养时,他写道,"令人叹服"。⑥ 一次,"西区任事诸友杨亿之、赵公简、刘北生[刘宗周之侄]、陆雍之自天乐乡来,备言饥馑之苦。雍之于每村皆述数语"⑦。祁彪佳为了将这些描述到的场景传达出来,并没有从儒家经典的说教中汲取资源,而是采

---

① 祁彪佳,《归南快录》,1635年4月26日。
② 同上书,1635年5月3日。
③ 祁彪佳,《弃录》,1639年7月9日(工程造价),1月1日(同情族人)。
④ 祁彪佳,《小捄录》,1641年1月6日。
⑤ 同上书,1641年4月18日。
⑥ 同上书,1641年6月17日。
⑦ 同上书,1641年4月16日。北生的叔父是刘宗周,见《山阴县志》(1724),卷33,第21a-b页。

用了一种能令人产生共鸣的视觉图像的方法。他说道:"犹之流民图也。"——这里指的是一位宋代官员采用图说的形式说明王安石的政策如何荼毒百姓,以给朝廷留下深刻的印象。①

饥馑全面袭来,伴随而来的是显而易见的苦难与动乱的威胁,这促使祁彪佳和他的一些同侪至少暂时摒弃了奢侈的习惯。随着对于消费的自我意识的增强,祁彪佳开始节制,不再放纵。一天,在他和兄长凤佳、堂兄宁方以及另外一人开列出本村那些认粥之家的名单以后,祁彪佳"议多方节省,以充其资"。对于这个计划,祁彪佳重新分配了原定在歉收时期的赡村赡族之资,凤佳节省了文昌之资,另一位兄弟骏佳则从端午家宴和夏至祭品中节省开支。② 在这段时间里,祁彪佳不得不将自己的行为记录在案:尽管在一次巡行乡间时,他曾经吃过当地乡民的点心,但在其他任何时候,都坚决拒绝"一茶一果"。③

祁彪佳进一步决定,1641年的整个夏天,将已故双亲的祭品减掉一半,将资源留作粥厂之用。④ 他茹素。他指出,这个方式已经保持了十天,且已经招待了一位宾客"止园蔬"。⑤ 三周以后,他阐释道:"是日以俗传'有天神降察'之语,举家茹素。"⑥ 后来,大约一年以后,随着饥馑的持续,当祁彪佳偶然回顾他先前的为官记录时,他"简吴中旧册,因见向日食物过侈,深为悔之"⑦。

每一次集体的叹息,每一次共享素食,形成了涟漪效应,影响

---

① 祁彪佳,《小捄录》,1641年4月16日。
② 同上书,1641年5月3日。
③ 同上书,1641年5月7日。
④ 同上书,1641年5月14日。
⑤ 同上书,1641年5月15日。
⑥ 同上书,1641年6月6日。
⑦ 祁彪佳,《壬午日历》,1642年8月25日。

了其他人对祁彪佳的看法。对善行的每一条记录都宣传了一项具体的措施,通过这些措施,他们的同乡将向捐助者问责。社区的期待逐渐巩固了祁彪佳对自己作为一位善人的自我认知。祁彪佳确保了未来和现在的同侪可能读到日记里的一些条目,其富有同情心的形象获得了自己的权威,他自己在之后也不得不尊重这种权威。一天,就在他记录自己为实心任事的有才识之"友"而感到受"鼓动"之后,他表达了对于当晚未能坚守简朴的生活方式的懊悔:他刚刚参加了在倪元璐的花园里的五簋会,饮酒作乐到凌晨,他后悔自己没有拒绝这个邀请。① 倪元璐最终也改过自新。1642年,他目睹了殍殣载道后,扪心自问道:"何心复御酒肉?"接着,他继续记录道,从三月份到收割期,全家持斋,宾客亦然;他们节省分铢,以救饥命。至于那些对斋饭甘之如饴的宾客,他说,他们亦有福德之报。②

任 事

祁彪佳(和他的同侪)转变成善人的过程同样也受到了其他一些过程的影响,其中有任事的经历、在同侪面前的起誓、对奖励的承诺和分配。杨东明、高攀龙和陈龙正强调仁慈和同情心的激发力量,以及行善的道德使命。祁彪佳并没有抛弃这些价值观,而是更强调被译成"performing duties"、"shouldering responsibility"或"managing affairs"的"任事"、"担任"等的责任的重要性——简言之,就是一个人从怀有同情心转变为拯救生命的努力。

---

① 祁彪佳,《小捄录》,1641年4月6日。
② 倪会鼎,《倪文正公年谱》,卷3,第9a-b页。

正如他当时所指出的那样,"幸诸友实心任事,鼓舞不倦"时,祁彪佳常常将行善之"友"称为"任事"。① 他高尚地坚称:"然则生千万人者,不在于贷银赈粟,在于担任者满腔之慈爱耳";但高攀龙认为道德教化会自然地激发善行,而祁彪佳强调的是寻找"任事者以才以识"。② 尽管祁彪佳坚持"爱民之念实",但他从共同价值观的功效方面来对此加以解释:真诚的同情心能够发挥作用,鼓舞他人"自乐为之用"。③ 尽管他认识到任事之人必须有才有识,但他主张"尤在于一心",因为正如他所言,"救荒同于救焚,尤非一手一足之力所能办"。④ 尽管价值观能够统一,但"为治者不外知人善任"。⑤ 最终决定捐助者名望的是计划的成功。正如祁彪佳所宣称的那样:"千百人之生命,悬之于任事之一二人。"⑥

在1641年初的骚乱之后不久,祁彪佳声称,"苦无倡首",便"毅然任之"。随后,似乎是为了能够为他的重大责任提供一个衡量标准,他开始提及自己所经历和目睹的不利环境。他记录了自己陪同两位同伴"冒大雪……遍查饥户",接着补充说:"自韩家桥至横街北司蓬门,茕户困疲之状不堪见闻。"⑦ 几天以后,他记述了一次回家之行:"复遇大雪,行路感叹,竟夜忧惶。"⑧ 困境证明了他的同情之深。

---

① 祁彪佳,《感慕录》,1640年5月18日;祁彪佳,《祁彪佳集》,卷5,第90页,"当机章"。
② 祁彪佳,《祁彪佳集》,卷5,第90页。
③ 同上。
④ 同上书,卷5,第90页,亦见第89页。
⑤ 同上书,卷5,第89页。
⑥ 同上。
⑦ 祁彪佳,《小捄录》,1641年1月17日。
⑧ 同上书,1641年1月21日。

第九章 慈善信仰以及信仰辞令

救援活动需要艰苦工作,这让祁彪佳忙到了深夜,耗尽了他的精力,动摇了他的意志力。不过,他并没有在日记中略过几天,也没有草草记下一些今天忙得什么都写不出来的话,而是夜复一夜熬到很晚,以便准确地记录(并由此留给子孙后代)自己曾经是多么疲惫不堪。他写道,当他"草《给米事宜》"时,"秉烛乃竣"。①他指出,"编名票之号,夜半方竣",随后补充说,"寒风砭骨。倦极,方欲寝"。② 他"于灯下草《设粥事宜十数条》,倦极,始就寝"③。并且,从巡视粥厂一直到结束治疗心火的咨询,在耗尽心力的一天后,祁彪佳评论说:"及抵舟已暮矣,较正守城书,夜到家。"④

正当祁彪佳最忙碌、最疲惫时,他的日记明确地对此展开记录以强调他的忙碌。比如他描述了某一天满是工作任务,例如与米牙协商、填注给米印票、查理饥民以散与印票、回信给那些告贷或议赈之人。祁彪佳总结说,那天"应接不暇",接着为了使这一点被人铭记,他补充道:"凡三鼓[下午十一点至上午一点]乃就寝。"⑤

祁彪佳为自己的辛勤工作感到自豪,他确保对自己同时应付众多相互冲突的要求(尤其是涉及粥厂的问题)的情况进行叙述:"十数日来……或饥民诉不得食者;或殷户诉派不均者;或司募称殷户之顽梗;或经理言饥民之横肆者;或以书来,或来面晤要难。

---

① 祁彪佳,《感慕录》,1640年5月21日。
② 祁彪佳,《小捄录》,1641年1月20日。
③ 同上书,1641年3月25日。
④ 同上书,1641年1月5日。关于其他例子,见同书,1641年3月13日,5月12日,8月3日。亦见:"归,已秉烛矣"(同书,1641年4月19日);"至无呼吸之暇……至夜半乃寝"(同书,1641年7月20日);"至二鼓乃归寓"(同书,1641年8月4日);以及,在灯下草拟一份粥厂事宜,"倦极,始就寝"(同书,1641年3月25日)。
⑤ 同上书,1641年1月19日。

屈指每日必不下五六起。何兰若、赵元禄诸书,俱复之,以此殆无少暇也。"① 在1641年最后一则日记中,他的脑海中仍然萦绕着对年初的骚乱事件的记忆。祁彪佳回顾了其间的几个月,对年初的骚乱事件记忆犹新:"念正月间,民情抢攘。予出为调剂,自此而赈事、粥事、病坊事、药局事以及于推赏告成,几无暇晷。"②

努力工作是祁彪佳对自己行善承诺的衡量标准。1641年的救济工作进行得很顺利,他自觉地在日记中作证:"舟中书日来所行事,凡五日";然后,他不经意地把自己的功绩告诉后代。他补充说:"所书事七篇,亦稍见劳苦之一斑耳。"③ "劳苦"这个词让人想起了《孟子》中的一段话:"或劳心,或劳力,劳心者治人,劳力者治于人。"这段话引起了历史学家们的兴趣,并被他们所引用。历史学家们习惯于从阶级关系和精英对社会底层的剥削方面来分析事件。④ 然而,祁彪佳弱化了孟子假设的二元对立的锐度,将这个指代体力劳动的词汇用到了文化精英的身上。此外,他还提到了其中为他辛勤工作的"友"——"因诸友为予劳苦,中夜起谢之"⑤——以及他自己的辛勤工作。

由于陷入了粮食短缺的紧急情况,祁彪佳越来越以节俭、努力工作和同情心来定义自己。在与他人合作散赈的同时,他的宽宏大量的精神也被激发,并扩展开去。由此,他的一则日记显示了特别忙碌的一天:祁彪佳四处奔走,答谢五区诸多任事文学;到

---

① 祁彪佳,《小捄录》,1641年5月24日。
② 同上书,1641年12月29日。
③ 同上书,1641年5月10日。
④ James Legge, trans., *The Works of Mencius*, pp. 249 – 250. 例如,对这个观念的讨论,见 Joseph W. Esherick and Mary Backus Rankin, introduction to *Chinese Local Elites and Patterns of Dominance*, p. 1; Ping-ti Ho, *The Ladder of Success in Imperial China*, p. 17。
⑤ 祁彪佳,《小捄录》,1641年5月6日。

王文成祠里去拜访某人;回家吃饭;再次出门,先和几位友人在其中一人的家中会面,然后和另一位友人在另外一人的家中会面;再到一位同伴的家中,审查了一份由该友人所作的《会稽告示》,想必是为了宣传散赈而作的安排。那天,祁彪佳观察道:"盖诸友中固多究心学问,实以救济饥民为事。"他接着补充说:"即有一二任意气者,才识可用,亦当资之。予虚衷联合,颇觉有鼓动之意。"① 尽管他是他们的领导人——且在大多数情况下,高于他们的社会地位——祁彪佳仍然从他领导的那些同侪友人的热忱中感受到了鼓舞。

同样辛勤工作的还有陈子龙。他提到自己"遍于穷乡深谷",巡视乡间粥厂,以及"蹑芒屩,策短筇,驰驱村麓中者累月"。② 张陛也讲述了他"步履亲到"。他声称,人们必须亲自检查"穷街僻巷,屋不入闲架,民不入保甲者,如蜂房螘垤焉"。③ 他接着记录了自己是如何"日夜奔驰,不知劳倦",以至于变得"羸弱",以及"诸友"如何"始终赞成劝勉及效奔走者……沿门问讯,不辞劳瘁者……收掌簿书,填写印票,手腕几脱者"。④ 为百姓受苦受难的可敬的官员形象在中国人的著述中屡见不鲜。⑤ 晚明绍兴的材料对此增色了不少。它们证实了陈词滥调能够描绘出实际经验的特性;它们展示了不唯官员,就连前政府官员和一介书生也努力参与其事。

领导之任也带来了沉重的负担。祁彪佳和他的一些同侪都

---

① 祁彪佳,《小捄录》,1641年4月6日。
② 陈子龙,《陈忠裕公全集年谱》,卷上,第32a页、第33a页。
③ 张陛,《救荒事宜》,第3b-4a页,引用一位宋代的官员。
④ 同上书,第8b-9a页。
⑤ 例如,参阅钟化民骑马之说(摘自俞森编,《荒政丛书》,1690年),载Pierre-Étienne Will, *Bureaucracy and Famine in Eighteenth-Century China*, p.93。

在努力救灾,并且不得不回应社区的各种期待。1641年初的一天,祁彪佳将力任赈事的消息一传出,那些想要得到帮助的人就涌了进来。祁彪佳称自己没有什么能够给他们,只给了他最穷的亲戚们一点帮助。尽管如此,他还是觉得有必要将这一歉意记录在案,并顺便补充说,他工作整日无休,不得不处理飞来的书信和当面的请求。① 他被认定是一个有责任感的人,不得不承担起越来越重的负担,应对接二连三袭击绍兴的危机(饥馑、疫病和蝗虫)。至于他的领袖角色可能带给他的任何好处——指导决策的机会,赢得好的名声,维护他的社区、宗族和资源,或是从行善中获得个人满足感——祁彪佳通过不懈努力工作,为此付出了高昂的代价。因此,一些历史学家们用追求控制和统治的理念来看待中国文化精英们的活动,并没有抓住祁彪佳及其同侪在工作中所考虑的因素之间的联系。② 诚然,祁彪佳起着带头作用,但他也受制于诸多要求,且陷入到与当地官员、同侪和社区的协商之中。

接受救灾计划之重任绝非易事。为了抓住参与的短暂冲动,祁彪佳的本坊诸友在神灵面前起誓。③ 正如祁彪佳解释的那样:"司募之文学,任事极难,而敛怨最易。富家大户,多有视'长物'如肌肉,反置切身之利害于罔闻。甚有遽出恶言謑之户外者。从来任劳便当任怨。"誓约不仅表达了行善的承诺;在祁彪佳看来,

---

① 祁彪佳,《小捄录》,1641年1月19日。
② 例如,见 Kung-chuan Hsiao, *Rural China: Imperial Control in the Nineteenth Century*,其中11个章节的标题中有7个标题是"控制"这个词。"控制"的主题也贯穿于下书: Frederic Wakeman, Jr. and Carolyn Grant, eds., *Conflict and Control in Late Imperial China*。亦见(尽管他们在这个问题上增加了许多细微差别)Joseph W. Esherick and Mary Backus Rankin, introduction to *Chinese Local Elites and Patterns of Dominance*。
③ 祁彪佳,《小捄录》,1641年1月18日。

它们尤其能使缺乏自信心的行善者增强自信,克服障碍。①

惩罚与奖励

行善的压力来自道德教化以外的许多方面。来自下层的威胁是,乡民如果迫切需要食物,就会扰乱社会秩序。一次骚乱,一次针对富户的抢劫,或是一千名乡民不怀好意地围城的景象,往往足以促使粮食大户组织饥荒救济。② 上层的骚扰则来自官员,有时是以恫吓性的传闻的形式出现,说那些拒绝散粮的富户将会被迫以低于市场的价格出售粮食。这样的压力可以是强制性的,暗示着那些顽固个化的吝啬之人将会面对被惩罚的后果——就像当绍兴府同知毕九臣严厉谴责某个人拒绝散粮时那样。③ 祁彪佳自己深知官员能够强迫富户平粜——而他却反对这一政策。④ 在这种情况下,追求一种替代方案显得更为可取:通过在捐赠方面掌握主动权,通过展示"好施"或"乐善"的一面,他们至少能够获得功德,在社区里高人一等,从他们自己的善良中获得一些个人满足感。

尽管有这些压力,救济活动在很大程度上还是自愿的。只有偶尔才会读到"友"因没有恪守承诺而被罚款。祁彪佳指示说,"司赈不到,罚银五钱",然后允许"其有真实要务,先期敦请一友

---

① 祁彪佳,《祁彪佳集》,卷6,第118页,《救荒全书小序》的"隆任议"。
② 祁彪佳,《小捄录》,1641年1月20日。
③ 同上书,1641年5月28日。
④ 同上书,1641年1月10日,1月18日。

代之",并补充说,"迟到罚银一钱。"① 然而,除了这些惩罚措施,还有许多积极的激励措施鼓励人们行善。减轻其他生物痛苦的行为本身——没有清楚指明一个具体的信仰体系——就足以让捐助者对自己的善良感到心满意足。就像放生一样,救助濒死之人肯定了捐助者的权力;又由于捐助者乐意解囊或奉献劳力、财力来实施救援,他所行的善事值得称道,从而提升了他的自我形象。无形的怜悯之情以许多声音表达出来,每一种声音都有其独特的音色,与说话者的教育背景和信仰产生共鸣,但每一种声音和别的声音和谐地协奏出诸如仁慈、生命的神圣性和善良这些一般的概念。

维持拯救生命的冲动、激励人们行善的是物质和荣誉的奖励。光谱的一端是交换报酬——比如祁家兄弟发放给闻警救援之人的那些报酬。② 这些报酬在本质上意味着交换的结束。在计算功德时,各色仆人的劳动都不算在内。祁彪佳的一位门生在一部见闻录中轻蔑地坚称"僮仆负担而已"——他始终确信自己也因参与对农村贫困人口的艰苦考察而受到了赞扬。③ 光谱的另一端是人们为所做之事感到满足,正如高攀龙所提到的那样,他们只是必须去做。在两极之间的是各式各样的奖励,在不同的奖励比例下,既满足了对奖励的私欲,又承认了慷慨和自愿的真实表达。

对捐助者的奖励有时是可观的,这从祁彪佳父亲的一位友人陈继儒为他的1609年的《煮粥条议》后所附的《救荒条谕》就可以

---

① 祁彪佳,《祁彪佳集》,卷6,第143页,《市粥议》。由于反复引用"旧约",这篇关于市粥的文章显然是一个修订版,可能写于1642年。旧约可能是《设粥事宜》,在《小捄录》(1641年3月25日至26日)中被提到过。
② 祁彪佳,《小捄录》,1641年3月5日。
③ 张履祥报道说这是从赵公简那里听来的,载张履祥,《言行见闻录》,卷31,第5b页。

看出。《救荒条谕》的起草者、应天巡抚周孔教还规定了其他一些东西:"即如输米百五十石者,免五百亩之差三年,输米三百石者,免千亩之差。"然而,就连周孔教也假定捐助者是自愿的,因为他进一步规定,那些对救荒不闻不问之人"不得一毫强勒"。①

其他奖励是荣誉性质的,它们的意义或威望来自官方和皇权。周孔教设想,除了其他荣誉,作为应天巡抚的他还应当亲自题旌。② 祁彪佳建议,"公祖父母巡行之后,仍每处发一牌于总理文学,令其分投察核,某厂某人,孰勤孰怠,与夫粥之稀薄,钱粮之多寡。先行开报。其勤劳最著、捐助最多者,先即奖赏一二人,示之鼓励。其顽梗阻挠,立加惩治"③。祁彪佳进一步设想,捐助者们将被推荐给皇帝,获得刊印匾额;他们将会被邀请参加特别的饮酒仪式;或者他们会得到一顶"冠带"荣身。④ 祁彪佳的构想与他在日记中记载的实践一致。当他陪同官员们巡行西区,路过距离城中心以西五十里的钱清时,他们遇到了一位未被列入捐助者名单,很有可能就此默默无闻的人:一位名叫朱生正的人已经自愿独赈三四个月了。两位官员盛赞了他,并在一份公告中将他的姓名张贴上去。⑤

---

① 周孔教,《救荒条谕》,载陈继儒,《煮粥条议》附录,第 3b 页。陈继儒不再参加高级别的科举考试,而是追求出版事业方面的成功,见 Arthur Hummel, ed., *Eminent Chinese of the Ch'ing Period*, pp. 83-84。
② 周孔教,《救荒条谕》,第 3b 页。
③ 祁彪佳,《祁彪佳集》,卷 6,第 138 页。
④ 例如,见祁彪佳,《祁彪佳集》,卷 5,第 113-114 页,卷 6,第 147-149 页;祁彪佳,《小捄录》,1641 年 8 月 29 日。亦见祁彪佳关于给予各种奖励,包括让士子参加府考的建议,见祁彪佳,《祁彪佳集》,卷 6,第 147 页。
⑤ 祁彪佳,《小捄录》,1641 年 5 月 9 日。钱清镇在城西五十里,与萧山相邻,《山阴县志》(1724)的资料可作为补充:"旧有钱清江,江有坝,乃赴杭之要津。今江已湮废,行舟直抵西兴,行旅便之。"见该书卷 1,第 8b 页。同一部地方志中的一幅地图(在第一册末尾,未标明页码)将钱清定位在柯山较远的一边。

和周孔教一样,祁彪佳也为救灾工作的捐助者制定奖励计划。他在1641年的日记中提到了《救荒推赏议》,且略为提及"'耆义'分三等,'文学'分二等,奖赏以是为差"。① 这则日记的描述与现存的《推赏议》的内容大致相似。在这则议中,祁彪佳认为奖惩对于救灾工作至关重要。② 惩罚的威胁(想必祁彪佳想到的惩罚是对那些失职的"诸友"处以罚款)能够确保"齐一众志"。对奖励的承诺能够激发人们对这个计划的热忱。祁彪佳接着概述了两类人(大致与他在1641年的日记中提到的相符):杰出而受人尊敬的居民;低级功名之人或有学问的举人、监生和儒士。祁彪佳进一步将每个类别分成三个等级,详细说明每一等级将获得与其捐赠数量相对应的荣誉。相应地,"耆民粟官助米二十石以上,助银五十两以上,平粜五十石以上,减粜四十石以上"为第一等。

祁彪佳进一步将前人周孔教所忽视的东西纳入他的奖励计划中:为赈灾而努力工作。"及在各厂'任事勤劳'而助米十石(非二十石)以上……为第一等。""及助米助银虽少,勤劳最著……为第三等。""生员监生儒士,先议劳……及议劳一等之'最著而贫不能出赀者'……""议劳第一等与计赀第一等二等者……以德行另申详学道特奖,仍请院道题旌,又准入册存案,遇科试,一体列府案送试……以德行汇申学道纪录,仍准府考……"③ 考虑到救灾工作需要记录、会计和一般的专门技能,奖励服务是有意义的。此外,给予最贫穷、最边缘的"儒士"在救济工作中一个重要角色,能够打消他们发表异见,或者更糟糕的是,煽动骚乱的念头。祁

---

① 祁彪佳,《小捄录》,1641年8月29日。
② 祁彪佳,《祁彪佳集》,卷6,第147-149页,"推赏议"。
③ 同上书,卷6,第147-149页。

彪佳当然明白同乡熟人余煌的明确表态："倡乱不尽饥民；必奸民借饥民逞而饥民附之。"①

尊重社会等级制度有助于赋予奖励和荣誉以意义，从而使救济计划得以实施。祁彪佳有意让官员知晓地方的善行。他促请知府王孙兰对那些在 1641 年和 1640 年参与赈灾的家庭行赏②；他还请求推官陈子龙奖励那些"洁己任事之诚"的士子③。即便是当这些话被用来表扬社会下层人士时，对于祁彪佳来说，这也极为重要，这促使他将之记录了下来。比如，两位地方官员表扬一"友"和几位士子，因为他们料理粥厂最为妥当。④

祁彪佳明白，这些尤其是来自社区上层的表扬，能够有力地激励人们参与救灾工作。在为手头的任务召集大批人在王文成祠中集合之前，他坚持先"呼各坊之'友'，奖其前此担任之劳"⑤。为了再次鼓励那些参加救援工作的人，有一天他"以肩舆遍拜两邑五区任事文学"⑥。

赞美之声不仅来自下层社会，也来自上层社会，既来自那些不知名的群众，他们的掌声经常响彻大街小巷，也来自有身份的地方精英。为了将这些都记录在案，祁彪佳在日记中提到了那些值得表扬的官员：绍兴府同知毕九臣"以获盗之功暨南区巡劝之

---

① 余煌，《余忠节公遗文》，第 10b 页，《与周父母论定乱书二》，写作日期是 1641 年 1 月 18 日。关于一位塾师先是抗议不公平的兵役制度，最终领导了一场针对杭州富户的暴乱，见 Richard von Glahn, "Municipal Reform and Urban Social Conflict in Late Ming Jiangnan", pp. 291-293.
② 祁彪佳，《小捄录》，1641 年 2 月 21 日。
③ 同上书，1641 年 4 月 9 日，8 月 3 日。
④ 同上书，1641 年 5 月 8 日。
⑤ 同上书，1641 年 3 月 27 日。
⑥ 同上书，1641 年 4 月 6 日。

劳"①；周知县"敏心妙才"②。祁彪佳的一位社会地位较低的门生后来用祁彪佳曾经称赞其同侪的辞令来称赞祁彪佳不畏艰苦的环境——以及形容他自己。他的门生回顾了祁彪佳在1641年的赈饥和施药工作，写到祁彪佳经常日行十里前往穷乡僻壤之地；他还强调，在施棺时，"虽污秽臭恶"，祁彪佳依然亲力亲为。③ 社会地位较高者是像陈子龙那样的官员。他也将赞美之辞上报给了朝廷。陈子龙的报告使善人们的姓名被写进了圣旨。④

官员的在场有时提升了祁彪佳的使命感和重要性。他敏锐地意识到——因为他在日记中特别注意到这一点——当他"呼名"并给天乐一都的饥民每人二分银钱时，"两公祖坐观"。当他在这些高官的注视下履行自己的职责时，祁彪佳作为一个富有同情心之人的自我形象被放大了。在官员的注视下，他下意识地在周围的场景中观察自己。对他而言，一幅佛像比一个儒家文本更能捕捉到此情此景。他深思道："阅其奠形，真吴道子地狱变相图也。"⑤

祁彪佳和其他人一样，都重视行善能够给自己带来好处。当他陪同陈子龙一同巡察，延长对粥厂的巡行时，他自豪且带有一丝兴奋地记录了满是"笑语"，以及陈子龙在祁彪佳的船上和他一同享用了一顿素宴。他们不仅商议了手头的工作，还有诗歌和美

---

① 祁彪佳，《小捄录》，1641年4月27日。
② 同上书，1641年1月18日。
③ 张履祥，《言行见闻录》，卷31，第5a-b页。
④ 陈子龙，《陈忠裕公全集年谱》，卷上，第32a页。
⑤ 祁彪佳，《小捄录》，1641年5月7日。唐代吴道子（又名道玄）以佛教和道教壁画著名，但这些壁画已佚，尽管一些拓片据说是他的作品，见Thomas Lawton, *Chinese Figure Painting*, p.6. 在他的《救荒事宜》第4a页中，张陛也提到了吴道子的画作。

景,这些话题都有助于培养友谊。① 当和地位符号相连的奖赏机制能够有效运作时,它将激励慈善行为。这个"机制"——正如这里讨论的作者们所设想的那样——依赖于对现有社会等级制度的尊重。祁彪佳和陈子龙设想那些渴望通过科举考试、与官僚结交的士子们会竞相协助地方官员或者接近这些官员的士绅——正如祁彪佳借救灾之机亲近身居高位、交际广泛且彬彬有礼的陈子龙那样。

对任事的共同誓约、对奖赏的承诺以及官员权威的存在均有助于激励诸"友"。想想在王文成祠举行的一次大型集会,祁彪佳"先呼各坊之友,奖其前此担任之劳,询其后来援济之法……皆对以'不欲设粥,宁延给米之期',以济贫民流移者……又以挑粥卖粥之法济之"②。祁彪佳并没有像高攀龙那样作过一次励志讲话,而是通过上述方式动员友人。他写了一份方案给不同的官员看,从而将他的计划与官方权威联系起来。他在一本簿子上列出了"友"的姓名,呈给地方官员陈子龙看。陈子龙随后"逐区呼出,公祖加之以劝奖"。最后,祁彪佳叙述道:"予又先作誓文,誓之于先师之前。"(也就是王阳明的一幅画像或一篇碑文,他的祠堂举行过会议。)由此,他们最后定下由友人们设立粥厂,官员随后巡行以示"鼓励"。③

由于共同关注奖赏,晚明的善人们至少是以公众赞扬的形式主动宣传自己的善行。他们刊印小册子,表面上是为了描述救荒策略以备未来参考,但始终展现了自身参与的重要性。正如张陛

---

① 祁彪佳,《小捄录》,1641 年 5 月 7 日,5 月 8 日;关于阅读陈子龙的诗作,见同书,1641 年 5 月 9 日。
② 同上书,1641 年 3 月 27 日。
③ 同上。

描述其众多的协助者,"志其名以彰好义"①。最终,张陛的好义之言为朝廷所知,他理所当然地被加匾表彰。② 倪元璐也同样确保了子孙后代能够记住他在一命浮图会的领袖地位。倪元璐解释该会的宗旨是"以赡失赈之夫而广行义之术";但通过记录会疏,他也在本区公众眼中确立了他的价值。后来,地方志的编纂者、倪元璐的年谱以及他的作品集都提到了他为筹集善款所做的努力。倪元璐对其善会的描述维护了他行善的声望。③ 同样,陈子龙也有意通过记录努力给自己留下一个好名声。他在自撰年谱中宣称:"事详《赈史》。"④

如果不是面向某个想象出来的读者,当组织各色友人去救助流民时,祁彪佳是为了谁而带头捐了一千二百文钱来树立榜样呢?⑤ 如果不是为了提升自我形象,那么他要达到何种目的才会声称:"因叹'欲任宇宙内事,固非才识不可?'"⑥ 有时,他装作谦虚的样子。当一位友人带着一首诗前来颂扬他"赈饥之苦心"时,他评论说"愧不敢当"。⑦ 与此同时,他却留心将此事记录在了自己的日记中。六周后,当他从《邸报》获悉"予去岁赈济,部覆叙奖"时,他再次表示反对,说"深以为愧"。然而在这里,他也确保将这个消息记在了他的日记里。⑧ 因此,参与 17 世纪 40 年代初绍兴赈灾行动的当地人,为自己塑造了一个在早期作品最为频繁地与官员联系在一起的形象。此外,他们并没有将自我形象的描

---

① 张陛,《救荒事宜》,第 9a 页。
② 张履祥,《言行见闻录》,卷 31,第 6b 页。
③ 倪会鼎,《倪文正公年谱》,卷 3,第 8b—9a 页。
④ 陈子龙,《陈忠裕公全集年谱》,卷上,第 32a 页。
⑤ 祁彪佳,《小捄录》,1641 年 3 月 15 日。
⑥ 同上书,1641 年 3 月 11 日。
⑦ 同上书,1641 年 9 月 3 日。
⑧ 同上书,1641 年 10 月 21 日。

绘完全交给后世的传记作者,而是常常自己承担这项任务,不放过任何机会,不让自己的慈善美名落空。在前代,阴德的价值深受重视,而如今它却已经让位于在公众面前竞相展示自己行善方面的奉献精神。

生者的道德权威

晚明的说教文章和善书不仅为逝去的古人高唱赞歌,而且也为那些家喻户晓的当代善人喝彩。陈龙正的善会讲话只提到过孔子一次(即使那时是带着最敷衍的口吻),他以"这是我们亲见的活古人"来纪念当地的善人丁宾。① 将当代贤者与历代圣贤相提并论的做法在下一代人的作品《广惠编》中也很明显。该书的编纂者是朱轼。② 在书中,朱轼将12世纪的伟大理学家朱熹排在了首位,但紧随其后的有颜茂猷和陈龙正等人。③ 朱轼指出,那些为了获得回报而做善事的人将得不到回报。尽管如此,通过纪念那些近来有功于本地的人物,他和其他教化作品的编纂者们使一个观点变得可信,即善行将会获得认可,功德及其回报实际上是人人都能得到的事情。此外,《广惠编》抹平了朱熹、颜茂猷和陈龙正之间的差距。它以倡导行善为入选标准,忽视了朱熹的哲学突破——他对经典的诠释成为之后科举考试的标准——它也忽视了颜茂猷和陈龙正并非是有系统知识、具有创新性思维的

277

---

① 陈龙正,《几亭全书》,卷24,第20a页;该书第13b—14a页也提到了邹元标和王阳明。
② 关于朱轼,见 Arthur Hummel, ed., *Eminent Chinese of the Ch'ing Period*, pp. 188—189。
③ 关于颜茂猷,见朱轼,《广惠编》,第139—140页;关于陈龙正,见同书,第147—148页;关于朱熹,见同书,第123页。

思想家。作为通俗的教化作品,它们保存并传播着古代的范例,它们关于行善的能动主义的说辞让古今的实践家与思想家平起平坐。1880年出版的《太上感应篇》大力赞扬了颜茂猷的善行之一即是创作了《迪吉录》这部作品。编者指出,这使成百上千的人改变了生活方式,"大江南北,今犹盛行"。① 在社区行动主义的语境下,评判伟人的准则与黄宗羲所构想的智识世界大相径庭。

　　晚明的环境要求旧词赋新义。尽管偶尔会借鉴佛教、儒家、道家甚至法家的观念,但祁彪佳和他的同侪们建立起一个全新的具有鲜明的晚明特征的复合型观念——例如树立美名、承担责任、积累功德或物质奖赏、避免报应。道德权威和关于善与正义的信仰在晚明的救荒工作中发挥了重要作用,但它们并非通过特定的文本传统,而是通过出乎意料的方式发挥作用。唤起有钱有势之人的道德良知是救荒知识与先例(基督徒徐光启的贡献不亚于那些忠诚的儒家学者)留下的重要遗产;这个遗产始终提醒着我们,那些拥有权力或影响力的人可能会取得什么样的成就。当然,祁彪佳也听到了友人颜茂猷的话:"乡绅,国之望也,家居而为善,可以感郡县,可以风州里。"②

　　此外,几位绍兴同乡人的正直且强烈的道德教化不断地刺激着祁彪佳的良心。其中,王朝式多次告诫祁彪佳不要修建奢侈的园林建筑,祁彪佳虽然没有听从,但也无法忽视。更重要的是,还有王朝式的老师刘宗周,他的友人兼榜样高攀龙坚持行善的道德使命。和高攀龙一样,刘宗周在道德节操上毫不妥协——他的勇敢与坦率激怒了皇帝,但最终赢得了皇帝的尊重——另外就他的

---

① 黄正元编,《太上感应篇图说》,卷2,第33a-b页。
② 颜茂猷编注,《迪吉录》,"度集",第54a页,"乡绅家居懿行之报"。

节操而言,刘宗周赢得了广泛的赞誉,吸引了大批追随者。① 尽管祁彪佳对刘宗周的"讲会"兴趣不大,在许多议题上和刘宗周有很大的分歧,但他易受刘宗周道德权威的影响。他一再征求刘宗周的认可,或者(至少在救荒这个议题上)争取让他站在自己这一边。② 他在日记中经常——当他指出,"先是,刘先生以荒政促予料理"③——流露出对刘宗周和王朝式二人意见的尊重,他将他们的话记录下来,常常觉得有必要在日记里记下他们的观点,仿佛他是在把自己的良知剖露出来。

对混乱的恐惧,对承担慈善计划之任的满足感,以及对于回报的承诺,都鼓励着当地居民行善。但同样起着关键性作用的还有像高攀龙、刘宗周和王朝式等人的在场。他们强调为居民做好事的道德使命,每个人都有自己心照不宣的动机参与慈善活动,都有一个理由与其他人进行合作;它动员了像祁彪佳这样的人物承担起艰巨的领导责任。行善的道德使命将慈善活动转变为一段令人精神振奋的经历。1645年,时年四十五岁的祁彪佳并没有接受清廷的征召,而选择去追求另一种荣誉:在经过了深思熟虑以后,他自沉于寓山的水池中。他在自沉前告诉其子,他生平唯一的重大过失是痴迷于园林的建造。④ 倪元璐、陈子龙和刘宗周同样也在这个时期结束了自己的生命。正如他们在饥馑危机期间所做的那样,他们因此掌握了自己的命运,实践了他们的信仰。

---

① 关于刘宗周觐见皇帝,见 Huang Tsung-hsi, *The Records of Ming Scholars*. Edited by Julia Ching, with the collaboration of Chaoying Fang, pp. 256 – 257。黄宗羲,《明儒学案》,卷62,第2b-3a页。关于一份142名弟子的名单,见《蕺山弟子籍》,载刘宗周,《刘子全书》。
② 例如,"刘先生极是予言",见祁彪佳,《小捄录》,1641年1月20日。
③ 同上书,1641年1月10日。
④ 王思任,《祁忠敏公年谱》,第19a-20a页。

结论　从道德革新向财富
　　　　正当化的转变

　　起初承诺的可以解释晚明慈善的两条道路——一条道路是探求诸如贫困、饥饿和王朝衰落等可能需要慈善来进行干预的危机；另一条道路是查究慈善的动机——被证明是死胡同。诚然，每一条道路都有与慈善主题相关的材料。在本项研究中，我已经充分地提出了这一点。然而，没有哪一条道路能够对晚明慈善的特殊性，或者对于相比之下同样经历着饥馑、贫困和王朝衰退的明代初期而言，为何晚明会产生随处可见的慈善组织和关于慈善的作品做出令人满意的解释。离开了这两条死胡同，将许多关于慈善的成见抛诸一旁，本项研究走了第三条道路：让五个人物做向导。他们的现存作品阐明了在他们的慈善活动和晚明社会之间存在着千丝万缕的联系。这个过程产生了一些意料之外的发现。

　　关于这五个人物的作品以及关于他们的材料尤其揭示了两个相互关联的社会变革是理解晚明慈善高度可见的关键。第一个社会变革是徘徊在精英社会边缘地带的群体人数的扩张。在杨东明为官场中人创办第一个善会以后，虞城的富民们急忙创办了第二个善会；陆世仪和他的同学们成立了太仓同善会；那些在祁彪佳身边的大夫、僧侣和士子承担了散米、司粥和给药的任务。研究晚明的历史学家们已经充分证实了这样一些现象：识字率的提高造成渴望通过科举考试跻身于官僚队伍的人才过剩；激烈竞争的环境促使许多士子将其技能运用于其他诸如出版、商业或写作等爱好上。本项研究表明，大量储备人才在晚明慈善中也扮演着重要的角色。他们查饥造册、监管粥厂、保存医案、记录账本，他们自己也发起行善计划。

第二个社会变革是在家族以外的地方社会的上下阶层（如果不是最底层）之间的社会纽带在垂直方向上日益突出。这一纽带不应当与一种社会等级制度的正式概念或是晚明作者所谈论的万物一体的豪言壮语相混淆。更确切地说，这个词汇在这里指的仅仅是不同社会阶层的人之间的活跃关系。例如祁彪佳这类退闲高官和王朝式这类寒门子弟之间的联系，或是祁彪佳与绍兴的大夫、僧侣之间的关系。这样的垂直关系无疑在地方社会里常常发挥作用，但在晚明时期，它们获得了足够的力量，引起了地方社会名流之士的注意，从而被他们记录了下来。因此，杨东明承认善会的想法出自平民，祁彪佳也承认绍兴的施药计划最初来自一位僧人和一位大夫的建议。这种垂直的联系在拥有富人和穷人、登科士人、半文盲和文盲的放生会和广仁会中变得更加明显。在高攀龙和陈龙正的例子中，尽管他们站在精英的立场上，但却主张善会以一种通俗易懂的表述风格面向没有受过教育的听众。陆世仪的例子反映他既能与官僚精英结交，又能与其赤贫的亲友为伍。

与大多数书写晚明王朝衰落的叙述方式相反，本项研究发现，尽管一些领导人痛心疾首地意识到政治权威的恶化——甚至在17世纪40年代加速了恶化，但政治权威还是能够被像陈子龙这样的官员在绍兴行使，被退闲官僚在其家乡所援引，仍然在地方政治中发挥着极其重要的作用，至少在这里被研究的地区是如此。政治权威的在场，以及对受其保护的社会等级制度的尊重，闪电般点燃了垂直的联系（但并非以历史学家们通常所设想的方式）。本项研究移除了地方精英将自己依附于王朝权威以便统治和控制地方社会的画面，展现了社会阶层之间自下而上和自上而下的众多交流与协商。诚然，地方精英分子对社会地位较低者会施加压力。通常，他们这么做是援引了王朝的权威，例如高攀龙引用圣谕六言，或者祁彪佳寻求地方官员的认可。不过，晚明的材料显示，自上而下的统治和控制的画面被改变了。陆世仪和祁彪佳的日记展现了地方精英分子之间的尖锐分歧。他们相互竞争，通常单独寻求官方的支持来解决彼此之间对于慈善策略的分歧。对于他们而言，优势——或者更确切地说——赢得对己方策略的支持，是以自己服从上级权威为代价的。晚明的材料进一步展现了大量案例。在这些案例中，较低社会阶层之人——士子、大夫和僧侣——他们要么发起慈善活动，要么在集体行善活动中成功地为自己的利益借了东风。此外，那些寻求担任领导角色的人物到头来肩负着繁重而费时费力的职责。为了有机会影响政策的制定，他们付出了昂贵的代价。

地方社会的能动性非常强，人们对公德心的讨论也非常频繁。正当市民社会或公共领域看起来正在形成，正当地方精英边缘阶层中的小人物之间的水平关系以众多自愿性社团的形式而变得突出时，地方社会和帝国官僚机构之间的垂直纽带聚集了力量，既促进了来自下层民众的主动性，又招致来自上层官方的干预。一些对于晚明善会的发现因而证实了魏斐德(Frederic Wakeman)和韩书瑞(Susan Naquin)对于清代的看法,即公共领域或哈贝马斯市民社会的概念并不符合帝制晚期中国的社会能动性的现实。①

如果说地方精英分子用财富和接近政治权力这两种手段来维护对地方事务的控制,则他们依然在很多方面受到约束:来自他们下面的支持者的压力,来自他们上头的官员"强枭"其粮食的威胁,以及来自邻境同仁的要求。此外,即便是缺乏大量财富和官场资源的居民,也有表达自己诉求的方式:他们可以诉诸暴力(历史学家们对这一点讨论颇多),或是发表道德论点。他们是否将道德论点仅仅作为一种辞令策略、一个朝着目标的手段,或是以最大的诚意来加以佐证,已经无关紧要。重要的是,在晚明,不论参与的动机是什么,关于行善、关于拯救生命这一毋庸置疑具有价值且紧迫的目标的辞令,已经成为各色支持者之间、上下阶层之间进行协商的通用语言。

通过行善,地方精英中的边缘人士能够参与到对资源、关注度和晋升的竞争中来。边缘人物陆世仪、王朝式和沈国模运用行之有效的唯一的武器(并非暴力),即道德论点,对地方事务施加影响。他们对社会良知的大声疾呼给社会经济地位较高者留下了印象。陈龙正听到了来自乡村和穷人的对于公平的尖锐诉求,他在作品中记下它们,且抒发己见。祁彪佳尽管不经常留心前政

---

① Frederic Wakeman, Jr. , "The Civil Society and Public Sphere Debate: Western Reflections on Political Culture", esp. pp. 111 – 113. 韩书瑞得出的结论是,因为"政治和地方士绅之间既彼此联合也相互竞争",所以将福利活动理解为"自治的公共领域"并不恰当。见 *Peking: Temples and City Life, 1400 – 1900*, p. 639;亦见同书, p. 248。

府官员刘宗周的寒门弟子王朝式的道德论点（和刘宗周的道德论点比起来毫不逊色），但他仍然对其加以重视。为了让他们的选择正当化，为了从他们的社区，特别是从他们所组织的慈善活动所能倚靠的那些有文化的下层士人中赢得合作和认可，地方社会的领袖们不得不用一套共享的道德语言来发表讲话。同样，在慈善事业中最有可能跻身于领袖之列的正是那些谈吐随和而有谠言嘉论之人。陈龙正和祁彪佳业已被社会化，为保家声不坠而行善。无论是何种动机可能令他们这么做，他们仍然是令人信服的领袖，因为他们已被自己那一套行善辞令左右了。

对于拯救生命的辞令被推上晚明舆论前台的原因，有几种解释值得我们思考。一种解释是，许多记载表明晚明时期的一部分人感到非常焦虑。在陈龙正安定下来认真学习之前，极端的烦躁困扰着他。焦虑令陆世仪与友人们热衷于写日记。精神疲劳驱使祁彪佳向颜茂猷寻求精神辅导。对"死生关头"——作出关键性选择的隐喻——的关注，令他们能够发现真正重要的东西，促使他们采取行动。

一些历史学家们指出，晚明士人受到焦虑感的困扰，是因为急速多变的社会流动和竞争激烈的考试制度令许多合资格的应试者止步于官场所带来的刺激。通过行善，胸怀大志的士子证明了他们的价值，候补官员和显赫家庭证实了他们的社会身份。不过，如果有人进一步问到是什么将焦虑转化为慈善活动，特别是转化为对于拯救生命的关注，另一种解释也浮出了水面。由于精英阶层的边缘群体队伍不断扩大，上下阶层之间的沟通渠道也在不断扩大，贫困、疾病和不必要的死亡议题被带入富民之家和他们的意识中。许多曾经进出祁彪佳的寓所，以亲友的名义提出各种请求的人属于边缘群体。陆世仪自己也是边缘群体中的一员。

他算是亲戚中真正穷困潦倒的一个,其好友的父亲还需要善会的帮助。

生命的价值可能也会因劳动类型和认知结果的变化而受到重视。至少在江南精英之中,非务农的劳动者不仅是易受伤害和易受威胁的群体,也是社会的有用之材。① 经济作物、棉纺织品和商业的发展使晚明精英阶层中的一部分人越来越富裕,也使从事生产和分配这些产品的男男女女更易受到市场波动的影响。这个问题给一些善人留下了深刻印象。史料记载,不那么幸运的行商或是寻求帮助(比如陆世仪的一位叔父),或是赢得同情和资助(比如从祁彪佳处)以筹集返乡路费。尽管圣谕六言教导人人应当各安生理,但陈龙正也承认,小贩和佣工(或帮工)自身并无过错,却常常面临失业。此外,他听说无锡、苏州府城、吴江(也在苏州府)这些"各州丝城"处处大乱的消息。② 在这期间,至少在杭州,在收入只够勉强糊口、紧挨着富人的宅第租房居住的城市劳动者中出现了对劳役和宵禁问题的异议,激起了反绅情绪。③ 高攀龙和陈龙正所在地区的善会不仅旨在稳定非务农的劳动人口,并且明确提出要重视受助者的生命。④

有关晚明慈善的材料还带来了另外一个意想不到的发现。

---

① 这个关于劳动力价值的假设得自以下文献:Frances Gouda, *Poverty and Political Culture*: *The Rhetoric of Social Welfare in Netherlands and France*, 1815 - 1854。
② 陈龙正,《几亭全书》,卷 25,第 23a 页。
③ 关于废除城市劳役的努力,对织工的影响以及相关的城市暴动,见 Susumu Fuma, "Late Ming Urban Reform and the Popular Uprising in Hangzhou"。对这些话题的详细阐述,特别是涉及南京和丁宾参与的改革的内容,见 Richard von Glahn, "Municipal Reform and Urban Social Conflict in Late Ming Jiangnan", pp. 288 - 289。
④ 在这一点上,我们不妨探讨一下,为何晚明的富人们要捐赠土地,将居民们从徭役的负担中解放出来,以及他们是否愿意将劳动力解放出来从事更有利可图的工作。

和陆世仪在清初获得某种认可不同的是,在1641年的例子中,我们无法明确判断陆世仪是否由于个性、缺乏天分、缺少资源和社会关系而被边缘化。在本项研究中,这些慈善领袖超乎寻常,在同伴中出类拔萃。他们的性格和特殊的生活环境激励着他们追求更高的目标,这种追求导致了绝对的竞争力(最明显的例子是祁彪佳)和对道德高地的忠贞不渝(最明显的例子是高攀龙)。他们的杰出榜样反过来激励着同乡人加入行善队伍之中。

在这些个人经历中,个人的损失能够产生善念。一些善人有个人损失的预感,那时他们通过行善明确地告天来拯救所爱之人;他们或于居丧时,在一己之痛中掺入了对其他生物的同情。鉴于这些巧合,在行善的诸多动机里,尤其突出的动机是真挚的同情心。① 这一同情心的元素引发了人们的自愿性给予,以及将慈善区别于诸多其他策略(例如征税)以增强共同利益。

陈龙正和祁彪佳的材料尤其揭示了随着时间的推移,环境是如何令他们社会化,使之做好事的。尽管对动乱的担忧是慈善的一个强有力的动机,但除了创伤性的个人损失以外,还有诸如被陈龙正敏锐地感受到的为保家声不坠所带来的压力,以及像高攀龙、刘宗周和王朝式这样的正人君子对道德论点的大声疾呼。一旦跻身于领袖之位,杨东明、高攀龙、陈龙正和祁彪佳都不得不通过勤奋工作、捐赠钱财,甚至牺牲生命来证明自己当之无愧。

他们的道德宣言证实了令一些慈善领导人能够普施广济的一种广泛的推动力。善人们通常会灵活地界定其施善范围。例如,他们偶尔会给某类群体打上不可捐施的标签。一些晚明的善

---

① 为何与我讨论过这个话题的美国学者们对晚明的同情之意持怀疑态度,而对向2004年的海啸和卡特里娜飓风的受害者们表达同情和救济之意则怀有敬畏和钦佩之心? 这令我感到困惑。

人主张以领土边界（不论是城墙、城坊、农村区域或边陲地区）合理地界定他们对于同胞的责任，但有时他处被灾的消息会令他们跨过心理上所设定的界线。其灵活性有几点原因：苦难的景象十分震撼；展示自我价值的竞争有时促使善人们跨出日常行善的路径；广泛的社会关系常常要求他们将慈善活动拓展到亲属和地区以外。

在一些例子中，善人们希望扩大他们的善行范围，这就引发了自愿性给予的限制问题。祁彪佳的慈善活动，尤其是他关于绍兴乡村粥厂的官方出巡记录，表明了即使是出于好意的善人，也依然面临一些棘手的问题，如在饥馑时期采购粮食、运粮到乡下、登记贫困人口、消除腐败、公正散赈、防止粥厂聚众生事、招募司理运营药局、有效组织人力以便在职责的基础上将服务范围最大化。

然而，在执行分配资源的计划遇到那些困难之前，还有其他对于捐助者的限制因素，最好的方法是问这样一个问题，即是什么决定了一个被定义为善人的人的捐赠数额？正如在西方犹太教与基督教的传统中那样，晚明时期的人偶尔也提及课税的适当性。不过，先不论什一税应当向哪些对象征收的问题（无论是年收入、可支配收入，还是净收入），人们也许会问，考虑到穷人无限膨胀的需求，如何设定十分之一的征税标准才算是考虑周全？慈善活动不只是济贫。慈善是人们可以借此来达到更高的善地和更完善的自我形象的一种手段。通过让社区成员理解和欣赏的方式，最能有效地实现那些目标。构成行善的愿景的最终是一个公共的愿景；慈善活动终究是社会活动。它不仅影响着行善者和受助者之间的关系，也影响着行善者与其同侪之间的关系。那些建功立业之人冒着被嫉妒而贪婪的同伴们以"沽名钓誉"或鲁莽行事攻击的危险。为了在慈善活动中动员人们合作，人们使之成为一项集体事业；为了发粮给药，需要大量资金和大型的组织机构，人们不得不使之成为一项集体事业。他们不得不为参与者设定捐赠的目标，这个目标将吸引捐赠者，同时不会让支撑其社会身份的财富受到减少的威胁。

为了确保行善者之间的团结，各式各样的指南规定了捐赠数目和行善的奖励。例如高攀龙和陈龙正在善会的每一个集会上设定的个人捐赠数额，即介于九分至九十分之间，或九钱（约0.9盎司银子）；或按照倪元璐和钱肃乐所作的一命浮图会疏中的额度，即教导每个人认捐一条生命。如果所捐的钱足以救助一条以上的生命，那么其他生命的功劳应当分配给他的家人；以及腾出空间来将那些缺少资源的参与者登记在册。① 同样，为了维持慈善活动的集体性质，一些领导人强调善行可以少做或者无偿去做，应当在集体行善时共同承担对受助者的责任。

因此，尽管杰出的领导人们为了追求更高的目标而热情地支持济贫，但他们的社会却充斥着渴望维护自身资源的人，无论他们是出于保护自己的家庭还是满足其个人私欲的目的。利己和贪婪把慷慨和正义之弦绷得紧紧的，这是老生常谈之事。对于晚明而言，新的现象是一些特定的情况——尤其但并非唯一的情况是受过教育的边缘性的社会阶层的扩大——确保了受人瞩目的慈善活动从这场拔河比赛中脱颖而出。

---

① 分别见钱肃乐，《钱忠介公集》，卷4，第18a页，第19a页；倪元璐，《鸿宝应本》，卷27，第25a页，第26b页。

尾 声

　　如何表现同情心和正义感、是否采取集体行善的方式取决于时空变化的一系列因素。促成本书五大行善主题的环境因素在清初被消解了。一言以蔽之,在晚明记录中难以被察觉的商人角色和商人财富在清初变得越来越明显,被清楚界定为商人的人通常担任领袖的角色;由晚明时期的人偶尔尝试设立捐赠义产的慈善惯例在清廷的支持下变得越来越成熟;随着商人和国家的介入,受过教育的精英分子感到他们的领导空间正在缩小,失去了用慈善活动对社会进行道德革新的兴趣。① 通过将善会机构化和宣讲金钱能够为善,晚明的士人不经意地为商人在地方事务中占据合法和瞩目的位置腾出了空间。高攀龙视善会为一种布道工具,清初的商人用慈善来宣传自己的体面。② 在这样的环境下,士人阶层兴许已经失去书写慈善的兴趣了。正如一部1751年的方志所谈到的那样,旧志所载的孝义善举,"在在雷同,致令览者生厌"。③

---

① 关于清初国家正在形成的合作趋势,以及官方对普济堂的支持,分别见夫马进,《中国善会善堂史研究》,第496页、第499-506页。
② 关于清初商人的慈善和庇护主义的一项初步探讨,见 Joanna F. Handlin Smith, "Social Hierarchy and Merchant Philanthropy as Perceived in Several Late-Ming and Early-Qing Texts"。
③《萧山县志》(1751),卷24,第1a页。

简称表

Chen 《几亭全书》(陈龙正)。

Diary 《祁忠敏公日记》(祁彪佳)。

这部日记中的每一年均有单独的标题和独立的页码。由于西历和中历并非全然吻合，我按照西历中最接近的相应年份来给日记命名。我在括号里给出了祁彪佳曾用来标记每一条日记的中国农历的月份和日期。

Diary 1631 《涉北程言》(1631年)。

Diary 1632 《栖北冗言》(1632年)。

Diary 1635 《归南快录》(1635年)。

Diary 1636 《居林适笔》(1636年)。

Diary 1637 《山居拙录》(1637年)。

Diary 1638 《自鉴录》(1638年)。

Diary 1639 《弃录》(1639年)。

Diary 1640 《感慕录》(1640年)。

Diary 1641 《小捄录》(1641年)。

Diary 1642　《壬午日历》(1642年)。

DJL　《迪吉录》(颜茂猷编注)。

DMB　《明代名人传》(富路特[L. Carrington Goodrich]和房兆楹[Chaoying Fang]编)。

ECCP　《清代名人传略》(恒慕义[Arthur Hummel]编)。

Gao　《高子遗书》(高攀龙)。

Gao nianpu　《高忠宪公年谱》(华允诚)。

LHWJ　《琅嬛文集》(张岱)。

LZQS　《刘子全书》(刘宗周)。

Qi nianpu　《祁忠敏公年谱》(王思任)。

QBJJ　《祁彪佳集》(祁彪佳)。

Yang　《山居功课》(杨东明)。

ZXL　《志学录》(陆世仪)。

参考文献

一、传统文献

《安福县志》,1872年。
白居易著,朱金城笺校,《白居易集笺校》,上海:上海古籍出版社,1988年。
《长沙府志》,1747年。
陈宏谋,《从政遗规》,载陈宏谋,《五种遗规》,《四部备要》,台北:中华书局,1960年。
____,《教女遗规》,载陈宏谋,《五种遗规》,《四部备要》,台北:中华书局,1960年。
____,《五种遗规》,《四部备要》,台北:中华书局,1960年。
____,《训俗遗规》,载陈宏谋,《五种遗规》,《四部备要》,台北:中华书局,1960年。
陈瑚,《桴亭先生行状》,载陆世仪,《陆桴亭先生遗书》,北京:1889年。
____,《圣学入门书》,载苏源生编,《记过斋丛书》,同治年间刊本。
____,《尊道先生陆君行状》,载陆世仪,《陆桴亭先生遗书》,北京:1889年。
陈继儒,《煮粥条议》,《学海类编》,上海:涵芬楼,1920年。
陈揆,《陈祠部公家传》,载陈龙正,《几亭全书》附录,1665年。
陈龙正,《几亭全书》,1665年,普林斯顿大学葛思德东方图书馆藏复本,东京内阁文库藏原本。
陈梦雷等编,《古今图书集成》,1726年,台北:鼎文书局,1977年再版。

陈子龙,《陈卧子先生安雅堂稿》,上海:时中书局,1909年。
____,《陈忠裕公全集年谱》,载王昶编,《陈忠裕全集》,1803年。
戴兆祚,《于公德政录》,载《明清史料汇编》初集,影印版,台北:文海出版社,1967年。
道世编,《法苑珠林》,668年,据万历年间刊本影印,上海:商务印书馆,1929年。
丁宾,《丁清惠公遗集》,1638年序文,普林斯顿大学葛思德东方图书馆藏复本,东京内阁文库藏原本。
董玚,《刘子年谱》,载刘宗周,《刘子全书》,据道光年间刊本影印,台北:华文书局,1968年。
《枫泾小志》,1911年。
冯梦祯,《快雪堂集》,万历年间刊本,中国国家图书馆藏微缩胶卷。
冯时可,《冯元成选集》,1611年,中国国家图书馆藏微缩胶卷。
冯真群,《钱忠介公年谱》,载钱肃乐,《钱忠介公集》附录,《四明丛书》,1934年。
高攀龙著,陈龙正编,《高子遗书》,1876年。
顾起元,《嬾真草堂集》,《明人文集丛刊》第一辑,据1614年刊本影印,台北:文海出版社,1970年。
《会稽县志》,1683年,绍兴县修志委员会,1936年重排本。
归庄,《归庄集》,北京:中华书局,1962年,上海:上海古籍出版社,1984年再版。
《杭州府志》,1784年。
《胡雪岩外传》,《晚清小说大系》,台北:广雅出版有限公司,1984年。
胡直,《卫庐精舍藏稿》,《景印文渊阁四库全书》,台北:商务印书馆,1983年再版。
《华亭县志》,1878年。
华允诚,《高忠宪公年谱》,载高攀龙著,陈龙正编,《高子遗书》,1876年。
黄炳垕,《黄梨洲先生年谱》,载黄宗羲,《梨洲遗著汇刊》,台北:永吉出版社,1969年。
黄宗羲,《梨洲遗著汇刊》二册,台北:隆言出版社,1969年。
____,《明儒学案》,《四部备要》本,台北:中华书局,1970年再版。
____,《南雷文约》,载《梨洲遗著汇刊》,第一册,台北:隆言出版社,1969年。
____,《思旧录》,载《梨洲遗著汇刊》,第二册,台北:隆言出版社,1969年。
黄正元撰,毛金兰增补,《太上感应篇图说》,衢州:三鱼堂,1880年再版。
《嘉善县志》,1786年。

《嘉善县志》,1800年。

《嘉善县纂修启祯条款》,1650年,哈佛燕京图书馆藏微缩胶卷。

焦竑,《焦氏笔乘》,《粤雅堂丛书》,据1853年刊本影印,台湾国立中央图书馆藏,1965年。

金之俊,《息斋集》,康熙年间刊本,普林斯顿大学葛思德东方图书馆藏复本,东京内阁文库藏原本。

李昌龄编,《乐善录》,据宋代刊本影印,上海:商务印书馆涵芬楼,1935年。

李昉编,《太平广记》,981年,北京:人民文学出版社,1959年再版。

李格非著,毛晋编,《洛阳名园记》,东京:1829年再版。

《两浙盐法志》,据1792年版影印,台北:台湾学生书局,1966年。

凌锡祺,《尊道先生年谱》,载陆世仪,《陆桴亭先生遗书》,北京:1889年。

刘宗周,《刘子全书》,据道光年间刊本影印,台北:华文书局,1968年。

――,《人谱附类记》,台北:台湾商务印书馆,年代不详。

――,《证人社约》,《百部丛书集成》,据《学海类编》本影印,上海:涵芬楼,1920年,台北:艺文印书馆印行,1965年。

陆陇其,《三鱼堂文集》,《景印文渊阁四库全书》,台北:商务印书馆,1983年再版。

陆世仪,《避地三策》,载陆世仪,《陆桴亭先生遗书》,北京:出版地不详,1889年。

――,《复社纪略》,载《东林始末》,第167-256页,《中国近代内乱外祸历史故事丛书》,台北:广文书局,1966年。

――,《陆桴亭先生文集》,载陆世仪,《陆桴亭先生遗书》,北京:出版地不详,1889年。

――,《论学酬答》,载陆世仪,《陆桴亭先生遗书》,北京:出版地不详,1889年。

――,《思辨录辑要》,《景印文渊阁四库全书》,台北:台湾商务印书馆,1983年再版。

――,《思辨录辑要》,载陆世仪,《陆桴亭先生遗书》,北京:出版地不详,1889年。

――,《治乡三约》,载陆世仪,《陆桴亭先生遗书》,北京:出版地不详,1889年。

――,《志学录》,载陆世仪,《陆桴亭先生遗书》,北京:出版地不详,1889年。

――著,钱敬堂编,《陆桴亭先生遗书》,北京:出版地不详,1889年。

陆允正,《陆桴亭先生行事》,载陆世仪,《陆桴亭先生遗书》,北京:出版地不详,1889年。

吕坤,《吕公实政录》,据1797年刊本影印,台北:文史哲出版社,1971年。
____,《吕子遗书》,1827年。
____,《去伪斋文集》,载吕坤,《吕子遗书》,1827年。
毛奇龄,《西河集》,《景印文渊阁四库全书》,台北:商务印书馆,1983年再版。
孟超然,《广爱录》,载孟超然,《孟氏八录》,1815年。
____著,陈寿祺、冯缙编,《孟氏八录》,1815年。
倪会鼎,《倪文正公年谱》,《粤雅堂丛书》,1853年,台北:华文书局,1965年影印本。
倪元璐,《鸿宝应本》,《历代画家诗文集》,据1642年刊本影印,台北:台湾学生书局,1970年。
彭定求,《南畇文稿》,载彭定求,《南畇全集》,1881年。
彭绍升,《居士传》,台北:琉璃经坊,197- 年。
祁彪佳,《祁彪佳集》,上海:中华书局,1960年。
____,《祁忠敏公日记》,绍兴:绍兴县修志委员会,1937年。
____,《寓山注》,崇祯年间刊本,中国国家图书馆藏微缩胶卷。
____著,黄裳校录,《远山堂明曲品剧品校录》,上海:上海出版公司,1955年。
祁承㸁,《澹生堂藏书目》,《绍兴先正遗书》,光绪年间刊本。
____,《澹生堂集》,崇祯年间刊本,中国国家图书馆藏微缩胶卷。
祁骏佳,《遁翁随笔》,《仰视千七百二十九鹤斋丛书》,绍兴:墨润堂书苑,1929年。
钱宝琛编,《壬癸志稿》,1880年。
钱谦益,《牧斋初学集》,《近代中国史料丛刊三编》,台北县永和市:文海出版社,1986年。
____,《有学集》,载《牧斋全集》,出版地不详,邃汉斋校印,1910年再版。
钱士升,《赐余堂集》,载《四库禁毁书丛刊》,据1739年刊本影印,北京:北京出版社,1997年。
钱肃乐,《钱忠介公集》,《四明丛书》,1934年。
《钱塘县志》,万历年间刊本,据《武林掌故丛编》1883年刊本影印,台北:台联国风出版社,1967年。
邱维屏,《邱邦士文集》,1875年。
全祖望,《钱肃乐年谱》,载《钱忠介公集》,四明丛书刊本,1934年。
《山阴县志》,1724年。
《山阴县志》,1803年。

《山阴县志》,1930年。
李慈铭编,《山阴县志校记》,上海:上海书店,1993年再版。
《上虞县志》,1811年。
《绍兴府志》,1683年。
《绍兴府志》,万历年间刊本,《四库全书存目丛书》,济南:齐鲁书社出版社,
　　　1997年。
《绍兴县志资料》,绍兴县修志委员会编,出版地不详:1937年-1939年。
《太仓州志》,1678年,中国国家图书馆藏微缩胶卷。
《太仓州志》,1803年。
《太仓州志》,1918年。
谈迁著,张宗祥校点,《国榷》,上海:上海古籍出版社,1958年。
汤显祖著,徐朔方笺校,《汤显祖集》,上海:上海人民出版社,1973年。
唐甄著,吴泽民编,《潜书附诗文录》,北京:中华书局,1955年。
陶望龄著,王应遴编,《歇菴集》,台北:伟文图书出版社,1976年。
屠隆,《栖真馆集》,1590年,中国国家图书馆藏微缩胶卷。
脱脱等修,《宋史》,北京:中华书局;上海:新华书店,1977年。
王崇简,《青箱堂诗文集》,序文,1676年,普林斯顿大学葛思德东方图书馆
　　　藏复本,东京内阁文库藏原本。
王衡,《王缑山先生集》,1616年,台北:文海出版社,1970年再版。
王鸣盛,《陈确安先生传》,载陈瑚,《圣学入门书》,《记过斋丛书》。
汪汝谦,《春星堂诗集》,载《丛睦汪氏遗书》,1886年。
王思任,《祁忠敏公年谱》,载《祁忠敏公日记》,绍兴:绍兴县修志委员会,
　　　1937年。
王阳明,《王阳明全书》四册,1953年,台北:正中书局,1970年再版。
王征,《仁会约引》,巴黎国家图书馆藏影印本。
温璜,《温氏母训》,《百部丛书集成》,台北:艺文印书馆印行,1965年,据《学
　　　海类编》本影印,上海:涵芬楼,1920年。
吴陈炎,《放生会约》,《昭代丛书别集》,1876年。
《乌程县志》,1746年。
吴镜沆,《陈安道先生年谱》,1893年,美国国会图书馆。
《襄城县志》,1746年。
《萧山县志》,1683年。
《萧山县志》,1751年。
谢肇淛,《五杂俎》,1608年,台北:新兴书局有限公司,1971年再版。
许重熙,《赐余堂集年谱》,载钱士升,《赐余堂集》,1739年,《四库禁毁书丛

刊》，北京：北京出版社，1997年。

____，《钱士升年谱》，载钱士升，《赐余堂集》，1739年，《四库禁毁书丛刊》，北京：北京出版社，1997年。

徐光启著，石声汉编，《农政全书校注》，上海：上海古籍出版社，1979年。

____著，王重民编，《徐光启集》，上海：中华书局，1963年。

许献、高廷珍编，《东林书院志》，1881年。

颜茂猷（光衷）编注，《迪吉录》，出版日期不详，哈佛燕京图书馆藏复本，普林斯顿大学葛思德东方图书馆藏有1631年祁彪佳序文的另一版本。

____，《迪吉录》，《四部全书存目丛书》，济南：齐鲁书社出版社，1997年。

杨东明，《山居功课》，1624年，普林斯顿大学葛思德东方图书馆藏复本，东京内阁文库藏原本。

姚文然，《姚端恪公文集》，序文，1685年，普林斯顿大学葛思德东方图书馆藏复本，东京内阁文库藏原本。

《姚江书院志略》，《中国历代书院志》，1794年，南京：江苏教育出版社，1995年再版。

叶绍袁等编，《启祯记闻录》，载乐天居士（孙毓修）编，《痛史》，上海：商务印书馆，1911年－1917年。

《虞城县志》，1895年。

虞淳熙，《虞德园先生集》，出版日期不详，普林斯顿大学葛思德东方图书馆藏复本，东京内阁文库藏原本。

余煌，《余忠节公遗文》，载《越中文献辑存书》，出版日期不详，哈佛燕京图书馆藏微缩胶卷。

与楷，《小云栖放生录》，据《武林掌故丛编》1883年刊本影印，台北：台联国风出版社，1967年。

余治编，《得一录》，1869年，台北：华文书局，1969年再版。

张陛，《救荒事宜》，《学海类编》，上海：涵芬楼，1920年。

张采，《知畏堂文存》，《四库禁毁书丛刊》，北京：北京出版社，1997年。

张大复，《梅花草堂笔谈》，《中国文学珍本丛书》第一辑，上海：上海杂志公司，1935年。

张岱，《琅嬛文集》，《中国文学珍本丛书》第一辑，上海：上海杂志公司，1935年。

____，《石匮书后集》，《续修四库全书》，上海：上海古籍出版社，1995年－1999年。

____，《陶庵梦忆》，台北：开明书店，1957年。

____，《西湖梦寻》，《中国文学珍本丛书》第一辑，上海：上海杂志公司，

1936年。

张介宾,《景岳全书》,《景印文渊阁四库全书》,台北:台湾商务印书馆,1985年。

张履祥,《言行见闻录》,载张履祥著,姚琏原编,《杨园先生全集》,序文,1644年,苏州:江苏书局,1871年再版。

张廷玉修,国防研究院明史编纂委员会编,《明史》,阳明山:中国美术印刷厂,1962年–1963年。

赵翼,《陔余丛考》,上海:商务印书馆,1957年。

郑瑄汇编,《福寿全书》;误归于陈继儒,崇祯年间刊本,普林斯顿大学葛思德东方图书馆藏。

支大纶,《支华平先生集》,万历年间刊本,中国国家图书馆藏微缩胶卷。

周孔教,《救荒条谕》,载陈继儒,《煮粥条议》附录,《学海类编》,上海:涵芬楼,1920年。

周梦颜,《万善先资集》,载周梦颜,《安士全书》,杭州:佛学推行社,1927年再版。

____,《阴骘文广义》,载周梦颜,《安士全书》,杭州:佛学推行社,1927年再版。

周汝登,《东越证学录》,1605年,《明人文集丛刊》第一辑,台北:文海出版社,1960年再版。

朱国祯,《涌幢小品》,1622年,上海:中华书局,1959年再版。

袾宏,《放生文》,载袾宏,《云栖法汇》,南京:金陵刻经处,1897年。

____,《戒杀放生文》,载袾宏,《云栖法汇》,南京:金陵刻经处,1897年。

____,《山房杂录》,载袾宏,《云栖法汇》,南京:金陵刻经处,1897年。

____,《遗稿》,载袾宏,《云栖法汇》,南京:金陵刻经处,1897年。

____,《云栖法汇》,南京:金陵刻经处,1897年。

____,《竹窗二笔》,载袾宏,《云栖法汇》,南京:金陵刻经处,1897年。

____,《竹窗随笔》,载袾宏,《云栖法汇》,南京:金陵刻经处,1897年。

朱轼,《广惠编》,日文再版题为《廣惠編像解》:上下,遠藤泰通[鶴洲]解说,《日本経済叢書》,1833年,东京:啓明社,1930年再版,第119–190页。

《淄川县志》,1743年。

二、近人论著

荒木见悟,《陳龍正の思想:東林学の一継承形態》,载九州大学中国哲学研究会编,《中国哲学論集》,第一集,福冈,1975年,第1–16页。

____,《陽明学の開展と仏教》,东京:研文出版,1984年。

陈桥驿,《绍兴地方文献考录》,杭州:浙江人民出版社,1983年。
程玉瑛,《晚明被遗忘的思想家罗汝芳(近溪)诗文事迹编年》,台北:广文书局,1995年。
藤田佳美,《明末、嘉興府嘉善県における救荒について》,《待兼山論叢,史学篇》18(1984),第23-44页。
夫马进,《中国善会善堂史研究》,京都:同朋舍出版,1997年。
____,《同善会小史:中国社会福祉史上における明末清初の位置づけのために》,《史林》65.4(1982),第37-76页。
____,《明末の都市改革と杭州民變》,《東方學報》,49期,1977年2月,第215-262页。
____,《善会、善堂の出発》,载小野和子编,《明清時代の政治と社会》,京都:京都大学人文科学研究所,1983年,第189-232页。
____著,伍跃、杨文信、张学锋译,《中国善会善堂史研究》,北京:商务印书馆,2005年。
傅衣凌,《明代江南市民经济试探》,上海:上海人民出版社,1963年。
罗竹风编,《汉语大词典》,10卷,1990年,上海:汉语大词典出版社,1991年再版。
星斌夫,《明代の養濟院について》,载星斌夫先生退官记念事业会编,《星博士退官记念中國史論集》,第131-150页,山形:1978年。
黄桂兰,《张岱生平及其文学》,台北:文史哲出版社,1977年。
黄依妹,《戒殺放生と仁の思想》,《鷹陵史学》13,1987年10月,第29-55页。
梁其姿,《施善与教化:明清的慈善组织》,台北:联经出版事业公司,1997年。
道端良秀,《中国仏教と社会福祉事業》,京都:法藏館,1967年。
沟口雄三,《いわゆる東林派人士の思想——前近代時期における中國思想の展開》,《東洋文化研究所紀要》75(1978年3月),第111-341页。
诸桥辙次,《大漢和辭典》,13卷,东京:大修館書店,1955年-1960年。
小笠原宣秀,《中国近世浄土教史の研究》,京都:百華苑,1963年。
奥崎裕司,《中國鄉紳地主の研究》,东京:汲古書院,1978年。
屈万里编,《普林斯顿大学葛思德东方图书馆中文善本书志》,台北:艺文印书馆,1975年,台北:联经出版事业公司,1984年再版。
酒井忠夫,《中国善書の研究》,1960年,东京:国書刊行会,1972再版。
____,《顔茂猷の思想について》,载《鎌田博士還暦記念歴史学論叢》,第259-273页,东京:鎌田先生還暦記念会,1969年。

寺田隆信,《祁彪佳と顏茂猷——〈迪吉録序〉の書かれた頃——》,载秋月观暎编,《道教と宗教文化》,第 471-488 页,东京:平河出版社,1987 年。

王德毅,《宋代灾荒的救济政策》,台北:台湾商务印书馆,1960 年。

王汎森,《日谱与明末清初思想家——以颜李学派为主的讨论》,《中央研究院历史语言研究所集刊》,69 卷 2 期(1998),第 245-294 页。

王兰荫,《明代之乡约与民众教育》,《师大月刊》,第 21 期(1935),第 103-122 页。

王宗培,《中国之合会》,1931 年,南京:中国合作学会,1935 年再版。

闻钧天,《中国保甲制度》,上海:商务印书馆,1936 年。

徐朔方编,《晚明曲家年谱》,3 卷,杭州:浙江古籍出版社,1993 年。

严中平,《中国棉纺织史稿》,北京:科学出版社,1963 年。

姚名达,《刘宗周年谱》,上海:商务印书馆,1934 年。

应裕康,《祁彪佳的生平及其传记资料》,《高雄师院学报》,第 15 期(1987 年 3 月),第 94-86 页(原文如此)。

————,《祁彪佳著作考》,《木铎》,第 11 期(1987 年 2 月),第 49-82 页。

Atwell, William S. "Ch'en Tzu-lung (1608-1647): A Scholar-Official of the Late Ming Dynasty." Ph. D. diss., Princeton University, 1975.

————. "From Education to Politics: The Fu She." In *The Unfolding of Neo-Confucianism*, edited by Wm. Theodore de Bary and the Conference on Seventeenth-Century Chinese Thought, pp. 333-367. New York: Columbia University Press, 1975.

————. "International Bullion Flows and the Chinese Economy circa 1530-1650." *Past and Present* 95 (May 1982), pp. 68-90.

————. "Notes on Silver, Foreign Trade, and the Late Ming Economy." *Ch'ing-shih wen-t'i* 3.8 (1977), pp. 1-33.

B. B. "The Life Saving Association and Other Benevolent Societies at Wuhu." *China Review* 6.4 (1878), pp. 277-283.

Berling, Judith A. "Religion and Popular Culture: The Management of Moral Capital in The Romance of the Three Teachings." In *Popular Culture in Late Imperial China*, edited by David Johnson, Andrew J. Nathan, and Evelyn S. Rawski, pp. 188-218. Berkeley: University of California Press, 1985.

Bodde, Derk. "*Lieh-tzu* and the Doves: A Problem of Dating." *Asia Major* 7.1-2 (1959), pp. 25-31.

Bohr, Paul Richard. *Famine in China and the Missionary: Timothy*

Richard as Relief Administrator and Advocate of National Reform, 1876 - 1884. Cambridge, MA: East Asian Research Center, Harvard University Press, 1972.

Brokaw, Cynthia. *The Ledgers of Merit and Demerit: Social Change and Moral Order in Late Imperial China*. Princeton, NJ: Princeton University, 1991.

Brook, Timothy. *Geographical Sources of Ming-Qing History*. Ann Arbor, MI: Center for Chinese Studies, 1988.

———. *Praying for Power: Buddhism and the Formation of Gentry Society in Late-Ming China*. Cambridge, MA: Harvard University Council on East Asian Studies, 1993.

———. "The Spatial Structure of Ming Local Administration." *Late Imperial China* 6.1 (1985), pp. 1 - 49.

Busch, Heinrich. "The Tung-lin Shu-yüan and Its Political and Philosophical Significance," *Monumenta Serica* 14 (1949 - 1955), pp. 1 - 163.

Buswell, Robert E., Jr., ed. *Chinese Buddhist Apocrypha*. Honolulu: University of Hawaii Press, 1990.

The Cambridge History of China, Vol. 7, *The Ming Dynasty*, 1368 - 1644, Part 1. Edited by Frederick W. Mote and Denis Twitchett. Cambridge: Cambridge University Press, 1988, 1998.

Campbell, Duncan. "Qi Biaojia's 'Footnotes to Allegory Mountain': Introduction and Translation." *Studies in the History of Gardens and Designed Landscapes* 19.3 - 4 (1999), pp. 239 - 271.

Carus, Paul. ed., and Teitaro Suzuki, trans. *T'ai-Shang Kan-Ying P'ien: Treatise of the Exalted One on Response and Retribution*. Chicago: Open Court Publishing, 1906.

Chan, Wing-tsit. *Religious Trends in Modern China*. 1953. Rpt., New York: Octagon Books, 1969.

Chang, Kang-i Sun. *The Late-Ming Poet Ch'en Tzu-lung: Crises of Love and Loyalism*. New Haven, CT: Yale University Press, 1991.

Chapple, Christopher Key. "Animals and the Environment in the Buddhist Birth Stories." In *Buddhism and Ecology: The Interconnection of Dharma and Deeds*, edited by Mary Evelyn Tucker and Duncan Ryūken Williams, pp. 131 - 148. Cambridge, MA: Harvard University

Center for the Study of World Religions Publications, 1997.

Ch'en, Kenneth. *Buddhism in China*. Princeton, NJ: Princeton University Press, 1964.

Cheng, Pei-kai. "Reality and Imagination: Li Chih and T'ang Hsien-tsu in Search of Authenticity." Ph. D. diss., Yale University, 1980.

Chow, Kai-wing. *Publishing, Culture, and Power in Early Modern China*. Stanford, CA: Stanford University Press, 1994.

____. *The Rise of Confucian Ritualism in Late Imperial China*. Stanford, CA: Stanford University Press, 1994.

Clarke, George W., trans. "The Yü-li or Precious Records." *Journal of the Royal Asiatic Society*, North China Branch, n. s., 28 (1893 - 1894). Shanghai: Royal Asiatic Society, 1898, pp. 233 - 400.

Cole, James H. *Shaoxing: Competition and Cooperation in Nineteenth - Century China*. Association for Asian Studies Monograph no. 44. Tucson: University of Arizona Press, 1986.

Concordance to Yi Ching, Harvard-Yenching Institute Sinological Index Series, Supplement no. 10, 1935. Rpt., Taibei: Chengwen shuju: Chinese Materials and Research Aids Service Center, 1966.

Cowell, Edward Byles, ed. *The Jātaka, or, Stories of the Buddha's Former Births*. Translated from the Pāli by various hands. 6 vols. Cambridge: Cambridge University Press, 1895 - 1907.

Cutter, Joe. *The Brush and the Spur: Chinese Culture and the Cockfight*. Shatin, Hong Kong: Chinese University Press, 1989.

Dardess, John W. *Blood and History in China: The Donglin Faction and Its Repression, 1620 - 1627*. Honolulu: University of Hawaii Press, 2002.

de Bary, Wm. Theodore. "Individualism and Humanitarianism in Late Ming Thought." In *Self and Society in Ming Thought*, edited by Wm. Theodore de Bary, pp. 145 - 247. New York: Columbia University Press, 1970.

de Bary, Wm. Theodore, and Conference on Ming Thought, eds. *Self and Society in Ming Thought*. New York: Columbia University Press, 1970.

Des Forges, Roger V. *Cultural Centrality and Political Change in Chinese History: Northeast Henan in the Fall of the Ming*. Stanford, CA:

Stanford University Press, 2003.

Dickens, Charles. *Bleak House*. New York: New American Library, 1964.

Dietrich, Craig. "Cotton Culture and Manufacture in Early Modern China." In *Economic Organization in Chinese Society*, edited by W. E. Willmott, pp. 109 - 135. Stanford, CA: Stanford University Press, 1972.

Dunstan, Helen. *Conflicting Counsels to Confuse the Age: A Documentary Study of Political Economy in Qing China, 1644 - 1840*. Ann Arbor: University of Michigan Center for Chinese Studies, 1996.

———. "The Late Ming Epidemics: A Preliminary Survey." *Ch'ing - shih wen-t'i* 3.3 (November 1975), pp. 1 - 59.

Egan, Ronald C. *Word, Image, and Deed in the Life of Su Shi*. Cambridge, MA: East Asian Council, Harvard University, 1994.

Eliasberg, Danielle. "Pratiques funéraires animales en chine ancienne et médiévale." *Journal Asiatique* 280. 1 - 2 (1992), pp. 115 - 144.

Elman, Benjamin A. *A Cultural History of Civil Examinations in Late Imperial China*. Berkeley: University of California Press, 2000.

Elvin, Mark. *The Pattern of the Chinese Past*. Stanford, CA: Stanford University Press, 1973.

Esherick, Joseph W., and Mary Backus Rankin. Introduction to *Chinese Local Elites and Patterns of Dominance*, edited by Joseph W. Esherick and Mary Backus Rankin. Berkeley: University of California Press, 1990.

Fairchilds, Cissie C. *Poverty and Charity in Aix-en-Provence, 1640 - 1789*. Baltimore: Johns Hopkins University Press, 1976.

Franke, Wolfgang. *An Introduction to the Sources of Ming History*. Kuala Lumpur: University of Malaya Press, 1969.

Fuma Susumu. "Late Ming Urban Reform and the Popular Uprising in Hangzhou." Translated from Japanese by Michael Lewis. In *Cities of Jiangnan in Late Imperial China*, edited by Linda Cooke Johnson, pp. 47 - 97, 204 - 214. Albany: State University of New York Press, 1993.

Gaylin, Willard. "In the Beginning: Helpless and Dependent." In *Doing Good: The Limits of Benevolence*, by Willard Gaylin, Ira Glasser, Steven Marcus, and David J. Rothman, pp. 1 - 38. New York:

Pantheon Books, 1978.

Gernet, Jacques. *Buddhism in Chinese Society: An Economic History from the Fifth to the Tenth Centuries*. Translated by Franciscus Verellen. New York: Columbia University Press, 1995. Originally published as *Les aspects économiques du Bouddhisme dans la société chinoise du Ve au Xe siècle*. Saigon: École française d'Extrême-Orient, 1956.

———. *China and the Christian Impact: A Conflict of Cultures*. Translated by Janet Lloyd. Cambridge: Cambridge University Press, 1985.

———. "Pitié pour les animaux." In *Dunhuang au Japan: Études chinoises et boudhiques offertes à Michel Soymié*, edited by Jean-Pierre Drège, pp. 293–300. Geneva: Droz, 1996.

Goodrich, L. Carrington, and Chaoying Fang, eds. *Dictionary of Ming Biography, 1368–1644*. 2 vols. New York: Columbia University Press, 1976.

Goossaert, Vincent. *L'interdit de boeuf en Chine: Agriculture, éthique et sacrifice*. Paris: Collège de France, Institute des Hautes Études Chinoises, 2005.

Gouda, Frances. *Poverty and Political Culture: The Rhetoric of Social Welfare in Netherlands and France, 1815–1854*. Lanham, MD: Rowman and Littlefield, 1995.

Graham, A. C., trans. *The Book of Lieh-tzu*. London: John Murray, 1960.

Groner, Paul. "The *Fan-wan ching* and Monastic Discipline in Japanese Tendai: A Study of Annen's Futsū jubosotsukai kōshaku." In *Chinese Buddhist Apocrypha*, edited by Robert E. Buswell, Jr., pp. 251–290. Honolulu: University of Hawaii Press, 1990.

Groot, J. J. M. de. *Le code du Māhayāna en chine: Son influence sur la vie monacale et sur le monde laïque*. Amsterdam: Johannes Muller, 1893.

———. "Miséricorde envers les animaux dans le Bouddhisme chinois." *T'oung Pao* 3 (1892), pp. 466–489.

Grove, Linda, and Christian Daniels, eds. *State and Society in China: Japanese Perspectives on Ming-Qing Social and Economic History*. Tokyo: University of Tokyo Press, 1989.

Hanan, Patrick. *The Invention of Li Yu*. Cambridge, MA: Harvard

University Press, 1988.

Handlin, Joanna F. [see also Smith, Joanna F. Handlin]. *Action in Late Ming Thought: The Reorientation of Lü K'un and Other Scholar-Officials*. Berkeley: University of California Press, 1983.

Hauf, Kandice. "The Community Covenant in Sixteenth-Century Ji'an Prefecture, Jiangxi." *Late Imperial China* 17. 2 (1996), pp. 1-50.

Heijdra, Martin. "The Socio-Economic Development of Rural China during the Ming." In *The Cambridge History of China*, vol. 7, *The Ming Dynasty, 1368-1644*, part 2, edited by Frederick W. Mote and Denis Twitchett. Cambridge: Cambridge University Press, 1998.

Hightower, James Robert, trans. *The Poetry of T'ao Ch'ien*. Oxford: Clarendon Press, 1970.

Himmelfarb, Gertrude. *Poverty and Compassion: The Moral Imagination of the Late Victorians*. New York: Alfred A. Knopf, 1991.

Ho, Ping-ti. *The Ladder of Success in Imperial China*. 1962. Rpt., New York: John Wiley and Sons, 1964.

Hsia, C. T. "Time and the Human Condition in the Plays of T'ang Hsien-tsu." In *Self and Society in Ming Thought*, edited by Wm. Theodore de Bary and the Conference on Ming Thought, pp. 249-290. New York: Columbia University Press, 1970.

Hsiao, Kung-chuan. *Rural China: Imperial Control in the Nineteenth Century*. 1960. Rpt., Seattle: University of Washington Press, 1967.

Hsu, Sung-peng. *A Buddhist Leader in Ming China: The Life and Thought of Han-Shan Te-ch'ing*. University Park: Pennsylvania State University Press, 1979.

Huang, Martin W. *Desire and Fictional Narrative in Late Imperial China*. Cambridge, MA: Harvard University Asia Center, 2001.

Huang, Ray. *1587, a Year of No Significance: The Ming Dynasty in Decline*. New Haven, CT: Yale University Press, 1981.

────. "Ni Yüan-lu: 'Realism' in a Neo-Confucian Scholar-Statesman." In *Self and Society in Ming Thought*, edited by Wm. Theodore de Bary and the Conference on Ming Thought, pp. 415-482. New York: Columbia University Press, 1970.

Huang Tsung-hsi. *The Records of Ming Scholars*. Edited by Julia Ching, with the collaboration of Chaoying Fang. Honolulu: University of

Hawaii Press, 1987.

Hucker, Charles O. *A Dictionary of Official Titles in Imperial China*. Stanford, CA: Stanford University Press, 1985.

———. "Su-chou and the Agents of Wei Chung-hsien." *Silver Jubilee Volume of the Zimbun kagaku kenkyūsyo*. Kyoto: Kyoto University, 1954. Rpt., *Two Studies on Ming History*, Michigan Papers in Chinese Studies 12, pp. 41–83. Ann Arbor: University of Michigan, Center for Chinese Studies, 1971.

———. "The Tung-lin Movement of the Late Ming." In *Chinese Thought and Institutions*, edited by John K. Fairbank, pp. 132–162. Chicago: University of Chicago Press, 1957.

Hummel, Arthur, ed. *Eminent Chinese of the Ch'ing Period*. Washington, DC: United States Government Printing Office, 1943–1944.

Hyde, Lewis. *The Gift: Imagination and the Erotic Life of Property*. 1979. Rpt., New York: Vintage Books, 1983.

Hymes, Robert P. "Moral Duty and Self-Regulating Process in Southern Sung Views of Famine Relief." In *Ordering the World: Approaches to State and Society in Sung Dynasty China*, edited by Robert P. Hymes and Conrad Schirokauer, pp. 280–309. Berkeley: University of California Press, 1993.

———. "Not Quite Gentlemen? Doctors in Sung and Yuan." *Chinese Science* 8 (1987), pp. 9–76.

———. *Statemen and Gentlemen: The Elite of Fu-Chou, Chiang-Hsi, in Northern and Southern Sung*. Cambridge: Cambridge University Press, 1986.

Hymes, Robert P., and Conrad Schirokauer, eds. *Ordering the World: Approaches to State and Society in Sung Dynasty China*. Berkeley: University of California Press, 1993.

Kafalas, Philip A. *In Limpid Dream: Nostalgia and Zhang Dai's Reminiscences of the Ming*. Norwalk, CT: East Bridge, 2007.

Kang-i Sun Chang. *The Late-Ming Poet Ch'en Tzu-lung: Crises of Love and Loyalism*. New Haven, CT: Yale University Press, 1991.

Kelley, David E. "Temples and Tribute Fleets: The Luo Sect and Boatmen's Associations in the Eighteenth Century." *Modern China* 8.3

(1982), pp. 261 - 291.

Ko, Dorothy. *Teachers of the Inner Chambers: Women and Culture in Seventeenth - Century China*. Stanford, CA: Stanford University Press, 1994.

Kobayashi Kazumi. "The Other Side of Rent and Tax Resistance Struggles: Ideology and the Road to Rebellion." In *State and Society in China: Japanese Perspectives on Ming-Qing Social and Economic History*, edited by Linda Grove and Christian Daniels, pp. 215 - 243. Tokyo: University of Tokyo Press, 1989.

Laufer, Berthold. *Tobacco and Its Use in Asia*. Anthropology Leaflet 18. Chicago: Field Museum of Natural History, 1924.

Law, Jane Marie. "Violence, Ritual, Reenactment, and Ideology: The *Hōjō-e* (Rite for Release of Sentient Beings) of the Usa Hachiman Shrine in Japan." *History of Religions* 33. 4 (1994), pp. 305 - 357.

Lawton, Thomas. *Chinese Figure Painting*. Boston: David R. Godine, in Association with Freer Gallery of Art, Smithsonian Institution, 1973.

Leeuwen, Marco H. D. van. *The Logic of Charity: Amsterdam, 1800 - 1850*. Translated by Arnold J. Pomerans. Basingstoke: Macmillan; New York: St. Martin's Press, 2000.

Legge, James, trans. *The Chinese Classics*. 5 vols. 1893 - 1895. Rpt., 3rd ed., Hong Kong: Hong Kong University Press, 1960. See below for individual volumes within this multivolume edition.

———. *The Ch'un Ts'ew with The Tso Chuen*. In *The Chinese Classics*, vol. 5.

———. *Confucian Analects*. In *The Chinese Classics*, vol. 1.

———. *The Doctrine of the Mean*. In *The Chinese Classics*, vol. 1.

———. *The Great Learning*. In *The Chinese Classics*, vol. 1.

———. *The She King, or, The Book of Poetry*. In *The Chinese Classics*, vol. 4.

———. *The Thai-Shang Tractate of Actions and Their Retributions*. In *The Texts of Taoism*, with introduction by D. T. Suzuki. New York: Julian Press, 1959, pp. 673 - 686.

———. *The Works of Mencius*. In *The Chinese Classics*, vol. 2.

———. *The Writings of Chuang Tzu*. In *The Texts of Taoism*, with introduction by D. T. Suzuki. New York: Julian Press, 1959, pp. 212 - 672.

Leung, Angela Ki Che [see also Liang Qizi]. "L'accueil des enfants abandonnés dans la Chine du bas-Yangzi aux XVIIe et VIIIe siècles." *Études chinoises* 4. 1 (1985), pp. 15 - 54.

———. "Medical Instruction and Popularization in Ming-Qing China." *Late Imperial China* 24. 1 (2003), p. 148.

———. "Organized Medicine in Ming-Qing China: State and Private Medical Institutions in the Lower Yangzi Region." *Late Imperial China* 8. 1 (June 1987), pp. 134 - 166.

Li, Lillian M. *Fighting Famine in North China: State, Market, and Environmental Decline, 1690s - 1990s*. Stanford, CA: Stanford University Press, 2007.

Littrup, Leif. *Subbureaucratic Government in China in Ming Times: A Study of Shandong Province in the Sixteenth Century*. Oslo: Universitetsforlaget, 1981.

Liu, Hui-chen Wang. *The Traditional Chinese Clan Rules*. Monographs of the Association for Asian Studies no. 7. Locust Valley, NY: J. J. Augustin, 1959.

Liu, James T. C. "Liu Tsai (1165 - 1238): His Philanthropy and Neo - Confucian Limitations." *Oriens Extremus* 25. 1 (1978), pp. 1 - 29.

Liu Ts'un-yan. "Yüan Huang and His 'Four Admonitions.'" *Journal of the Oriental Society of Australia* 5. 1 -- 2 (December 1967), pp. 108 - 132.

Lum, Raymond David. "Philanthropy and Public Welfare in Late Imperial China." Ph. D. diss., Harvard University, 1985.

Mao Zedong. *Report from Xunwu*. Translated, introduced, and annotated by Roger R. Thompson. Stanford: Stanford University Press, 1990.

Mather, Richard. "The Bonze's Begging Bowl: Eating Practices in Buddhist Monasteries of Medieval India and China." *Journal of the American Oriental Society* 101. 4 (October - December 1981), pp. 417 - 424.

Mauss, Marcel. *The Gift: Forms and Functions of Exchange in Archaic Societies*. Translated by Ian Cunnison, with introduction by E. E. Evans-Pritchard. Rpt., New York: W. W. Norton, 1967.

McDermott, James P. "Animals and Humans in Early Buddhism." *Indo - Iranian Journal* 32. 4 (1989), pp. 269 - 280.

Meskill, John. "Academies and Politics in the Ming Dynasty." In *Chinese Government in Ming Times: Seven Studies*, edited by Charles O. Hucker, pp. 149-174. New York: Columbia University Press, 1967.

Miyazaki, Ichisada. *China's Examination Hell: The Civil Service Examinations of Imperial China*. Translated by Conrad Schirokauer. 1976. Rpt., New Haven, CT: Yale University Press, 1981.

Mori, Masao. "The Gentry in the Ming: An Outline of the Relations Between the *Shih-ta-fu* and Local Society." *Acta Asiatica* 38 (1980), pp. 31-53.

Mote, Frederick W. "Confucian Eremitism in the Yüan Period." In *The Confucian Persuasion*, edited by Arthur F. Wright, pp. 202-240. Stanford, CA: Stanford University Press, 1960.

Naquin, Susan. *Peking: Temples and City Life, 1400-1900*. Berkeley: University of California Press, 2000.

Naquin, Susan, and Chün-fang Yü, eds. *Pilgrims and Sacred Sites in China*. Berkeley: University of California Press, 1992.

Nienhauser, William H., Jr., ed. *The Indiana Companion to Traditional Chinese Literature*. Bloomington: Indiana University Press, 1986.

Norberg, Kathryn. *Rich and Poor in Grenoble, 1600-1814*. Berkeley: University of California Press, 1985.

Ocko, Jonathan. *Bureaucratic Reform in Provincial China*. Cambridge, MA: Harvard University Press, 1983.

Orwell, George. *Burmese Days*. Vol. 2 of *The Complete Works of George Orwell*, edited by Peter Davison. London: Secker and Warburg, 1986.

Oxford English Dictionary Online, 2d edition. Oxford University Press, 2003.

Palatre, Gabriel. *L'infanticide et l'oeuvre de la Sainte-Enfance en Chine*. Shanghai: Autographie de la Mission Catholique à l'Orphelinat de Tou-sè-wè, 1878.

Prip-Møller, J. *Chinese Buddhist Monasteries*. 1937. Rpt., Hong Kong: Hong Kong University Press, 1967.

Rankin, Mary Backus. *Elite Activism and Political Transformation in China: Zhejiang Province, 1865-1911*. Stanford, CA: Stanford University Press, 1986.

Rawski, Evelyn Sakakida. *Education and Popular Literary in Ch'ing*

China. Michigan Studies in China. Ann Arbor: University of Michigan Press, 1979.

"Report of the Foundling Hospital at Shanghai, translated from the original for the Chinese Repository." *Chinese Repository* 14. 4 (1945), pp. 177-195.

Rhoads, Edward J. M. "Merchant Associations in Canton, 1895-1911." In *The Chinese City between Two Worlds*, edited by Mark Elvin and G. William Skinner, pp. 97-117. Stanford, CA: Stanford University Press, 1974.

Richard, Timothy. *Forty-five Years in China: Reminiscences*. New York: Frederick A. Stoker, 1916.

Riely, Celia Carrrington. "Tung Ch'i-ch'ang's Life." In *The Century of Tung Ch'i-ch'ang, 1555-1636*, edited by Wai-kam Ho, 2 vols., 2: 287-457. Seattle: Nelson-Atkins Museum of Art, in association with the University of Washington Press, 1992.

Ritvo, Harriet. *The Animal Estate: The English and Other Creatures in the Victorian Age*. Cambridge, MA: Harvard University Press, 1987.

Roberts, A. D. S. "Civil Disturbance in I-hsing in 1633." *Ming Studies* 24 (Fall 1987), pp. 58-64.

Rothman, David. Introduction to *Doing Good: The Limits of Benevolence*, by Willard Gaylin, Ira Glasser, Steven Marcus, and David J. Rothman. New York: Pantheon Books, 1978.

Rowe, William T. *Hankow: Commerce and Society in a Chinese City, 1796-1889*. Stanford, CA: Stanford University Press, 1984.

——. *Saving the World: Chen Hongmou and Elite Consciousness in Eighteenth-Century China*. Stanford, CA: Stanford University Press.

Sakai Tadao. "Confucianism and Popular Educational Works." In *Self and Society in Ming Thought*, edited by Wm. Theodore de Bary, pp. 331-366. New York: Columbia University Press, 1970.

Salamon, Lester M. "The Rise of the Nonprofit Sector." *Foreign Affairs* 74. 4 (July-August 1994), pp. 109-122.

Salisbury, Harrison E. "In China, 'A Little Blood.'" Op-ed piece, *New York Times*, 13 June 1989.

Schafer, Edward H. *Tu Wan's Stone Catalogue of Cloudy Forest*.

Berkeley: University of California Press, 1961.

Scogin, Hugh. "Poor Relief in Northern Sung China." *Oriens Extremus* 25. 1 (1978), pp. 30 – 46.

Sen, Amartya. *Poverty and Famines: An Essay on Entitlement and Deprivation*. 1981. Rpt., Oxford: Oxford University Press, 1991.

Shek, Richard. "Testimony to the Reliance of the Mind: The Life and Thought of P'eng Shao-sheng (1740 – 1796)." In *Cosmology, Ontology, and Human Efficacy: Essays in Chinese Thought*, edited by Richard J. Smith and D. W. Y. Kwok, pp. 81 – 111. Honolulu: University of Hawaii Press, 1993.

Smith, Arthur H. *Chinese Characteristics*. Rev. ed., New York: Fleming H. Revell, 1894.

――. *Village Life in China*. 1899. Rpt., New York: Greenwood Press, 1969.

Smith, Joanna F. Handlin. "Gardens in Ch'i Piao-chia's Social World: Wealth and Values in Late-Ming Kiangnan." *Journal of Asian Studies* 51. 1 (1992), pp. 55 – 81.

――. "Social Hierarchy and Merchant Philanthropy as Perceived in Several Late-Ming and Early-Qing Texts." *Journal of the Economic and Social History of the Orient* 41. 3 (1998), pp. 417 – 451.

Spence, Jonathan D. *Return to Dragon Mountain: Memories of a Late Ming Man*. New York: Viking Press, 2007.

Spring, Madeline K. *Animal Allegories in T'ang China*. American Oriental Series no. 76. New Haven, CT: American Oriental Society, 1993.

So, Kwan-wai. *Japanese Piracy in Ming China during the Sixteenth Century*. Ann Arbor: Michigan State University Press, 1975.

Standaert, Nicolas. *Yang Tingyun, Confucian and Christian in Late Ming China: His Life and Thought*. Sinica Leidensia no. 19. Leiden: E. J. Brill, 1988.

Tanaka Masatoshi. "Popular Uprisings, Rent Resistance, and Bondservant Rebellions in the late Ming." In *State and Society in China: Japanese Perspectives on Ming-Qing Social and Economic History*, edited by Linda Grove and Christian Daniels, pp. 79 – 100. Tokyo: University of Tokyo Press, 1989.

Tang Zhen. *Écrits d'un sage encore inconnu*. Translated and annotated by

Jacques Gernet. Paris: Gillimard/UNESCO, 1991.

Taylor, Rodney Leon. *The Cultivation of Sagehood as a Religious Goal in Neo-Confucianism: A Study of Selected Writings of Gao P'an-lung, 1562 - 1626*. Missoula, MT: Scholars Press, 1978.

Tsu, Yu-Yue. *The Spirit of Chinese Philanthropy: A Study in Mutual Aid*. 1912. Rpt. , New York: AMS Press, 1968.

Twitchett, Denis. "The Fan Clan's Charitable Estate, 1050 - 1760. " In *Confucianism in Action*, edited by David S. Nivison and Arthur F. Wright, pp. 97 - 133. Stanford, CA: Stanford University Press, 1959.

Unschuld, Paul U. *Medical Ethics in Imperial China: A Study in Historical Anthropology*. Berkeley: University of California Press, 1979.

Übelhör, Monika. "The Community Compact (*Hsiang-yüeh*) of the Sung and Its Educational Significance. " In *Neo - Confucian Education: The Formative Stage*, edited by Wm. Theodore de Bary and John W. Chaffee, pp. 371 - 388. New York: Columbia University Press, 1989.

Van Slyke, Lyman P. *Yangtze: Nature, History, and the River*. Reading, MA: Addison-Wesley Publishing, 1988.

von Glahn, Richard. "Community and Welfare: Chu Hsi's Community Granaries in Theory and Practice." In *Ordering the World: Approaches to State and Society in Sung Dynasty China*, edited by Robert P. Hymes and Conrad Schirokauer, pp. 221 - 354. Berkeley: University of California Press, 1993.

——. "The Enchantment of Wealth: The God Wutong in the Social History of Jiangnan." *Harvard Journal of Asiatic Studies* 51. 2 (1991), pp. 651 - 714.

——. *Fountain of Fortune: Money and Monetary Policy in China, 1000 - 1700*. Berkeley: University of California, 1996.

——. "Municipal Reform and Urban Social Conflict in Late Ming Jiangnan." *Journal of Asian Studies* 50. 2 (1991), pp. 280 - 307.

Wakeman, Frederic, Jr. "The Civil Society and Public Sphere Debate: Western Reflections on Political Culture." Symposium: "Public Sphere/Civil Society in China? Paradigmatic Issues in Chinese Studies," part 3. *Modern China* 19. 2 (April 1993), pp. 108 - 138.

Wakeman, Frederic, Jr. , and Carolyn Grant, eds. *Conflict and Control in*

Late Imperial China. Berkeley: University of California Press, 1975.

Waltner, Ann. "Visionary and Bureaucrat in the Late Ming." Late Imperial China 8.1 (1987), pp. 105 – 133.

Wang Yangming. Instructions for Practical Living and Other Neo – Confucian Writings, by Wang Yang-ming. Translated, introduced by, and with notes by Wing-tsit Chan. New York: Columbia University Press, 1963.

Watt, John B. "The Yamen and Urban Administration." In The City in Late Imperial China, edited by G. William Skinner, pp. 353 – 390. Stanford, CA: Stanford University Press, 1977.

Weaver, Warren. U. S. Philanthropic Foundations. New York: Harper and Row, 1967.

Weinstein, Stanley. Buddhism under the T'ang. Cambridge: Cambridge University Press, 1987.

Welch, Holmes. The Buddhist Revival in China. Cambridge, MA: Harvard University Press, 1968

——. The Practice of Chinese Buddhism, 1900 – 1950. Cambridge, MA: Harvard University Press, 1967.

Wiens, Mi Chü. "Cotton Textile Production and Rural Social Transformation in Early Modern China." Journal of the Institute of Chinese Studies of the Chinese University of Hong Kong 7.2 (1974), pp. 515 – 534.

——. "Socioeconomic Change during the Ming Dynasty in the Kiangnan Area." Ph. D. diss., Harvard University, 1973.

Will, Pierre-Étienne. Bureaucracy and Famine in Eighteenth – Century China. Translated by Elborg Forster. Stanford, CA: Stanford University Press, 1990.

——. "Un cycle hydraulique en Chine: la province du Hubei du XVIe au XIXe siècles." Bulletine de l'école française d'extrême-orient 68 (1980), pp. 261 – 287.

——. Handbooks and Anthologies for Officials in Imperial China: A Descriptive and Critical Bibliography. Leiden: Brill, 2020.

Will, Pierre-Étienne, and R. Bin Wong, with James Lee. Nourish the People: The State Civilian Granary System in China, 1650 – 1850. Ann Arbor: Michigan Monographs in Chinese Studies no. 60, 1991.

Wong, R. Bin, and Peter C. Perdue. "Famine's Foes in Ch'ing China." *Harvard Journal of Asiatic Studies* 43.1 (1983), pp. 293-332.

Woodham-Smith, Cecil. *The Great Hunger, Ireland, 1845-1849*. 1962. Rpt., London: Penguin Books, 1991.

The Works of Hsuntze. Translated and annotated by Homer H. Dubs. London: Arthur Probsthain, 1928.

Wu, Nelson I. "Tung Ch'i-ch'ang (1555-1636): Apathy in Government and Fervor in Art." In *Confucian Personalities*, edited by Arthur F. Wright and Denis Twitchett, pp. 260-293. Stanford, CA: Stanford University Press, 1962.

Wu, Pei-yi. "An Ambivalent Pilgrim to T'ai Shan in the Seventeenth Century." In *Pilgrims and Sacred Sites in China*, edited by Susan Naquin and Chün-fang Yü, pp. 65-88. Berkeley: University of California Press, 1992.

——. "Childhood Remembered: Parents and Children in China, 800-1700." In *Chinese Views of Childhood*, edited by Anne Behnke Kinney, pp. 129-156. Honolulu: University of Hawaii Press, 1995.

——. *The Confucian's Progress: Autobiographical Writings in Traditional China*. Princeton, NJ: Princeton University Press, 1990.

Yang, C. K. *Religion in Chinese Society*. Berkeley: University of California Press, 1967.

Yang, Lien-sheng. "The Concept of *Pao* as a Basis for Social Relations in China." In *Chinese Thought and Institutions*, edited by John K. Fairbank, 1957, pp. 3-23. Rpt., Chicago: University of Chicago Press, 1967.

——. "Economic Justification for Spending: An Uncommon Idea in Traditional China." In *Studies in Chinese Institutional History*, by Lien-sheng Yang, pp. 58-74. Rpt., Cambridge, MA: Harvard University Press, 1963.

Yim, Shui-yuen. "Famine Relief Statistics as a Guide to the Population of Sixteenth-Century China: A Case-Study of Honan Province." *Ch'ing-shih wen-t'i* 3.9 (1978), pp. 1-30.

Yü, Chün-fang. *The Renewal of Buddhism in China: Chu-hung and the Late Ming Synthesis*. New York: Columbia University Press, 1981.

Zeitlin, Judith T. "The Petrified Heart: Obsession in Chinese Literature,

Art, and Medicine." *Late Imperial China* 12. 1 (June 1991), pp. 1 - 25.

Zürcher, Erik. "Christian Social Action in Late Ming Times: Wang Zheng and His 'Humanitarian Society.'" In *Linked Faiths: Essays on Chinese Religions and Traditional Culture in Honour of Kristofer Schipper*, edited by Jan A. M. De Meyer and Peter M. Engelfriet, pp. 269 - 286. Leiden: E. J. Brill, 2000.

索 引[①]

注意:在下列条目中,缩略语 js,后面跟着一个日期,代表所列之人在科举考试制度中获得进士功名的年份。

academies 书院, 59, 120, 232, 233, 339 注 83。See also Donglin Academy 另见东林书院
Achievements While Living in the Hills (*Shanju gongke*;Yang Dongming)《山居功课》(杨东明), 70
activism, local 地方能动主义, 152, 254, 277, 281; of Chen Longzheng 陈龙正, 73, 120, 122; of Qi Biaojia 祁彪佳, 250, 262 - 264, 268
An Guo (1481 - 1534) 安国, 112
An Lushan rebellion 安史之乱, 16
Analects《论语》, 136, 244, 302 注 74, 318 注 84
animals 动物: as analogues for the weak 与弱者的类比, 36 - 41; aquatic 水生的, 19, 21, 28, 31 - 32, 33, 36; attitudes toward 观点, 16 - 17; Buddhism on 佛教, 32, 33, 34, 243, 294 注 44, 298 注 125; burial of 埋葬, 297 注 102; and children 子女, 15, 34 - 35, 38, 40; compassion for 同情心, 15 - 16, 26, 32 - 35, 37 - 38, 41; Confucianism on 儒学, 24, 25, 30, 294 注 44; feelings of 情感, 32 - 35; and frugality 节俭, 58,

---

[①] 条目后的页码为原书页码;在英文版中,注释放在书的后面,每章均按顺序编号。

119；human relationship to 与人类的关系，35 – 36；Jesuits on 耶稣会士，26；as "other" "他者"，40，41；sacrifice of 牺牲，22，25，266；social lives of 社会生活，33，40

animals, liberation of (*fangsheng*) 放生，15 – 42；vs. aid to human beings 与救助人类的对比，15，38 – 39，73，249；and benevolent societies 善会，39，42，43，44，54，72，74；and Buddhism vs. Confucianism 佛教与儒学的对比，23 – 25；criticism of 批评，37 – 39，93，94；didactic tales on 教化故事，19 – 21，258；and frugality 节俭，26 – 28；meanings of 意义，25 – 36，41 – 42；motivations for 动机，16 – 17，164，272；ponds for (*fangsheng chi*) 放生池，19，21，28，37，136；proselytizing for 劝化，21 – 22；social organizations for 社会组织，17，19，21，22，30，38，159，223，224；and social relationships 社会关系，28 – 30，39 – 40，280；on special occasions 特殊时刻，16，18 – 19，21；symbolism of 象征，73，94；term for 术语，16，18；and value of life 生命的价值，41，207；and the West 西方，254. *See also* vegetarianism 另见素食主义

associations 社团，voluntary 自愿的，25，41 – 42；and civil society 公民社会，281；of common people 百姓，49 – 50；for liberating animals 放生动物，17，19，21，22，30，38，159，223，224；literary 文学的，46 – 48，51，53，223；politically suspect 政治上的怀疑，30，63，68，120 – 121，152；and social relations 社会关系，223，232；of vegetarians 素食者，29；and Western influence 西方的影响，253 – 254. *See also* Bearing Witness Society 另见证人社；benevolent societies 善会；Restoration Society 复社

authority 权威：in benevolent societies 善会，62 – 70，71，72，139，140，143，154；borrowing of 借用，239，240；of Gao Panlong 高攀龙，63，68，69，71，283；imperial 帝国的，76，280 – 281；local 地方的，280 – 281；of marginal elites 边缘精英，232，244 – 245；moral 道德的，10，62 – 70，71，78，198，232，244 – 245，257，276 – 278，283；official 官员，63，197 – 198，201，239，240，245，280 – 281；political 政治的，71，280 – 281；of Qi Biaojia 祁彪佳，197 – 198；and social status 社会地位，10，130，245，257；and wealth 财富，62；of Zhang Cai 张采，139，141

Bai Juyi (772 – 846) 白居易，16

bandits 土匪，102，103，104，196，198，260，315 注 130；and famine 饥荒，157 – 158，194 – 195. *See also* pirates 另见海寇；social disorder 社会失序

baoying 报应，17，255. See also retribution and response 另见感应

Bearing Witness Society (Zhengren she) 证人社，211，212，223，232 – 233，

236, 250, 251

beggars 乞丐, 83, 84, 93-94, 163, 195, 245, 257

benefactors 捐助者: and beneficiaries 受助者, 148-149, 150, 248; categories of 类型, 181-184; childhoods of 童年, 10, 57-58; elite as 精英, 5, 113-120; as exemplars 典型, 263-264; filial piety of 孝道, 7, 57, 256, 323 注 40, 330 注 12; hard work (*laoku*) of 劳苦, 268-270, 273-274; independent 单独, 72, 91-94, 181-184, 220, 241; moral authority of 道德权威, 276-278; motivations of 动机, 4, 9-11, 16-17, 67-68, 164, 181, 240, 267, 271-276, 278, 279, 283-284; and personal loss 个人损失, 164-165, 170, 171, 192, 222-223, 283-284; poor 贫穷, 232; records of 记录, 5-6, 11, 43, 158-159, 215, 267, 276; rewards for 奖赏, 65, 66, 243, 247, 249, 267, 271-276, 348 注 160; shared beliefs of 共同信仰, 248-278; and social disorder 社会失序, 11, 268, 269, 271, 278, 283; women as 妇女, 5, 6

beneficiaries 受助者: beggars as 乞丐, 83, 84, 93-94, 163, 195, 245, 257; and benefactors 捐助者, 148-149, 150, 248; categories of 类型, 179, 183-184; choice of 选择, 88, 91, 139, 148; deserving vs. undeserving 值得受济与不值得受济的对比, 84-85, 88, 91, 93-94, 97, 145-146, 147, 253, 284; filial piety of 孝道, 83, 84, 88, 144; genteel poor as 有教养的穷人, 84, 148, 184, 248; investigation of 调查, 88-89, 173, 176, 177, 178; marginal elite as 边缘精英, 135-136, 148, 150; monks as 僧人, 84, 93, 96, 145-146, 165, 243, 262; prisoners as 囚犯, 94, 96, 104, 108-109, 148, 159, 222, 249; records of 记录, 86, 88-89, 100, 123, 183, 185, 208; rural vs. urban 农村与城市的对比, 97-99, 283; of Taicang benevolent society 太仓同善会, 142, 143-150; temporal distance of 时间距离, 148-149; vagrants as 流民, 189-191, 193, 195, 197, 216, 242, 244, 245, 266, 276, 342 注 189; women as 妇女, 83, 84, 142, 178, 191, 234

benevolent societies 善会: alternatives to 替代方案, 72-101; authority in 权威, 62-70, 71, 72, 139, 140, 143, 154; behavior in 行为, 47-48; buildings of 房屋, 120, 141-142; and bureaucracy 官僚, 48-49, 76; and burials of poor 埋葬穷人, 82, 83, 89, 221; of Chen Longzheng 陈龙正, 63-65, 66, 68-69, 70, 101, 107, 114, 115, 119, 121; vs. community compacts 与乡约的对比, 72, 74-82, 139, 140; competition in 竞争, 52, 141-143; cooperation in 合作, 47, 79, 86, 139-143;

453

disputes within 争论, 123 – 124, 130, 139 – 143; donations to 捐赠, 83, 87, 114, 262; early 早期的, 4, 43 – 71; elite view of 精英观点, 150 – 153; and *fangsheng* 放生, 39, 42, 43, 44, 54, 72, 74; first 首先, 25, 43, 45 – 49, 69; and Gao Panlong 高攀龙, 59, 72, 75 – 82, 119, 121, 150, 154; geographical scope of 地理范围, 79, 97 – 101; vs. individual charity 与单独行善的对比, 82 – 86, 90, 148 – 150; lectures to 讲话, 6, 69, 73, 75 – 82, 85, 102 – 122, 140, 141, 142, 152, 256, 261, 264, 277; legitimacy of 合法性, 44, 50, 62 – 70, 76, 120 – 121; limited resources of 有限的资源, 91 – 94, 98, 100, 246; vs. lineage 与宗族的对比, 44, 71, 95 – 97; as loan societies 钱会, 118 – 119; and local community 地方社区, 47, 72, 77, 99 – 101; and local elites 地方精英, 48 – 49, 70, 150 – 153; and Lu Shiyi 陆世仪, 121, 130, 136; and marginal elite 边缘精英, 114, 117, 123 – 154; moral leadership of 道德领导, 51, 52, 68, 69, 94, 97; moral vision of 道德视野, 83 – 86, 88, 101, 255, 258, 283; motivations for 动机, 4, 9 – 11; and officials 官员, 52, 63, 68, 76, 140; and poetry groups 诗社, 46 – 48, 51, 53; proselytizing of 劝化, 79, 100, 101, 115; publicity for 宣传, 48, 49, 90; in Qing dynasty 清代, 43 – 44, 70, 286; records of 记录, 48, 87 – 88, 123 – 124; regulations for 条约, 47 – 49, 69, 78, 86 – 91, 98, 140, 143, 285, 301 注 56; routinization of 惯例, 47 – 48, 149; and social hierarchy 社会阶层, 48 – 49, 51 – 52, 63, 70, 78, 79, 82, 83, 88, 140, 149 – 150, 280; socializing at 社会化, 47, 86; spread of 传播, 50 – 51, 52, 56, 71, 120; and the state 国家, 44, 46, 48 – 49, 52, 71, 72; and temporal distance 时间距离, 148 – 149; terms for 术语, 7; and transregional relations 跨区域的关系, 246; and universal harmony 大同, 43, 51, 99 – 101, 150, 154; and wealth 财富, 50, 52, 56, 78, 79, 121 – 122; and Yang Dongming 杨东明, 43, 45, 46, 69, 86, 119, 121, 140, 150, 154, 167, 220, 223, 244, 246, 254, 279. *See also* Taicang benevolent society 另见太仓同善会

Benyuan (monk) 本原 (僧人), 342 注 178

Bi Jiuchen (Yutai) 毕九臣 (玉台), 174, 193, 194, 197, 214, 271, 274; and dispensaries 药局, 238, 239; and granaries vs. imports 仓储与进口的对比, 207, 209; and inspection tours 巡行, 199, 202; and Qi Biaojia 祁彪佳, 198, 217

Book of Brahmā's Net, The (Fanwang jing)《梵网经》, 16, 23, 35

Book of Changes (Yijing)《易经》, 73

Book of Poetry (Shijing)《诗经》, 36, 129

Book on Relieving Famine and Keeping the People Alive (Jiuhuang huomin shu; Dong Wei)《救荒活民书》(董煟), 171

Buddhism 佛教; and accumulating merit 积累功德, 251, 252, 344 注 42; and animals 动物, 16, 21, 23–25, 29, 32, 33, 34, 36, 41, 243, 294 注 44, 298 注 125; attitudes toward 态度, 38, 63, 96; Chan 禅, 23, 66; and charity 慈善, 11, 55, 72, 159, 249, 277, 290 注 19; and Christianity 基督教, 253; and Confucianism 儒学, 23–25, 30, 243, 250, 254, 294 注 44; and elite 精英, 250–252, 275, 277, 303 注 90; and *fangsheng* 放生, 16, 23, 36, 41; and karma 果报, 53, 81, 252, 255; Ming revival of 明代的复兴, 21–25; and nonkilling 戒杀, 21, 29; proselytizing for 劝化, 21–22; and *shengsheng* 生生, 73; and vegetarianism 素食主义, 27, 251, 292 注 2; in the West 在西方, 292 注 3

bureaucracy 官僚. *See* civil service examinations 见科举考试; officials 官员

burial 埋葬, 49, 245; of abandoned corpses 弃尸, 221–222, 258, 335 注 186; of animals 动物, 297 注 102; by benevolent societies 善会, 82, 83, 89, 221; coffins donated for 施棺, 90, 98, 130, 146, 147, 148; by individual charity 单独行善, 82, 91–92; merit earned for 积累功德, 257, 258; by monks 僧人, 159, 175, 189, 222, 244, 326 注 123, 335 注 186

burial society (*yange hui*) 掩骼会, 82

cannibalism 吃人, 45, 137, 153, 154, 321 注 185, 328 注 185, 335 注 186

Cao Fen 曹鈖, 144, 147, 149

Cao Xun (*js.* 1628) 曹勋 (1628 年进士), 91, 92

charitable estates (*yizhuang*) 义庄, 4, 44, 58, 95, 96, 111, 285

charity 慈善: Chinese traditions of 中国的传统, 1–4, 249–254; collective vs. individual 集体与单独的对比, 72, 82–86, 91–94, 148–150, 181–184, 241, 284–285; as family tradition 家庭传统, 63–65; limited resources for 有限资源, 91–94, 98, 100, 246; motivations for 动机, 4, 9–11, 16–17, 67–68, 164, 181, 240, 267, 271–276, 278, 279, 283–284; no-cost 不费钱, 114, 123; organization of 组织, 67, 86–94, 95, 161, 165–170, 224–227, 268; from poor 穷人, 232; routinization of 惯例, 47–48, 85, 149, 285; shared belief in 共同信仰, 248–278; terms for 术语, 3, 7–8, 26; Western views on Chinese 西方对中国人的看法,

1-3, 350 注 6

Chen Changyao 陈长耀, 176, 186, 189, 190, 239

Chen Chaodian 陈朝典, 144

Chen Di (Yizhai; 1541-1617) 陈第 (一斋), 24

Chen Hongmou (1696-1771) 陈宏谋, 308 注 135, 345 注 44

Chen Hu (1613-1675) 陈瑚, 140, 142, 146, 317 注 35; as beneficiary 受助者, 143-144, 149, 150; diaries of 日记, 125, 129, 130, 258; and Lu Shiyi 陆世仪, 132, 133, 141, 151, 307 注 75, 319 注 112; and social disorder 社会失序, 136, 138

Chen Huanzhou 成环洲, 197, 203, 204

Chen Jiru (1558-1639) 陈继儒, 111, 262, 272, 348 注 157

Chen Kui 陈揆, 261

Chen Longzheng (1585-1645) 陈龙正, 6, 44, 150, 220, 246, 303 注 87; and abandoned children 弃儿, 117-118; on accumulating merit 积累功德, 254, 261-262, 344 注 42; anxiety of 焦虑, 282; beliefs of 信仰, 154, 251, 267, 277, 282, 303 注 90; benevolent society of 同善会, 63-65, 66, 68-69, 70, 101, 107, 114, 115, 119, 121, 141-142; and burials for poor 埋葬穷人, 221; and Christianity 基督教, 253; and community compacts 乡约, 75, 139; and Ding Bin 丁丙, 84, 135, 277; empathy of 同理心, 103-104, 108-109; enlightenment of 觉悟, 72-74; and fangsheng 放生, 15, 28, 39; and frugality 节俭, 110, 111, 113, 115-116, 149; and Gao Panlong 高攀龙, 63, 73, 81, 82; and individual charity 单独行善, 82, 83, 91-94; lectures by 讲话, 256, 263, 264, 277; and lineage 宗族, 95-96, 97; and local district 本地, 99-101; vs. Lu Shiyi 与陆世仪的对比, 128, 130, 135, 148; and mental vs. physical labor 脑力劳动与体力劳动的对比, 89-90; on money 金钱, 84, 116-117; on moral imperative 道德使命, 249; on moral transformation 道德改革, 84-85; and morality books 善书, 254, 256; regulations of 条约, 86, 87, 88-89, 91, 143, 285; and retribution and response 报应, 258-262; and scope of benevolent societies 同善会的范围, 97-99; on sharing wealth 分享财富, 102-103; and social disorder 社会失序, 136, 283; and social hierarchy 社会阶层, 102, 105-107, 280; socialization of 社会化, 283-284; status of 地位, 63, 71, 78; on wealth vs. learning 财富与学识的对比, 121-122

Chen Shengzhi 陈绳之, 324 注 74

Chen Yanxiao 陈岩肖, 297 注 94

Chen Youxue (Zhixing; 1541-1624) 陈幼学(志行), 56, 57, 59-62, 63, 69, 80-81

Chen Yuwang (*js.* 1586) 陈于王(1586 年进士), 63-65, 220

Chen Zilong (1608-1647) 陈子龙, 216, 270, 276, 280; and dispensaries 药局, 224, 239, 240; and food relief 食物救济, 157-159, 161, 171, 174, 183, 185, 189; and grain procurement 粮食采购, 205, 207, 208, 209; and inspection tours 巡行, 199, 200, 201; and Qi Biaojia 祁彪佳, 195, 196, 197, 198, 217, 274, 275, 312 注 58; and study societies 学会, 212, 223; suicide of 自杀, 278

Cheng Hao (Mingdao; 1032-1085) 程颢(明道), 24

Cheng Yi (Yichuan; 1033-1107) 程颐(伊川), 24

children 婴儿: abandoned 弃儿, 73-74, 108, 117-118, 216, 217, 241-242; and compassion 同情心, 15, 34-35, 38, 40, 54, 109; wet nurses for 乳母, 108, 109, 131, 216, 242, 266. *See also* foundling homes 另见保婴局

China, People's Republic of 中华人民共和国, 3, 16

Christianity 基督教, 7, 25, 26, 277, 284, 343 注 25, 344 注 31; and Chinese charity 中国的慈善, 1-3, 253-254, 290 注 19

civil service examinations 科举考试, 8-9, 149, 279; and anxiety 焦虑, 282; lower degrees in 低级功名, 273, 324 注 66; and marginal elites 边缘精英, 127, 131, 144, 231, 232, 233, 237; as reward 奖赏, 23, 65-66, 273-274, 275, 348 注 160; and social relationships 社会关系, 61, 166, 206, 212; vs. wealth 与财富的对比, 121-122; and Zhu Xi 朱熹, 210, 277

civil society 公民社会, 281, 350 注 1

clothing 衣, distribution of 施衣, 54-55

commerce 商业, 53; and elite 精英, 45, 279, 283; and food shortages 饥馑, 101, 176, 215, 216, 218, 261; interregional 跨区域, 163; in Jiangnan 江南, 45, 63; in Shaoxing 绍兴, 214-216; and silver 银, 6, 116-117, 314 注 102; and social disorder 社会失序, 9, 17, 151. *See also* merchants 另见商人; money 金钱; wealth 财富

commercial crops 经济作物, 137, 138, 142, 230, 283, 300 注 7

common people 普通民众 49-50, 70;百姓 72. *See also* elite, marginal 另见边缘精英; social hierarchy 社会阶层

common societies(*suhui*) 俗会, 49-50, 120

community, local 地方社区: activism in 能动主义,行动主义, 73, 120, 122, 152, 250, 254, 262-264, 268, 277, 281; and benevolent societies 善会, 47, 72, 77, 99-101; district as 地区, 99-101, 122, 307 注 98; elite view of 精英观点, 150-153; food relief in 食物救济, 122, 195, 196, 205-211, 213, 346 注 80; vs. kinship 与亲属的对比, 95-97; language of 语言, 75, 77, 81, 82, 198, 280; and officials 官员, 49-50, 122, 205, 206, 207, 209-210, 280-281; social hierarchy in 社会阶层, 70, 100, 120; unity of 统一, 70, 106-107, 120, 150, 157

"Community Compact for South Ganzhou" (Nan Gan xiangyue; Wang Yangming) 《南赣乡约》(王阳明), 134

community compacts (*xiangyue*) 乡约, 25, 221, 264, 306 注 53; vs. benevolent societies 与善会的对比, 72, 74-82, 139, 140; lectures for 讲话, 76, 85, 196, 202; and Lu Shiyi 陆世仪, 131-135, 138; and mutual aid 互助, 78-79; and Qian Sule 钱肃乐, 151-152; in Qing dynasty 清代, 318 注 72; and social hierarchy 社会阶层, 77-78; and Wang Yangming 王阳明, 74, 78, 79, 134

compassion 同情心: vs. accumulating merits 与积累功德的对比, 261-262; for animals 动物, 15-16, 26, 32-35, 37-38, 41; belief in 信仰, 249, 252, 350 注 6; and benevolent societies 善会, 48, 148, 149; in Buddhism 佛教, 23; and children 婴儿, 15, 34-35, 38, 40, 54, 109, 259; and dispensaries 药局, 226-227, 235; and family reputation 家声, 64; and frugality 节俭, 26-28; as motivation 动机, 11, 91, 114, 148, 149, 267, 268, 272, 283, 285; for people vs. animals 人类与动物的对比, 37-38; of Qi Biaojia 祁彪佳, 265, 269; and self-image 自我形象, 275; terms for 术语, 3. *See also* empathy 另见同理心

competition 竞争, 182, 246, 247, 279, 281, 283; and anxiety 焦虑, 282; in benevolent societies 善会, 52, 141-143; in public display 公开走秀, 276, 284

Complete Books of Agriculture, The (*Nongzheng quanshu*; Xu Guangqi) 《农政全书》(徐光启), 171, 199, 253

Complete Book of Famine Relief, A(*Jiuhuang quanshu*; Qi Biaojia)《救荒全书》(祁彪佳), 173, 242; "Brief Prefaces" to 《小序》, 210, 214

Complete Book of Good Fortune and Longevity, The (*Fushou quanshu*; Zheng Xuan)《福寿全书》(郑瑄), 108, 109, 114, 262

458

Complete Book on Defending City Walls, A (*Chengshou quanshu*; Lu Shiyi)《城守全书》(陆世仪), 137

Confucianism 儒学: on accumulating merit 积累功德, 344 注 42; and animals 动物, 23 - 25, 30, 294 注 44; in benevolent society lectures 同善会讲话, 75; and Buddhism 佛教, 23 - 25, 30, 243, 250, 294 注 44; and charity 慈善, 11, 249, 277; and Chen Longzheng 陈龙正, 277; and frugality 节俭, 27; and Lu Shiyi 陆世仪, 129 - 130; and moral imperative 道德使命, 249; and nonkilling 戒杀, 29, 295 注 53; and Qi Biaojia 祁彪佳, 257, 262, 275, 277; on retribution and response 报应, 255; term for 术语, 291 注 38; in three teachings 三教, 252; and Wang Yangming 王阳明, 254; and wealth vs. learning 财富与学识的对比, 121 - 122

Confucius 孔子, 22, 24, 25, 30, 73, 277

consumption 消费, extravagant 奢侈, 117, 265, 266; vs. famine 与饥荒的对比, 109, 265 - 267; vs. frugality 与节俭的对比, 26 - 28, 109 - 113, 149

contract 条约, 47 - 49, 86, 140 - 141, 176, 246

cooperation 合作: in benevolent societies 善会, 47, 79, 86, 139 - 143; and consensus 共识, 170, 172, 174; and dispensaries 药局, 224; of elite 精英, 7, 181, 192; and *fangsheng* 放生, 17; in food relief 食物救济, 161, 168, 169, 170; vs. individual charity 与单独行善的对比, 72, 82 - 86, 91 - 94, 148 - 150, 181 - 184, 241, 284 - 285; and leadership 领导, 10 - 11, 192; and Legalism 法家, 253; and official authority 官方权威, 196, 197, 246; and shared beliefs 共同信仰, 248, 278, 282; between social strata 社会阶层, 120, 243 - 244, 246, 269, 274

corruption 腐败, 92, 116, 174, 200 - 201, 284, 314 注 102

critical juncture (crossroads; *guantou*) 关头, 73, 107, 120, 282

Daoism 道教, 11, 63, 159, 249, 252, 255, 277. *See also* three teachings 另见三教

Diamond Sutra (*Jingang jing*)《金刚经》, 22, 251

diaries 日记, 6, 123 - 154; and anxiety 焦虑, 315 注 2; of Chen Hu 陈瑚, 125, 129, 130, 258; good deeds in 善举, 129, 163, 267, 276; on labors (*laoku*) 劳苦, 268 - 269; lacunae in 脱漏, 174 - 176; of Lu Shiyi 陆世仪, 123 - 135, 258, 263, 281; of Qi Biaojia 祁彪佳, 18, 21, 159 - 161, 258, 263, 264, 265 - 266, 276, 278; and social relations 社会关系, 128 - 130

Diary of Mourning, A (*Jusang riji*; Lu Shiyi)《居丧日记》(陆世仪), 125

459

Dickens, Charles 查尔斯·狄更斯, 10

didactic tales 教化故事, 25, 249, 277, 344 注 35; on *fangsheng* 放生, 19-21, 22; on wealth 财富, 116, 117. See also morality books 另见善书

Ding Bin (*js.* 1571) 丁丙(1571年进士), 66-69, 80, 94, 148, 277, 350 注 4; and Chen Longzheng 陈龙正, 84, 135

Ding Rui 丁锐, 292 注 5

Ding Xuan 丁铉, 66

"Directives for Famine Relief" (Jiuhuang shiyi; Zhang Bi)《救荒事宜》(张陛), 181

"Distributing Money" (Sanqian yi; Qi Biaojia)《散钱议》(祁彪佳), 190

Doctrine of the Mean (*Zhongyong*)《中庸》, 125, 129, 249-250

Doing Good, Secretly Determined (*Weishan yinzhi*)《为善阴骘》, 106

doing good (*weishan*; *xingshan*) 为善; 行善, 72, 140; fondness for 喜爱, 3, 87, 114, 141, 159, 232, 263-264, 271; rhetoric of 辞令, 281-282; terms for 术语, 3. See also charity 另见慈善

donations 捐赠, 113-120; amounts of 数目, 146-147, 284; to benevolent societies 善会, 83, 87, 114, 262; for dispensaries 药局, 224-225, 234, 239; geographical scope of 地理范围, 79, 97-101, 191, 284; and inspection tours 巡行, 199; to monasteries 寺院, 290 注 19; from officials 官员, 203, 239; and self-image 自我形象, 284; small 小, 114, 118; taking pleasure in 乐于, 87, 114

Dong Qichang (1555-1636) 董其昌, 111, 165

Dong Wei (fl. 1203) 董煟(生活在1203年), 171, 325 注 86

Donglin Academy 东林书院, 59, 62-63, 120, 302 注 70

dynastic decline 王朝衰落, 162, 218, 247, 279, 280, 328 注 185

economy 经济, 17, 41, 218, 261; of Henan 河南, 300 注 8; of Jiangnan 江南, 45, 63, 111, 116, 314 注 102; Ming 明, 6; nonagrarian laborers in 非务农的劳动者, 282-283; of Shanyin 山阴, 214-216; of Shaoxing 绍兴, 163. See also commerce 另见商业; merchants 商人; wealth 财富

"Eight Advantages of Setting Up Soup Kitchens" (Ni Yuanlu)《设粥八便》(倪元璐), 208

elite 精英: anxiety of 焦虑, 282, 315 注 2; as benefactors 捐助者, 5, 113-120; on benevolent societies 善会, 150-153; and Buddhism 佛教, 250-252, 275, 277, 303 注 90; and commerce 商业, 45, 279, 283; cooperation of 合作, 7, 181, 192; disputes among 争论, 123-124, 130,

139－143，168，181，183，187－188，192，200－201，207，209－210，217，246，281；exploitation by 剥削，11，269，271；and *fangsheng* 放生，15，18；and first benevolent societies 首个善会，50；and grain prices 粮食价格，67－68；motivations of 动机，4，9－11，67－68；praise for and from 赞扬，274－275；in Qing dynasty 清代，285－286；and reputation 名声，67－68；self-serving 为自己服务，1，3；and social disorder 社会失序，165，195－196

elite, local 地方精英：and associations 社团，63，223；and benevolent societies 善会，48－49，70，150－153；cooperation of 合作，167，192；debates among 争论，179－181；and dispensaries 药局，221，233－234，236－240；and dynastic decline 王朝衰落，161，162；and *fangsheng* 放生，19，39；and food relief 食物救济，159－161，162；leadership of 领导，198；and Lu Shiyi 陆世仪，131－135；and monks 僧人，242－244，251－252；motivations of 动机，63，181，240；and officials 官员，9，45，121，160，170，192，198，276，280－281；and physicians 大夫，228，229－231，244；power of 力量，277－278，281；praise for and from 赞扬，274－275；reputations of 名声，276；shared beliefs of 共同信仰，250－252，254；and social disorder 社会失序，160，281；urban 城市，98－99；and wealth vs. learning 财富与学识的对比，121－122

elite, marginal 边缘精英，7；acceptance of responsibility by 任事，177，271；and associations 社团，123，223；authority of 权威，232，244－245；as benefactors 捐助者，135－136；as beneficiaries 受助者，135－136，148，150；as benevolent societies 善会，114，117，123－154；and civil service examinations 科举考试，127，131，144，231，232，233，237；degrees of 功名，324 注 66；and dispensaries 药局，227－228；expansion of 扩大，9，279－280，285；and food relief 食物救济，158，167，168，178，205；and inspection tours 巡行，200，201；and Qi Biaojia 祁彪佳，175，197，198，231，233，279；recruitment of 招募，173－174；rewards for 奖赏，273－274，275；shared beliefs of 共同信仰，254，255，262，270；Shen Guomo as 沈国模，244－245，281；and social disorder 社会失序，138－139，194. *See also* monks 另见僧人；physicians 大夫

empathy 同理心，80，86，149，283；of Chen Longzheng 陈龙正，103－104，108－109. *See also* compassion 另见同情心

emperor 皇帝，1，4，16，74，76；memorials to 奏折，55－56，68，80

encyclopedias 百科全书，17

entertaining 宴请, extravagant 奢侈, 28–30, 109–113, 149
equitable field system (*juntian*) 均田, 108
equity 平等, 7, 108, 116, 149, 248. *See also* justice 另见公正
Exalted One's Tract on Action and Response, The (*Taishang ganying pian*)《太上感应篇》, 106, 255, 277, 304 注 120
Explanation of Eight Military Formations, An (*Bazhen faming*; Lu Shiyi)《八阵发明》(陆世仪), 136
Extensive Records from the Reign of Great Peace (*Taiping guangji*)《太平广记》, 17–18, 20, 21, 29, 30, 33, 35
family 家庭. *See* kinship 见亲属; lineage 宗族
famine 饥荒: and bandits 土匪, 157–158, 194–195; and benevolent societies 善会, 120; and commerce 商业, 101, 176, 215, 216, 218, 261; and dynastic decline 王朝衰落, 162; effects of weather on 天气的影响, 162, 192, 196, 319 注 97; vs. extravagant spending 与过度消费的对比, 109, 265–267; and frugality 节俭, 266–267; and grain prices 粮食价格, 67, 260; in Henan 河南, 45, 53, 55; and hoarding 囤积, 117; and infanticide 杀婴, 73–74; in Jiangnan 江南, 136–137; and medical relief 医疗救助, 221, 226; and Qi Biaojia 祁彪佳, 164; and Qian Sule 钱肃乐, 151, 152; responses to 反应, 1, 3, 260; in rural areas 农村地区, 98, 191–192; in Shaoxing prefecture 绍兴府, 157–159; and social disorder 社会失序, 157–158, 218, 221; and taxes 税收, 164. *See also* food relief 另见食物救济
Fan Zhongyan (989–1052) 范仲淹, 29, 58, 96, 97, 111, 115–116, 290 注 22, 302 注 70, 308 注 125
fangsheng 放生. *See* animals, liberation of
Fei Boyan 费伯言, 146–147, 148, 149
Feng Mengzhen (1546–1605) 冯梦祯, 293 注 17
Feng Pu (1609–1692) 冯溥, 112
Feng Shike (b. ca. 1547, *js.* 1571) 冯时可 (大约生于 1547 年, 1571 年进士), 20–21, 27, 29–30, 36, 37, 40, 57
Ferry for Shepherds of the People, A (*Mujin*; Qi Chenghan)《牧津》(祁承爜), 171
filial piety 孝道, 302 注 78; of benefactors 捐助者, 7, 57, 256, 323 注 40, 330 注 12; of beneficiaries 受助者, 83, 84, 88, 144; promotion of 倡导, 51–52, 67, 264, 286; in Six Maxims 六谕, 75, 76, 77, 79–80,

81，103

fish 鱼，33，36；ponds for liberation of（*fangsheng chi*）放生池，19，21，28，37，136. *See also* animals 另见动物

flooding 洪水，192，196，319 注 97

food relief 食物救济，157 - 192；acceptance of responsibility for 任事，174，177，179，183；accountability for 问责，185 - 186；administrative strategies for 管理策略，165 - 170，172 - 173，186 - 192，207；amounts of 数目，320 注 154；cooperation in 合作，161，168，169，170；coordination of 协调，197，206；coupons for 票，168 - 169，178，179，194，202；disputes on 争论，168，179 - 181，183，187 - 188，192，200 - 201，207，217，246；distribution of 分配，67，158，176 - 179，185；donations for 捐赠，64，113，114，116；enforcement of 执行，185，196 - 197；failures of 失败，217 - 218；and grain importation vs. storage 粮食进口与储存的对比，122，199，203，205 - 211；and grain prices 粮食价格，158，172，173，176，177；individual 单独，203，205；individual vs. cooperative 单独与合作的对比，181 - 184，216 - 217；information on 信息，170 - 173；and inspection tours 巡行，200 - 201；leadership in 领导，157，158，219；in local community 地方社区，122，195，196，205 - 211，213，346 注 80；and local elite 地方精英，159 - 161，162；and local officials 地方官员，157，158，176，178；local vs. comprehensive 局部与全面的对比，122，195，196，205 - 211，213，346 注 80；management of 管理，157 - 159，168 - 170；and marginal elite 边缘精英，158，167，168，178，205；and medical relief 医疗救助，179，239；meetings for 集会，166 - 168；and merchants 商人，158，173，176，178，181，191；models of 模式，6 - 7，184 - 186，216，330 注 12；and officials 官员，157，158，176，178，194，203，217，246；planning ahead for 未雨绸缪，160 - 161；and Qi Biaojia 祁彪佳，159 - 161，181，183，187 - 188，192；records of 记录，177，185 - 186，216 - 217；recruitment of volunteers for 招募志愿者，173 - 174；in rural areas 农村地区，169 - 170，176；scope of 范围，100，191，284；and shared beliefs 共同信仰，258，259；and social disorder 社会失序，160，176，177 - 178，184，193 - 196；and social hierarchy 社会阶层，157 - 159，180 - 181；and social relations 社会关系，166，180 - 181，218；transregional 跨区域的，193，211 - 214

food shortages 饥馑. *See* famine 见饥荒

foundling homes（*baoying ju*）保婴局，159，241 - 242，244，245，266，341

注 160

friends 友人: acceptance of responsibility by 任事, 267; and dispensaries 药局, 224-225; fines on 罚款, 324 注 60; and food relief 食物救济, 167, 177, 185; and inspection tours 巡行, 200, 201; inspiration from 灵感, 270; labors (*laoku*) of 劳苦, 269, 273-274; of Lu Shiyi 陆世仪, 128-130; motivations of 动机, 271-272, 275; of Qi Biaojia 祁彪佳, 172-173; recruitment of 招募, 173-174

frugality 节俭: and animals 动物, 26-28, 42, 58, 119; vs. charity 与慈善的对比, 114-116; and Chen Longzheng 陈龙正, 110, 111, 113, 115-116, 149; and dispensaries 药局, 236; vs. extravagance 与浪费的对比, 26-28, 109-113, 149; and food shortages 饥馑, 266-267; of Gao Panlong 高攀龙, 57-58, 115, 116; of Qi Biaojia 祁彪佳, 269; in Six Maxims 六谕, 103; and vegetarianism 素食主义, 26-30, 266-267

Fu Bi 富弼, 313 注 76

Fu Huiyu 傅会与, 227, 337 注 45

Fu Yuliang 傅玉梁, 237

fund-raising 募集资金, 5, 224-225, 276; for burials 埋葬, 221-222; for food relief 食物救济, 164, 166, 170, 177, 178-179, 187, 189, 190, 191, 209, 212-213; independent vs. cooperative 单独与合作的对比, 196; for medical relief 医疗救助, 228, 229, 230, 234. See also donations 另见捐赠; Life-Saving Pagoda Society 一命浮图会

Gang Stars Society (Gang hui, Tian Gang hui)罡会, 天罡会, 135, 152, 198

ganying 感应, 255. *See also* retribution and response 另见报应

Gao Panlong (1562-1626) 高攀龙, 6, 107; on accumulating merit 积累功德, 255, 261, 344 注 42; authority of 权威, 63, 68, 69, 71, 283; and benevolent societies 同善会, 44, 59, 72, 75-82, 119, 121, 139, 150, 154, 283; and Chen Longzheng 陈龙正, 63, 73, 81, 82; and Christianity 基督教, 253; and community compacts 乡约, 74-75; and *fangsheng* 放生, 15, 31; frugality of 节俭, 57-58, 115, 116; and individual vs. group charity 单独行善与集体行善的对比, 97; leadership of 领导, 56-62; lectures by 讲话, 111, 263, 264; vs. Lu Shiyi 与陆世仪的对比, 128, 130; memorials of 奏折, 80; as model 模式, 70, 278; moral message of 道德信息, 43, 56-62, 83-84, 272, 278, 284, 286; and politics 政治, 62-63; and Qi Biaojia 祁彪佳, 275, 278; regulations of 条约, 86, 87, 285, 301 注 56; and shared beliefs 共同信仰, 248, 249,

464

267; on social hierarchy 社会阶层, 100, 102, 103, 105, 280; status of 地位, 63, 78, 251; suicide of 自杀, 63, 69, 71, 73; and Yang Dongming 杨东明, 57, 59

Gao Yuan (bandit)高元(土匪), 194-195

gardens 花园, 322 注 15; of Qi Biaojia 祁彪佳, 202, 211, 212, 231, 264, 265, 278; and social relations 社会关系, 109, 110-113

gazetteers, local 地方志, 5, 7, 159, 183, 230-233, 237; on good deeds 义行, 65, 66, 276; in Qing 清代, 286

Ge Liangqi 葛亮奇, 201

gentleman (*junzi*) 君子, 24, 121

Gold Star (bandit)金星(土匪), 138

gong (official, public) 公, 144, 146, 167, 170

good deeds (*yixing*, *shanju*) 义行, 善举: and benevolent societies 善会, 43, 51, 78; and common societies 俗会, 49; in diaries 日记, 129, 163, 267, 276; and *fangsheng* 放生, 16, 40, 41; and frugality 节俭, 115; Gao Panlong on 高攀龙, 60-61; gazetteers on 地方志, 65, 66, 276; and kinship 亲属, 8; and moral leadership 道德领导, 53-55; public vs. hidden 公开与隐秘的对比, 5, 30, 41, 43, 51, 79, 90, 112-113, 265-266, 276; records of 记录, 43, 267, 276; rewards for 奖赏, 60-61, 159, 255-262, 261; and shared beliefs 共同信仰, 249, 252, 258, 267-268; and social hierarchy 社会阶层, 105-107; terms for 术语, 3, 7; witnessing of 目击, 见证, 30, 41, 74, 79, 86

grain 粮食: cooked 煮粥, 175, 176, 191; fluctuations in stocks of 储备的波动, 187; harmonious purchase of (*hedi*) 和籴, 166, 170, 173; harmonious sale of (*hetiao*) 和粜, 168; hoarding of 囤积, 116-117, 151, 172, 173; lending of 借贷, 206-207; mandatory collection of 强征, 211-212; procurement of 采购, 177, 179, 203-205, 207, 208, 209, 284; stealing of 窃取, 175; storage of 储备, 45, 54, 55, 122, 199, 203, 205-211; and textiles 纺织品, 101; types of 类型, 191

grain, distribution of 粮食分配, 136, 204; and merit 功德, 43; procedures for 程序, 82, 158-159; and social disorder 社会失序, 193-194; vs. soup kitchens 与粥厂的对比, 187, 209; in urban areas 城区, 176; women 妇女, 178. *See also* food relief 另见食物救济

grain, importation of 进口粮食: vs. local storage 与地方仓储的对比, 122, 199, 203, 205-211, 212; and merchants 商人, 208, 210, 211; military

军事, 197; and officials 官员, 193; to Shanyin 山阴, 214; to Shaoxing 绍兴, 203, 332 注 87; and transregional relief 跨区域的救济, 214

grain prices 粮食价格: below-market 低于市场, 173, 178, 195, 199, 204, 271; control of 控制, 158–159, 162, 177, 204; debates on 争论, 179; and dispensaries 药局, 239; and famine 饥荒, 67–68, 212, 260; and food relief 食物救济, 158–159, 172, 173, 176, 177; and Qian Sule 钱肃乐, 151, 152, 153; reduced 减少, 165–166, 179; and seed loans 种子借贷, 192; and social disorder 社会失序, 203, 218, 221; stabilization of 稳定, 54, 65, 89, 92, 151, 168, 181–182, 183, 197, 203, 205–211, 213; subsidized 补助, 184; and supply 供给, 204–205.

granaries, community 社仓, 7, 43, 44, 64, 333 注 122; and banditry 流寇, 315 注 130; and community compacts 乡约, 134; debates on 争论, 179; ever-normal 常平, 152, 321 注 175, 324 注 49; and food relief 食物救济, 172, 177; vs. importation 与进口的对比, 122, 199, 203, 205–211, 212; vs. lineage charity 与宗族慈善的对比, 95; records of 记录, 217; and Yang Dongming 杨东明, 52, 53–54, 334 注 150

Grand Canal 漕河, 127, 137

graveyards, charitable 义塚, 221–222

Great Learning (*Daxue*)《大学》, 99, 126, 129, 346 注 90

Gu Shilian (Yinzhong) 顾士琏(殷重), 138, 139, 140, 141–143, 147, 319 注 109

Gu Xiancheng 顾宪成, 302 注 70

Gu Xichou (*js.* 1619) 顾锡畴(1619 年进士), 256, 321 注 169

Gu Zhengxin 顾正心, 96, 335 注 182

Gu Zhongli 顾中立, 308 注 134

Guan Zongsheng (Xiabiao) 管宗圣(霞标), 233, 251

Guanzi《管子》, 252

Gui Youguang (1507–1571) 归有光, 24

Gui Zhuang (1613–1673) 归庄, 24, 37, 70

guidelines 条约, 47

"Guidelines for Dispensing Medicine" (Qi Biaojia)《施药条款》(祁彪佳), 228

Guo Erzhang 郭尔璋, 202

Guo Yingpeng 郭应鹏, 187

Hai Rui 海瑞, 319 注 109

Han Lun (Wuwan) 韩伦(五完), 165, 177, 186, 187
handbooks, administrative 行政指南, 170-172
Hanshan Deqing 憨山德清, 294 注 32
haoshi 好施. See doing good; fondness for
haoyi 好义. See doing good; fondness for
He Shuxi 何叔熙, 142, 147
Heaven 天, 129; mandate of 天命, 161, 162; retribution and response from 报应, 76, 77, 99, 107, 125, 163, 258-260, 267, 283
Himmelfarb, Gertrude 格特鲁德·希梅尔法布, 10
History of My Mind, A (*Xin shi*; Zheng Sixiao)《心史》(郑思肖), 323 注 26
Hong Kong 香港, 16, 292 注 3
"Household Instructions" (Jia xun; Gao Panlong)《家训》(高攀龙), 81
Hu Xueyan 胡雪岩, 313 注 81
Hu Yuan 胡瑗, 311 注 41
Hu Zhi (1517-1585) 胡直, 33
Hua Mengzai 华孟宰, 201
Huang Daozhou (1585-1646) 黄道周, 207
Huang Hui (Pingqian) 黄辉(平倩), 23
Huang Yang (Xuehai) 黄泱(学海), 70, 304 注 121
Huang Zongxi (1610-1695) 黄宗羲, 230, 250, 251, 254, 262, 277
Hui, King of Liang 梁惠王, 26, 34
Humane Society (Ren hui) 仁会, 253
humaneness (*ren*) 仁, 3, 64, 252, 262, 295 注 53; of butchers 屠户, 84; Gao Panlong on 高攀龙, 60, 61; as motivation 动机, 267, 272; Society for Spreading 广仁会, 7, 46, 50-51, 97; Yang Dongming on 杨东明, 52-53, 73
Hyde, Lewis 刘易斯·海德, 10
imperial court 朝廷, 22, 45, 62-63, 122. *See also* emperor 另见皇帝; officials 官员; the state 国家
infanticide 杀婴, 2, 5, 73-74, 153, 259
information 信息, 166, 168, 170-173, 192
"Introduction to the Benevolent Society"《同善会序》, 59, 69
Investigating Things and Extending Knowledge (*Gezhi pian*; Lu Shiyi)《格致篇》(陆世仪), 125, 129

Japan 日本，298 注 125

J*ātaka* tales《本生经》故事，36

Jesuits 耶稣会士，25，26，253 - 254，343 注 25

Jiang Fengyuan (Zhensheng; *js.* 1613) 姜逢元（箴胜；1613 年进士），160，167，168，322 注 15

Jiang Shishao (Yujiu) 江士韶（虞九），125，144

Jiangnan (Yangzi delta region) 江南（长江三角洲地区），9，127；benevolent societies in 善会，56，63；economy of 经济，45，63，111，116，314 注 102；social disorder in 社会失序，136 - 139

Jiao Hong (1541 - 1620) 焦竑，23，294 注 44

J*iesha* (nonkilling) 戒杀，18，23，27，30，31 - 32；and Buddhism 佛教，21，29；changes in meaning of 意义的改变，25；and Confucianism 儒学，29，295 注 53；vs. *fangsheng* 与放生的对比，28；and feelings of animals 对动物的情感，32 - 36

Jin Lan (Chuwan; *js.* 1625) 金兰（楚畹；1625 年进士），113，160，166，181，182，211，231，340 注 122

Jin Lu 金辂，322 注 15

Jin Mengshi 金梦石，338 注 56

Jin Wulian 金无炼，237

Journey to the West (*Xiyou ji*)《西游记》，36

justice 正义，85，163，202；and charity 慈善，7，285；vs. filial piety 与孝道的对比，302 注 78；shared belief in 共同信仰，248，264，265，277；and wealth 财富，107 - 109，116

karma 果报，53，81，255. *See also* retribution and response 另见报应

Ke Bridge 柯桥，167，189 - 190，208，215 - 216，222，241

Ke Market 柯市：Ke Bridge 柯桥，189，190，198，215 - 216，242，245

kinship 亲属，1，4，8，248，289 注 3；vs. community 与社区的对比，95 - 97；fictive 虚构的，147. *See also* lineage 另见宗族

kitchen, avoidance of 远庖厨，24，36 - 37，295 注 53

Kong Anguo 孔安国，302 注 74

labor 劳动：of benefactors 捐助者，268 - 270，273 - 274；corvée 徭役，59，64，96，134，350 注 5；and food relief 食物救济，174 - 175，330 注 12；mental vs. physical 脑力与体力的对比，89 - 90

laborers 劳动者，174 - 175，309 注 163；nonagrarian 非务农，282 - 283

language, colloquial 通俗语言，75，77，81，82，198，280

leadership 领导, 219; of benevolent societies 善会, 51, 52, 68, 69, 94, 97; and cooperation 合作, 10-11, 192, 285; factors in 因素, 170; and family tradition 家庭传统, 63-65; and food relief 食物救济, 157, 158, 183, 217, 219; of Gao Panlong 高攀龙, 56-62; hardships of 困难, 270-271; of local elites 地方精英, 198; moral 道德, 51-65, 68, 69, 94, 97, 154, 282; motivations for 动机, 278, 283-284; of Qi Biaojia 祁彪佳, 187-188, 192, 270-271; in Qing dynasty 清代, 286; and social hierarchy 社会阶层, 10-11, 281

lectures 讲话: to benevolent societies 善会, 6, 69, 73, 75-82, 85, 102-122, 140, 141, 142, 152, 256, 261, 264, 277; by Chen Longzheng 陈龙正, 256, 263, 264, 277; for community compacts 乡约, 76, 85, 196, 202; by Gao Panlong 高攀龙, 111, 263, 264; language of 语言, 75, 77, 321 注 173; and mutual surveillance (baojia) 保甲, 202-203; by Shen Guomo 沈国模, 263-264; by Zhang Cai 张采, 140, 141, 142, 150, 152, 154

Ledger of Merit and Demerit, under Eight Rubrics (Gongguo ge ba tiao; Qi Biaojia)《功过格八条》(祁彪佳), 258

Ledger of Merit and Demerit, The (Gongguo ge)《功过格》, 124, 255

Legalism 法家, 11, 252-253, 255, 277

legitimacy 合法性, 8, 30, 284, 286; of benevolent societies 善会, 44, 50, 62-70, 76, 120-121; and morality 道德, 69, 282

Li Changling (fl. 12th c.) 李昌龄(大约生活在12世纪), 345 注 43

Li Huayu 李华宇, 145-146

Li Shizhen (1518-1593) 李时珍, 220-221, 226

Li Weipan 李洧磐, 166

Li Yu 李渔, 312 注 58

Li Zhiyu 厉之玉, 201

Li Ziming 李子明, 313 注 81

Liezi《列子》, 292 注 2

life 生, 43, 81, 108; vs. death 与死的对比, 73, 107, 282; and economy 经济, 282-283; and *fangsheng* 放生, 41, 207; perpetual renewal of (*shengsheng*) 生生, 53, 72-73, 207; shared belief in value of 共同的价值观, 248, 249, 254, 272, 281, 282

Life-Saving Pagoda Society (Yiming futu hui) 一命浮图会, 183, 251, 276, 285

Lin Jun 林俊，28 - 29

Lin Xiyuan 林希元，310 注 20

lineage 宗族，99，193，280，309 注 142；vs. benevolent societies 与善会的对比，44，71，95 - 97；charitable estates of 义庄，4，44，58，95，96，111，285；charity from 慈善，206；charity within 慈善，8，58 - 59，72，144 - 147，165，265；and Gao Panlong 高攀龙，57，58 - 59，81，82；and leadership 领导，270；and Lu Shiyi 陆世仪，144 - 147；and Qi Biaojia 祁彪佳，180，186，202，211，265；and reputation 名声，63 - 65；and Yang Dongming 杨东明，45，97

Ling Jingquan 凌敬泉，340 注 119

Ling Shaoguang 凌少广，222

Ling Yuanding 凌元鼎，231

Ling Yungu 凌云鹄，229，230 - 231

literacy 识字，106，247；and associations 社团，223，232；and benevolent societies 善会，63，87；and marginal elite 边缘精英，17，279；spread of 扩大，5，6，9；and Wang Yangming 王阳明，73，254

literati (*shidafu*) 士大夫：and associations 社团，223；and commerce 商业，45；extravagance of 奢侈，111；and *fangsheng* 放生，22，24 - 25，30，40 - 41；and grain procurement 粮食采购，205；and monks 僧人，243 - 244；vs. officials 与官员的对比，194；vs. physicians 与大夫的对比，230；in Shaoxing 绍兴，219，232；and social hierarchy 社会阶层，40 - 41；and transregional relief 跨区域的救济，213；vs. wealthy 与财富的对比，121 - 122. *See also* elite 另见精英

Little Ice Age 小冰期，162

Liu Beisheng 刘北生，266，347 注 114

Liu Kuangzhi 刘匡之，217

Liu Shikun 刘世鹍，174

Liu Wangu 刘宛毂，164

Liu Yuanzhen (1571 - 1621) 刘元珍，62

Liu Zongzhou (1578 - 1645) 刘宗周，22，263，295 注 48，333 注 122；on accumulating merit 积累功德，125，261，262；and Bearing Witness Society 证人社，212，232，233；and Buddhism 佛教，252；and Christianity 基督教，253；Confucianism of 儒学，243，250；on economy 经济，214，215；followers of 弟子，209；and food relief 食物救济，113，120，160，166，167，168，170，172，179，181，182，189，204，216，

217; and Gao Panlong 高攀龙, 63; on localized relief 本地救济, 196, 205–206; on morality 道德, 278, 282, 284; and officials 官员, 217; on opera 戏曲, 264; and Qi Biaojia 祁彪佳, 196, 199, 209–211, 251, 278; suicide of 自杀, 278; and transregional relief 跨区域的救济, 212–213, 246; and Wang Chaoshi 王朝式, 113, 244

loans 借贷, seed 种子, 192, 207, 246

locusts 蝗虫, 93, 131, 137, 162, 188–189; control of 控制, 151, 153, 171, 172, 246, 258, 345 注 64; and dispensaries 药局, 239

longevity 长寿, 63, 66, 159

loss, personal 个人损失, 164–165, 170, 171, 192, 222–223, 283–284. *See also* mourning 另见哀悼

Lotus Flower Sutra（*Lianhua jing*）《莲华经》, 251

Lu Guangxin 路广兴, 164

Lu Ji 陆机, 314 注 106

Lu Jingquan 鲁敬泉, 241

Lu Longqi 陆陇其, 37–38

Lu Shiyi (1611–1672) 陆世仪, 6, 11, 44, 79, 123–154, 212, 230, 251; anxiety of 焦虑, 282; authority of 权威, 152; and benevolent societies 同善会, 121, 130, 136; and burials for poor 埋葬穷人, 221; and Chen Hu 陈瑚, 132, 133, 141, 151, 307 注 75, 319 注 112; vs. Chen Longzheng 与陈龙正的对比, 128, 130, 135, 148; and Christianity 基督教, 253; commitment of 承担, 141–142; and community compacts 乡约, 74, 131–135, 138; and Confucianism 儒学, 129–130; diaries of 日记, 124–126, 258, 263, 281; dreams of 梦, 127–128; dual identity of 双重身份, 135–136, 147–148, 149; escape plans of 避地之策, 138–139, 148; and *fangsheng* 放生, 15, 39; on genteel poor 有教养的穷人, 184; and Gu Shilian 顾士琏, 139, 141–143; and lectures 讲话, 264; and lineage 宗族, 144–147; and literati society 文会, 317 注 35; as marginal elite 边缘精英, 279, 281, 282; and merchants 商人, 283; and military training 军事训练, 136, 138, 139; and Qian Sule 钱肃乐, 133, 142; in Qing dynasty 清代, 128, 318 注 72, 78, 319 注 109; and retribution and response 报应, 255; self-cultivation of 自修, 123–130; self-esteem of 自尊, 140; self-evaluation of 自考, 126–128; and social disorder 社会失序, 136–139; social relations of 社会关系, 128–135, 149, 280; status of 地位, 130–135; vs. Yang Dongming 与杨东明的对比, 128, 130, 131

Lu Yongzhi 陆雍之, 169, 176, 266, 347 注 114

Lu Yunzheng 陆允正, 130

Lu Zhongyuan 陆重远, 136

Lucheng benevolent society 鹿城善会, 150

"Lü Family's Community Compact" (Lüshi xiangyue)《吕氏乡约》, 79

Lü Kun 吕坤, 43, 220

Luo Rufang (1515–1588) 罗汝芳, 73

Luo Society (Luo she) 洛社, 159, 300 注 10

Luoyang 洛阳, 159

Mailang (monk) 麦浪（僧人）, 243, 244, 245

Manchus 满族, 224, 278. See also Qing dynasty 另见清代

mandate of heaven 天命, 161, 162

Maple Society (Feng she) 枫社, 223

market towns 市镇, 215. See also Ke Bridge 另见柯桥；Ke Market 柯市

Materia medica (Bencao gangmu; Li Shizhen)《本草纲目》(李时珍), 220–221, 226

Mauss, Marcel 马塞尔·莫斯, 7

medical bureau 药局, 238

medical dispensaries 药局, 220–241; of 1641, 233–241; of 1642, 240–241; announcements for 公告, 237, 239; and banquets 宴席, 239; closing of 关闭, 227–228, 234, 237, 239; formality in 仪式, 236–241; funding for 资金, 246; and local elite 地方精英, 221, 233–234, 236–240; and monks 僧人, 224, 225, 235, 236, 244; and moral authority 道德权威, 245; official involvement in 官方的介入, 224, 233–241; organization of 组织, 224–227; proposals for 建议, 224, 229, 230, 243, 245; records of 记录, 225, 226, 227, 235, 238, 240, 241; ritual in 仪式, 236; terms for 术语, 336 注 1; and transregional relations 跨区域的联系, 247

medical infirmaries (bing fang) 病坊, 216, 234, 242, 244, 245

medical relief 医疗救助, 4, 50, 159, 216, 220–247, 257, 280; and Qi Biaojia 祁彪佳, 164, 220

medicine 医学：books on 医书, 220–221, 225, 230; careers in 事业, 66; efficacy of Ming 明代的功效, 225–226

"Memorial on the Starving People, Illustrated and Explained" (Jimin tu shuo; Yang Dongming)《饥民图说》(杨东明), 55–56

Mencius《孟子》, 34, 37, 72, 269

Mencius (371 - 289 B. C.?) 孟子, 24, 26, 73, 89, 118, 259

Meng Chaoran (1731 - 1797) 孟超然, 24, 26, 30, 31 - 32, 37

Meng Chengshun (fl. 1629 - 1649) 孟称舜(生活在 1629 - 1649), 265

merchants 商人, 7, 189, 194, 310 注 20, 312 注 70; charity for 慈善, 191, 261, 283; and dispensaries 药局, 239; and farmers 农民, 101; and food relief 食物救济, 158, 173, 176, 178, 181, 191; foreign 外来的, 314 注 102; and importation of grain 进口粮食, 208, 210, 211; increasing importance of 增加重要性, 17, 285 - 286; and officials 官员, 121, 151, 203 - 205; and Qi Biaojia 祁彪佳, 197, 203 - 205, 283

merit 功德: accumulation of 积累, 228, 277, 282; and benevolent societies 善会, 43, 52, 53; and Buddhism 佛教, 251, 252, 344 注 42; calculation of 计算, 124 - 126, 261 - 262; Chen Longzhen on 陈龙正, 254, 261 - 262, 344 注 42; and destiny 命运, 66, 125; in diaries 日记, 124 - 126, 258, 266; and *fangsheng* 放生, 19, 22, 29, 30, 34, 39, 41; Gao Panlong on 高攀龙, 255, 261, 344 注 42; hidden (*yinde*) 阴德, 5, 30, 41, 90, 113, 265 - 266, 276; Liu Zongzhou on 刘宗周, 125, 261, 262; morality books on 善书, 255 - 262; public display of 公开走秀, 30, 41, 51, 113, 160, 267, 269, 276, 284; rewards for 奖赏, 66, 125, 251, 252, 254, 255 - 262, 277, 344 注 42

military 军事, 141, 197, 252; and Lu Shiyi 陆世仪, 136, 138, 139; and social disorder 社会失序, 194, 195

Ming dynasty 明代: Buddhism in 佛教, 21 - 25; charity in 慈善, 5 - 6, 184; decline of 衰落, 161 - 163, 218, 247; economy of 经济, 6; fall of 灭亡, 47, 71, 250, 278; medicine in 医疗, 225 - 226

Ming Taizu (Zhu Yuanzhang; 1328 - 1398) 明太祖(朱元璋), 75, 76, 305 注 19, 20

missionaries 传教士, Christian 基督徒, 1 - 3, 7, 26. *See also* Jesuits 另见耶稣会士

monasteries 寺院: and benevolent societies 善会, 44, 71; charity from 慈善, 4, 222, 290 注 19; and medical relief 医疗救助, 220, 236, 241; for meetings 集会, 166 - 167; relief for 救济, 165, 169, 243; restoration of 恢复, 243; and vagrants 流民, 189, 190, 197

money 金钱, 116 - 119, 257, 272, 314 注 106; and dispensaries 药局, 227 - 228; distribution of 分配, 190 - 191, 195, 202; and Qi Biaojia 祁彪佳,

199 - 200; silver 银, 6, 116 - 117, 314 注 102; and social relations 社会关系, 117 - 119. *See also* wealth 另见财富

money-lending societies (*yinhui*) 银会, 144

monks 僧人, 7, 181, 281; and associations 社团, 9, 223; as beneficiaries 受助者, 84, 93, 96, 145 - 146, 165, 243, 262; burials by 埋葬, 159, 175, 189, 222, 244, 326 注 123, 335 注 186; and *fangsheng* 放生, 16, 39, 73; and local elite 地方精英, 242 - 244, 251 - 252; and medical relief 医疗救助, 221, 224, 225, 235, 236, 241, 244; and Qi Biaojia 祁彪佳, 242 - 244, 257, 280; status of 地位, 175, 279

moral imperative 道德使命, 56 - 62, 249, 261, 267, 272, 278

morality 道德: acceptance of responsibility for 任事, 107, 122; vs. accumulating merit 与积累功德的对比, 125; and charity 慈善, 11, 56 - 62, 180, 249, 267 - 268, 302 注 78; common rhetoric of 通用语言, 281 - 282; and community compacts 乡约, 77, 79; and dynastic decline 王朝衰落, 161; and Gao Panlong 高攀龙, 43, 56 - 62, 83 - 84, 272, 278, 284, 286; and inspection tours 巡行, 202 - 203; and leadership 领导, 51 - 65, 68, 69, 94, 97, 154, 282; as motivation 动机, 283 - 284; promotion of 倡导, 51 - 52; and sharing wealth 分享财富, 102 - 103; and social hierarchy 社会阶层, 41, 66, 105 - 107, 281; teaching of 教导, 25, 72, 97; as vision of benevolent societies 善会的视野, 83 - 86, 88, 101, 255, 258, 283; and Yunqi Society 云起社, 119 - 120. *See also* authority: moral 另见道德权威

morality books 善书, 28, 114, 254, 255 - 262, 276, 314 注 102; and *fangsheng* 放生, 18, 21, 38

mourning 哀悼, 126 - 127, 146, 170, 256, 283, 323 注 40

mutual surveillance (*baojia*) 保甲, 151, 176, 184, 194, 264, 270, 326 注 131; and community compacts 乡约, 74, 134; and inspection tours 巡行, 202 - 203

Naquin Susan 韩书瑞, 281

neo - Confucianism 新儒学, 6, 17. *See also* Wang Yangming 另见王阳明

New York 纽约, 16, 292 注 3

Ni Fu 倪复, 159

Ni Yuanlu (1594 - 1644) 倪元璐, 206, 246, 251, 276, 285; and Buddhism 佛教, 252; extravagance of 奢侈, 265, 267; and food relief 食物救济, 113, 160, 164, 167, 172, 176, 179, 182, 183, 191; and grain procurement 粮食采购, 205, 208; on localized relief 本地救济, 195, 196, 205, 206-207, 213, 346注80; suicide of 自杀, 278

nonkilling 戒杀. See *jiesha*

"Notebook as Daily Mirror, A" (Rijian pian; Gao Panlong)《日鉴篇》(高攀龙), 58

oaths 誓言, 29, 141, 170, 177

officials 官员: alliance with 结盟, 193-219; and anxiety 焦虑, 282; and associations 社团, 223, 232; authority of 权威, 63, 197-198, 245; and benevolent societies 善会, 48-49, 63, 68, 76, 140; and charity 慈善, 8-9, 181; and community compacts 乡约, 78; competition among 竞争, 63, 279; distrust of 不信任, 205, 207; and dynastic decline 王朝衰落, 161, 247; and *fangsheng* 放生, 16, 17, 23; and food relief 食物救济, 157, 189; former 前任, 160, 280; and funding 资金, 245-246; and Gao Panlong 高攀龙, 59, 61; and gods 神, 319注124; and grain 粮食, 209, 212; and inspection tours 巡行, 199-203; and large-scale relief 大规模的救济, 216-217; and local communities 地方社区, 49-50, 122, 205, 206, 207, 209-210, 280-281; and local elites 地方精英, 45, 160, 276, 280-281; and marginal elites 边缘精英, 232, 233; and medical relief 医疗救助, 224, 233-241; and merchants 商人, 121, 203-205; and morality books 善书, 256-257, 258; praise for and from 赞扬, 272-275; and Qi Biaojia 祁彪佳, 192, 197-198; and retribution and response 报应, 256-257; and shared beliefs 共同信仰, 263, 270, 271; and social networks 社会网络, 247, 281; and social order 社会秩序, 193-197, 205; and sons of doctors 大夫之子, 231, 237; terms for 术语, 324注49; and transregional relief 跨区域的救济, 212-213, 214, 217; vs. wealth 与财富的对比, 102, 121-122. *See also* civil service examinations 另见科举考试

officials, local 地方官员: and benevolent societies 善会, 52, 76; and community compacts 乡约, 74, 75; and dynastic decline 王朝衰落, 162, 163; efficacy of 功效, 247; and *fangsheng* 放生, 22; and food relief 食物救济, 157, 158, 176, 178; vs. imperial officials 与帝国官员的对比, 206; and local elites 地方精英, 170; as mother-father to people 父母官, 8, 38, 122; and recruitment 招募, 174; vs. wealthy 与财富的对比, 122

"On Nonkilling and Liberating Lives" (*Jiesha fangsheng wen*; Zhuhong)《戒杀放生文》(袾宏), 21

On Spreading Kindness/Charity (*Guanghui bian*; comp. Zhu Shi)《广惠编》(朱轼编), 277

"On the Toils of Learning" (*Kunxue ji*; Gao Panlong)《困学记》(高攀龙), 59

opera 戏曲, indulgence in 放纵, 264–265, 311 注 52

Ouyang Xiu 欧阳修, 293 注 18, 300 注 10

Palatre, Gabriel (1830–1878) 柏立德, 2

pawnshops 当铺, 173, 192, 194, 197

"Peach Blossom Spring" (*Taohua yuan ji*; Tao Yuanming)《桃花源记》(陶渊明), 139

Peng Dingqiu (1645–1719) 彭定求, 70, 304 注 120

Peng Ju 彭矩, 260

philanthropy 仁爱, 7. *See also* charity 另见慈善

physicians 大夫, 7, 9, 221, 222, 281; and dispensaries 药局, 224–228, 235, 236, 237, 241; and elite 精英, 223, 228, 229–231, 237, 244, 279, 280; types of 类型, 337 注 32

Pingshui Village 平水村, 187, 195, 202; and Qi Junjia 祁骏佳, 331 注 73

pingtiao 平粜 (sale of grain at reduced prices), 92, 166, 173, 181, 182, 184, 205, 273. See also grain prices 另见粮食价格

pirates 海寇, 77, 98, 136, 138, 259, 305 注 27

"Plan for the Inspection Tour of the Western Borough, A" (Qi Biaojia)《西区巡行事宜》(祁彪佳), 199

poetry groups 诗社, 46–48, 51, 53, 223

poor, the genteel 有教养的穷人, 84, 148, 184, 248

poorhouses (*yangji yuan*) 养济院, 4, 44, 64, 67, 80, 84, 300 注 6

power 权力: charity as 慈善, 11, 269, 271; political 政治的, 78, 277–278, 281; and social hierarchy 社会阶层, 41, 52, 280–281; and wealth 财富, 62, 112, 281, 285–286

"Preface on Strategic Planning for the Rural Areas, A" (Xiangchou xu; Chen Longzheng)《乡筹序》(陈龙正), 122

prisoners 囚犯, 94, 96, 104, 108–109, 148, 159, 218, 222, 249

"Proceedings of the Discussion Meetings" (Huijiang ji shuo)《会讲集说》, 128

"Proclamation to the Poor People" (Shi xuwu qu pinhu yu; Chen Longzheng)《示胥五区贫民谕》(陈龙正), 91, 98

"Proposal for Lodgings for Beggars" (Jian gaifang yi; Chen longzheng)《建丐房议》(陈龙正), 83

"Proposal for Soup Kitchens in Fourteen Items, A" (Qi Biaojia)《粥厂事宜十四条》(祁彪佳), 198

prostitutes 妓女, 6, 104

public (*gong*) 公, 170

public place (*gongsuo*) 公所, 170

public recommendations (*gongju*) 公举, 144, 146

public sphere 公共领域, 281, 350 注 1

public use (*gongyong*) 公用, 47

publicity 公开, 284–285; for benevolent societies 善会, 48, 49, 90; for charity 慈善, 5–6, 30, 41, 51, 92, 113, 114, 119, 160, 267, 269, 276, 284; vs. hidden virtue 与阴德的对比, 5, 30, 41, 43, 51, 79, 90, 112–113, 265–266, 276; in Qing 清代, 286

publishing 出版, 5, 21, 22, 23, 45

punishment 惩罚, 198, 203, 213, 217, 253; in benevolent societies 善会, 271–272, 273, 324 注 60

Qi Biaojia (1602–1645) 祁彪佳, 6; acceptance of responsibility by 任事, 264, 267–271, 276, 277; anxiety of 焦虑, 282; and Bearing Witness Society 证人社, 233, 251; and Buddhism 佛教, 252; and burials for poor 埋葬穷人, 221–222; charity of 慈善, 113, 114, 120, 163–165, 180, 183, 241, and Chen Zilong 陈子龙, 195, 196, 197, 198, 217, 274, 275, 312 注 58; and community compacts 乡约, 74; compassion of 同情心, 265, 269; competitiveness of 竞争, 283; Confucianism of 儒学, 257, 262, 275, 277; diaries of 日记, 18, 21, 159–161, 258, 263–266, 273, 276, 278, 281; and dispensaries 药局, 220–241, 340 注 122; extravagance of 奢侈, 27, 109, 110, 111–113, 264–265, 266, 267; and *fangsheng* 放生, 15, 18–19, 21, 22, 23, 30, 38, 39, 40; and food relief 食物救济, 159–161, 170–173, 176–179, 181, 183, 187–188, 192, 216; on foundling home 保婴局, 241–242; friends of 友人, 157, 172–173, 211; gardens of 花园, 202, 211, 212, 231, 264, 265, 278; and grain procurement 粮食采购, 181, 205–211; and information 信息, 170–173; and inspection tours 巡行, 199–203; labors (*laoku*) of 劳苦, 268–270, 284; leadership of 领导, 187–188, 192, 270–271; lineage of 宗族, 180, 186, 202, 211, 265; and Liu Zongzhou 刘宗周, 196, 199,

477

209-211, 251, 278; loyalties of 忠诚, 180-181, 186; and marginal elite 边缘精英, 175, 197, 198, 231, 233, 279; and merchants 商人, 197, 203-205, 283; and monks 僧人, 242-244, 257; and officials 官员, 192, 193-219, 234, 281; and opera 戏曲, 311 注 52; organizational strategies of 组织策略, 165-170; personal losses of 个人损失, 164-165, 170, 171, 192, 222-223; pragmatism of 实用主义, 262-264, 268; and retribution and response 报应, 257-258; and rewards for participation 奖励参与, 271-276; self-image of 自我形象, 267, 269-270, 275; and shared beliefs 共同信仰, 250, 254, 277; socialization of 社会化, 282, 283-284; suicide of 自杀, 278; transformation of 转变, 264-267; and transregional relief 跨区域的救济, 211-214, 246-247; and vegetarianism 素食主义, 266-267; and vertical relationships 垂直关系, 280; villages of 村落, 180, 186, 188, 211, 333 注 141; and Wang Chaoshi 王朝式, 222, 231, 244, 257, 258, 278; writings of 作品, 172-173; and Yan Maoyou 颜茂猷, 257-258, 282; vs. Yang Dongming 与杨东明的对比, 264; and Zhang Dai 张岱, 110, 311 注 51

Qi Chenghan (1565-1628) 祁承㸁, 171, 263

Qi Fengjia (Degong) 祁凤佳(德公), 188, 190, 191, 201, 208, 211, 266

Qi Junjia (Jichao) 祁骏佳(季超), 208, 266, 311 注 52, 331 注 70, 73; and burials for poor 埋葬穷人, 221-222; and food relief 食物救济, 187, 189, 190; and medical relief 医疗救助, 224, 225, 229, 234, 244

Qi Linjia 祁麟佳, 311 注 52

Qi Ningfang 祁宁方, 198, 266, 330 注 15

Qi Tongsun 祁同孙, 222, 224, 226, 231

Qi Xiangjia (Weng'ai) 祁象佳(翁艾), 190, 222

Qi Xiongjia (Wenzai) 祁熊佳(文载), 202

Qian Fanhou 钱蕃侯, 129, 144, 317 注 35

Qian Huanzhong 钱寰中, 244

Qian Qianyi (1582-1664) 钱谦益, 24, 312 注 58

Qian Qinzhi 钱钦之, 263, 266

Qian Shisheng (1575-1652) 钱士升, 66-67, 82, 83, 93, 98, 120, 306 注 44, 315 注 121

Qian Sule (Xisheng; 1606-1648) 钱肃乐(希声), 29, 285; and Lu Shiyi 陆世仪, 133, 142; as subprefect 知州, 135, 150-153; and Taicang benevolent society 太仓同善会, 139, 140, 141, 150, 152-153

Qian Sutu 钱肃图, 321 注 169

Qian Yiben (Qixin; 1544 – 1615) 钱一本(启新), 56, 57, 62, 69, 70

Qian Yuandeng 钱元登, 242

Qin Hongyou 秦弘祐, 237, 238

Qin Lüsi 秦履思, 347 注 99

Qing dynasty 清代, 112, 116, 184; benevolent societies in 善会, 43 – 44, 70, 286; changes in 变化, 285 – 286; Lu Shiyi in 陆世仪, 128, 318 注 72, 78, 319 注 109

Qiu Weiping 邱维屏, 296 注 70, 299 注 153

"Record of Daily Self-Examination, A" (Rixing bianji; Gao Panlong)《日省编集》(高攀龙), 58

"Record of Dispensing Medicines, A" (Qi Biaojia)《施药缘起》(祁彪佳), 225

"Record of Distributing Padded Jackets, A" (Shi mianao ji; Yang Dongming)《施棉袄记》(杨东明), 54 – 55

Record of Examining One's Virtue and Studying toward a Career, A (*Kaode keye lu*; Lu Shiyi)《考德课业录》(陆世仪), 125, 129

"Record of Gazing upon Others" (Xiangguan lu; Lu Shiyi)《相观录》(陆世仪), 128

Record of Military Preparedness (*Wubei zhi*; Lu Shiyi)《武备志》(陆世仪), 139

Record of My Determination to Learn, A (*Zhixue lu*; diary; Lu Shiyi)《志学录》(日记;陆世仪), 124, 125

Record of the Yaojiang Academy (*Yaojiang shuyuan zhilüe*)《姚江书院志略》, 232, 233

Recorded Conversations (*Xinzhai yulu*; Wang Gen)《心斋语录》(王艮), 128

Records of Having Obtained What Is Good (*Deyi lu*; Yu Zhi)《得一录》(余治), 70

Records of Ming Scholars (*Mingru xuean*; Huang Zongxi)《明儒学案》(黄宗羲), 250, 254

Records of Right Behavior and Good Fortune (*Diji lu*; Yan Maoyou)《迪吉录》(颜茂猷), 31, 255 – 258, 260 – 261, 277

Records of Spreading Love (*Guang'ai lu*; Meng Chaoran)《广爱录》(孟超然), 24, 37

Records of Taking Pleasure in Goodness（*Leshan lu*；Li Changling）《乐善录》（李昌龄），255-256

Reflection and Discrimination（*Sibian lu*；Lu Shiyi）《思辨录》（陆世仪），125-126，129，130

regulations 条约：for Bearing Witness Society 证人社，232；of benevolent societies 善会，47-48，69，78，86-91，98，140，143，285，301 注 56；for cooperation 合作，285；defined 界定，47；for dispensaries 药局，224，225，235-236，238；for distributing clothing 施衣，55；and elite 精英，150；for food relief 食物救济，187，198；and foundling home 保婴局，242；and inspection tours 巡行，200-201；of Taicang benevolent society 太仓同善会，139-141；of Yunqi Society 云起社，119

religion 宗教，2，11，44，46，103，105. *See also* Buddhism 另见佛教；Christianity 基督教；Daoism 道教；monasteries 寺院；monks 僧人

Renzong（Song emperor）仁宗（宋朝皇帝），26

Republican period 民国时期，44

reputation 名声，62，69，116，270；family 家庭，63-65；and merit 功德，260，262；as motivation 动机，67-68，272，284；of physicians 大夫，229；and shared beliefs 共同信仰，276，277，282

responsibility, acceptance of 任事：for food relief 食物救济，174，177，179，183；and leadership 领导，281；by marginal elite 边缘精英，177，271；moral 道德的，107，122；as motivation 动机，278；by Qi Biaojia 祁彪佳，264，267-271，276，277；rewards for 奖赏，273-274；and shared beliefs 共同信仰，253，255，267，271，275；and status 地位，180

Restoration Society（Fu she）复社，132，212，223

retribution and response（*baoying*；*ganying*）报应；感应：and animals 动物，17，28，32，34，35，41；from heaven 天，76，77，125，163，258-260，267，283；in morality books 善书，255-262；and shared beliefs 共同信仰，252，255-262，277；and status 地位，255，256，257

rewards 奖赏，60-61，159，243，247，255-262；civil service examinations as 科举考试，23，65-66，273-274，275，348 注 160；for hard work 努力工作，273-274；for marginal elite 边缘精英，273-274，275；and shared beliefs 共同信仰，249，267，271-276，277，278

Ricci, Matteo（1552-1610）利玛窦，26，253-254

Richard, Timothy（1845-1919）李提摩太，1

Right Behavior and Good Fortune《迪吉录》，117

riots 骚乱. *See* social disorder 见社会失序

rural areas 农村地区, 122, 183, 309 注 147, 331 注 52; burials in 埋葬, 326 注 123; common societies in 俗会, 49–50; community compacts in 乡约, 25, 134, 135; disorder in 失序, 194, 212, 271; famine in 饥荒, 98, 191–192; and *fangsheng* 放生, 22; food relief in 食物救济, 169–170, 176, 191; local vs. general relief in 局部救济与普遍救济的对比, 206; medical relief in 医疗救助, 220, 228, 241; and Ming Taizu 明太祖, 305 注 19; official inspection tours in 官方巡行, 199–203; Qi Biaojia's ties to 祁彪佳的纽带, 180, 186, 188, 211, 333 注 141; trade in 贸易, 215; and transregional aid 跨地区的救济, 193; vs. urban areas 与农村地区的对比, 97–99, 211, 283

Salisbury, Harrison 哈里森·索尔兹伯里, 3, 290 注 15

Schall, Adam 汤若望, 343 注 25

schools, charitable (*yixue*) 义学, 54, 67, 97, 180, 233, 309 注 153

secret societies 秘密会社, 44

self-cultivation 自修, 99, 123–130, 253, 258, 262–263

self-image 自我形象, 267, 269–270, 275, 284

"Set of Regulations for Taking Responsibility of the Soup Kitchens, A" (Qi Biaojia)《厂中任事条目》(祁彪佳), 198

Shan Yiguan 单一贯, 183

Shang Jinglan (1605–1676) 商景兰, 327 注 150

Shang Zhouzuo (*js.* 1601) 商周祚(1601 年进士), 313

shanju 善举. *See* good deeds 见义行

Shanyin district (Shaoxing) 山阴县(绍兴), 110; economy of 经济, 214–216; food relief in 食物救济, 159–160, 168, 174, 176, 178, 181, 182, 185; officials of 官员, 193; and transregional relief 跨区域的救济, 211, 213; and Wang Yangming 王阳明, 254

Shaoxing prefecture 绍兴府, 157–159, 198, 218–219; administrative divisions of 行政区域, 176; disorder in 失序, 193–194; and dynastic decline 王朝衰落, 162; extravagance in 奢靡, 265, 266; failures of relief in 救济失败, 217–218; food relief in 食物救济, 159–161, 166–170, 176–179, 185; and interregional trade 区际贸易, 203, 214, 332 注 87; literati in 士大夫, 219, 232; medical care in 医疗救助, 221, 230; population of 人口, 214; trade in 贸易, 214–216; and Wang Yangming 王阳明, 254

481

sharing goodness (*tongshan*) 同善, 43-44, 78-79, 80, 81; Society for (Tongshan hui) 同善会, 46-49

Shen Guomo (Qiuru) 沈国模(求如), 190, 232-233; and dispensaries 药局, 234, 236; lectures by 讲话, 263-264; as marginal elite 边缘精英, 244-245, 281; moral authority of 道德权威, 244-245; and Qi Biaojia 祁彪佳, 251

Shen Jingshu 沈敬枢, 237

Shen Kuo 沈括, 314 注 106

Shen Maojian 沈懋简, 159

Sheng Jing (Shengchuan) 盛敬(圣传), 125, 144

shengsheng (perpetual renewal of life) 生生, 53, 72-73, 207

Shi Xiaofu (Zifu) 史孝复(子复), 233, 236

Shi Xiaoxian (Zixu) 史孝咸(子虚), 233

Shi ji《史记》, 290 注 25

Shijing (*Book of Poetry*)《诗经》, 36, 129

Shinto 神道教, 298 注 125

silkworms 桑蚕, 21, 25

Sima Guang 司马光, 300 注 10

Sima Qian 司马迁, 290 注 25

Six Imperial Maxims 圣谕六言, 75-82, 280; on accepting lot 各安生理, 106, 257, 283; and community compacts 乡约, 135; on filial piety 孝道, 75, 76, 77, 79-80, 81, 103; lectures on 讲话, 203, 264; and Qian Sule 钱肃乐, 151, 152

smallpox 天花, 222

Smith, Arthur (1845-1932) 明恩溥, 2, 3

social disorder 社会失序: and benevolent societies 善会, 71, 73, 84; and commerce 商业, 9, 17, 283; and community compacts 乡约, 74; and dynastic decline 王朝衰落, 162; and elite 精英, 138-139, 160, 165, 194, 195-196, 197, 268, 281; and famine 饥荒, 157-158, 218, 221; and food relief 粮食救济, 160, 176, 177-178, 184, 189, 190, 195-196; and grain distribution 粮食采购, 193-194; and grain prices 粮食价格, 203, 218, 221; in Jiangnan 江南, 136-139; and Lu Shiyi 陆世仪, 126, 127; and medical relief 医疗救助, 221, 224, 233; as motivation 动机, 9-10, 11, 268, 269, 271, 278, 283; and officials 官员, 151, 152, 193-197; and opera 戏曲, 265; preparations for 准备, 136-139; and punishment 惩罚, 193-194; in rural areas 农村地区, 194, 212, 271; in Shaoxing 绍兴, 193-194; and shared beliefs 共同信仰, 262, 266

social hierarchy 社会阶层: and associations 社团, 119-120, 223, 232; and benevolent societies 善会, 48-49, 51-52, 70, 78, 79, 82, 83, 88, 140, 149-150, 280; and charity 慈善, 10-11, 40, 60, 105-107; and community compacts 乡约, 77-78; and cooperation 合作, 120, 243-244, 246, 269, 274; and dispensaries 药局, 239-240, 245; and *fangsheng* 放生, 17, 39-40, 41, 42; and food relief 食物救济, 157-159, 180-181; and leadership 领导, 10-11, 281; within lineages 宗族, 95; local 地方的, 70, 100, 120; and mental vs. physical labor 脑力劳动与体力劳动的对比, 89-90; and money 金钱, 117-119; and shared beliefs 共同信仰, 248; and social mobility 社会流动, 66, 106, 282; and social relations 社会关系, 9, 30, 42, 223, 232, 280-282; in urban areas 城区, 98-99; and wealth 财富, 41, 102-103, 121-122, 310 注 20. *See also* social status 另见社会地位

social mobility 社会流动, 66, 106, 282

social order 社会秩序, 107, 248; and community compacts 乡约, 79; and food relief 食物救济, 158, 204; and official involvement 官方的介入, 193-197, 199, 205; and universal harmony 大同, 43, 51-52, 77, 99-101, 104, 105, 106, 154

social relations 社会关系: and benevolent societies 善会, 71; and charity 慈善, 201, 266, 284-285; and civil service examinations 科举考试, 61, 166, 206, 212; and diaries 日记, 128-130; and *fangsheng* 放生, 28-30, 39-40, 41, 280; and fictive kin 虚构的亲属关系, 147; and food relief 食物救济, 166, 180-181, 218; and gardens 花园, 109, 110-113; of marginal elite 边缘精英, 132, 149; and medical relief 医疗救助, 221, 239-240; and money 金钱, 117-119; and moral suasion 道德劝诫, 113; of physicians 大夫, 228, 229-231; and social hierarchy 社会阶层, 9, 30, 42, 223, 232, 280-282; transregional 跨区域, 206, 211-214, 246-247, 284; in urban areas 城区, 98-99; vertical 垂直, 9, 280-282; and wealth 财富, 114, 247, 285

social status 社会地位: and authority 权威, 10, 130, 245, 257; and behavior 行为, 105-107; and benevolent societies 善会, 63, 79; and charity 善会, 52, 135-136, 201; of Chen Longzheng 陈龙正, 63, 71, 78; and consensus 共识, 170; and dispensaries 药局, 224; and food relief

食物救济, 167, 180; of Gao Panlong 高攀龙, 63, 78, 251; and gardens 花园, 110-113; and labors (*laoku*) 劳苦, 269; and leadership 领导, 281; of Lu Shiyi 陆世仪, 130-135; and retribution and response 报应, 255, 256, 257; and rewards 奖赏, 272, 275; and shared beliefs 共同信仰, 255, 256, 257, 262; of sons of doctors 大夫之子, 237; and wealth 财富, 107-109, 119, 121-122; of Yang Dongming 杨东明, 53, 63, 78, 251. See also elite, marginal 另见边缘精英; social hierarchy 社会阶层

Society for Liberating Animals 放生社, 223, 224, 225

Society for Sharing Goodness (Tongshan hui) 同善会, 46-49, 69, 86, 119, 121, 167, 223, 244, 246, 254, 279; contract of 条约, 47-49, 86

Society for Spreading Humaneness (Guangren hui) 广仁会, 7, 46, 50-51, 97

Song dynasty 宋代, 4, 16, 18, 24, 162-163

Song Jiao 宋郊, 301 注 40

soup kitchens 粥厂: advocates for 拥护, 181, 182; alternatives to 替代方案, 187, 191, 208, 209; and benevolent societies 善会, 54, 82; difficulties of 困难, 161, 284; and food relief strategy 食物救济策略, 172; and genteel poor 有教养的穷人, 184; labors (*laoku*) on 劳苦, 269; and local elites 地方精英, 162; and Lu Shiyi 陆世仪, 137; management of 管理, 169, 174, 179, 187, 207, 212; and monks 僧人, 244; and moral authority 道德权威, 245; official oversight of 官方监督, 185-186, 196-197, 199-203; portable 便携的, 82, 93, 94, 159, 244, 275; and Qi Biaojia 祁彪佳, 197, 198, 266, 275; and Qian Sule 钱肃乐, 152, 153; records of 记录, 169, 185; rewards for 奖赏, 272; in Shaoxing 绍兴, 158, 176; and social disorder 社会失序, 195, 196, 218; and transregional relief 跨区域的救济, 212-213. See also food relief 另见食物救济

Southeast Asia 东南亚, 16

state, the 国家: benevolence of 善治, 262; and benevolent societies 善会, 44, 46, 48-49, 52, 71, 72; and Buddhism 佛教, 290 注 19; and charity 慈善, 1, 2, 8-9; and community compacts 乡约, 74; and family 家庭, 99; and *fangsheng* 放生, 16; vs. local communities 与地方社区的对比, 122; and medical care 医疗救助, 220; in Qing dynasty 清代, 285, 286

statecraft (*jingji*) 经济, 64, 171

484

students 士子. See elite, marginal 见边缘精英

study societies 学会, 223

Su Shi (1037–1101) 苏轼, 5, 6, 16, 31, 220, 290 注 22, 292 注 6, 336 注 3

Su Yuanpu 苏元璞, 232

Sun Jue 孙觉, 311 注 40

Sun Wenhuan 孙文焕, 215

Sun Xiehe 孙燮和, 237

Śūraṃgama sūtra (Lengyan jing)《楞严经》, 252, 295 注 65

Suzong (r. 756–762) 肃宗(756–762 在位), 16

Synthesis of Books and Illustrations Past and Present (Gujin tushu jicheng)《古今图书集成》, 18

Taicang 太仓, 212

Taicang benevolent society 太仓同善会, 142, 143–150, 221, 279

Taicang Subprefectural Gazetteer (Taicang zhouzhi)《太仓州志》, 152

Taiwan 台湾, 16, 292 注 3

Taizong, emperor 唐太宗, 118

Taizu gao huangdi 太祖高皇帝, 75, 76

Tang Xianzu (1550–1616) 汤显祖, 31, 34, 35

Tang Zhen (1630–1704) 唐甄, 341 注 160

Tang dynasty 唐代, 23, 24, 32

Tanyangzi (Wang Daozhen; 1558–1580) 昙阳子(王道真), 23

Tao Shiling (Shiliang) 陶奭龄(石梁), 22–23, 223, 234, 243, 250, 251, 343 注 6, 10; and Bearing Witness Society 证人社, 232, 233

Tao Tengsheng 陶藤生, 222

Tao Wangling (Shikui; 1562–1609/1610) 陶望龄(石篑), 22–23, 40, 243, 341 注 167, 343 注 6

Tao Yuanming (365–427) 陶渊明, 139

taxes 税收, 176, 179, 203, 272, 315 注 121; reduction of 减少, 164, 175, 186, 212, 319 注 109; and social disorder 社会失序, 218, 221

"Three Covenants for Governing the Rural Districts" (Zhixiang sanyue; Lu Shiyi)《治乡三约》(陆世仪), 134, 135

three teachings (sanjiao; Confucianism, Buddhism, Daoism) 三教; 儒释道, 249–250, 252, 277

tiaoyue 条约, 47. See also regulations

Tong Wulai 童五莱, 224, 227, 228, 229, 230, 231, 243, 245

tongshan hui 同善会, *see* 善会

transmigration 轮回, 26, 28, 35, 41, 53

Twitchett, Denis 崔瑞德, 58, 115

Unmoored Garden (*Buxi yuan*; boat) 不系园; 舟, 110 - 111, 176

urban areas 城区, 283, 307 注 98, 319 注 124; charity in 慈善, 176, 241, 309 注 147; and officials 官员, 193, 211; Qi Biaojia's ties to 祁彪佳的纽带, 186, 211, 333 注 141; vs. rural areas 与农村地区的对比, 97 - 99, 211, 283; social relations in 社会关系, 98 - 99; and transregional aid 跨区域的救济, 193

vagrants 流民, 189 - 191, 242, 244, 245, 276, 342 注 189; and monasteries 寺院, 189, 190, 197; and officials 官员, 193; and Qi Biaojia 祁彪佳, 266; and social disorder 社会失序, 195; women as 妇女, 189, 216

vegetarianism 素食主义, 20 - 21, 25, 31, 58, 127; at banquets 宴会, 228, 229, 236, 239, 244; and Buddhism 佛教, 27, 251, 292 注 2; vs. *fangsheng* 与放生的对比, 27 - 28; and frugality 节俭, 26 - 30, 266 - 267; of officials 官员, 151, 200; and personal loss 个人损失, 165

vernacular language 通俗语言, 75, 77, 81, 82, 198, 280

voluntarism 自愿主义, 225, 271, 283. *See also* associations, voluntary 亦见自愿性社团; friends 友人

Wakeman, Frederic 魏斐德, 281

Wang Anshi (1021 - 1086) 王安石, 207, 266, 295 注 54, 311 注 40, 41

Wang Chaoshi (Jinru) 王朝式(金如), 111 - 113, 233, 336 注 8; and Bearing Witness Society 证人社, 232; biography of 传记, 231 - 232; death of 去世, 164; as marginal elite 边缘精英, 244, 246, 281; and medical relief 医疗救助, 224, 225, 227, 228, 229, 234, 237; and morality 道德, 244 - 245, 278, 282, 284; and Qi Biaojia 祁彪佳, 222, 231, 244, 257, 258, 278; and transregional relief 跨区域的救济, 212 - 213; and vertical relationships 垂直关系, 280

Wang Chengzhao (Jingxian) 王承昭(景贤), 132, 151

Wang Dahan 王大含, 185

Wang Dengshan 王登善, 138

Wang Gen (1483 - 1541) 王艮, 127 - 128, 154

Wang Han 王瀚, 142

Wang Heng (1561?–1609?) 王衡, 23, 27, 29

Wang Ji 王畿, 311 注 47

Wang Peiyuan 王培元, 228, 231, 340 注 119

Wang Ruqian (1577–1655) 汪汝谦, 110–111, 112, 175–176, 312 注 58, 70

Wang Shangbin (Wanwu) 王尚宾(完吾), 136

Wang Siren (1575–1646) 王思任, 183–184, 205, 231, 324 注 68

Wang Sunlan (Xuegan; *js.* 1631; Prefect) 王孙兰(雪肝;1631 年进士;知府): and dispensaries 药局, 240; and food relief 食物救济, 158–159, 164, 167, 169, 173, 177, 188, 191, 199; and grain procurement 粮食采购, 203, 204, 207, 208, 209; and Qi Biaojia 祁彪佳, 193, 194, 196, 197, 217, 274

Wang Taihan 王太含, 240

Wang Yangming (Shouren; 1472–1529) 王阳明(守仁), 6, 21, 73, 167, 250, 275, 311 注 47, 349 注 187; on community compacts 乡约, 74, 78, 79, 134; and *fangsheng* 放生, 17; influence of 影响, 233, 254; and Wang Gen 王艮, 128

Wang Yuanzhao (Junyuan; Magistrate) 汪元兆(濬源;知县), 193, 203, 206, 246; and dispensaries 药局, 234, 238, 239; and food relief 食物救济, 169, 175, 177, 184, 186, 209

Wang Zheng (1571–1644) 王徵, 253, 344 注 31

Wang Zhixue 王志学, 330 注 12

Wang Zhong 王钟, 306 注 43

Wanli emperor 万历皇帝, 161

wealth 财富, 175, 260; and amount of donations 捐赠数目, 113–120; and benevolent societies 善会, 50, 52, 56, 78, 79, 121–122; corruption of 腐败, 116; and dispensaries 药局, 224; and extravagance 奢侈, 109–113, 117; and justice 公正, 107–109, 116; vs. learning 与学识的对比, 121–122; and power 权力, 62, 112, 281, 285–286; in Qing dynasty 清代, 285, 286; and retribution and response 报应, 255, 257; in Shaoxing 绍兴, 163, 219; sharing of 分享, 102–103; and social relations 社会关系, 114, 247, 285; and social status 社会地位, 107–109, 119, 121–122

Wei Dazhong (1575–1625) 魏大中, 68

Wei Xuelian (1608–1644) 魏学濂, 68

Wei Zhongxian（1568－1627）魏忠贤，62，338 注 67

weishan 为善. See doing good 见行善

Wen Huang 温璜，96

West 西方，the，1－2，7，226，253－254

wet nurses 乳媪，108，109，131，216，242，266

women 妇女，256，336 注 8；as benefactors 捐助者，5，6，100，135，182，232；as beneficiaries 受济者，83，84，142，178，191，234；exclusion of 排除，70；frugal 节俭的，114－115；and Gao Panlong 高攀龙，57，61；as vagrants 流民，189，216；virtuous 善良的，67，83，84，88；wage-earning 薪金收入，101

Writings on Statecraft from the Ming Dynasty（*Huang Ming* [*jingji*] *jingshi wenbian*；Chen Zilong)《皇明[经济]经世文编》(陈子龙），171

Wu Binri 吴宾日，342 注 194

Wu Daozi（Daoxuan）吴道子（道玄），275，349 注 175

Wu, Emperor of Liang 梁武帝，16

Wu, Empress 女皇武则天，290 注 19

Wu Qisheng 吴期生，191，194，240，245

Wuji（monk）无迹（僧人），172

Wuliang（monk）无量（僧人），190，242－243，244，341 注 166，342 注 178

Xia Yunyi（Yizhong；*js.* 1637）夏允彝（彝仲；1637 年进士），223，246

Xie Shi 谢室，20

Xie Zhaozhe（1567－1624）谢肇淛，35

xingshan 行善. See doing good 见行善

Xu Guangqi（1562－1633）徐光启，171，199，252，253，277，345 注 64

Xu Shunguang 许舜光，316 注 5

Xu Zijiu 徐子久，147

Xuan, King of Qi 齐宣王，118

Xunzi 荀子，252

yamen personnel 衙门中人，70，84，92，99，152，194

Yan Maoyou（*js.* 1634）颜茂猷（1634 年进士），117，250，277，345 注 51，58；on animals 动物，32－33，37，40，295 注 65，296 注 68；and Buddhism 佛教，252；and Christianity 基督教，253；and *fangsheng* 放生，18，21，31；morality book by 善书，255－258，260－261，262；and Qi Biaojia 祁彪佳，257－258，282；Yunqi Society of 云起社，119－120

Yan Yizhi 严亿之，237，238

Yang Dongming (1548–1624) 杨东明, 6, 111, 125; and alternatives to benevolent societies 善会的替代方案, 72, 79, 82; and benevolent societies 善会, 43, 44, 45–56, 69–70, 150, 154, 220; benevolent society of 善会, 47–48, 69, 86, 119, 121, 140, 167, 223, 244, 246, 254, 279; and common societies 俗会, 120; and community granaries 社仓, 52, 53–54, 334 注 150; on donations 捐赠, 87, 114; and fangsheng 放生, 15, 25, 26; and Gao Panlong 高攀龙, 57, 59; on humaneness 仁, 52–53, 73; and lineage 宗族, 45, 97; vs. Lu Shiyi 与陆世仪的对比, 128, 130, 131; moral authority of 道德权威, 52–56, 71; motivations of 动机, 267; vs. Qi Biaojia 与祁彪佳的对比, 264; and social relations 社会关系, 100, 280; status of 地位, 53, 63, 78, 251; and transregional relief 跨区域的救济, 334 注 150

Yang Dongshu 杨东曙, 309 注 140

Yang Tingyun (1557–1627) 杨廷筠, 39, 253

Yang Wanli (Chengzhai) 杨万里（诚斋）, 311 注 41

Yang Yizhi 严亿之, 347 注 114

Yang Zhu 杨朱, 260

Yangzi delta region 长江三角洲地区. See Jiangnan 见江南

Yao Kui 姚夔, 306 注 43

Yao Shilin 姚士粦, 323 注 26

Yao Tailü 姚泰履, 208

Yao Tongbo 姚同伯, 225, 228

Yao Wenran (js. 1643, d. 1678) 姚文然（1643 年进士，于 1678 年去世）, 38

Yaojiang Academy 姚江书院, 232, 312 注 73, 334 注 147

Ye Maocai 叶茂才, 302 注 70

Ye Shaoyuan 叶绍袁, 218

Yijing (Book of Changes)《易经》, 73

yixing 义行. See good deeds 见善举，为善

Yu Huang (js. 1625) 余煌（1625 年进士）, 195, 197, 322 注 14; and dispensaries 药局, 237; and food relief 食物救济, 160, 165, 166, 167, 169, 170, 174, 181, 184, 205; and grain procurement 粮食采购, 208, 209

Yu Zhi (1809–1874) 余治, 40, 297 注 95

Yu Zhongfu 俞中孚, 234

Yü, Chün-fang 于君方, 21, 30

Yuan Hongdao (1568–1610) 袁宏道, 32

Yuan Huang (1533–1606) 袁黄, 65–66, 124–125, 254, 255, 257, 344 注 42

Yuan Liuqing 袁六卿, 223, 227, 229

Yuan Zhongdao (1570–1624) 袁中道, 47, 32

Yuan Zongdao (1560–1624) 袁宗道, 32

Yucheng benevolent society 虞城善会, 140, 279

Yuetang (monk) 月堂（僧人）, 189, 190, 244

Yunqi Society 云起社, 119–120

Yuruo 愚若, widow of 遗孀, 145–146

Zhang Bi 张陛, 215, 216, 276, 327 注 159, 335 注 170, 346 注 75; and Buddhism 佛教, 251–252; and food relief 食物救济, 172, 183, 184, 192, 203; independent charity of 单独行善, 181–183, 246; labors (*laoku*) of 劳苦, 270; and localized relief 本地救济, 205, 206; and officials 官员, 217

Zhang Cai (Shouxian; *js*. 1628) 张采（受先；1628 年进士）, 132, 133, 135, 321 注 169; authority of 权威, 139, 141; and benevolent societies 善会, 150, 151, 154; lectures by 讲话, 140, 141, 142, 152; and Lu Shiyi 陆世仪, 149

Zhang Dai (1597–1679) 张岱, 109, 113, 167, 211, 230, 338 注 72; and animals 动物, 292 注 7, 299 注 150, 311 注 49; independent charity of 单独行善, 181; and Qi Biaojia 祁彪佳, 110, 311 注 51

Zhang E (Jiezi) 张萼（介子）, 110, 113, 114, 229, 324 注 79

Zhang Jiebin (1563–1642?) 张介宾, 228, 229–230, 231, 237, 250

Zhang Jin (Shangjiong) 张锦（尚絅）, 294 注 46

Zhang Jinghua 张景华, 327 注 159

Zhang Juzheng (1525–1582) 张居正, 66

Zhang Kunfang (Jiushan; *js*. 1628) 张焜芳（九山；1628 年进士）, 160, 167, 169, 170, 180, 181, 205

Zhang Lüxiang 张履祥, 348 注 156

Zhang Pei 张培, 230

Zhang Pu (1602–1641) 张溥, 132, 135, 151

Zhang Shaofang 张韶芳, 215, 327 注 159

Zhang Shiyi (Mengze) 张师绎（梦泽）, 56, 69

Zhang Tianfu 张天复, 311 注 47

Zhang Yaofang 张耀芳, 346 注 75

Zhang Yi (Pingzi)张峄(平子), 230

Zhang Yuanbian (1538–1588) 张元忭, 181, 311 注 47

Zhanguo ce《战国策》, 302 注 87

Zhanran (monk)湛然(僧人), 243

Zhao Bian 赵忭, 336 注 3

Zhao Gongjian 赵公简, 241, 341 注 157, 347 注 114, 348 注 156

Zheng Sixiao 郑思肖, 323 注 26

Zheng Xiyuan 郑锡元, 232

Zheng Xuan (*js*. 1631; Circuit Intendant) 郑瑄(1631 年进士;道台), 245, 311 注 40, 332 注 86; and dispensaries 药局, 234, 238, 239, 340 注 122; on earning merit 积累功德, 262; and food relief 食物救济, 166, 174, 209; and foundling home 保婴局, 242; and opera 戏曲, 265; and Qi Biaojia 祁彪佳, 217

Zhi Dalun (1534–1604; *js*. 1574) 支大纶(1574 年进士), 33, 35–36

zhiguai (accounts of the strange) 志怪, 17–18

Zhiyi (530–597) 智顗, 16

Zhonglie (Sun Hui, Yuan dynasty)忠烈(孙惠,元代), 328 注 196

Zhou Aixuan 周霭轩, 333 注 117

Zhou Can (1636–ca. 1685; Magistrate) 周灿(知县), 166, 187, 193, 203, 274; and dispensaries 药局, 234, 239; and grain procurement 粮食采购, 208, 209, 211–212

Zhou Jiaping (Yigong)周家屏(扆工), 138, 140, 142, 145, 147

Zhou Jinglan 周敬兰, 222

Zhou Kongjiao 周孔教, 272, 273

Zhou Mengyan (1656–1739) 周梦颜, 33

Zhou Pixian 周丕显, 68

Zhou Rudeng (1547–1629?) 周汝登, 26–27, 30, 233, 254, 294 注 46, 295 注 53

Zou Ruhui 邹汝恢, 333 注 117

Zhu Geng 朱赓, 311 注 48

Zhu Jiong 朱炯, 159

Zhu Qingyu 朱清宇, 222

Zhu Shengzheng 朱生正, 273

491

Zhu Shi 朱轼, 277

Zhu Shimen 朱石门, 311 注 48

Zhu Xi (1130 – 1200) 朱熹, 24, 95, 206 – 207, 210, 277, 290 注 22

Zhu Xiong (fl. fifteenth century) 朱熊 (生活在 15 世纪), 325 注 86

Zhuangzi《庄子》, 316 注 4

Zhuhong (monk; 1535 – 1615) 袾宏 (僧人), 243, 250, 254; on animals 动物, 33, 34, 35, 36, 37; and *fangsheng* 放生, 21 – 25, 27, 28, 30, 31; and Jesuits 耶稣会士, 26

Zhuji district 诸暨县, 157 – 159

Zou Rugong 邹汝功, 190, 226, 333 注 117

Zou Ruhui 邹汝恢, 190

Zou Yuanbiao 邹元标, 349 注 187

Zuo zhuan (*Zuo's Commentary*)《左传》, 137, 319 注 95

译后记

美国哈佛燕京学社与费正清中国研究中心研究员兼《哈佛亚洲研究期刊》主编韩德玲博士所著 *The Art of Doing Good: Charity in Late Ming China* (University of California Press, 2009),是作者积十多年研究心得撰成的一部重要的社会史著作。这部著作以明代文献资料作为研究主体,通过钩稽爬梳,细致入微地分析了晚明中国慈善事业的特征,在中国慈善史与区域文化史的研究上提出了许多令人耳目一新的解释,也为学界提供了一些独特的研究角度。

根据作者的自述,她对中国慈善事业的感知来自本科求学阶段,她始终相信中国人并没有家庭以外的慈善传统。在发现了晚明善会之后,作者才惊异地发现,原来在大量珍贵的明代古籍中尚有一个西方人未曾深入的历史现场亟待她去探索,由此反映出的真实的中国慈善事业的社会与文化意义竟被西方史学家所忽略了。由此,作者力图摆脱既有的西方理论的有色眼镜,怀着一颗属于史学家的本真好奇心,潜入历史现场的深海之中,近距离地观察晚明善人们的思想与生活。

　　我愿意认真翻译并向广大读者郑重推荐韩德玲的这部著作的重要原因,不仅在于她能够抱着开放性的态度去看待晚明文本表层的现象世界,而且在于她为文本深层所呈现的意义结构所做的努力。她观察到晚明的慈善事业透露出众多具有水平关系的自愿性社团的存在,也有地方社会与帝国官僚机构的垂直互动,由此证明了"公共领域"或哈贝马斯的"市民社会"的概念并不符合帝制晚期中国的社会能动性的现实。她所得出的结论不仅呼应了魏斐德和韩书瑞对于清代研究的结论,亦能与同一时期夫马进、梁其姿对中国慈善事业的研究相匹敌,且开启了进一步探索的研究方向,为构建一个完整而客观的中国慈善史的研究框架提供了宝贵经验,亦为中国慈善家们的历史命运的研究提供了新的观察角度、分析样本和愿景期盼。

　　作为译者和同行,我在与韩德玲老师逐句对话的过程中获益良多。全书译毕,韩德玲老师亲自审阅,及时发现并纠正了一些翻译上的问题。江苏人民出版社的编辑为本书的编辑和出版付出了辛勤的劳动。在此,我谨致以诚挚的谢意!

曹　晔

"海外中国研究丛书"书目

1. 中国的现代化　[美]吉尔伯特·罗兹曼 主编　国家社会科学基金"比较现代化"课题组 译　沈宗美 校
2. 寻求富强:严复与西方　[美]本杰明·史华兹 著　叶凤美 译
3. 中国现代思想中的唯科学主义(1900—1950)　[美]郭颖颐 著　雷颐 译
4. 台湾:走向工业化社会　[美]吴元黎 著
5. 中国思想传统的现代诠释　余英时 著
6. 胡适与中国的文艺复兴:中国革命中的自由主义,1917—1937　[美]格里德 著　鲁奇 译
7. 德国思想家论中国　[德]夏瑞春 编　陈爱政 等译
8. 摆脱困境:新儒学与中国政治文化的演进　[美]墨子刻 著　颜世安 高华 黄东兰 译
9. 儒家思想新论:创造性转换的自我　[美]杜维明 著　曹幼华 单丁 译　周文彰 等校
10. 洪业:清朝开国史　[美]魏斐德 著　陈苏镇 薄小莹　包伟民 陈晓燕 牛朴 谭天星 译　阎步克 等校
11. 走向21世纪:中国经济的现状、问题和前景　[美]D.H.帕金斯 著　陈志标 编译
12. 中国:传统与变革　[美]费正清 赖肖尔 主编　陈仲丹 潘兴明 庞朝阳 译　吴世民 张子清　洪邮生 校
13. 中华帝国的法律　[美]D.布朗 C.莫里斯 著　朱勇 译　梁治平 校
14. 梁启超与中国思想的过渡(1890—1907)　[美]张灏 著　崔志海 葛夫平 译
15. 儒教与道教　[德]马克斯·韦伯 著　洪天富 译
16. 中国政治　[美]詹姆斯·R.汤森 布兰特利·沃马克 著　顾速 董方 译
17. 文化、权力与国家:1900—1942年的华北农村　[美]杜赞奇 著　王福明 译
18. 义和团运动的起源　[美]周锡瑞 著　张俊义 王栋 译
19. 在传统与现代性之间:王韬与晚清革命　[美]柯文 著　雷颐 罗检秋 译
20. 最后的儒家:梁漱溟与中国现代化的两难　[美]艾恺 著　王宗昱 冀建中 译
21. 蒙元入侵前夜的中国日常生活　[法]谢和耐 著　刘东 译
22. 东亚之锋　[美]小R.霍夫亨兹 K.E.柯德尔 著　黎鸣 译
23. 中国社会史　[法]谢和耐 著　黄建华 黄迅余 译
24. 从理学到朴学:中华帝国晚期思想与社会变化面面观　[美]艾尔曼 著　赵刚 译
25. 孔子哲学思微　[美]郝大维 安乐哲 著　蒋弋为 李志林 译
26. 北美中国古典文学研究名家十年文选　乐黛云 陈珏 编选
27. 东亚文明:五个阶段的对话　[美]狄百瑞 著　何兆武 何冰 译
28. 五四运动:现代中国的思想革命　[美]周策纵 著　周子平 等译
29. 近代中国与新世界:康有为变法与大同思想研究　[美]萧公权 著　汪荣祖 译
30. 功利主义儒家:陈亮对朱熹的挑战　[美]田浩 著　姜长苏 译
31. 莱布尼兹和儒学　[美]孟德卫 著　张学智 译
32. 佛教征服中国:佛教在中国中古早期的传播与适应　[荷兰]许理和 著　李四龙 裴勇 等译
33. 新政革命与日本:中国,1898—1912　[美]任达 著　李仲贤 译
34. 经学、政治和宗族:中华帝国晚期常州今文学派研究　[美]艾尔曼 著　赵刚 译
35. 中国制度史研究　[美]杨联陞 著　彭刚 程钢 译

36. 汉代农业:早期中国农业经济的形成　[美]许倬云 著　程农 张鸣 译　邓正来 校
37. 转变的中国:历史变迁与欧洲经验的局限　[美]王国斌 著　李伯重 连玲玲 译
38. 欧洲中国古典文学研究名家十年文选 乐黛云 陈珏 龚刚 编选
39. 中国农民经济:河北和山东的农民发展,1890—1949　[美]马若孟 史建云 译
40. 汉哲学思维的文化探源　[美]郝大维 安乐哲 著　施忠连 译
41. 近代中国之种族观念　[英]冯客 著　杨立华 译
42. 血路:革命中国中的沈定一(玄庐)传奇　[美]萧邦奇 著　周武彪 译
43. 历史三调:作为事件、经历和神话的义和团　[美]柯文 著　杜继东 译
44. 斯文:唐宋思想的转型　[美]包弼德 刘宁 译
45. 宋代江南经济史研究　[日]斯波义信 著　方健 何忠礼 译
46. 一个中国村庄:山东台头 杨懋春 著　张雄 沈炜 秦美珠 译
47. 现实主义的限制:革命时代的中国小说　[美]安敏成 著　姜涛 译
48. 上海罢工:中国工人政治研究　[美]裴宜理 著　刘平 译
49. 中国转向内在:两宋之际的文化转向　[美]刘子健 著　赵冬梅 译
50. 孔子:即凡而圣　[美]赫伯特·芬格莱特 著　彭国翔 张华 译
51. 18世纪中国的官僚制度与荒政　[法]魏丕信 著　徐建青 译
52. 他山的石头记:宇文所安自选集　[美]宇文所安 著　田晓菲 编译
53. 危险的愉悦:20世纪上海的娼妓问题与现代性　[美]贺萧 著　韩敏中 盛宁 译
54. 中国食物　[美]尤金·N.安德森 著　马孆 刘东 译　刘东 审校
55. 大分流:欧洲、中国及现代世界经济的发展　[美]彭慕兰 著　史建云 译
56. 古代中国的思想世界　[美]本杰明·史华兹 著　程钢 译　刘东 校
57. 内闱:宋代的婚姻和妇女生活　[美]伊沛霞 著　胡志宏 译
58. 中国北方村落的社会性别与权力　[加]朱爱岚 著　胡玉坤 译
59. 先贤的民主:杜威、孔子与中国民主之希望　[美]郝大维 安乐哲 著　何刚强 译
60. 向往心灵转化的庄子:内篇分析　[美]爱莲心 著　周炽成 译
61. 中国人的幸福观　[德]鲍吾刚 著　严蓓雯 韩雪临 吴德祖 译
62. 闺塾师:明末清初江南的才女文化　[美]高彦颐 著　李志生 译
63. 缀珍录:十八世纪及其前后的中国妇女　[美]曼素恩 著　定宜庄 颜宜葳 译
64. 革命与历史:中国马克思主义历史学的起源,1919—1937　[美]德里克 著　翁贺凯 译
65. 竞争的话语:明清小说中的正统性、本真性及所生成之意义　[美]艾梅兰 著　罗琳 译
66. 中国妇女与农村发展:云南禄村六十年的变迁　[加]宝森 著　胡玉坤 译
67. 中国近代思维的挫折　[日]岛田虔次 著　甘万萍 译
68. 中国的亚洲内陆边疆　[美]拉铁摩尔 著　唐晓峰 译
69. 为权力祈祷:佛教与晚明中国士绅社会的形成　[加]卜正民 著　张华 译
70. 天潢贵胄:宋代宗室史　[美]贾志扬 著　赵冬梅 译
71. 儒家之道:中国哲学之探讨　[美]倪德卫 著　[美]万白安 编　周炽成 译
72. 都市里的农家女:性别、流动与社会变迁　[澳]杰华 著　吴小英 译
73. 另类的现代性:改革开放时代中国性别化的渴望　[美]罗丽莎 著　黄新 译
74. 近代中国的知识分子与文明　[日]佐藤慎一 著　刘岳兵 译
75. 繁盛之阴:中国医学史中的性(960—1665)　[美]费侠莉 著　甄橙 主译　吴朝霞 主校
76. 中国大众宗教　[美]韦思谛 编 陈仲丹 译
77. 中国诗画语言研究　[法]程抱一 著　涂卫群 译
78. 中国的思维世界　[日]沟口雄三 小岛毅 著　孙歌 等译

79. 德国与中华民国　[美]柯伟林 著　陈谦平 陈红民 武菁 申晓云 译　钱乘旦 校
80. 中国近代经济史研究:清末海关财政与通商口岸市场圈　[日]滨下武志 著　高淑娟 孙彬 译
81. 回应革命与改革:皖北李村的社会变迁与延续 韩敏 著　陆益龙 徐新玉 译
82. 中国现代文学与电影中的城市:空间、时间与性别构形　[美]张英进 著　秦立彦 译
83. 现代的诱惑:书写半殖民地中国的现代主义(1917—1937)　[美]史书美 著　何恬 译
84. 开放的帝国:1600年前的中国历史　[美]芮乐伟·韩森 著　梁侃 邹劲风 译
85. 改良与革命:辛亥革命在两湖　[美]周锡瑞 著　杨慎之 译
86. 章学诚的生平及其思想　[美]倪德卫 著　杨立华 译
87. 卫生的现代性:中国通商口岸卫生与疾病的含义　[美]罗芙芸 著　向磊 译
88. 道与庶道:宋代以来的道教、民间信仰和神灵模式　[美]韩明士 著　皮庆生 译
89. 间谍王:戴笠与中国特工　[美]魏斐德 著　梁禾 译
90. 中国的女性与性相:1949年以来的性别话语　[英]艾华 著　施施 译
91. 近代中国的犯罪、惩罚与监狱　[荷]冯客 著　徐有威 等译　潘兴明 校
92. 帝国的隐喻:中国民间宗教　[英]王斯福 著　赵旭东 译
93. 王弼《老子注》研究　[德]瓦格纳 著　杨立华 译
94. 寻求正义:1905—1906年的抵制美货运动　[美]王冠华 著　刘甜甜 译
95. 传统中国日常生活中的协商:中古契约研究　[美]韩森 著　鲁西奇 译
96. 从民族国家拯救历史:民族主义话语与中国现代史研究　[美]杜赞奇 著　王宪明 高继夫 李海燕 李点 译
97. 欧几里得在中国:汉译《几何原本》的源流与影响　[荷]安国风 著　纪志刚 郑诚 郑方磊 译
98. 十八世纪中国社会　[美]韩书瑞 罗友枝 著　陈仲丹 译
99. 中国与达尔文　[美]浦嘉珉著　钟永强 译
100. 私人领域的变形:唐宋诗词中的园林与玩好　[美]杨晓山 著　文韬 译
101. 理解农民中国:社会科学哲学的案例研究　[美]李丹 著　张天虹 张洪云 张胜波 译
102. 山东叛乱:1774年的王伦起义　[美]韩书瑞 著　刘平 唐雁超 译
103. 毁灭的种子:战争与革命中的国民党中国(1937—1949)　[美]易劳逸 著　王建朗 王贤知 贾维 译
104. 缠足:"金莲崇拜"盛极而衰的演变　[美]高彦颐 著　苗延威 译
105. 饕餮之欲:当代中国的食与色　[美]冯珠娣 著　郭乙瑶 马磊 江素侠 译
106. 翻译的传说:中国新女性的形成(1898—1918)　胡缨 著　龙瑜宬 彭珊珊 译
107. 中国的经济革命:二十世纪的乡村工业　[日]顾琳 著　王玉茹 张玮 李进霞 译
108. 礼物、关系学与国家:中国人际关系与主体性建构　杨美慧 著　赵旭东 孙珉 译　张跃宏 译校
109. 朱熹的思维世界　[美]田浩 著
110. 皇帝和祖宗:华南的国家与宗族　[英]科大卫 著　卜永坚 译
111. 明清时代东亚海域的文化交流　[日]松浦章 著　郑洁西 等译
112. 中国美学问题　[美]苏源熙 著　卞东波 译　张强强 朱霞欢 校
113. 清代内河水运史研究　[日]松浦章 著　董科 译
114. 大萧条时期的中国:市场、国家与世界经济　[日]城山智子 著　孟凡礼 尚国敏 译　唐磊 校
115. 美国的中国形象(1931—1949)　[美]T.克里斯托弗·杰斯普森 著　姜智芹 译
116. 技术与性别:晚期帝制中国的权力经纬　[英]白馥兰 著　江湄 邓京力 译

117. 中国善书研究　[日]酒井忠夫 著　刘岳兵 何英莺 孙雪梅 译
118. 千年末世之乱:1813 年八卦教起义　[美]韩书瑞 著　陈仲丹 译
119. 西学东渐与中国事情　[日]增田涉 著　由其民 周启乾 译
120. 六朝精神史研究　[日]吉川忠夫 著　王启发 译
121. 矢志不渝:明清时期的贞女现象　[美]卢苇菁 著　秦立彦 译
122. 明代乡村纠纷与秩序:以徽州文书为中心　[日]中岛乐章 著　郭万平 高飞 译
123. 中华帝国晚期的欲望与小说叙述　[美]黄卫总 著　张蕴爽 译
124. 虎、米、丝、泥:帝制晚期华南的环境与经济　[美]马立博 著　王玉茹 关永强 译
125. 一江黑水:中国未来的环境挑战　[美]易明 著　姜智芹 译
126. 《诗经》原意研究　[日]家井真 著　陆越 译
127. 施剑翘复仇案:民国时期公众同情的兴起与影响　[美]林郁沁 著　陈湘静 译
128. 华北的暴力和恐慌:义和团运动前夕基督教传播和社会冲突　[德]狄德满 著　崔华杰 译
129. 铁泪图:19 世纪中国对于饥馑的文化反应　[美]艾志端 著　曹曦 译
130. 饶家驹安全区:战时上海的难民　[美]阮玛霞 著　白华山 译
131. 危险的边疆:游牧帝国与中国　[美]巴菲尔德 著　袁剑 译
132. 工程国家:民国时期(1927—1937)的淮河治理及国家建设　[美]戴维·艾伦·佩兹 著　姜智芹 译
133. 历史宝筏:过去、西方与中国妇女问题　[美]季家珍 著　杨可 译
134. 姐妹们与陌生人:上海棉纱厂女工,1919—1949　[美]韩起澜 著　韩慈 译
135. 银线:19 世纪的世界与中国　林满红 著　詹庆华 林满红 译
136. 寻求中国民主　[澳]冯兆基 著　刘悦斌 徐硙 译
137. 墨梅　[美]毕嘉珍 著　陆敏珍 译
138. 清代上海沙船航运业史研究　[日]松浦章 著　杨蕾 王亦铮 董科 译
139. 男性特质论:中国的社会与性别　[澳]雷金庆 著　[澳]刘婷 译
140. 重读中国女性生命故事　游鉴明 胡缨 季家珍 主编
141. 跨太平洋位移:20 世纪美国文学中的民族志、翻译和文本间旅行　黄运特 著　陈倩 译
142. 认知诸形式:反思人类精神的统一性与多样性　[英]G.E.R.劳埃德 著　池志培 译
143. 中国乡村的基督教:1860—1900 江西省的冲突与适应　[美]史维东 著　吴薇 译
144. 假想的"满大人":同情、现代性与中国疼痛　[美]韩瑞 著　袁剑 译
145. 中国的捐纳制度与社会　伍跃 著
146. 文书行政的汉帝国　[日]富谷至 著　刘恒武 孔李波 译
147. 城市里的陌生人:中国流动人口的空间、权力与社会网络的重构　[美]张骊 著　袁长庚 译
148. 性别、政治与民主:近代中国的妇女参政　[澳]李木兰 著　方小平 译
149. 近代日本的中国认识　[日]野村浩一 著　张学锋 译
150. 狮龙共舞:一个英国人笔下的威海卫与中国传统文化　[英]庄士敦 著　刘本森 译　威海市博物馆 郭大松 校
151. 人物、角色与心灵:《牡丹亭》与《桃花扇》中的身份认同　[美]吕立亭 著　白华山 译
152. 中国社会中的宗教与仪式　[美]武雅士 著　彭泽安 邵铁峰 译　郭潇威 校
153. 自贡商人:近代早期中国的企业家　[美]曾小萍 著　董建中 译
154. 大象的退却:一部中国环境史　[英]伊懋可 著　梅雪芹 毛利霞 王玉山 译
155. 明代江南土地制度研究　[日]森正夫 著　伍跃 张学锋 等译　范金民 夏维中 审校
156. 儒学与女性　[美]罗莎莉 著　丁佳伟 曹秀娟 译

157. 行善的艺术:晚明中国的慈善事业　[美]韩德林 著　吴士勇 王桐 史桢豪 译
158. 近代中国的渔业战争和环境变化　[美]穆盛博 著　胡文亮 译
159. 权力关系:宋代中国的家族、地位与国家　[美]柏文莉 著　刘云军 译
160. 权力源自地位:北京大学、知识分子与中国政治文化,1898—1929　[美]魏定熙 著　张蒙 译
161. 工开万物:17世纪中国的知识与技术　[德]薛凤 著　吴秀杰 白岚玲 译
162. 忠贞不贰:辽代的越境之举　[英]史怀梅 著　曹流 译
163. 内藤湖南:政治与汉学(1866—1934)　[美]傅佛果 著　陶德民 何英莺 译
164. 他者中的华人:中国近现代移民史　[美]孔飞力 著　李明欢 译　黄鸣奋 校
165. 古代中国的动物与灵异　[英]胡司德 著　蓝旭 译
166. 两访中国茶乡　[英]罗伯特·福琼 著　敖雪岗 译
167. 缔造选本:《花间集》的文化语境与诗学实践　[美]田安 著　马强才 译
168. 扬州评话探讨　[丹麦]易德波 著　米锋 易德波 译　李今芸 校译
169. 《左传》的书写与解读　李惠仪 著　文韬 许明德 译
170. 以竹为生:一个四川手工造纸村的20世纪社会史　[德]艾约博 著　韩巍 译　吴秀杰 校
171. 东方之旅:1579—1724耶稣会传教团在中国　[美]柏理安 著　毛瑞方 译
172. "地域社会"视野下的明清史研究:以江南和福建为中心　[日]森正夫 著　于志嘉 马一虹 黄东兰 阿风 等译
173. 技术、性别、历史:重新审视帝制中国的大转型　[英]白馥兰 著　吴秀杰 白岚玲 译
174. 中国小说戏曲史　[日]狩野直喜　张真 译
175. 历史上的黑暗一页:英国外交文件与英美海军档案中的南京大屠杀　[美]陆束屏 编著/翻译
176. 罗马与中国:比较视野下的古代世界帝国　[奥]沃尔特·施德尔 主编　李平 译
177. 矛与盾的共存:明清时期江西社会研究　[韩]吴金成 著　崔荣根 译　薛戈 校译
178. 唯一的希望:在中国独生子女政策下成年　[美]冯文 著　常姝 译
179. 国之枭雄:曹操传　[澳]张磊夫 著　方笑天 译
180. 汉帝国的日常生活　[英]鲁惟一 著　刘洁 余霄 译
181. 大分流之外:中国和欧洲经济变迁的政治　[美]王国斌 罗森塔尔 著　周琳 译　王国斌 张萌 审校
182. 中正之笔:颜真卿书法与宋代文人政治　[美]倪雅梅 著　杨简茹 译　祝帅 校译
183. 江南三角洲市镇研究　[日]森正夫 编　丁韵 胡婧 等译　范金民 审校
184. 忍辱负重的使命:美国外交官记载的南京大屠杀与劫后的社会状况　[美]陆束屏 编著/翻译
185. 修仙:古代中国的修行与社会记忆　[美]康儒博 著　顾漩 译
186. 烧钱:中国人生活世界中的物质精神　[美]柏桦 著　袁剑 刘玺鸿 译
187. 话语的长城:文化中国历险记　[美]苏源熙 著　盛珂 译
188. 诸葛武侯　[日]内藤湖南 著　张真 译
189. 盟友背信:一战中的中国　[英]吴芳思 克里斯托弗·阿南德尔 著　张宇扬 译
190. 亚里士多德在中国:语言、范畴与翻译　[英]罗伯特·沃迪 著　韩小强 译
191. 马背上的朝廷:巡幸与清朝统治的建构,1680—1785　[美]张勉治 著　董建中 译
192. 申不害:公元前四世纪中国的政治哲学家　[美]顾立雅 著　马腾 译
193. 晋武帝司马炎　[日]福原启郎 著　陆帅 译
194. 唐人如何吟诗:带你走进汉语音韵学　[日]大岛正二 著　柳悦 译

195. 古代中国的宇宙论　[日]浅野裕一 著　吴昊阳 译
196. 中国思想的道家之论:一种哲学解释　[美]陈汉生 著　周景松 谢尔逊 等译　张丰乾 校译
197. 诗歌之力:袁枚女弟子屈秉筠(1767—1810)　[加]孟留喜 著　吴夏平 译
198. 中国逻辑的发现　[德]顾有信 著　陈志伟 译
199. 高丽时代宋商往来研究　[韩]李镇汉 著　李廷青 戴琳剑 译　楼正豪 校
200. 中国近世财政史研究　[日]岩井茂树 著　付勇 译　范金民 审校
201. 北京的人力车夫:1920年代的市民与政治　[美]史谦德 著　周书垚 袁剑 译　周育民 校
202. 魏晋政治社会史研究　[日]福原启郎 著　陆帅 刘萃峰 张紫毫 译
203. 宋帝国的危机与维系:信息、领土与人际网络　[比利时]魏希德 著　刘云军 译
204. 行善的艺术:晚明中国的慈善事业(新译本)　[美]韩德玲 著　曹晔 译